移民社会アメリカの記憶と継承

—— 移民博物館で読み解く世界の博物館アメリカ ——

矢ケ﨑典隆▶編

石井久生　浦部浩之　大石太郎　加賀美雅弘
髙橋昂輝　根田克彦　山下清海　山根　拓

学文社

はじめに

アメリカ合衆国は日本人にとって身近な国であり、日本に暮らす私たちはこの超大国のことをよく知っていると思っている。観光、ビジネス、留学などの目的で、日本から多くの人々がアメリカ合衆国を訪れている。いろいろなアメリカ論が刊行されてきたし、マスメディアやインターネットを通じて、アメリカ合衆国に関する情報が氾濫している。最近では、分断化されたアメリカ像が強調されている。

しかし、私たちはアメリカ合衆国のことを十分に理解しているだろうか。私の専門は地理学であり、地理学は野外科学である。現地での観察や調査、すなわちフィールドワークによってさまざまな資料を収集し、それらに基づいて、地域の特徴、地域に展開するさまざまな事象や課題、人々の生活・文化について検討する。そうした考察に基づいて、アメリカ合衆国という国の全体像を論ずる。

アメリカ合衆国をバランスよく理解するために、地理学の考察の枠組みは有効である。地理学では、自然と人間、起源と伝播、地域と景観、時間と変化に着目してアメリカ合衆国にアプローチする。自然と人間との関係は地理学の中心的な関心であり、自然を認識し、利用し、改変する人間の役割に光を当てる。連続する地表面において、人、物、情報、文化、技術などは移動し、地域間に交流が生まれるので、起源と伝播に着目することにより、この国をより広域な枠組みにおいてダイナミックにとらえることができる。地理学が対象とするのは地域であり、地域には構造が認められるとともに、それは景観として表出する。すなわち、景観を読み解くことにより、この国の特徴を理解することができる。地域は常に変化しており、過去の地域を復元し、地域が経験した変化を把握し、地域変化のメカニズムを解釈することが必要になる。アメリカ地誌は、こうした地理学の考察の枠組みに基づいてアメリカ合衆国を読み解く作業である。

私は、一九七〇年代から四〇年にわたって、アメリカ合衆国を対象として地理学研究を行ってきた。各地でフィールドワークを行い、それぞれの地域の特徴や地域の課題を検討する過程で、「アメリカは世界の博物館である」と考えるようになった。多民族社会として知られるアメリカ合衆国では、移民集団は、いつの時代でも、出身地から独自の文化を持ち込み、それが蓄積されて、基層（古いものが残存するアメリカ）が形成された。従来のアメリカ地誌は、表層（新しいものを生み出すアメリカ）に注目した。しかし、激動の一九六〇年代を経て、一九七〇年代以降、アメリカ社会が変化するにつれて、移民の文化を再認識し、保存し、再生し、発信する活動が各地で活発化している。多様な文化の残存、移民博物館、移民文化の観光資源化に焦点を当てることにより、現代のアメリカ合衆国をグローバルな地理学的な枠組みにおいて、読み解きなおすことができる。アメリカ合衆国はまさに「世界の博物館」として解釈することができる。

本書は、アメリカ地誌への新しいアプローチを試みたものである。第1章では本書におけるアメリカ地誌の視点と方法を提示し、第2章では移民博物館に着目してアメリカ合衆国の全体像を論じる。第3章は、アメリカ北東部のフランス系住民のアイデンティティとフェスティヴァルについて、第4章はアイルランド系住民とセント・パトリックス・デイ・パレードについて考察する。すなわち、これらの二つの章のテーマは、無形移民博物館である。第5章は、シカゴの発展を移民博物館に焦点を当てて解釈し、社会学者バージェスが描いた一九二〇年代初頭のシカゴが、現在の移民博物館に記憶されていると結論づける。第6章はデンマーク系アメリカ博物館と移民文化の再創造活動を論じる。第7章は、ヴォルガ川流域および黒海沿岸から移住したロシア系ドイツ人に焦点を当て、ドイツ系の文化継承活動を明らかにする。第8章は、アメリカ西部におけるバスク人と移民博物館を人口移動の枠組みで論じる。第9章は、ロサンゼルスに存在するドイツ系住民と伝統文化や団体組織に焦点を当てる。第10章はサンフランシスコの中国系住民とチャイナタウンについて、第11章がヒスパニックに焦点を当てるが、両集団ともに、移民が現在も継続中である。

最後に、本書を刊行するにいたった経緯を付記しておこう。私たちは科学研究費補助金基盤研究（A）「世界の博物館アメリカ―移民と基層文化の再検討によるグローバル地誌の構築―」（研究代表者：矢ケ﨑典隆、二〇一一〜二〇一四年度）を獲得して、共同研究を行った。私たちの研究成果を広い読者に読んでいただきたいという願いから、本書を企画・執筆した。刊行にあたって、学文社の落合絵里さんにはたいへんにお世話になった。感謝いたします。本書がアメリカ理解に貢献できれば幸いです。

二〇一八年一月

編　者

目次

第1章

世界の博物館アメリカ
——視点と方法——

矢ケ﨑典隆

アメリカ合衆国は日本にとって身近で関係の深い国であるにもかかわらず、日本に暮らす私たちがこの巨大な国の地域像と全体像を十分に理解しているとは言い難い。地理学はこの国をバランスよく認識するために有効である。アメリカ合衆国を地理学の観点から理解するためにいくつかの方法があるが、本章では、アメリカ合衆国を「世界の博物館」として認識するための視点と方法について説明しよう。

1　アメリカ合衆国の表層と基層

今日、グローバリゼーションの進行に伴って、人、物、資本、技術、情報などの動きはますます活発化している。世界各地の結びつきは密接になり、人々の接触や交流は活発となっている。従来、障壁として認識された距離は、交通手段や情報通信技術の発達により、しだいに克服されてきた。世界はまさに縮小しつつある。このようなグローバリゼーションの過程で、アメリカ合衆国の影響力は増大してきた。

グローバリゼーションの時代に求められることは、世界の多様な地域について正確にバランスよく認識し、地球や人類が直面する課題を地域の枠組みにおいて検討し、人類の共生と持続的発展にむけて理解し行動することである。二一世紀の地球に暮らす私たちには、地域に関する正確な知識と深い理解が求められている。そのために、地理学、とくにアメリカ地誌が果たす役割は大きい。

地理学が対象とするのは地域、地域に展開する多様な事象、そして地域に生きる人々である。野外科学としての地理学にとって、現地での調査、すなわちフィールドワークは一次資料を入手するための基本的な方法である。地理学研究者は現地での観察や体験、インスピレーションをきっかけとして学術的な関心を育て、研究テーマに巡り合う。そして、地理学研究者は、自然、人間、社会、経済、文化などの多様な要素が複雑に絡み合った地域を認識し、地域という枠組みにおいて研究対象とする事象や人々を理解することの重要性を認識している。二〇世紀後半から地理学は細分化、専門化、多様化し、情報通信技術をさかんに活用してきた。しかし、フィールドワークにおける体験と発見、そして地域に根差した発想は、地理学に共通する特徴である。

アメリカ合衆国は日本にとって身近で関係の深い国の一つである。そして、アメリカ合衆国に関する情報はあふれている。しかし、日本において関心が集中してきたのは、アメリカ合衆国の政治、経済、文化など、特定の領域である。私は以前に地域研究における上部回路と下部回路について議論したことがある（矢ケ崎 二〇〇三）。

地域研究に取り組む学問分野は、社会科学、人文科学、野外科学の三つのグループに大きく分類される。社会科学と人文科学は地域研究の上部回路に属する。社会科学は、政治、外交、経済、国際関係など、政府が外国に対して強い関心を有する領域と密接に関連し、国家間の利害が絡み合う領域において政策決定に影響を及ぼす。人文科学は外国に関する歴史的文化的な理解を深めることに貢献する分野である。アメリカ研究は地域研究の上部回路を構成しており、社会科学は政治的経済的な課題に取り組み、人文科学は文化的歴史的な課題に取り組む。一方、アメリカ地域研究は地域研究の下部回路を構成し、地理学に代表される野外科学がフィールドワークによって地域的な課題に取り組み、地域性や地域の課題を検討する。そして、アメリカ地誌は、地理学の考察の枠組みに基づいて、アメリカ合衆国の地域像を提示する。バランスのとれたアメリカ理解は、アメリカ研究からアメリカ地域研究へ、そしてアメリカ地誌へと展開することにより達成される（矢ケ﨑 二〇一五）。

日本の二六倍の国土をもつアメリカ合衆国は多様性に富んでおり、限定された知識や固定概念に基づいてこの国を論ずることは危険である。地理学は、地域に関する多様な情報や現象に着目し、それらを地域の枠組みに即して理解し説明する学術領域である。今日、マスメディアやインターネットを通じて膨大な量の情報が氾濫しているが、それらを自ら組み立てて、地域を客観的に、また構造的に認識し、正確な地域像を構築することが求められている。さまざまなスケールにおいて地域をどのような考察の枠組みで認識すべきなのかという、地域認識の方法が重要となっている。地理学はこうした現代的な課題に貢献することができる。

アメリカ合衆国の発展を理解するためには、二つの点に着目することが必要である。一つは広大な国土と豊かな資源であり、もう一つは少ない人口である。人口の国際的な移動を説明するプッシュ・プル要因でいえば、アメリカ合衆国では継続してプル要因が作用し、いつの時代にも世界中から人々が引きつけられた。そして、世界各地からアメリカ合衆国をめざす移民にとって、この国は終着駅であり続けてきた。移民はやがて自分の意志によってアメリカ人となる。アメリカ生まれの子どもたちは、生まれながらのアメリカ人である。継続した移民の流入は、先進諸国のなかで人口の高齢化の速度が緩やかな一つの大きな理由なのである。世界にこのような国はアメリカ以外には存在しない。そして、移民の流入が、物、文化、技術、資本の移動と越境を引き起こしたことは言うまでもない。

移民にとってアメリカ合衆国が終着駅であるのと同様に、この国は世界の文化の終着駅でもある。いつの時代でも、移住した人々はその時代の出身地の文化や技術を持ち込んだ。そのなかには、アメリカ的な生活様式と生産様式を作り出すための要素として活用されたものがあった。アメリカ合衆国で発展した文化のルーツをたどると、世界各地から持ち込まれたものが素材となった事例がいくつも確認される。たとえば、野球はアメリカ合衆国の国民的なスポーツで、この国を起源としてグローバル化したが、そのもとになったのはイギリスから導入された球技であるという。ハロウィーンはもともとケルト人の収穫祭であったが、アイルランドからの大量移住の結果、アメリカ文化の一つとして定着するようになった。移民が持ち込んだ文化が基盤となって形成された食文化、音楽、スポーツ、祭りなどの事例はいくつもあげられる。

アメリカ合衆国で発展した技術や生産様式についても同様である。西ヨーロッパから導入された混合農業の方式、家畜、作物が調整され、アメリカ大陸原産のトウモロコシを組み込むことによって、大西洋岸の中部植民地において、家族農場を単位とする生産性の高いアメリカ型農業様式が誕生した。この農業様式は植民と経済発展の過程で、それぞれの環境条件に適合する形態へと微調整され、農業地域が形成された（矢ケ﨑 二〇一〇）。また、テンサイを原料とする製糖業についても同様である。一九世紀にドイツやフランスから、砂糖の原料としてのテンサイ、道具や機械、技術が移民によって導入され、アメリカ合衆国の自然条件や地域規模に適合した製糖業の形態が確立された。とくにアメリカ西部では、灌漑によるテンサイ栽培と大規模製糖業が展開した（矢ケ﨑 二〇〇〇）。

ここで、アメリカ合衆国を構成する表層と基層、そして移民の役割について考えてみよう（図1.1）。表層とは新しいものを生み出すアメリカ合衆国である。前述のように、移民が持ち込んだ文化や技術を基盤として、アメリカ的な生活様式と生産様式が確立された。表層とはまさに私たちが知っている、そして世界が注目するアメリカ合衆国である。食文化、音楽、映画、スポーツなど、アメリカ文化は世界中に拡散し普及した。モータリゼーション、ショッピングモールや通信販売などの商業形態、オートメーションなどの大量生産様式、情報通信技術に基づいた情報化社会なども、アメリカ合衆国を起源としてグローバル化した。日本もアメリカ合衆国の影響を強く受けながら発展してきた。そして、地理学が研究の対象としてきたのも、表層を構成するアメリカ合衆国であった（矢ケ﨑 二〇〇五）。

一方、基層は古いものが残存するアメリカ合衆国である。移民の流入に伴って、世界の多様な文化要素がこの国に導入され蓄積され、世界各地の出来事が移民によって持ち込まれ記憶された。図1.2に図示されるように、そうした文化要素のなかには自然に消滅したものも少なくなかった。新しい環境のもとで役に立たないものは不要となったか

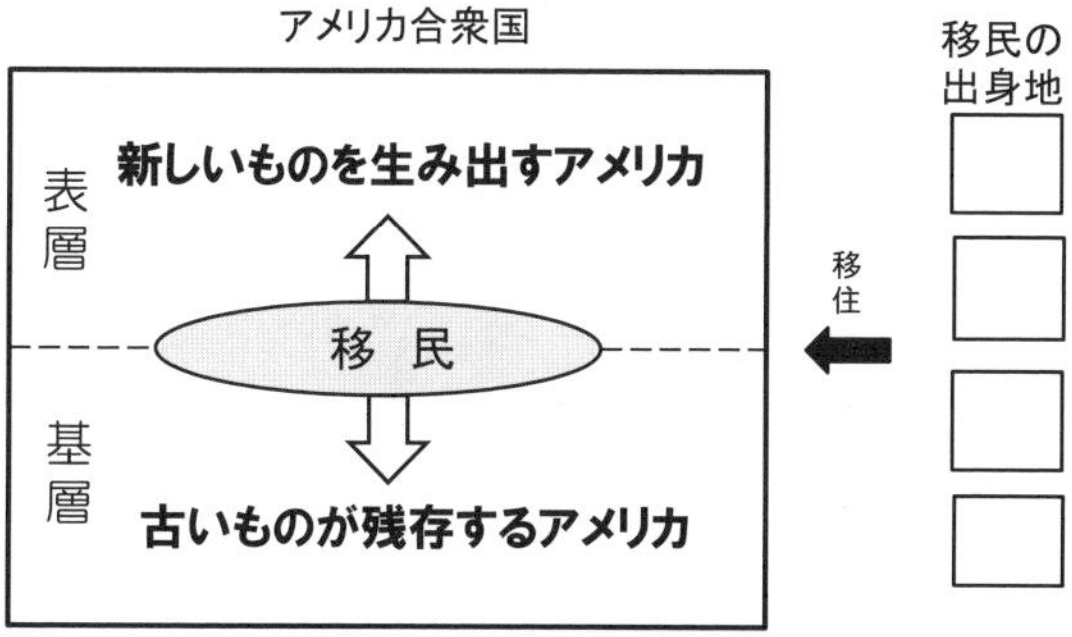

図 1.1　アメリカ合衆国の表層と基層

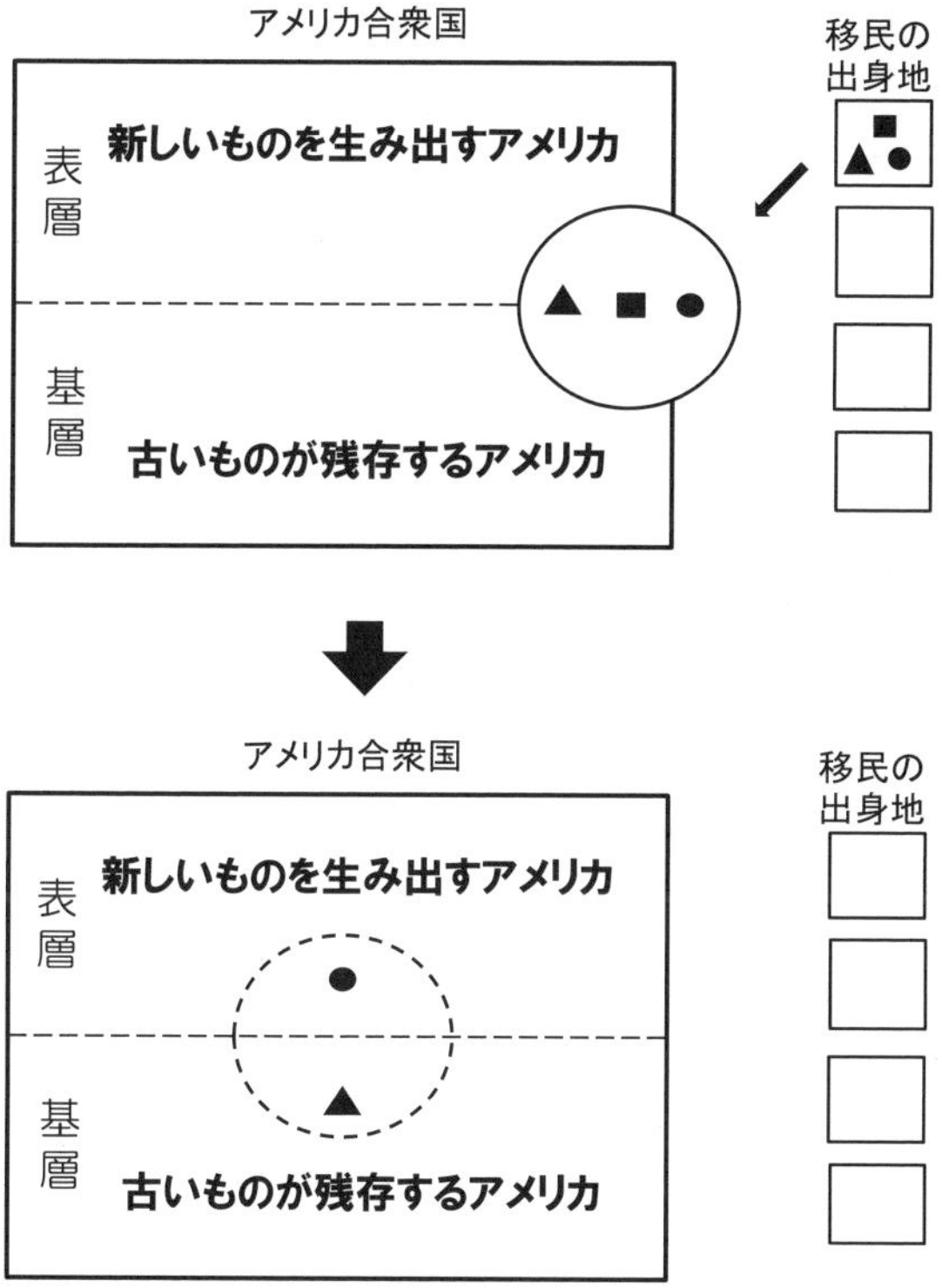

図 1.2　移民が導入した文化要素の活用・残存・消滅

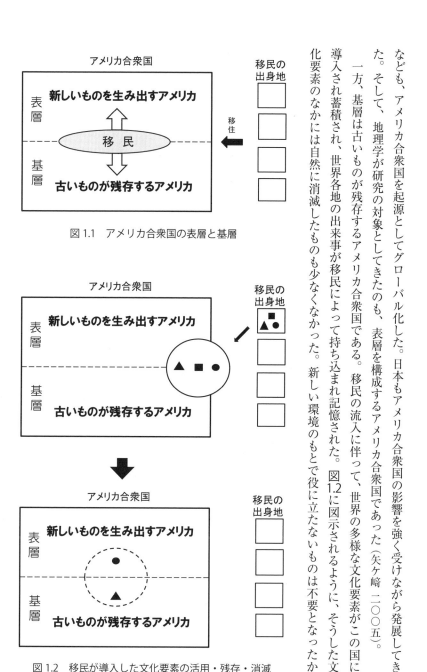

らである。一方、活用されることも消滅することもなく、そのまま残存した文化要素もあった。世界各地から持ち込まれて残存した古い文化要素が、アメリカ合衆国の基層を構成しているわけである。

移民の流入に伴って世界中から導入された文化要素は、どのようにアメリカ合衆国に蓄積され、基層を構成するようになったのであろうか。図1.3は、アメリカ合衆国への移民と文化要素の導入および残存のプロセスを説明した模式図である。

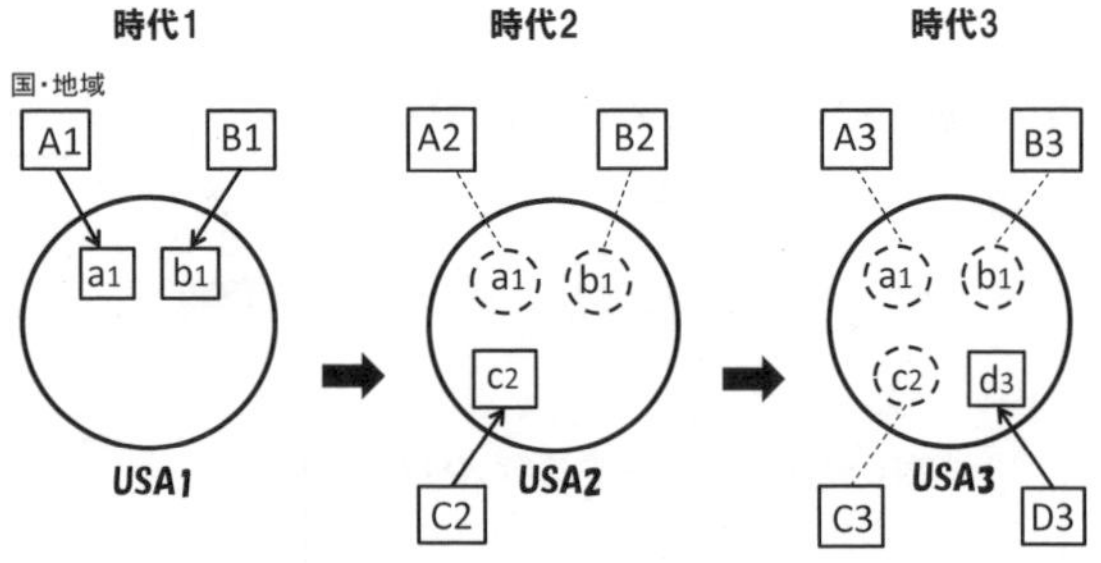

図 1.3　移民の流入による文化要素の導入・残存プロセス

アメリカ合衆国には継続して移民が流入してきたが、移民の出身地は時代とともに変化してきた。ある時代（時代1）に移民送出地域である国・地域AとBから移民が流入し、A1とB1の同時代の文化要素a1とb1をアメリカ合衆国に導入した。次の時代（時代2）になると、AとBからの移民の流入は終わり、両地域はA2およびB2の時代に変化した。かつてアメリカ合衆国に持ち込まれた文化要素a1とb1はそのままアメリカ合衆国に残存し、それらはA2とB2に変化した旧移民送出地域の文化とは異なる存在となった。一方、時代2には新たに国・地域Cがアメリカ合衆国への移民送出地域となり、移民が文化要素c2を持ち込んだ。さらに時代3になると、新たに国・地域Dが移民送出地域となり、移民がその時代の文化要素d3を持ち込んだ。国・地域Cからの移民の流入はなくなり、本国はC3に変化したが、アメリカ合衆国には文化要素c2が残存した。旧移民送出地域AとBはそれぞれA3、B3に変化し、アメリカ合衆国にはかつて移民が持ち込んだ文化要素a1、b1が残存し続けた。

このように、アメリカ合衆国には移民が流入した時代の移民送出地域の文化要素が残存する。一方、時代の経過とともに旧移民送出地域は変化したため、アメリカ合衆国には古い文化要素が蓄積されるというわけである。

2 移民の出身地と類型

以上の議論を、もう少し具体的に検討してみよう。アメリカ合衆国では継続してプル要因が作用してきたが、移民の出身地は時代によって大きく変化してきた。図1.4は、一八二〇年から二〇〇九年までの出身地別の移民数を一〇年ごとにまとめて示したものである。

一九世紀末までは、イギリス、アイルランド、ドイツを中心とする西ヨーロッパが主な移民送出地域であった。一八五〇年代にはアイルランドからの移民がピークとなったし、一八八〇年代にはドイツとイギリスからの移民がピークとなった。ノルウェーとスウェーデンからの移民は一八六〇年代から急増し、一八八〇年代にピークに達した。一八二〇年から一八八九年までの移民総数は一四九八万人を数えたが、そのうちの八一％が西ヨーロッパと北ヨーロッパの出身者であった。

一方、一九世紀末からは南ヨーロッパや東ヨーロッパからの移民が急増した。一九〇〇年代にはイタリアとロシアからの移民がピークに達した。一八九〇年から一九二九年まで、移民総数は二二五四万人を数え、そのうちの五六％が南・東ヨーロッパの出身者であった。西・北ヨーロッパからの移民は二七％を占めるのみであった。一九二四年移民法が、南・東ヨーロッパからの移民の流入を阻止するために施行され、一八九〇年の総人口に占める人口割合の比率に基づいて移民割当制度を導入したことはよく知られている。

移民出身地の新たな大転換は二〇世紀後半に始まった。一九六〇年代に入るとメキシコやカリブ海地域からのラテンアメリカ系移民が増加した。また、一九六五年移民法が施行されると、一九七〇年代以降はアジアからの移民が

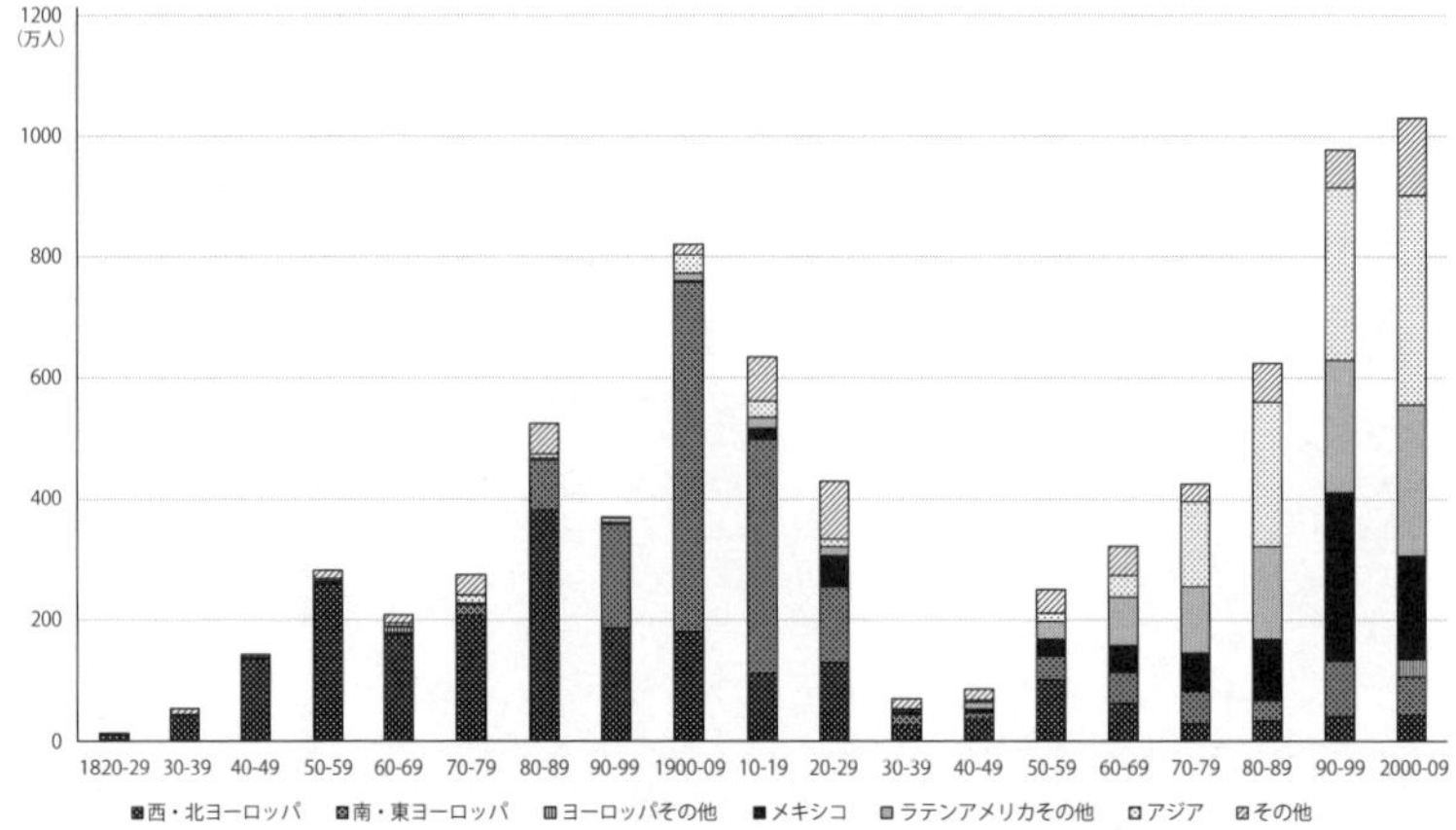

図 1.4　地域別にみた移民の流入（1820 ～ 2009 年）

（出所）US Department of Homeland Security: *2013 Yeahbook of Immigration Statistics* により作成。

急増した。ラテンアメリカからの移民は一九九〇年代に、アジアからの移民は二〇〇〇年代にピークを迎えた。なかでも、国境を接するメキシコからの移民がとくに多い。アジア系移民のなかで多いのは、フィリピン、インド、中国、ベトナムの出身者である。一九六〇年から二〇〇九年までの移民総数は三三七八万人に達した。そのうち、ラテンアメリカからの移民は四三％、アジアからの移民は三一％を占めた。

「世界の博物館アメリカ」の議論を進めるうえで、このような移民の流入をいくつかの類型に分類してみよう。

まず、アメリカ合衆国の形成の母体となったヨーロッパからの移民は、大きく分けて、西・北ヨーロッパ型移民と南・東ヨーロッパ型移民に分類される。西・北ヨーロッパ型移民は一九世紀にピークを迎えたが、その後、減少した。一方、南・東ヨーロッパ型移民は二〇世紀初めにピークを迎え、その後、減少した。ただし、西・北ヨーロッパや南・東ヨーロッパからの移民が途絶えたわけではない。また、アメリカ合衆国に形成された移民エスニック社会と旧移民送出地域であるヨーロッパは、文化的なつながりを維持している。アメリカ合衆国とヨーロッパは、さまざまな側面で大西洋を越えた関係を維持してきた。

このようなヨーロッパ型移民の例として、本書では四つの事例を取り上げる。第3章ではフランス系について、第4章ではアイルランド系について、第6章ではデンマーク系について、第8章ではアメリカ西部のバスク系について、そして第9章ではロサンゼルスのドイツ系について考察する。

ヨーロッパからの移住に関してもう一つ重要な移住形態があり、それは母国喪失型移民である。一八世紀後半から一九世紀初めに、ドイツ人はロシアのヴォルガ川流域や黒海沿岸部に移住し、ロシア系ドイツ人の社会が形成された。そこでは、さまざまな特権を獲得して、ドイツの社会や文化が維持された。しかし、一九世紀末から二〇世紀初めにかけて、ロシアの社会情勢の変化に対応して、多くのロシア系ドイツ人がアメリカ合衆国に移住した。こうして、ヴォルガドイツ人（ヴォルガジャーマン）や黒海ドイツ人（ブラックシージャーマン）と呼ばれるエスニック集団が形成された。その後、ロシアではドイツ人は強制移住を余儀なくされ、ヴォルガ川流域や黒海沿岸部からドイツ系の社会と文化は消滅した。つまり、ロシア系ドイツ人移民にとって故郷が失われたわけである。第7章では、このようなロシア系ドイツ人に焦点を当てる。

アジアからの移民の歴史は一九世紀中頃までさかのぼる。アジア型移民は、ヨーロッパ型移民と比べると、制度的差別の対象となったという点で大きく異なる。アジアからの移民は、一七九〇年国籍法、一八八二年中国人排斥法、カリフォルニア州外国人土地法、一九二四年移民法など、法的な差別の対象となり、市民権獲得、経済活動、移住において著しい制約を受けた。なかでも太平洋岸の日本人と日系人は、第二次世界大戦中に強制収容の対象となった。しかし、一九六〇年代の移民法改正を受けて、一九七〇年代以降、アジアからの移民が急増した。このアジア型移民は、いくつかのタイプに分けられる。

中国からの移民は、カリフォルニアのゴールドラッシュ期にさかのぼり、さらに大陸横断鉄道の建設に伴って急増した。一八六九年に大陸横断鉄道が完成して鉄道建設の仕事が減少すると、多くの中国人が農業労働に従事した。集約化が始まったカリフォルニアの農業地域において、中国人は農業労働者として重要な役割を演じた。一八七〇年代に中国人移民数はピークに達した。しかし、中国人の存在は排斥運動を引き起こし、一八八二年中国人排斥法が施行されて、中国からの移民の時代は終わった。しかし、第二次世界大戦後、一九六五年移民法によってアジアからの移民の受け入れが緩和された。一九七〇年代以降、中国人移民は著しく増加し、現代のアメリカ合衆国に大きな影響を及ぼしつつある。しかも、アメリカ合衆国の中国人は、華人グローバルネットワークの一部を構成する存在となっている。第10章では、サンフランシスコの華人とチャイナタウンについて考察する。

日本人移民は、一九世紀末に中国人労働者に代わる農業労働力として西海岸に流入し始めた。そして、日本人移民数は一九〇〇年代にピークに達した。しかし、日米紳士協約(一九〇七・〇八年)、そして帰化不能外国人の入国を禁止した一九二四年移民法による制限を受けて減少した。第二次世界大戦後、移民の流入が再開されたものの、二〇世紀初頭の水準にははるかに及ばなかった。そして、日本の高度経済成長に伴って、海外移住者が大幅に減少した。最近の日本人移民は、フィリピン、インド、中国などのアジア諸国と比較すると、ごく少数に限られる。さらに、今日、日本とアメリカ合衆国との関係は密接化しているにもかかわらず、日本とアメリカ合衆国の日系社会との間の人的および文化的な関係は弱く、交流は限定的である。すなわち、アジア型移民であっても、日本人と中国人は対照的な存在である。

移民法改正の影響によって移民が急増したのは中国人だけではなかった。一九七〇年代から、韓国、インド、フィリピン、ベトナムからの移民が急増している。なかでもベトナム人は、当初、ベトナム戦争の影響を受けた難民として受け入れられた。第二次世界大戦前までは、これらのアジアの国々からの移民の流入は限定的であった。すなわち、これらの国々にとって、アメリカ合衆国への移民は現代の人口移動であり、アメリカ合衆国への移民の時代が終わった日本とは著しく異なる。

アメリカ合衆国への移住が進行している点において、ラテンアメリカ型移民も同様である。メキシコからの移民はアメリカ合衆国における労働力不足を補う存在であったが、とくに一九六〇年代から存在感が増している。カリブ海地域からの移民も同様である。また、中央アメリカからの移民も増加している。ラテンアメリカ型移民は現代の人口移動であり、広域な人的および文化的な交流が進行中である。ヒスパニックあるいはラティーノと呼ばれるラテンアメリカ系の人々は増加し続けており、二一世紀半ばには総人口の四分の一を占めるだろうと推計されている。第11章では、アメリカ合衆国におけるラテンアメリカ系住民の存在と現代的な交流について検討する。

当然のことながら、以上の移民類型に加えて、多民族社会としてのアメリカ合衆国を考察するためには、奴隷として強制移住を強いられたアフリカからの人口移動について、また、コロンブス以前からアメリカ大陸に居住したアメリカ先住民とその子孫について検討することが重要である。しかし、これらの少数派集団は、移民に伴う文化の導入と残存という本書の考察の枠組みにおいては、対象にはならない。そのため、これらの集団については、別稿に譲ることにした。

3　分裂しない多民族国家

アメリカ合衆国は、世界各地からの移民をどのように受け入れてきたのだろうか。ホスト社会と移民社会との関係は時の流れに伴って変化してきた。イギリス系が多数派を構成するアメリカ社会に、新たに流入する移民が同化することを期待されたのが同化論であった。二〇世紀に入ると、さまざまな人種・民族が溶け合ってアメリカ人という新しい民族が生まれるという理想を掲げたるつぼ論が生まれた。そして、より現実的な観点から、多様な人々の存在を容認するサラダボウル論へと展開した。さらに、それぞれのエスニック集団が自己主張をしすぎると、アメリカ社会の分裂を招きかねないと危惧する分裂論も唱えられた。いずれにせよ、移民と移民が持ち込んだ世界の多様な文化の存在は、従来、積極的には評価されなかった。しかし、一九七〇年代以降、移民の子孫による多様な文化の再認識と再生・再創造の活動が活発に行われるようになった。

アメリカ合衆国は世界でもまれな多民族国家であり、それは分裂することのない多民族国家である。アメリカ合衆国に流入した移民は、一つの国家としてのアメリカ化と、国内のローカル地域に根強く存在する地域主義という、両者のメカニズムにしっかりと組み込まれてきた。同時に、自分の意志でアメリカ合衆国に入国を希望した移民は、アメリカ的な文化や価値観に理解を示すとともに、自分の母国の文化や価値観を維持しつつ、それぞれの地域において自分の生活を営む。すなわち、アメリカ化、地域主義、エスニック意識が複雑に絡み合ってアメリカ合衆国が成り立っている。

アメリカ合衆国を概観すると、図1.5に示されるように、民族を指標とした人口分布には地域的な偏りが認められる。しかし、特定の地域が独立を主張して分裂するような

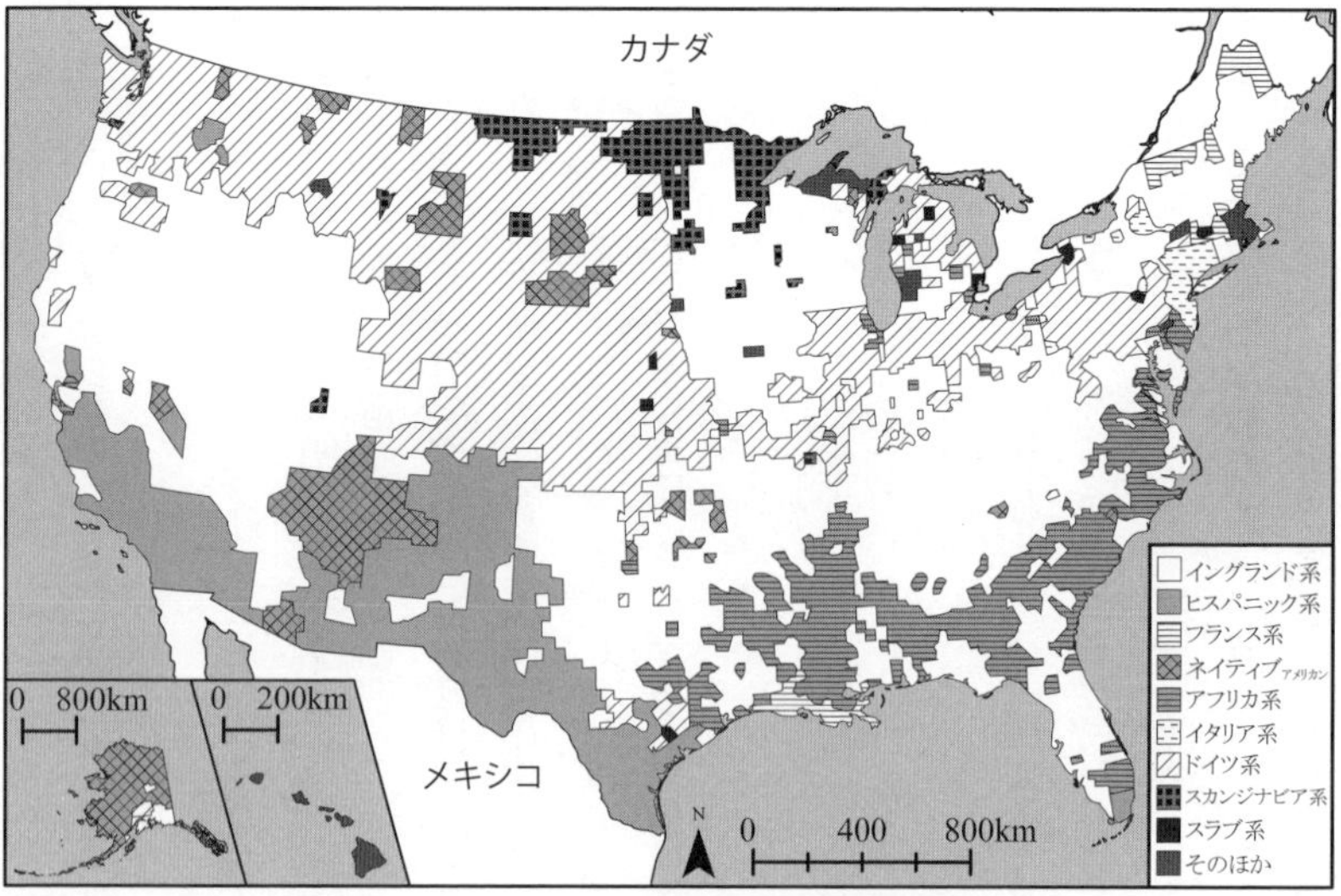

図1.5　アメリカにおける民族的属性の分布
（出所）Jardan-Bychkov（2012：126）により作成。

ことはない。世界には多くの民族国家があるが、これがアメリカ型多民族社会の特徴である。

4　移民博物館と無形移民博物館

それでは、移民が持ち込んだ文化はどのような場所や機会に確認することができるのだろうか。鍵となるのが移民博物館である。移民博物館とは、移民の歴史を展示、記録、記憶するための空間である。移民博物館は、移民を受け入れたホスト社会の特徴と、移民社会とホスト社会との関係を理解するための素材となる。一般に博物館は、建物・展示空間、展示物、設立・運営組織、訪問者によって成り立つ。アメリカ合衆国の移民博物館が誰により組織され、どのような建物が利用され、何が展示され、誰が訪問するのかが重要である（矢ケ﨑 二〇一六）。

アメリカ合衆国の移民博物館には次のような機能が存在する。一つとして、移民博物館はアメリカ型多民族社会を象徴する存在であり、アメリカ合衆国における地域性を論じるための地域要素として重要である。また、移民博物館は移民の出身地である世界各地との文化的結びつきを示す存在である。さらに、移民博物館は世界の出来事を記憶する空間でもある。最近では、移民博物館は観光資源としての重要性を増している。

広大な国土と豊かな資源を持つアメリカ合衆国では、慢性的に労働力が不足した。そのため、移民は労働力として歓迎されたが、移民に対する偏見や差別が存在し、それはアメリカ社会の不安定要因となった。しかし、一九六〇年代の変革の時代を経て、一九七〇年代以降、前述のように、移民の出身地に大きな変化がみられるとともに、多民族の存在に寛容な社会へと変化してきた。移民博物館は、このようなアメリカ社会の変化のなかで増加し、その存在感を増すとともに、現代のアメリカ社会の動向を映し出す鏡の役割を果たしている。すなわち、アメリカ合衆国の移民博物館は、アメリカ型多民族社会を象徴する存在である。本書では、第5章でシカゴに着目し、移民博物館に着目して都市構造の変化を検討することの意義を論じる。

アメリカ合衆国では、国民意識の重層化が進んできた。つまり、アメリカ国民としての自己認識と、移民エスニック集団の一員としての自己認識の重層構造である。移民博物館は、移民エスニック集団にとっては、出身地からアメリカ合衆国への移民の歴史を保存し、移民エスニック集団の一員としての自己認識を確認できる場所である。同時に、アメリカ社会にとっては、移民博物館は多民族社会を再認識できる場所であり、アメリカ人としての国民意識を強化する場所でもある。

一方、移民が持ち込んだ文化を確認できるのは移民博物館だけではない。祭りやパレードなどの無形移民博物館にも注目する必要がある。本書では、第3章でフランス系のアカディアン・フェスティバルに、第4章ではアイルランド系のセント・パトリックス・デイ・パレードに着目する。なお、ロサンゼルスのリトルトーキョーでは毎年、八月に二世ウィークの祭りが開催される。かつて日系移民が集住したリトルトーキョーは、都心部の再開発の進行と日系人の郊外化によって寂れてしまった。しかし、二世ウィークの期間にはリトルトーキョーはにぎわいを取り戻し、南カリフォルニアの日系社会の象徴としての場、心のふるさととして機能していることが再認識される。

移民博物館の分布をみると、移民の歴史や分布を反映して、地域差が認められる。一七世紀に植民が始まった大西洋岸の地域では、移民の生活を体験できる博物館が多くの観光客を集める。ペンシルヴェニアでは、アーミシュやメノナイトの博物館が伝統的な生活を再現している。多民族都市として知られるニューヨークには、エリス島移民博物館、ロアーイーストサイドテネメント博物館、各種の移民博物館などがあり、これらの博物館を訪れることにより、移民が殺到した時代と国家の成り立ちを再認識することができる。このようなニューヨークの移民博物館には、シカゴやロサンゼルスという大都市の移民博物館とは異なる特徴がみられる。すなわち、移民博物館に着目して都市の比較研究をすることも可能である。一方、西部に入植した移民エスニック集団は多様な移民博物館を設立した。アジア系移民の多い太平洋岸には、日系や中国系など、アジア系の移民博物館が多く存在する。

なお、世界でどのような移民博物館が組織・運営されているのかに着目することにより、世界地誌をグローバルな観点から理解することもできる。たとえば、日本とアメリカ合衆国を比較すると、両国の移民博物館には顕著な相違がみられる。日本の移民博物館は、ほとんどが日本から海外への移民の歴史を記録する博物館である。日本ハワイ移民資料館（山口県大島郡周防大島町）、アメリカ村カナダ移民資料館（和歌山県日高郡美浜町三尾）、移住ミュージアム（神戸市立海外移住と文化の交流センター）、JICA横浜海外移住資料館（神奈川県横浜市）などがあげられる。一方、アメリカ合衆国には移民送出の歴史を記録する移民博物館は存在しない（矢ケ﨑 二〇一六）。

また、アメリカ合衆国の移民博物館には、移民の出身地である世界各地との文化的な結びつきが展示されるし、世界の出来事が記憶されている。移民博物館を通して、アメリカ合衆国をグローバルな枠組みに位置付けることが可能である。第2章では、こうした移民博物館に着目することにより、アメリカ地誌を考えてみたい。

〈文　献〉

矢ケ﨑典隆　二〇〇〇「アメリカ合衆国アーカンザス川流域の甜菜糖産業」『歴史地理学』四二（四）：一–二二

矢ケ﨑典隆　二〇〇三「アメリカ地域研究と地理学――フィールドワークによる地域理解――」『東京学芸大学紀要第3部門社会科学』五四：七五–八七

矢ケ﨑典隆　二〇〇五「日本の地理学者によるアメリカ研究――文献目録――」『東京学芸大学紀要第3部門社会科学』五六：五一–六三

矢ケ﨑典隆　二〇一〇『食と農のアメリカ地誌』東京学芸大学出版会

矢ケ﨑典隆　二〇一一「移民の適応戦略――南北アメリカのエスニック社会の比較――」山下清海編『現代のエスニック社会を探る――理論からフィールドへ――』学文社　三〇–三七

矢ケ﨑典隆編　二〇一一『世界地誌シリーズ4　アメリカ』朝倉書店

矢ケ﨑典隆　二〇一五「探検と発見のアメリカ地誌――地誌学の再構築に向けて――」『地理学評論』八八（二）：八三―一〇一

矢ケ﨑典隆　二〇一六「移民博物館」山下清海編『世界と日本の移民エスニック集団とホスト社会――日本の多民族化に向けたエスニック・コンフリクト研究――』明石書店　五三―五八

Jordan-Bychkov, T. G. et al. 2014. *Jordan's Fundamentals of the Human Mosaic: A Thematic Introduction to Cultural Geography*. Second Edition. W. H. Freeman and Company.

第2章

移民博物館が描くアメリカ地誌

矢ケ﨑典隆

一九七〇年代以降、アメリカ社会が変化し、多民族の存在を容認するようになると、移民エスニック集団の活動が活発化した。その結果、全米で移民博物館が増加してきた。移民博物館は、アメリカ型多民族社会を象徴する存在である。移民博物館に着目することにより、アメリカ合衆国の地域性を概観することができる。移民博物館のタイプと分布について、そして移民博物館の意義と役割について考えてみよう。

1　文化地域と移民博物館

アメリカ合衆国の地域性と全体像を把握するための一つの方法は、地域区分という方法である。アメリカ合衆国のように、面積が広大で多様性に富んだ国を理解するためには、地域区分を行って、それぞれの地域の特徴を明らかにすることは有効な方法である。地形・気候・植生などの自然、植民と開発の歴史、産業や経済、住民の構成、文化、

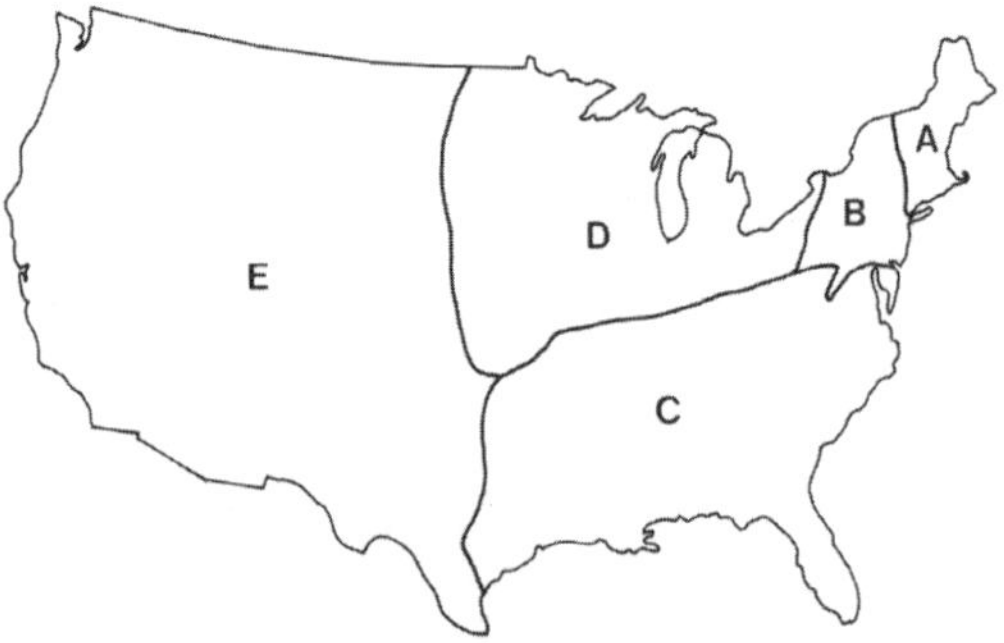

A：ニューイングランド　B：ミッドランド　C：サウス
D：ミッドウエスト　E：ウエスト

図 2.1　アメリカ合衆国の文化地域

（出所）Zelinsky（1992：118）による。

行政など、さまざまな指標に基づいて、数多くの地域区分が試みられてきた（矢ケ崎 二〇〇六）。それぞれの地域の特徴を記述することによって地域性を理解し、多様な地域で構成される総体としてのアメリカ合衆国という国家を、地理学的に論ずることができる。

文化に着目してアメリカ合衆国を地域区分したのが文化地域である。文化と一口で言ってもさまざまな文化要素が指標になるが、文化地理学者のゼリンスキーは、ヨーロッパ人による植民過程と地域の発展に着目して、文化地域の設定を試みた（Zelinsky 1992）。図2.1に示されるように、五つの第一階層の文化地域、すなわち、ニューイングランド、ミッドランド（中部）、サウス（南部）、ミッドウエスト（中西部）、ウエスト（西部）が設定された。さらに、それぞれの文化地域には第二階層の文化地域が確認された。多民族化が進行してきたとはいえ、一七世紀初頭からのヨーロッパ人による植民活動が、アメリカ合衆国における地域性の形成に果たした役割は大きい。内務省国勢調査局による四地域区分のように、州を単位とした地域区分が一般的ではあるが、文化地域区分は地域性をより明瞭に示すことができる。

アメリカ合衆国の北東端部を占めるニューイングランドは、最も早く植民が始まった地域である。植民地時代に宗教共同体としてのタウンが組織され、イングランド南部の都市から移民が流入して植民が進行した。文字通り「新しいイングランド」が誕生した。ミッドランドは植民地時代の中部植民地に相当し、西ヨーロッパから農民が流入して、家族農場と混合農業の伝統が導入された。また、ニューヨークに代表されるように、ヨーロッパから多様な人々

写真 2.1　プリマスプランテーション

（撮影）2003 年 8 月、矢ケ﨑典隆

が都市に流入して多民族社会が形成された。一方、中部植民地の南には大西洋岸に沿って南部植民地が形成され、大土地所有とプランテーションが展開した。このような社会や経済の仕組みが地域的特徴を醸成し、それが西へと拡大してサウスが形成された。サウスの北に広がるミッドウエストは、アメリカ合衆国の発展の中核を担った地域である。コーンベルトに代表されるように、食料生産の中心となるとともに、一九世紀後半からは工業化が進展して、この国の経済発展の原動力となった。その過程で、ヨーロッパからの移民が重要な役割を演じた。ウエストはアメリカ合衆国の西半分に広大な面積を占め、一般に人口が希薄である。一九世紀末から地域ごとに独自の発展がみられ、多様な文化要素や産業活動によって特徴づけられる。

このような文化地域を想定すると、私が今までに訪れた移民博物館を地域的にうまく整理することができる。記憶に残っている移民博物館のいくつかの事例をあげてみよう。

写真 2.2　マンハッタンのロアーイーストサイドテネメント博物館
（撮影）2014 年 2 月、矢ケ﨑典隆

ニューイングランドの植民を象徴するのは、マサチューセッツ州のプリマスにあるプリマスプランテーション（Plimoth Plantation）である。メイフラワー号で到来したピルグリムファーザーズたちは、沿岸部に入植地を建設した。プリマスプランテーションは、一七世紀のイングランド人による開拓を再現した野外博物館である。ひとたび園内に入ると、入園者は開拓時代にタイムスリップしたような錯覚を覚える。当時の移民に扮した職員が人々の生活を再現しており、農業、天候、日常生活などについて聞いてみれば、当時の英語で答えてくれる（写真2.1）。

ミッドランドの植民は、北西ヨーロッパからの多様な人々によって進められた。そして、この地域でアメリカ的な生活様式・生産様式の原型が形成された。ニューヨークのマンハッタンには多様な人々が流入し、この島は発展の当初から、多民族、多文化、多宗教、多言語によって特徴づけられた。ロアーイーストサイドテネメント博物館（Lower East Side

写真 2.3　ニュースウェーデンの野外博物館
（撮影）2011 年 11 月、矢ケ﨑典隆

Tenement Museum）は、マンハッタンのロアーイーストサイドにある建物を修復して、移民街の生活を再現した移民博物館である（写真2.2）。この地区は、一九世紀後半にはドイツ人の街として知られたが、その後、ユダヤ人をはじめとしてさまざまな移民が流入した。一九八八年に開館したこの移民博物館では、移民街での生活を体験するいくつものガイド付きツアーが用意されていて、観光客に人気である。

ミッドランドの農村地域における開拓については、一七世紀のはじめにデラウェア川の下流部に建設されたニュースウェーデンを訪問すれば、体験的に理解することができる。スウェーデン人は丸太小屋という建築様式を北アメリカに導入したことで知られる。デラウェア川の河畔にはスウェーデン人による入植の痕跡を残した歴史的施設が点在しており、野外博物館が構成されている（写真2.3）。もちろん、デラウェア川にのぞむ中心都市フィラデルフィアには、アメリカスウェーデン歴史博物館（American Swedish Historical Museum）があり、立派な建物と展

写真2.4　イリノイ州ノルウェーのノルウェー博物館
（撮影）2015年9月、矢ケ﨑典隆

示に加えて、スウィーディッシュコロニアルニューズ（*Swedish Colonial News*）を定期刊行している。

ミッドウエストには西ヨーロッパや北ヨーロッパから大量の移民が流入し、農業開拓に従事したし、都市の工業発展の担い手となった。シカゴは移民博物館によって特徴づけられるといっても過言ではなく、これらについては第5章で詳細に検討する。

移民の流入によって、農村地域には移民が形成する文化島あるいは民族島が形成された。農村地域を車で走っていると、思いがけずに移民博物館に出会うこともある。シカゴの南の郊外にノルウェーという村がある。ここにはノルウェーからの移民が入植して農業に従事した。今でも、ノルウェーの集落にはノルウェー博物館（Norsk Museum）がある。この小規模な移民博物館は、六月から九月までの夏季の、週末の午後一時から五時までしか開館していない（写真2.4）。

移民が形成した文化島が典型的にみられるのがウィスコンシンである。農地を求めて、西ヨーロッ

写真 2.5　オールドワールドウィスコンシンのフィンランド式サウナ
（撮影）2012 年 9 月、矢ケ﨑典隆

パや北ヨーロッパから多くの移民が流入した。移民はヨーロッパの農業の伝統や生活文化を持ち込んだ。そうしたヨーロッパ移民の生活は、野外博物館のオールドワールドウィスコンシン（Old World Wisconsin）で垣間見ることができる。この移民博物館には、ヨーロッパ系移民が建設した民家が集められ、開拓時代の生活が再現されている。その一つは、写真2.5のようなフィンランド式サウナである。なお、カフェテリアのメニューにはヨーロッパ系の料理が並ぶ。

ウエストは西部に広大な面積を占める。全体的にみると、開発の歴史は新しい。そうした動向は、カリフォルニア州サンノゼにあるケリー公園の歴史公園において読み取ることができる。これは古い建造物を移築した民家から構成される野外博物館である。ここにはポルトガル系、中国系、ベトナム系、ギリシャ系などの移民博物館が集中する。とくにポルトガル歴史博物館（Portuguese Historical Museum）は充実している（写真2.6）。カリフォルニアには、捕鯨

写真 2.6　サンノゼのポルトガル移民博物館
（撮影）2015 年 1 月、矢ケ﨑典隆

の時代からポルトガル人口が存在した。また、羊飼いや酪農業を営むポルトガル人も多かった。カリフォルニア・ポルトガル遺産継承協会は、ニューズレターを定期刊行している。

ウエストの特徴の一つは、ラテンアメリカやアジアとのつながりである。とくに、移民の歴史の古い中国人と日本人は、各地に移民博物館を開設してきた。サンノゼにはサンノゼ日系アメリカ人博物館（Japanese American Museum of San Jose）があり、ジャパンタウンとともに、日本人移民の歴史を記録している。また、ロサンゼルスの中心部にあるリトルトーキョーには、大規模な移民博物館の全米日系人博物館（Japanese American National Museum）がある。

以上、いくつかの事例をあげてみた。移民博物館はそこに暮らす住民によって組織されるので、当然のことながら住民の属性を反映する。そして、住民の属性は、伝統的に移民の流入によって規定されてきた。移民が地域性の形成に大きな役割を果たしたことが容易に推察される。

2　移民博物館の類型と分布

それでは、アメリカ合衆国にははたしてどれだけの移民博物館があるのだろうか。また、移民博物館にはどのような類型が存在するのだろうか。

移民博物館は、主要な二つのタイプと、補足的な二つのタイプに分類される。主要な二タイプとは、連邦政府による総合的移民博物館と、移民エスニック集団が設立・運営する移民博物館である。補足的な二タイプとは、地域の公共博物館における移民関係展示と、移民テーマパーク型都市である。

連邦政府による総合的移民博物館は、ニューヨークの観光スポットの一つとして知られるエリス島移民博物館である（写真2.7）。エリス島には一九世紀末に移民の入国審査所が設けられたが、一九五四年に恒久的に閉鎖された。この施設は一九六五年に自由の女神国立記念建造物の一部となり、一九九〇年には修復された本館が移民博物館として公開された。マンハッタン南部のバッテリーパークからエリス島移民博物館と自由の女神を巡る遊覧船が出ている。この移民博物館は、アメリカ合衆国が移民の国であることを国民に認識させる場として機能しているし、外国人の訪問者も多い。

典型定期な移民博物館とは、移民エスニック集団により組織・運営される

写真 2.7　ニューヨークのエリス島移民博物館
（撮影）2014 年 3 月、矢ケ﨑典隆

移民博物館である。一九七〇年代から移民博物館が増加してきた。それは、アメリカ社会が多民族の存在に寛容になるにつれて、それぞれの集団が自分たちの文化的な伝統に関心を向けるようになったからである。

一方、地域の公共博物館のなかには、移民展示の充実が図られている事例がみられる。たとえば、ウィスコンシンの州都マディソンの中心部には州立博物館がある。ここには移民の展示があり、ビデオ資料によりさまざまな集団の経験を提供している。移民の存在が同州の発展に寄与したことが語られる。なお、ウィスコンシン州歴史協会は、ヨーロッパ系移民集団ごとの歴史や文化を説明した九冊の冊子（アイルランド人、ウェールズ人、スイス人、スウェーデン人、デンマーク人、ドイツ人、ノルウェー人、フィンランド人、ポーランド人）を出版している。一方、ミネソタ州立博物館には、移民展示はみられない。ただし、ミネソタ州歴史協会は、「ミネソタの人々」と題するシリーズで一〇冊（スウェーデン人、ソマリア人、中国人、ドイツ人、ノルウェー人、フィンランド人、ポーランド人、メキシコ人、モン族、ユダヤ人）を刊行している。

カリフォルニア州のセントラルバレーはアメリカ合衆国を代表する農業地域であり、一九世紀末から灌漑化が進行することにより、多様な人々が入植し、農業労働者として定住した。トゥラレ郡農業労働・農業博物館は、この地域の農業発展に貢献した移民集団に関する展示に力を注いでいる。とくに最近開設されたポルトガル移民の貢献に関する常設展示は、アゾレス諸島の出身者がこの地域の酪農業の発展に大きく貢献したことを記録している。

また、同じセントラルバレーのフレズノ郡では、郡立博物館の展示のなかで、二〇世紀はじめに日本人の入植地が建設され、日本人移民が農業に従事した歴史が展示される。入植事業を主導した安孫子久太郎とヤマトコロニーに関する展示があるし、日系住民のオーラルヒストリーの記録も残されている。このような展示は、地域の歴史を記録するなかで、日本人の活動が評価されるようになった証なのである。

補足的タイプとして移民テーマパーク型都市があげられる。これは厳密に言えば移民博物館ではないが、移民をテーマとして、街自体を博物館にした試みである。カリフォルニア州の沿岸部にあるソルヴァングは、「カリフォルニアのデンマーク」として知られる。ここでは、デンマークの街並みを再現することにより観光地化を進め、街全体が移民博物館となった事例である。ソルヴァングについては、コラム1で詳細が語られている。

それでは、移民博物館はどのように分布しているのだろうか。各種の資料を活用して、主要な二タイプについて、「アメリカ合衆国の移民博物館一覧」を作成し、巻末に掲載した。移民博物館の総数は一七四におよぶ。この資料に基づいて、州別に移民博物館の数を示したのが図2.2である。

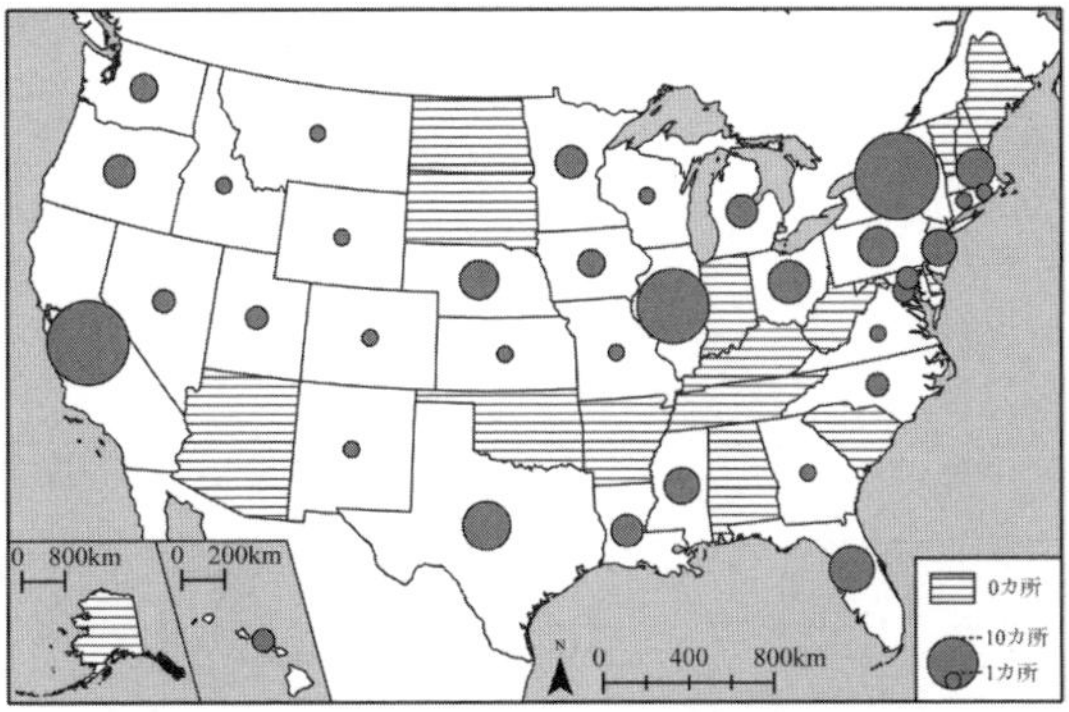

図2.2　アメリカ合衆国における移民博物館の州別分布
（出所）各種ウェブサイト、ディレクトリー、ホームページ等により作成。

移民博物館はニューヨーク、イリノイ、カリフォルニアの各州に集中している。これは、ニューヨーク、シカゴ、ロサンゼルスとサンフランシスコという大都市に移民博物館が集中するためである。一方、ニューイングランドと南部には、移民博物館をもたない州がいくつも存在する。また、カリフォルニアを除いた西部では、移民博物館は少ない。

なお、アフリカ系アメリカ人博物館とネイティブアメリカン博物館の州別分布についても、図2.3と図2.4に示した。アフリカ系アメリカ人博物館は一六六を数え、ニューヨークと南部諸州に多く分布する。一方、ネイティブアメリカン博物館は二五一を数え、ニューヨークおよび西部諸州に分布する。アフリカ系アメリカ人博物館にしても、ネイティブアメリカン博物館にしても、これらの人口分布をおおむね反映している。

次に、移民博物館を、移民エスニック集団の出身地や属性に基づいて分類したのが表2.1である。広域な枠組みに基づいて組織された移民博物

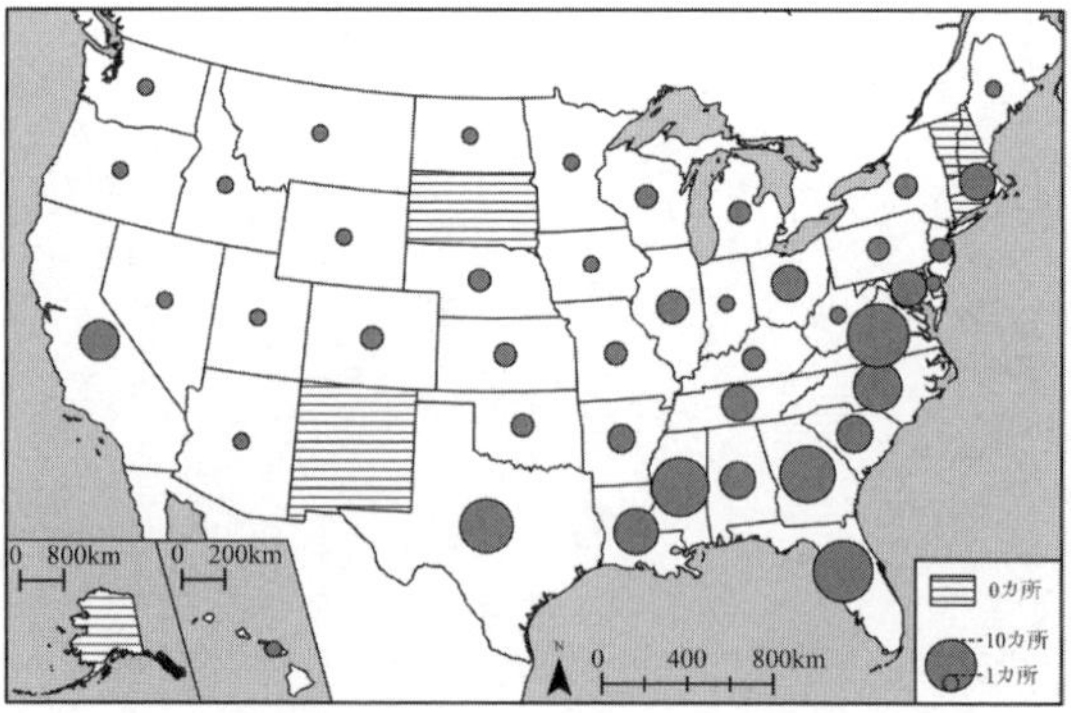

図 2.3　アメリカ合衆国におけるアフリカ系アメリカ人博物館の州別分布
（出所）図 2.2 に同じ。

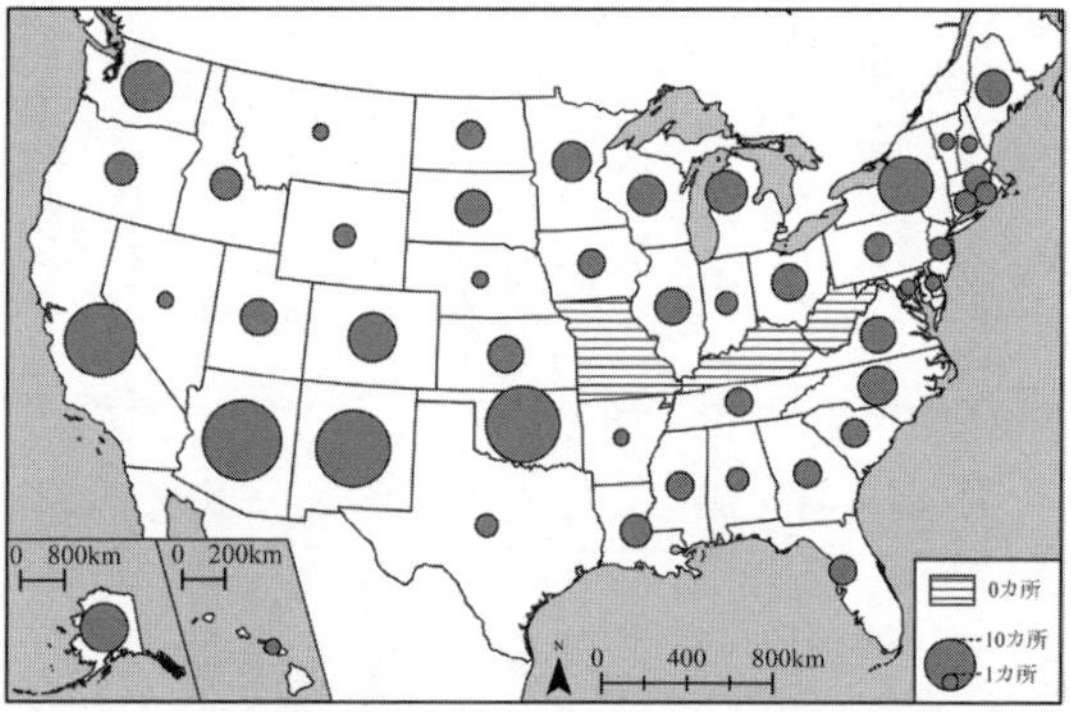

図 2.4　アメリカ合衆国におけるネイティブアメリカン博物館の州別分布
（出所）図 2.2 に同じ。

館もあるし、ポルトガルのマデイラ島のように、特定の地域の出身者の集団によって組織された移民博物館もある。数において最も多いのはユダヤ系移民博物館で、四八におよぶ。なお、移民博物館を組織・運営する移民エスニック集団の出身地について図示したのが図2.5である。ヨーロッパの出身者による移民博物館が圧倒的に多い。さらに、アジア、中部アメリカ、西アジアの出身の移民エスニック集団も移民博物館を組織した。一方、オセアニア、アフリカ、南アメリカからの移民は移民博物館を組織していない。

表 2.1　出身地・属性に基づいて分類した移民博物館

広域	世界 (1)　アジア (4)　ヒスパニック (5)　ユダヤ (48)　ヨーロッパ (4)
南北アメリカ	アカディア (3)　キューバ (1)　ハイチ (1)　プエルトリコ (1)　メキシコ (5)
中東	アラブ (1)　ムスリム (1)
アジア	インド (1)　韓国 (3)　カンボジア (1)　中国 (15)　日本 (8)　ベトナム (1)
ヨーロッパ	アイルランド (4)　アルメニア (2)　イタリア (7)　イングランド (1)　ウエールズ (2)　ウェンド (1)　ウクライナ (4)　ウズベキスタン (1)　カーボベルデ (1)　ギリシャ (3)　スイス (1)　スウェーデン (5)　スカンジナビア (2)　スコットランド (2)　スロベニア (2)　チェコ (3)　チェコ・スロバキア (2)　デンマーク (2)　ドイツ (7)　ノルウェー (1)　バスク (1)　ハンガリー (2)　ブコビナ (1)　フィンランド (1)　ベルギー (1)　ポーランド (4)　ポルトガル (1)　マデイラ (1)　ラトビア (3)　リトアニア (1)　ロシア (1)

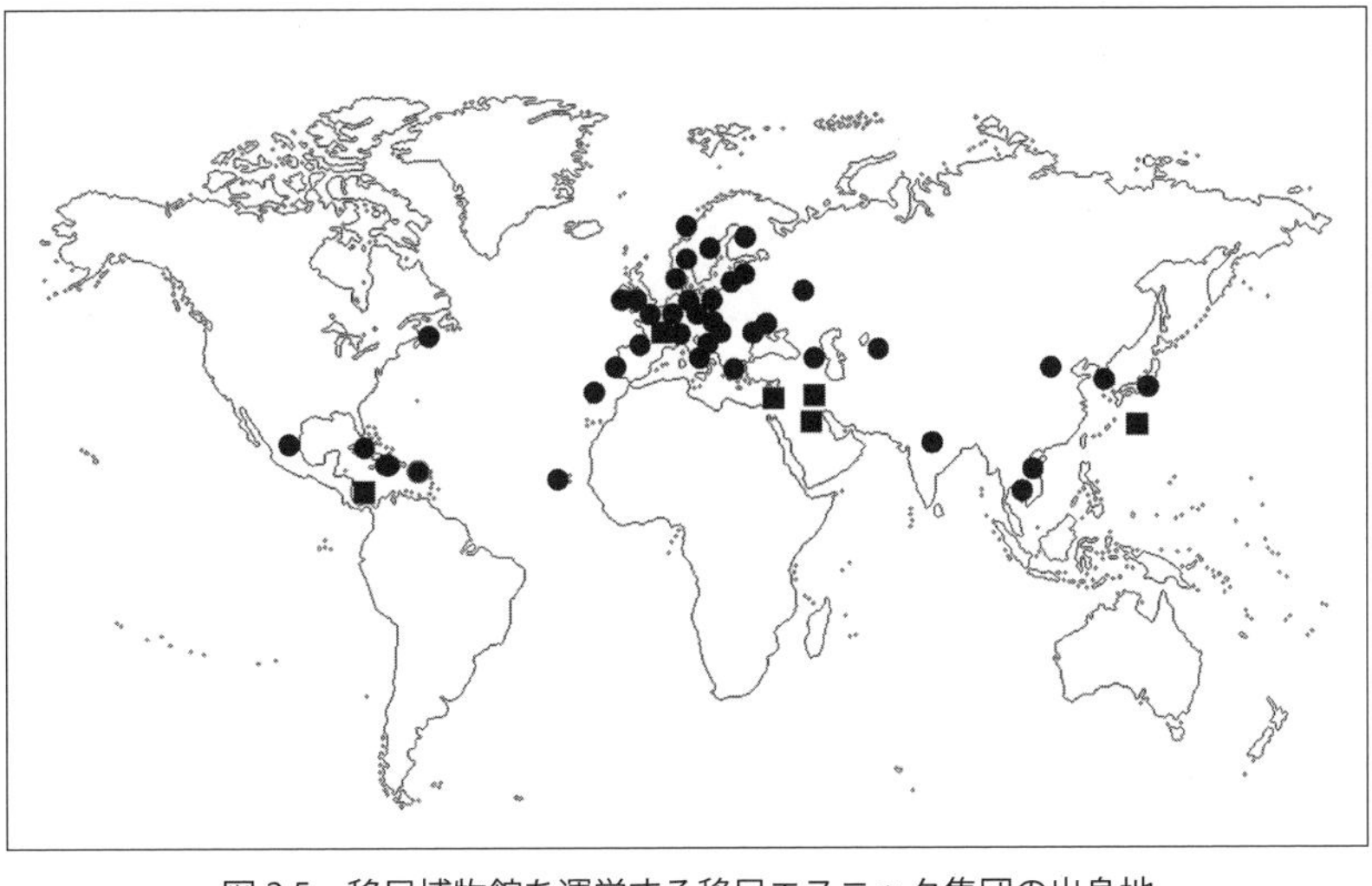

図 2.5　移民博物館を運営する移民エスニック集団の出身地

（出所）巻末の資料「アメリカ合衆国の移民博物館一覧」により作成。

3 移民文化の観光資源化

以上のように多くの移民博物館が存在するが、こうした動向は一九七〇年代以降のアメリカ社会の変化を反映している。一九七〇年代以降、アメリカ合衆国への移民の出身地に大きな変化が生じた。ヨーロッパからの移民が激減する一方、アジアやラテンアメリカからの移民が急増した。一九六〇年代の公民権運動と社会的混乱、そして移民法改正はアメリカ社会の大きな転換を促した。二〇世紀末の三〇年間をみると、移民総数に占めるヨーロッパ出身者の比率はわずかに一三・五%であり、アジアとラテンアメリカの出身者を合計すると八一・四%に達した。このような移民出身地の構成の変化は、間違いなく将来のアメリカ合衆国の人口構成と社会のあり方を変化させることになる。

多民族社会の認識が強化され、多民族の存在に対する寛容度が増すにつれて、アメリカ人の国民意識の重層化が進んだ。すなわち、アメリカ国民としての自己認識と、移民集団の一員としての自己認識の重層構造が顕在化した。ナショナルアイデンティティ、すなわちアメリカ国民としての自己認識と、エスニックアイデンティティ、すなわちエスニック集団としての自己認識の共存である。これらの認識は不可分であり、前章でみたように、この国は民族問題によって分裂することはない、世界でもまれな多民族国家である。ただし、社会経済階層や人種民族によるアメリカ社会の分断化は進展している(矢ケ﨑・矢ケ﨑 二〇一六)。

アメリカ合衆国が多民族国家であるという認識が広く共有されるようになった結果、一九七〇年代以降、移民エスニック集団による発信が活発化した。移民エスニック集団を単位とする移民博物館の設立はそうした動向を象徴する。移民エスニック集団にとって移民博物館は、母国からアメリカ合衆国への移民の歴史を記録し、移民エスニック集団の一員としての自己認識を確認する場所を提供する。一方、アメリカ社会にとっての移民博物館の意義は、多民族社会を再認識する場所を提供すること、そして、アメリカ人としての国民意識を強化する場所を提供することである。

移民博物館は移民文化の共感と共有を実現する空間として機能するが、それは移民文化を観光資源化することによって実現可能となる。移民博物館の訪問者は、当該エスニック集団の構成員に限定されるものではない。他のエスニック集団の構成員やホスト社会の構成員を動員する。他の移民エスニック集団に属する人々は、アメリカ国内に存在する異文化に対して驚き、その移民エスニック集団の経験を少数派の立場から共感し、それによって移民文化の共有化が図られる。ホスト社会の構成員は、国内の多様な文化の存在に驚き、多民族社会を実感する。移民博物館の訪問者は、人種民族の背景を問わず、多民族社会アメリカの一員であることを再認識する。

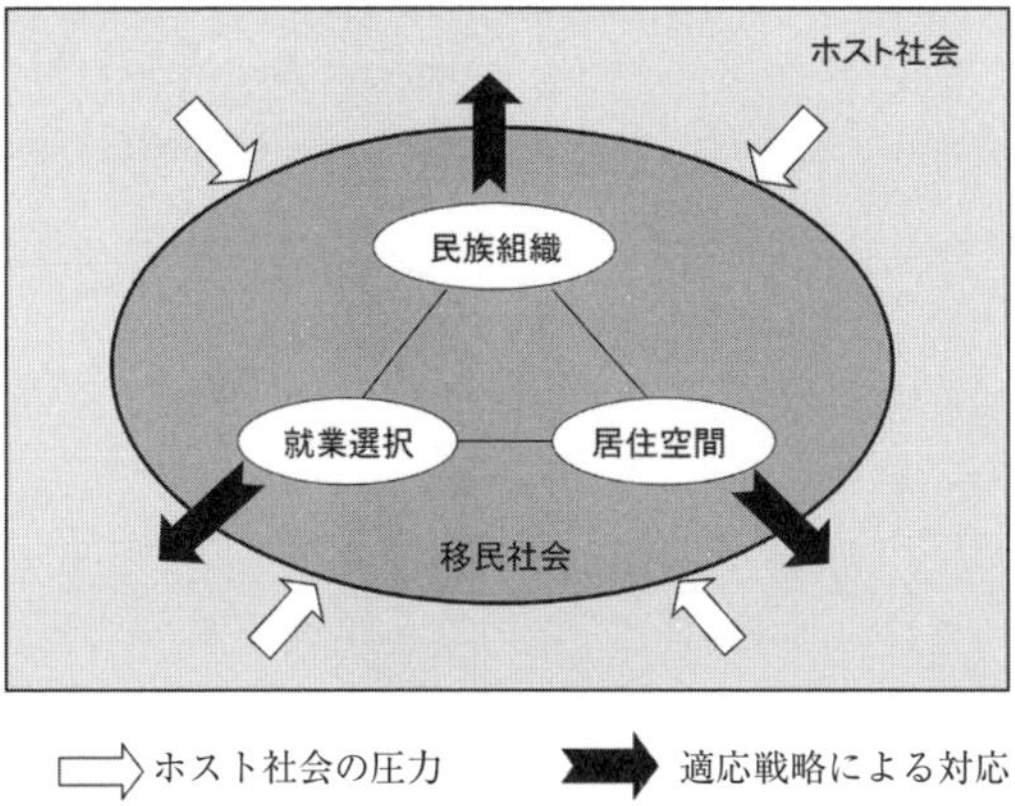

図 2.6　アメリカ合衆国における移民の適応戦略
（出所）矢ケ﨑（2015）による。

アメリカ合衆国の移民がホスト社会に適応する過程は、図2.6に示される移民の適応戦略モデルによって説明することができる（矢ケ﨑二〇〇三）。移民エスニック集団は、ホスト社会からの制度的および非制度的な圧力に直面して、適応戦略を駆使することにより、アメリカ合衆国における生活の基盤を形成した。そうした移民の適応戦略は、民族組織、就業選択、居住空間に分類される。移民の適応戦略には、地域によって、時代によって、また移民集団によって差異がみられた。しかし、一九七〇年代以降、ホスト社会から移民社会に向けられる圧力は弱まり、少なくとも法的な差別は撤廃された。こうした動きに対応して、移民の適応戦略は弱まり、移民エスニック集団にとって就業機

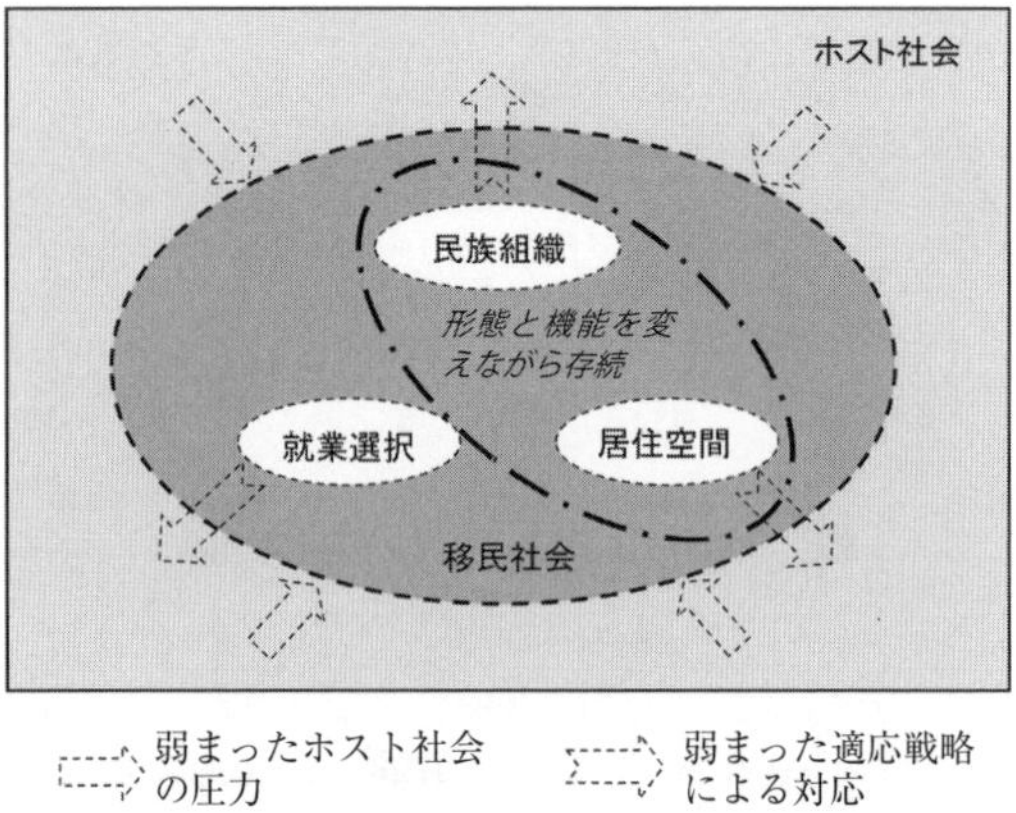

図 2.7　移民エスニック集団のアメリカ化と適応戦略
（出所）図 2.6 に同じ。

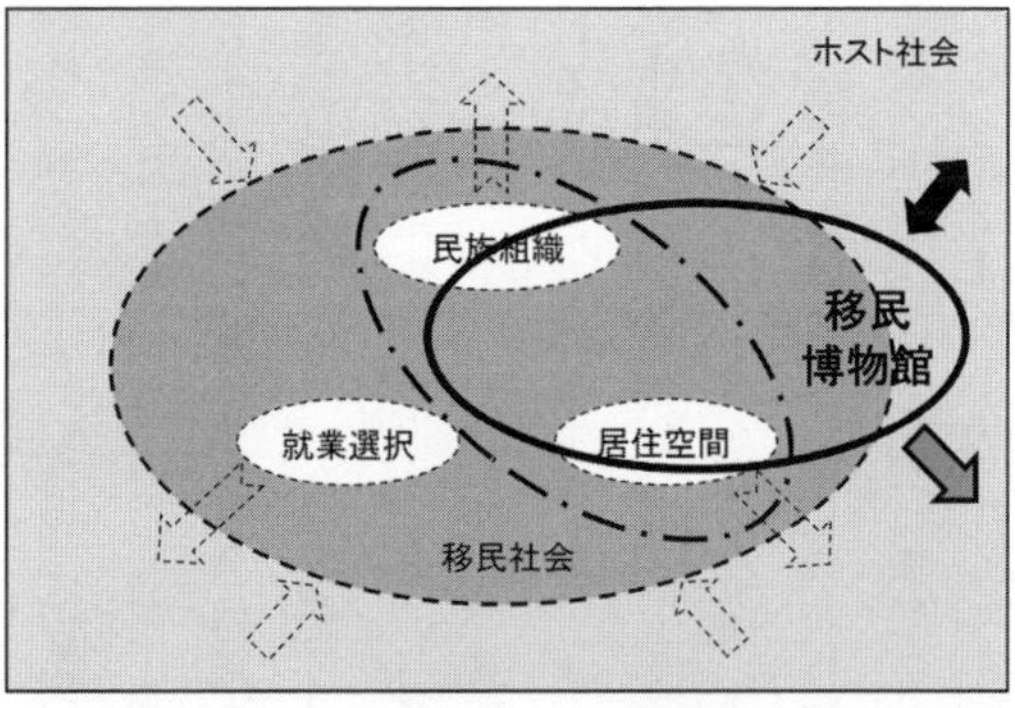

図 2.8　移民社会と移民博物館
（出所）図 2.6 に同じ。

会が拡大すると特定の職業にこだわる必要性は薄れた。一方、民族組織と居住空間は形態と機能を変えながら存続している（図2.7）。

移民エスニック集団は、民族組織を基盤として独特な居住空間を活用し、移民博物館を開設する（図2.8）。移民文化を観光資源化することにより、同じ移民集団の構成員ばかりでなく、他の移民集団の構成員やホスト社会の構成員が移民博物館を訪れる。こうして、移民文化の共有化が実現される。今日のアメリカ合衆国には、数えきれないほどの移民博物館が運営され、移民文化の観光資源化に向けての取り組みが進行している。

4 世界の出来事の記憶

以上の移民文化や移民史を記録し記憶する役割を果たす移民博物館に加えて、世界各地との文化的な結びつきを示す移民博物館も運営されている。シカゴのメキシコ系居住地区にはメキシコ系移民博物館（National Museum of Mexican Art）があり、芸術を通してこのコミュニティとメキシコとの結びつきが強調される。同様に、リトアニア系移民博物館（Balzekas Museum of Lithuanian Culture）は、アメリカ合衆国のリトアニア系住民とリトアニアとの文化的交流の窓口である。また、ウクライナ系移民博物館（Ukrainian National Museum）には、アメリカ合衆国とウクライナとの密接な関係が示される。これらについては第5章で詳述する。

アメリカ合衆国の移民博物館は、世界の出来事を記録し記憶する場でもある。シカゴにあるカンボジア系移民博物館（Cambodian American Heritage Museum & Killing Fields Memorial）は、カンボジアの文化と伝統をシカゴに存続させることを目的とする。併設される集団虐殺記念館には、キリングフィールドで命を落とした二〇〇万人ともされる人々を追悼するもので、追憶の壁にはカンボジア人の犠牲者の名前が刻まれ、追憶の日の追悼式典も毎年開催される。また、シカゴの北に隣接するスコーキーにはイリノイ州ホロコースト博物館（Illinois Holocaust Museum & Education Center）があり、ホロコーストに関する展示とツアーが完備している。アメリカ合衆国に暮らすユダヤ系の人々の、ホロコーストの記憶を風化させないという思いが強く感じられる。これらについては、第5章で詳しく考える。

サンフランシスコのロシア文化博物館（Museum of Russian Culture）は、ロシア革命以前のロシアの文化を保存する博物館である。ドイツ系移民が建設した建物を購入し、ロシア文化センターが設立された。その三階にロシア文化

写真 2.8　サンフランシスコのロシア文化博物館
（撮影）写真 2.6 に同じ。

写真 2.9　サンノゼのベトナム博物館
（撮影）写真 2.6 に同じ。

博物館が開館した（写真2.8）。展示スペースは大きくないが、屋根裏には大量の資料が保管されている。旧満州からの資料も所蔵されているという。

サンノゼのケリー公園にある歴史公園にはベトナム博物館があり、最近のベトナム人の移住を記録にとどめている（写真2.9）。この博物館は二〇〇七年に開設されたが、いまだに展示は未完成である。戸外に置かれたボートピープルの船、室内のベトナム戦争関係の展示は、ベトナム人のアメリカ移住の原因と過程を物語る。ここにはベトナム戦争の経験が記憶されている。

以上のように、移民博物館はアメリカ地誌の一つの重要な素材である。次章からは、有形および無形の移民博物館とその意義について考えてみたい。

〈文　献〉

矢ケ﨑典隆　二〇〇三「カリフォルニアにおける日系移民の適応戦略と居住空間」『歴史地理学』四五（一）：五七–七一
矢ケ﨑典隆　二〇〇六「アメリカ合衆国の地域性と地域区分」『新地理』五四（三）：一五–三二
矢ケ﨑典隆　二〇一五「探検と発見のアメリカ地誌――地誌学の再構築に向けて――」『地理学評論』八八（二）：八三–一〇一
矢ケ﨑典隆・矢ケ﨑太洋　二〇一六「ロサンゼルスのゲーテッドコミュニティ――分断された都市空間を地図化する――」E-journal GEO 一一（一）：九九–一一八
Zelinsky, W. 1992. *Cultural Geography of the United States A Revised Edition*. Englewood Cliffs: Prentice Hal.

コラム1

カリフォルニアのリトルデンマーク

山根　拓

カリフォルニアのリトルデンマークとよばれる場所、それがソルヴァング（Solvang）である。太平洋岸の都市・サンタバーバラから、海岸線に平行して聳え立つサンタイネス山地を越えて西北西方向へ、約五五キロメートルの道のりを車で進むと、四五分程度でソルヴァングに到着する。そこは、サンタイネスバレーに立地する面積六・二八四平方キロメートル、人口は五二四五人（二〇一〇年）の小規模都市である。

デンマーク系アメリカ人のベネディクト・ノルデントフト（Benedict Nordentoft）は、アイオワ州デモインのグランドビューカレッジの教員を辞めた後、同志のグレガーセン（Gregersen, J. M.）とともに一九〇六年に西海岸のデンマーク系移民入植地を訪れた。一九世紀後半から デンマーク系移民は西海岸に複数の入植地を展開し、彼らも西海岸への入植をめざした。その思いは五年後の一九一一年に結実し、彼らと他の二名を加えた四名のデンマーク系アメリカ人が、このデンマーク系入植地を開いた（ただし、この地にはすでに先住民が居住し、さらに一九世紀初めにはスペイン人伝道師が、南欧風建築のサンタイネス伝道所（Santa Ynez Mission）を開設していた）。その後、デンマーク系教会（ベタニア・ルーテル教会：図1のB）やデンマーク由来の成人教育機関「フォルケ・ホイスコーレ」等が程なく設立された。入植者は農民を主としており、彼らが灌漑等に苦労しながら、農業地域を形成した。

ソルヴァングの町中に入ると、デンマークらしさを想起させる景観が目に入る。図1に示されているように、市街地には複数のデンマーク式風車（写真1）が見られ、また、たとえばデニッシュペイストリーやチョコレート、デンマーク風の調度品等を販売する商店等のファサードは木骨造（ハーフ・ティンバー）のデンマーク式建築であり、店先に架かる吊看板もデニッシュタウンの景観を形作っている（写真2）。デンマーク式風車は、この小さな町のなかに五基は設置され、とくに大きなものはデンマークらしさを強調するランドマークとして景観構成の主たる要素になっている。町中の地名標や建物のファサードを見ると、そこにはデンマークと縁のある通りや広場の名前が示されている。コペンハーゲン通りやオーフス通り、アンデルセン広場、ハムレット広場（ハムレットの舞台はデンマークのクロンボー城）等である。また、沿道には赤地に白十字のデンマーク国旗が掲げられ、種々の施設の門前には星条旗と並んでデンマーク国旗が掲げられている。

　この小さな町中に四つの博物館があり、そのうちの二つ、エルヴァホイ歴史・芸術博物館（Elverhøj Museum of History & Art：写真3）とハンス・クリスチャン・アンデルセン博物館（Hans Christian Andersen Museum）が、デンマーク関係の博物館である。

　前者の名称はエルヴァホイ通りという地名に因む。エルヴァホイはデンマーク語で「妖精の丘」を意味し、これはデンマークで最も有名な民話劇の名前であり、一八四五年に発表されたアンデルセンの童話と同名でもある。さらにその建物は、元々デンマーク系芸術家の邸宅で、この町に多い木骨造である（写真3）。一九八七年に元の住宅を拡張修復し、翌一九八八年に博物館として開館した。旧屋敷の各部屋が展示室に使用され、古写真と解説文の付された地域史解説パネル、住民のデンマーク風民族衣装や調度品、また地元を描いた絵画等の美術品類が陳列展示されている。そこから観覧者は、開拓者精神をもつ入植者が「デンマーク的伝統」を基に地域やその生活文化を作り上げてきたことを知る。本館はソルヴァングやサンタイネスバレー地域の歴史・民俗文化の紹介に主眼を置き、移民博物館より地域博物館としての色彩が濃い。ただし、この地域は開発の経緯とその後の発展過程において、「リトルデンマーク」という特別な地域性を維持してきており、展示等によって地域史

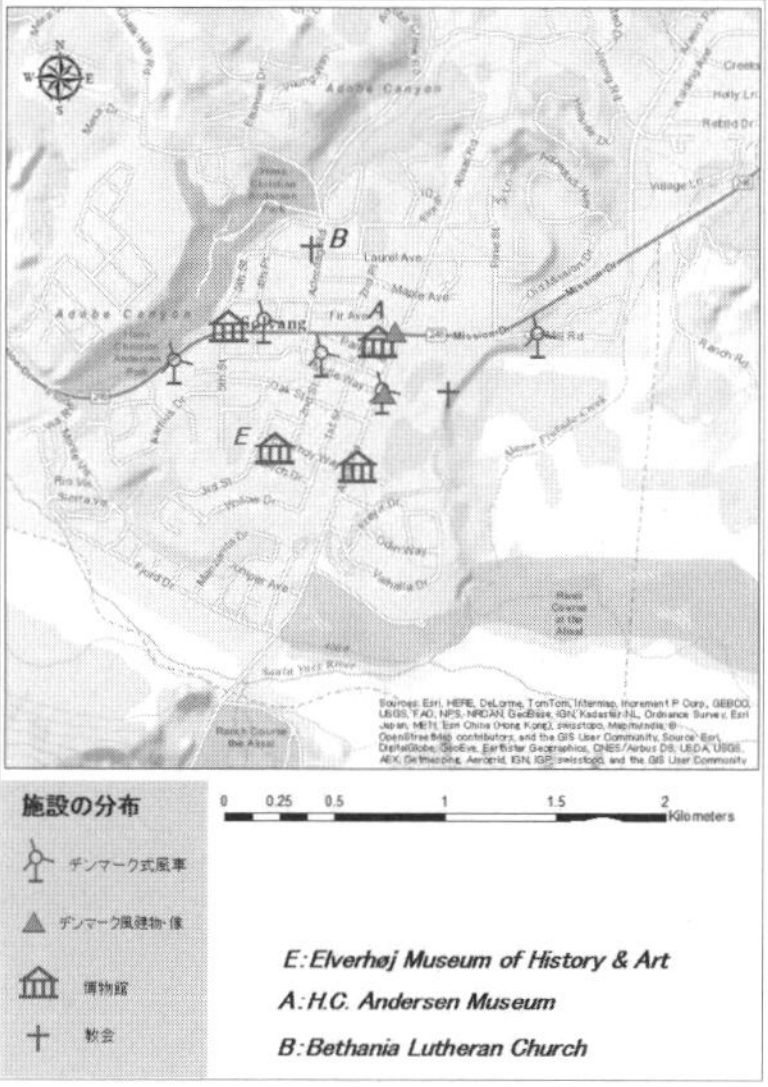

図1　ソルヴァング市街地地図

写真1　デンマーク式風車
（撮影）2013年11月、山根拓

誌を辿り説明することが、デンマーク系移民史の説明とも重なり合っている。

ハンス・クリスチャン・アンデルセン博物館は、ソルヴァングを東西に貫通するミッション街道と南北に貫通するアリサル道路の交差点（人魚姫像が置かれている）から一〇〇m足らず西へ進んだところにある。二階建てのデンマーク風建物の一階は書店となっており、二階部分が博物館である。そこには童話作家アンデルセンの生涯や業績に関する解説展示や著作童話の初版本や初期刊行本、童話に因んだ手工芸品等の陳列展示があるが、全体の展示スペースは狭い。ただ、同館は館内展示以外にアンデルセンに関するツアー、ミニ講義、地域祭への参加、毎年四月二日のアンデルセン生誕記念祭の開催等の活動を実施している。同館の運営主体は、「醜いあひるの子財団」(The Ugly Duckling Foundation) というアンデルセンに因んだ名称の財団である。同館もエルヴァホイ同様に、移民博物館とは趣を異にするが、アンデルセンの存在はこのデニッシュタウンのイメージづくりには不可欠の要素であろう。

写真２　ソルヴァングにおけるデンマーク風の街並

※ Hoj（2011：70）に写真掲載（1937年撮影と記されている）された「最初のデンマークスタイルの建物」と思われる。

写真３　エルヴァホイ歴史・芸術博物館

（撮影）写真１に同じ。

二〇一三年秋、私がエルヴァホイ博物館の案内員に尋ねたところ、ソルヴァングのデンマーク系住民は総人口の約九％を占めるとのことであった。二〇一〇年の同市の人口から推算すればその実数はせいぜい五〇〇人足らずに過ぎない。しかし全米のデンマーク系人口比率（〇・五％：二〇〇九年）に比べれば、その集中度は高い。また博物館展示にあるように、入植以来のデンマーク的伝統は今も継承されている。こうした事実は、この町がリトルデンマークと称されるひとつの根拠となりうるものだ。

しかし、それだけではリトルデンマークと称するには不十分かもしれない。観光客等に対してこの町のデンマークらしさを何よりも印象づけるのは、デンマーク的な景観であろう。この町のデンマーク的景観の形成には、二人のデンマーク系アメリカ人、フェルド・ソレンセン (Ferd Sorensen) とレイ・ポースク (Ray Paaske) が大きな役割を果たしたとされる。とくに、「ソルヴァングのデンマーク建築の父」と称されたソレンセンは、一九〇〇年にデンマーク系入植者の多いネブラスカ州ニューステッドで生まれ、アイオワ州デモイン、イリノイ州シカゴ、ミネソタ州タイラーで学び、一九三三年にソルヴァングにやって来た。金属加工技術を学んでいた彼は、配管工・木工・金工職人として働いたが、一九四五年、当地初のデンマーク式建築物「丘上の風車小屋」(Møllebaken：デンマーク語)を設計・建築した。翌年以降、格子状の羽根をもつデンマーク式風車を皮切りに、ソレンセンによるデンマーク式建築物等がソルヴァングで次々と現れ、デンマーク的景観が形成されていった。デンマーク式建築の特徴は、屋根上にある木製コウノトリ像、独特な気象風向計、手製のベンチ、明赤色のデンマーク式国王衛兵小屋、葺き屋根、木骨造の壁、水垂勾配をつけた銅製・木製の塔等に現れた。こうしたデンマーク的景観は、ソレンセンの登場以後、一九四〇～一九五〇年代に最も整備された。一九四七年一月一八日付の『サタデイ・イブニング・ポスト』(一八二一年創刊のアメリカ最古の人気週刊誌)は、カラーの景観写真をふんだんに用いた特集記事「リトルデンマーク」(Little Denmark)を掲載し、「デニッシュタウン」ソルヴァングの知名度を一挙に全米に広めた。これがソルヴァングの文化や景観のデンマーク化を一層推進するきっかけとなった。

　サタデイ・イブニング・ポスト誌の記事から，今や約七〇年の年月が経過した。ソルヴァングの都市景観の「デンマーク化」は一層進み、デンマークの有名な建築物や人物像のレプリカの建設・建立が町中で進んだ。たとえばデンマークの首都・コペンハーゲンのランドマークであるラウンドタワー(Rundetårn)のレプリカは、一九九一年に完成した(写真4)。また、町中にはアンデルセン像や人魚姫像のレプリカも見られる。上述の商店・レストラン・ホテル等のファサードをデンマーク風に改装したり、凝った意匠の吊看板を掲げたりして統一感のある景観が形成された時期について、たとえばホイ(Hoj 2011, 2012)には、一九六〇年代にそうした街並が現れていたことが確認される写真が掲載されている。総じてソルヴァングの観光地化とも相俟って、こうした景観形成が進展したものと思われる。アメリカ・カリフォルニアというデンマークとは全く異なる温暖な風土の地に、こうして「リトルデンマーク」が誕生し成長したのである。

写真4　ソルヴァングのミニチュア・ラウンドタワー
（撮影）写真1に同じ。

〈文　献〉

Hoj, K. P. 2011. *Solvang 1911-1961: Making Danish Colony in California*. Hoj, K. P., Solvang.
Hoj, K. P. 2012. *Solvang 1962-2011: Making Danish Colony in California*. Hoj, K. P., Solvang.

第３章

メイン州北部におけるフランス系住民のアイデンティティとアカディアン・フェスティヴァル

大石　太郎

ヨーロッパ人による北アメリカ大陸の探検や入植初期にフランス人が果たした役割は大きく、その痕跡はカナダのみならず、ニューイングランドやミシシッピ川流域を中心にアメリカ合衆国各地にも残っている。また、ニューイングランドやルイジアナ州にはフランス系の人々が多数暮らし、カナダと同様にフランス語とカトリック信仰を最近まで維持してきた。しかし、フランス語が英語とならぶ公用語となった隣国カナダとは対照的に、アメリカ合衆国では英語への同化が急速に進行している。そうしたなかで、エスニックフェスティヴァルが文化継承の装置として重要性を増しつつある。本章では、メイン州北部のセントジョン川上流地方に居住するフランス系住民アカディアンのアイデンティティを検討する。

1 フランス人の入植と国境の画定

アメリカ地域社会調査(American Community Survey)[1]の二〇一〇~二〇一四年推計によれば、アメリカ合衆国では約一三〇万の人々がフランス語を家庭で用いており、全人口の〇・四%に相当する。これは、スペイン語、中国語、タガログ語に次ぐ規模であり、ドイツ語やイタリア語を大きく上回っている。州別にみると、州の人口規模を反映して実数ではニューヨーク州が最も多く、カリフォルニア州がそれに次いでいる。一方、州人口に占める割合が最も高いのはメイン州であり、ルイジアナ州、ニューハンプシャー州、ヴァーモント州、ロードアイランド州、マサチューセッツ州と続く。つまり、南部に位置するルイジアナ州を別にすれば、カナダ東部に近いニューイングランド諸州でフランス語を家庭で用いる人口が目立つといえる。ルイジアナ州のフランス系住民はケイジャンとして知られ、一八世紀半ばに現在のカナダ・ノヴァスコシア州の入植地を追放され、当時スペインの支配下にあったルイジアナに流れ着いたフランス人入植者の子孫である。彼らは最近までフランス語とカトリックという北アメリカのフランス系住民に共通する文化特性に加えて、亜熱帯的環境に適応した生活様式を維持してきた(矢ケ﨑 二〇一一)。一方、ニューイングランドに居住するフランス系住民の多くは、一九世紀後半から二〇世紀前半にかけてカナダのケベック州やニューブランズウィック州からニューイングランド諸州の繊維工業都市に移住したフランス系カナダ人移民とその子孫であり、歴史学や地理学などの分野で研究がすすめられてきた(たとえば、高井 二〇〇〇;Allen 1972, 1974)。

ただし、ニューイングランドでも北端に位置するメイン州は若干状況が異なる。メイン州南部では、他のニューイングランド諸州と同様にケベック州やニューブランズウィック州からフランス系カナダ人が繊維工業都市に移住し、リトル・カナダ(プチ・カナダ)とよばれる集住地区を形成した。たとえば、州第二の都市ルイストンではフランス語

紙 *Le Messager* が一九五〇年代まで日刊で発行され、フランス系カナダ人移民は最近までフランス語とカトリックを中心とする生活を営んできた。一九七九年に同地を調査した太田（一九八一、一九八二）は、変容するフランス系カナダ人移民の生活を報告している。現在でも、高齢者を中心にフランス語を家庭で用いる人は存在し、ルイストンを含むアンドロスコギン郡では八・九％が家庭でフランス語を用いている（二〇一〇～二〇一四年推計）。ルイストンにはリトル・カナダと称された地区の一角に、かつての教会を転用したフランコ・アメリカン・ヘリテージ・センターがあり、現在もフランス系住民のアクティビティに利用されている。しかし、かつてのリトル・カナダを走るリスボン通りには *Le Messager* の本社を含め、多くのフランス系商店などが建ち並んでいたはずであるが、二〇一三年八月に筆者が訪れた際には、すでにその面影はみられなくなっていた。

一方、州北部のカナダとの国境地帯に居住するフランス系住民は自らアメリカ合衆国の地をめざして移住したわけではない。アカディアンとよばれる彼らは、期せずしてその版図に居住することになってしまった人々である。その経緯を理解するためには、北アメリカ大陸におけるヨーロッパ人の入植の歴史をふりかえる必要がある。

北アメリカ大陸に最初に入植を試みたヨーロッパ人はフランス人である。一六〇四年、現在のアメリカ合衆国メイン州とカナダ・ニューブランズウィック州の国境付近にあるセントクロイ一島（フランス語ではサンクロワ島）に入植を試みるが失敗に終わり、翌年になってファンディ湾南岸のポールロワイヤル（現在のカナダ・ノヴァスコシア州アナポリスロイヤル）に拠点を移して定住に成功する。そして、フランス人入植者はファンディ湾の干満の差の大きさを利用した農業開発に取り組んだ。彼らの入植地はいつしかアカディとよばれるようになり、入植者たちはアカディアンとよばれるようになっていった。

しかし、この地域はその後、イギリスとフランスの植民地抗争の最前線となり、最終的には一七一三年のユトレヒト条約によってアカディはフランスからイギリスに割譲され、ラテン語で新しいスコットランドを意味するノヴァスコシアと改称された。ただし、イギリスの支配下に入ってからもイギリス系入植者は増えず、アカディアンはそのまま入植地にとどまってフランス語とカトリック信仰を守りながら暮らすことができた。歴史家のなかには、この時代が彼らにとって黄金時代だったとする見解もある（Griffiths 1992）。しかし、平和な時代は長く続かなかった。北アメリカにおけるイギリスとフランスの植民地抗争は続き、一七四九年にイギリスはハリファクスに要塞を建設してノヴァスコシア植民地の経営に本腰を入れ始め、一七五五年には忠誠を拒むアカディアンを彼らの入植地から追放するに至った。なぜか抑制的に「グラン・デランジュマン（大いなる迷惑）」として語られるこの事件は、のちにアメリカの詩人ロングフェローが叙事詩『エヴァンジェリンヌ』として発表したことで、世に知られるようになる。(2) アカディアン追放の歴史を今に伝える史跡が整備されているノヴァスコシア州グランプレは、アカディアンの追放後に入植したイギリス系入植者の貢献も含め、最初のヨーロッパ人入植者の北アメリカ大陸大西洋岸の環境への適応を示す好例でもあるとして、二〇一二年に「グランプレの景観」として世界遺産に登録された。

結局、ヨーロッパにおける七年戦争と連動したフレンチ・インディアン戦争でも敗北したフランスは、一七六三年のパリ条約によってヌーヴェルフランス植民地（現在のカナダ・ケベック州）も手放すことになり、北アメリカにおけるイギリスの覇権が確立された。ファンディ湾南岸でアカディアンが開発した土地はイギリス系入植者に占拠され、追放から許されて戻ってきたアカディアンは当時未開発であった現在のニューブランズウィック州などに移り住むことになった。しかし、今度はアメリカ独立革命が彼らの運命を左右することになる。すなわち、アメリカ合衆国の独立に反対し、イギリス王室に忠誠を誓うロイヤリストとよばれる集団が現在のカナダ各地に押し寄せたのである。その数は六万を超え、「近代史上最初の、大規模な政治亡命集団」とされる（木村 一九九九）。ロイヤリストの到来は、現在のカナダの領域における言語人口構成を大きく変化させ、ヌーヴェルフランス植民地を引き継いだケベック植民地が、ロワーカナダ植民地（現在のケベック州）とアッパーカナダ植民地（現在のオンタリオ州）とに分割されることにつながるなど、のちのカナダの国家形成に大きな影響を与えた。ロイヤリストの一部はノヴァスコシア植民地にも流入し、とくに現在のニューブランズウィック州南西部のセントジョン川下流地方に定着した。彼らはノヴァスコシア植民地からの分離を本国に要求し、一七八四年にニューブランズウィック植民地が成立した。

ロイヤリストの到来を受けて、現在のニューブランズウィック州の州都フレデリクトンを中心とするセントジョン川下流地方に居住していたアカディアンは別の場所に移動することになるが、最近の研究によれば、土地を奪われた難民という見方は正しくないようである。彼らは、ロイヤリストの到来によって人口が増加したセントジョン川下流地方では息子たちに継承させる土地が得にくくなることや、カトリック聖職者の確保が難しくなることなどを懸念して、自らの意思で土地を売却するなどしてセントジョン川上流地方やニューブランズウィック植民地東部の沿海部に移住した（Craig and Dagenais 2009）。

このように、現在、メイン州とカナダ・ニューブランズウィック州の境界をなすセントジョン川の上流域にヨーロッパ系入植者が定住を始めるのは一七八〇年代のことであり、一七八五年にはニューブランズウィック植民地が入植者の土地所有を認めている。しかし、この時点でセントジョン川上流地方の帰属ははっきりしていなかった。多くの文献が指摘するように（たとえば、Craig and Dagenais 2009, Poitras 2011）、ヌーヴェルフランス植民地のイギリスへの割譲を定めたパリ条約（一七六三年）の後に出されたイギリス国王布告が示す各植民地の境界がどこを指すのか不明確であったからである。しかし、アメリカ合衆国の独立にあたって、イギリスとアメリカ合衆国は境界を明確にせざるを得なくなった。二〇〇一年九月一一日のアメリカ同時多発テロ以降管理が厳しくなった国境地帯を訪ね歩いたカナダ人ジャーナリストのポワトラ（Poitras 2011：43-60）は、アメリカ合衆国の独立を承認した一七八三年のパリ条約締結を前にした交渉の模様を物語調で描き、アメリカ合衆国建国の父とされるベンジャミン・フランクリンや、のちに第二代大統領となるジョン・アダムズら交渉の当事者が、不確かな地図に基づいて自ら見たことのない場所の境界を決めようとする様子を活写している。

ところで、鉄道が建設される以前、人や物資の移動には水運が重要な役割を果たしていた。とくに、ヨーロッパ人入植初期の北アメリカの理解に水路は欠かせない要素である。というのは、北アメリカ大陸には、連水陸運（ポーテイジ）という、隣接する水路間を陸路で移動することによって、かなりの地点に水路で到達できるという特徴があるからである。ファンディ湾に注ぐセントジョン川も例外ではなく、支流のマダワスカ川をさかのぼり、さらにテミスクアータ湖を北上することによって、セントローレンス湾に注ぐセントローレンス川にかなり近いところまで達することができる（図3.1）。したがって、イギリスにとってセントジョン川は、イギリス領北アメリカ植民地の要であるケベックとノヴァスコシアとを結ぶ重要な交通路であった。また、一八一二年に勃発した英米戦争で軍隊が動員された際、セントジョン川と並行して走る道路の軍事的重要性が再確認された。現在のメイン州とカナダのケベック州との境界、あるいはケベック州とニューブランズウィック州の境界はアパラチア山脈の延長にある高地であり、現代でもこれを越えるルートはニューブランズウィッ

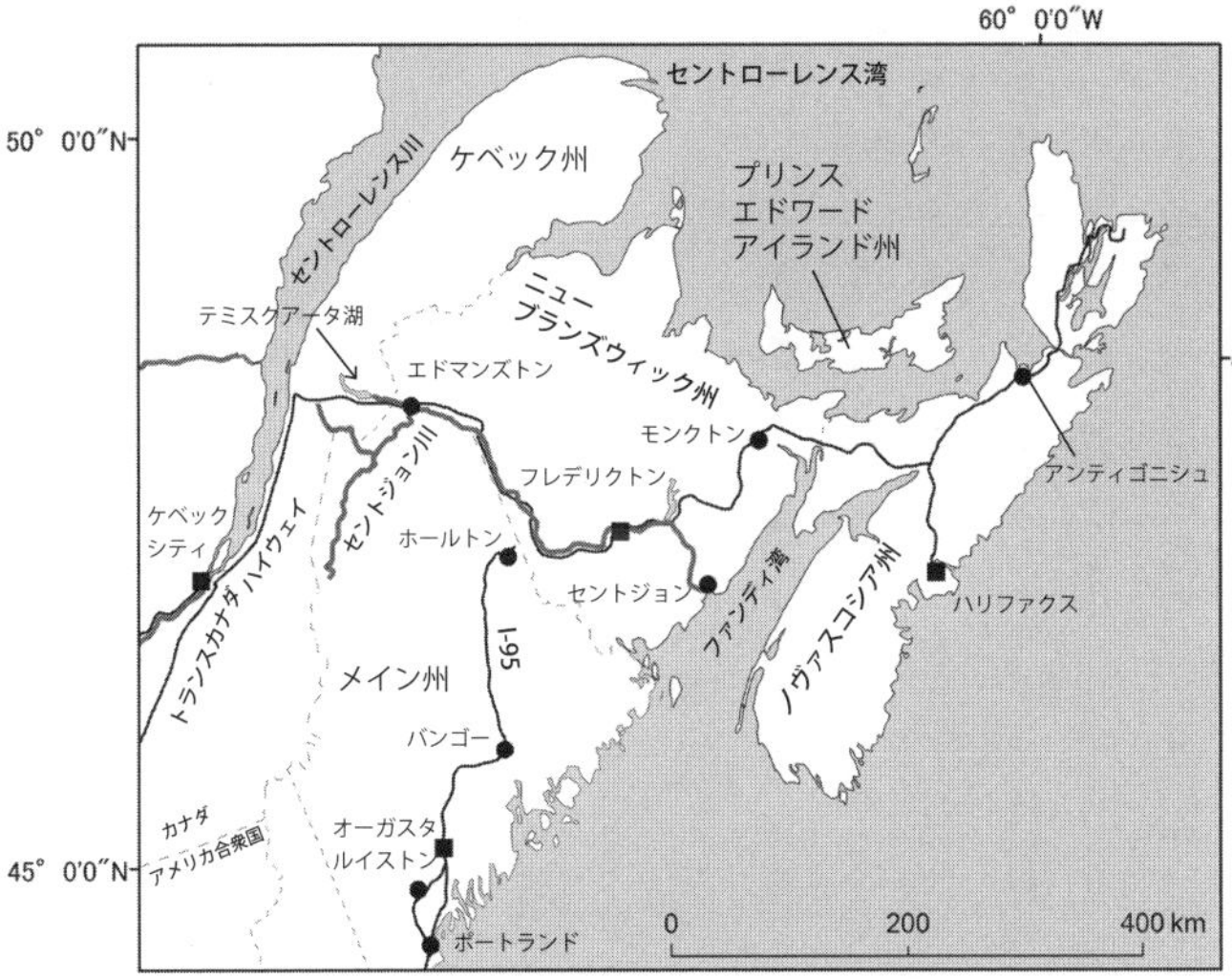

図 3.1　メイン州と沿海諸州の位置と主要都市

ク州内でセントジョン川と並行するトランスカナダハイウェイと、ガスペ半島の付け根からニューブランズウィック州沿海部につながるルートにほぼ限られる。また、セントローレンス川が冬季に凍結するのに対して、ニューブランズウィック植民地の中心都市セントジョンやノヴァスコシア植民地の首都ハリファクスは湾の奥に位置し、不凍港であることも重要であった。すなわち、イギリスにとってセントジョン川上流地方は死守しなければならない場所であった。一方、アメリカ合衆国にとっては現在のメイン州北部に広がる森林は譲ることのできない資源であった。しかし、イギリスとアメリカ合衆国との交渉において、マダワスカ・セツルメントとよばれたセントジョン川上流地方にすでに居住していた人々のことが考慮されることはほとんどなかった。

結局、しばしばアルーストゥーク戦争といわれるように、イギリスとアメリカ合衆国は戦争直前まで対立を深めたものの、一八四二年のワシントン条約（ウェブスター・アシュバートン条約）によって、メイン州北部とニューブランズウィック州北西部との境界はセントジョン川に画定された。また、ロワーカナダ（ケベック）とニューブランズウィックとの境界も一八五一年に画定された。一七六三年のイギリス国王布告が指す「高地」が、セントローレンス湾に流れ込むセントローレンス川水系とセントジョン川を含めファンディ湾やメイン湾に流れ込む水系とを分ける分水嶺となっているアパラチア高地であるとすれば、テミスクアータ湖以南はニューブランズウィックに含まれるはずであるが、フランス植民地時代にテミスクアータ湖周辺に荘園が存在したことにより、ロワーカナダに帰属することになった（Craig and Dagenais 2009）。このように、国境および州境が画定されたことにより、セントジョン川上流地方に居住する人々は、アメリカ合衆国とのちにカナダとなるイギリス領北アメリカ植民地とに帰属が分かれてしまうことになった。

2 セントジョン川上流地方の景観とアカディアン

セントジョン川上流地方は、メイン州北端のアルーストゥーク郡北部を漠然と指しており、その領域は必ずしも明確ではない。一般には、セントジョン川が国境として利用されている部分の南端付近に位置するヴァンビューレン周辺とイーグルレイク周辺とを結ぶ線より北の地域と認識されており、アルーストゥーク郡北部の中心都市であるプレスクアイルやカリブーはそこに含まれない（図3.2）。郡庁所在地は南部のホールトンであり、セントジョン川上流地方の中心的コミュニティであるマダワスカやフォートケントからホールトンまでは自動車で約二時間を要する。メイン州南部とを結ぶインターステイトハイウェイ九五号線もホールトンが終点であり、ホールトンからセントジョン川上流地方までは国道一号線を走っていくことになる。国道一号線はフォートケントとフロリダ州キーウエストとを結ぶ総延長二四六〇マイルにおよぶ道路で、アメリカ合衆国の大西洋岸地域の町や村を結んでいる。また、プレスクア

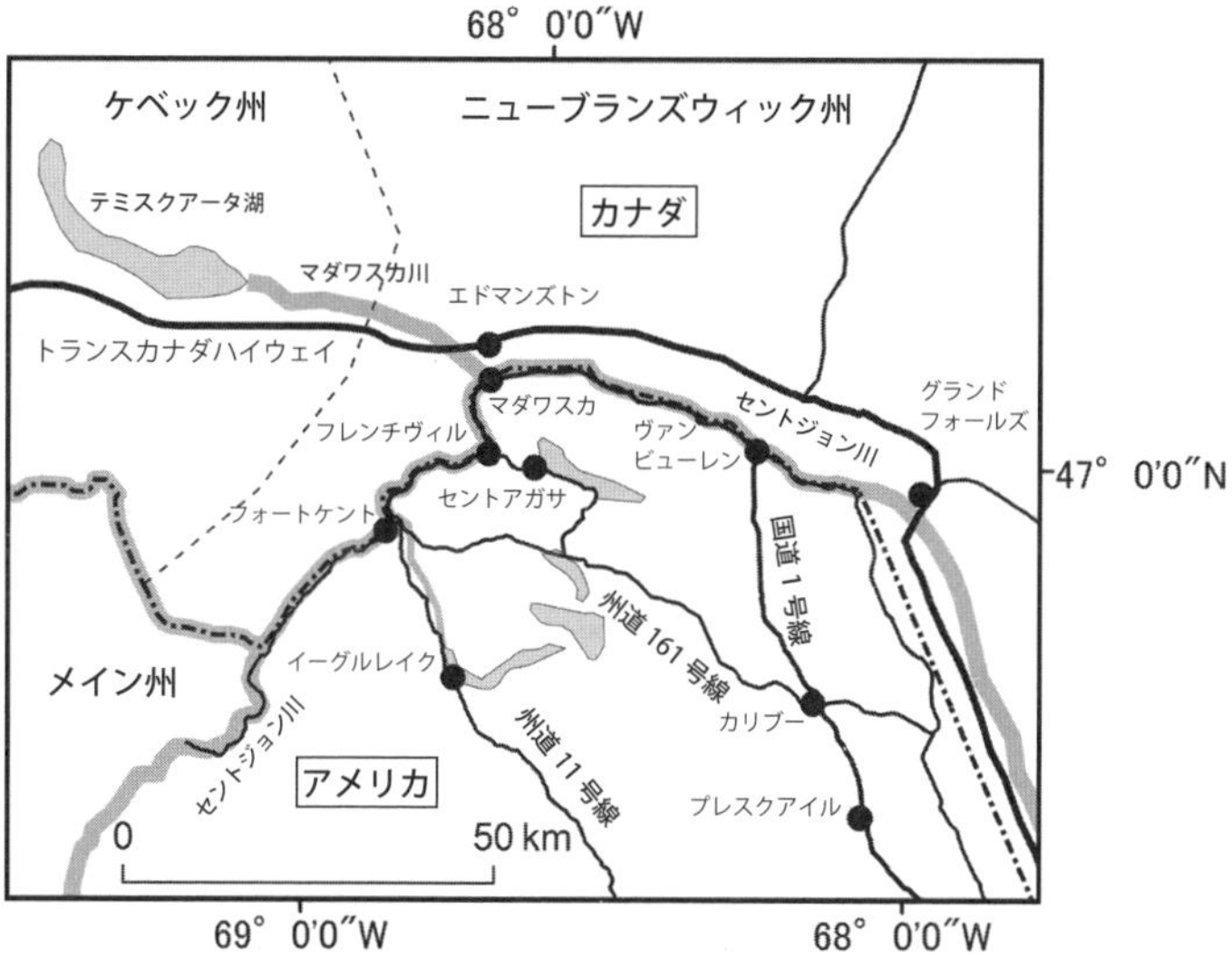

図3.2　セントジョン川上流地方

イルの空港には定期航空便が就航しているが、大手航空会社が就航する最寄りの都市は、マダワスカやフォートケントから自動車で四時間弱の距離にあるメイン州第三の都市バンゴーである。ただ、外国への旅行に際しては、時間距離がほぼ同じであるうえに、より就航便数の多いケベックシティの空港が利用されることもあるという。このように、セントジョン川上流地方は、一九世紀ほどではないにせよ、現在もなお、人口の集中するメイン州南部、さらにはニューイングランドの中核地域から隔絶している。

写真 3.1　ニューブランズウィック州エドマンズトンとメイン州マダワスカとを結ぶ国際橋
（撮影）2015 年 10 月、大石太郎

インターステイトハイウェイが到達していないアメリカ合衆国側と対照的に、対岸のカナダ側にはカナダを横断するトランスカナダハイウェイが走り、ニューブランズウィック州の州都フレデリクトンや、ハリファクスと並ぶカナダ沿海諸州（マリタイムスとよばれる）の中心都市に発展したモンクトン、ケベック州の州都ケベックシティなどと結ばれている（図3.1）。マダワスカ川がセントジョン川に合流する地点に位置するエドマンズトンは約一万七千の人口を擁し（二〇一六年現在）、製紙・パルプ工業によって発展したこの地域最大の都市である。鉄道こそ現在では貨物輸送のみに利用されているにすぎないが(3)、この地域が現在でもケベック州と沿海諸州とを結ぶ陸上交通の要衝であることに変わりはない。

セントジョン川上流地方においてセントジョン川に架かる国際橋は三か所である。上流から順に、フォートケントとクレア、マダワスカとエドマンズトン（写真3.1）、ヴァンビューレンとサンレオナールとの間に架かっている（それぞれアメリカ、カナダの順）。カナダ側から橋を渡ってアメリカ側に入るとしよう（図3.1、図3.2）。橋を渡った先には一見すると高速道路の料金所のような入国審査施設がある。アメリカ合衆国やカナダのパスポートを持っていれば、自動車から降りずに難なく通過できることが多いようであるが、必要に応じて入国審査施設で所定の手続きをとり、同時に自動車内の検査を受けることになる。入国審査施設を通過すると、川と並行して走る道路からは対岸の様子が見渡せる。集落の中心付近に尖塔形式のカトリック教会がそびえるなど（写真3.2）、景観はカナダ側とほとんど変わらず、ニューブランズウィック州やケベック州でしばしばみられるフランス系の姓を冠した商業・サービス施設が目立つ。大きな違いといえば、フランス語がほとんど用いられていないことと、星条旗が目立つことくらいであろう。国道一号線を南下する場合、ヴァンビューレンを過ぎると、ジャガイモ畑が中心の農業景観にあまり変化は感じられないものの、カトリック教会よりもプロテスタント教会が目立つようになる。フォートケントから南下する州道一一号線沿線は、イーグルレイクを過ぎると森の中に小集落が点在するのみで、ひたすら森の中を走ってメドウェイでインターステイトハイウェイ九五号線に合流する。州道一一号線沿線には大小さまざまな湖が点在し、仕事などの理由でセントジョン川上流地方を離れた人々のなかには、湖畔の別荘を維持ないし新たに購入するなどして、夏を過ごす人々も多いようである。なお、コンラッド（Konrad 1982）やコンラッドとチャンシー（Konrad and Chancy 1982）はセントジョン川上流地方に特徴的な文化として二つのバーン（納屋）を結合したツインバーンに注目したが、その多くはすでに取り壊されてしまったらしく、二〇一二年に初めて訪れた筆者は現在までその存在を確認できていない。

すでに述べたように、セントジョン川上流地方にヨーロッパ系入植者が住み始めるのは一七八〇年代であり、セントジョン川下流地方から移動してきたアカディアンの家系とロワーカナダのセントローレンス川南岸地方から移動してきたフランス系カナダ人の家系を中心に開発が始まった（Craig and Dagenais 2009：66）。一九世紀になると、ロ

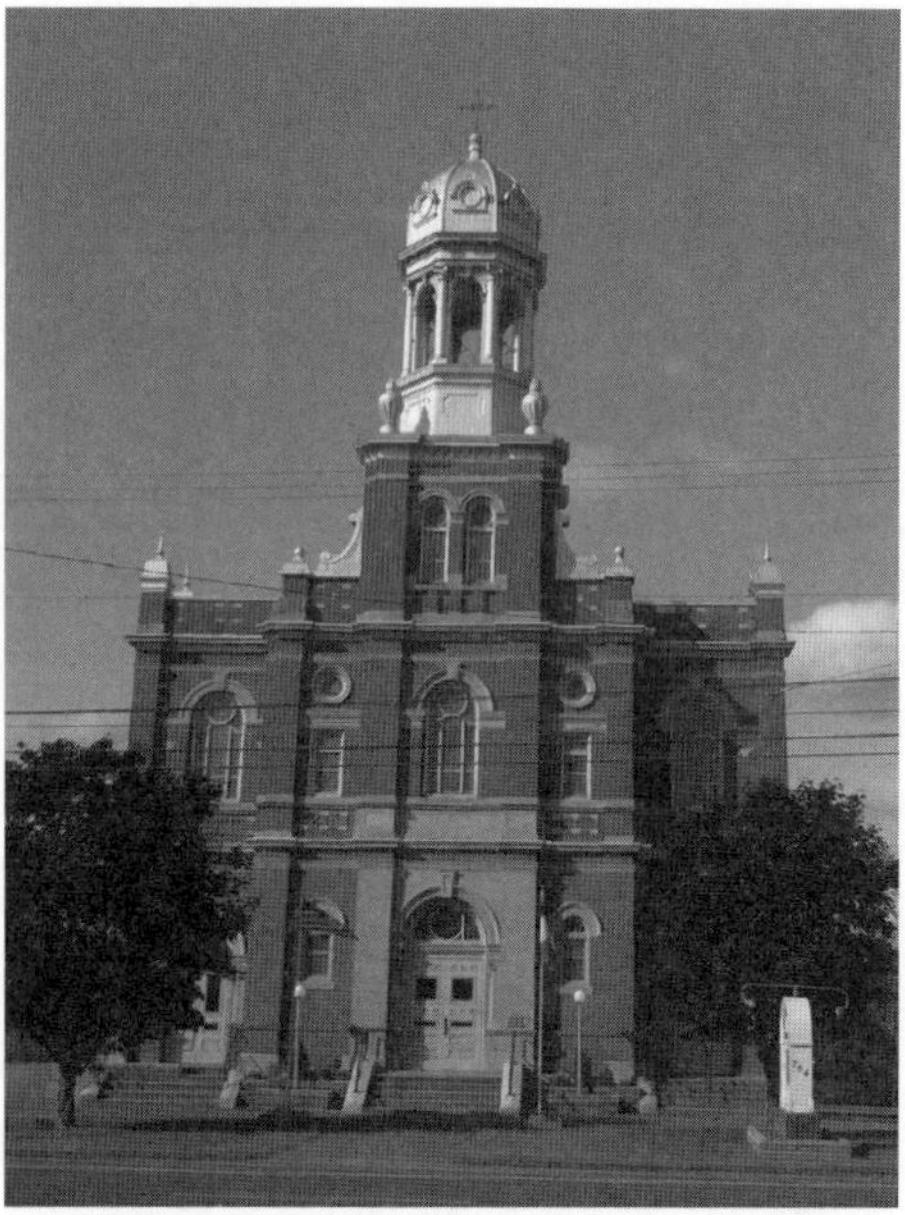

写真 3.2　マダワスカの聖デヴィッド教会
（撮影）2012 年 8 月、大石太郎

ワーカナダからの人口流入が目立つようになり、また少数ながらニューイングランドからの移住者やアイルランド系カトリックの移住者も現れるようになった（Craig and Dagenais 2009：81）。フランス系とアイルランド系などとの通婚の実態についてはここで検討できるだけの材料を持ち合わせていないが、少なくともはっきりしているのは、セントジョン川上流地方のフランス系住民の起源が、アカディアンの家系だけでなく、ロワーカナダ（ケベック）から移住してきたフランス系カナダ人の家系もあることである。もっとも、ルーツを別にするといっても、言語と宗教を同じくし、また相互扶助が欠かせないフロンティアにあって、彼らはすぐに融合が進んだようである。

しかし、ルーツの異なる集団が混在したことは、セントジョン川上流地方のフランス系住民が沿海諸州の他地域に居住するフランス系住民とアイデンティティを共有しにくい状況をもたらした。沿海諸州に居住するフランス系住民は一七五五年の追放の記憶を共有するアカディアンがほとんどであり、彼らは一九世紀末にケベックのフランス系とは異なる象徴体系を定め、独自のアイデンティティを確立した（太田 一九八八ａｂ）。すなわち、守護聖人である聖母マリアにちなんで聖母被昇天の日である八月一五日を集団の祝日とし、また、フランス国旗の青の部分に黄色の星を加えたものを「国旗」、賛美歌アヴェ・マリス・ステラを「国歌」に制定した。アカディアンの多く暮らすニューブランズウィック州の沿海部などを訪れれば、アカディアンの「国旗」がはためいているのをしばしば目にするであろう。これらの象徴体系が定められたのは、沿海諸州各地からアカディアンのエリートが集った「アカディアン・ナショナル会議」においてであった。一八八一年にニューブランズウィック州南東部メムランクックで開催された第一回会議にはセントジョン川上流地方からも二名参加しているが、いずれもニューブランズウィック州側の居住者で、メイン州のアカディアンは参加していない。そして、出席した二名は集団の祝日として聖母被昇天の日ではなく、もう一つの候補であった、ケベックの守護聖人である洗礼者聖ヨハネの日（六月二四日）に投票した。また、プリンスエドワード島ミスクシュで開催された、「国旗」と「国歌」を定めた一八八四年の会議にはセントジョン川上流地方から誰も参加しなかった。このように、セントジョン川上流地方のフランス系住民は沿海諸州の他の地域のアカディアンと異なる意見をもっており、また「アカディアン・ナショナル会議」から距離をおいていた。その背景には、ケベックとの人的なつながりや経済構造といった面で、沿海諸州のアカディアンとおかれた状況が異なっていたことが指摘されている。すなわち、セントジョン川上流地方は川や鉄道によってニューブランズウィック州南西部の都市セントジョンやケベック州のセントローレンス川下流地方との経済的なつながりが深く、アメリカ側でも二〇世紀の初めにフォートケントまで鉄道が延伸するとバンゴーとのつながりが強まった。一方で、アカディアンの多く居住するニューブランズウィック州南東部や北東部との関係は希薄だったのである（Craig and Dagenais 2009：333-334）。

そこで、セントジョン川上流地方のニューブランズウィック州側に居住するフランス系住民は、ブレヨン（Brayon）という独自のアイデンティティを発達させ、一九七九年からは中心都市エドマンズトンにおいて毎年七月下旬から八月上旬にかけてブレヨン祭（Foire Brayonne）を開催している。また、「マダワスカ共和国」（Cayo 1993）との表現もしばしば目にする。(4) しかし、そこに至る過程は単純ではなかった。一九一三年からエドマンズトンで発行されているフランス語週刊紙 *Le Madawaska* の紙面を分析したクチュリエ（Couturier 2002）は、創刊当初はアカディアンであるべきだとする論調だったのが、一九六〇年代頃から地域の独自性を主張する論調に変化していったことを指摘している。その背景には、第二次世界大戦後になっても南東部の都市モンクトンで発行されるフランス語日刊紙 *L'Évangéline* が翌日にならないと配達されなかったり、一九八〇年代まではモンクトンからのテレビ放送やラジオ放送の電波が届かなかったりといった、アカディアンが暮らす地域との断絶があった。しかし、より最近の研究によれば、アカディアンという、より広いアイデンティティへの回帰がみられるという(Volpé 2015)。

一方、メイン州側におけるフランス系住民のアイデンティティの変遷は詳らかにされていない。クチュリエ(Couturier 2002)やヴォルペ(Volpé 2015)が分析したのは地元で発行されてきた新聞に現れた言説であるが、メイン州側にはそうした資料が十分に存在しないことがその一因であろう。過去にメイン州側で発行された地元紙は一九〇二年から一九〇六年までヴァンビューレンで発行されたフランス語週刊紙 *Journal du Madawaska* のみであり、発行期間が短いうえに保存状態も悪く、分析に活用できる余地は小さい。その後は、一九五七年にマダワスカで英語週刊紙 *St. John Valley Times* が創刊されるまで地元紙は存在しなかった。なお、現在メイン州側の売店で販売されている日刊紙は、遠く離れたバンゴーで発行される *Bangor Daily News* のみである。

セントジョン川上流地方の独自性を語るうえで欠かせないのは

写真 3.3　アカディアン・フェスティヴァルの会場でプロイーをつくるボランティアの女性
(撮影) 2014 年 8 月、大石太郎

プロイーである。プロイーはソバ粉を用いたクレープであり、地元のレストランではパンの代わりに、野外イベントなどの屋台ではスナックとして供されることが多い（写真3.3）。屋台で供されるときには、バターやクルトンという豚肉のパテが塗られたものを巻いて食べるのが一般的である。かつては家庭でも頻繁に食されており、ニューディール期に疲弊した農村を救済する目的でアメリカ農務省が設置した農業安定局（Farm Security Administration, FSA）が撮影した写真にもプロイーが家庭の食卓にのぼる様子がみられ（Doty 1991）、現在もホットケーキミックスのような合わせ粉が食料品店で販売されている。ただ、プロイーには謎も多く、とくに不思議なのはこの地域が必ずしもソバの産地だったわけではないことである。むしろ、土壌は肥沃で、気候条件で劣るにもかかわらず、一九世紀初頭までは他地域にひけをとらない小麦の生産量を誇っていた。小麦栽培が衰退したのは一八三〇年代以降であり、病虫害に加え、一八二五年のエリー運河の開通に代表される交通の発達によって、中西部などの産地に対して競争力で劣るようになったからである（Craig and Dagenais 2009：80-81）。

3　失われるカナダとのつながりとメイン州におけるアメリカ化の進行

一八四二年のワシントン条約（ウェブスター・アシュバートン条約）によってセントジョン川を境にアメリカ合衆国とカナダとに分割されたセントジョン川上流地方では、当然のことながらそれぞれの国や州の制度に組み込まれていくことになる。しかし、川をはさんだ人々の往来にはそれほど大きな変化はみられなかったようである。とりわけ、メイン州で禁酒法が施行されるとニューブランズウィック州側で酒を提供する施設が繁盛し、また密輸も横行した（Craig and Dagenais 2009：Poitras 2011：79-95）。ただし、バンゴーからの鉄道が一八九九年にヴァンビューレンまで、一九〇二年にフォートケントまで延伸したことによって、物資（とくに木材）をメイン州南部、さらにはアメリカ合衆国各地に直接輸送できるようになり、アメリカ側の地域では輸送におけるカナダへの依存度が低下した。

現地の研究者によれば、一九六〇年代までは通婚などによってアメリカ側とカナダ側との間には相当のつながりが維持されていたが、それがしだいに失われていったという。しかし、アメリカ側とカナダ側との往来やつながりを具体的に示すのは容易ではない。そこで、断片的ではあるが、一九五七年にマダワスカで創刊された地元週刊紙 *St. John Valley Times* の記事から、かつてみられたアメリカ側とカナダ側とのつながりを紹介しよう。

たとえば、一九五八年七月九日付の紙面ではマダワスカ周辺の学校の新任教員九名が紹介されており、そこにエドマンズトンにある聖ルイ大学の出身者と、フレデリクトンの教員養成学校の出身者が含まれている。記事によれば、二名とも地元マダワスカの出身であり、国境を越えて進学して学位や教員免許を取得し、教員として郷里に戻ってきたわけである。同様に、一九六一年五月二五日付の紙面では、地元出身の四名の若者がノヴァスコシア州中部のアンティゴニシュにある聖フランシスコ・ザビエル大学を卒業したことが紹介されている。また、その翌週の一九六一年六月一日付の紙面では、ヴァンビューレン出身の女性がエドマンズトンの看護学校を卒業したことが紹介されている。さらに、一九六二年七月一九日付の紙面では、その年の秋に一六名の地元の若者が進学することを紹介しており、そのうち二名がカナダの教育機関に進学している。進学先は、聖フランシスコ・ザビエル大学とエドマンズトン市民病院付属看護学校である。ちなみに一九六二年九月二〇日付の紙面ではエドマンズトンの聖ルイ大学に新たに赴任した一三名の教員が紹介されており（うち一二名は写真付）、それが情報として一定の価値があったことを示唆している。

このように、一九六〇年前後にはカナダの高等教育機関に進学する若者が一定程度存在した。その後、進学率が上昇し、高等教育機関への進学は新聞に掲載される情報ではなくなったので、最近の紙面では地元の若者の進学動向を知ることはできない。しかし、現在ではカナダの高等教育機関に進学する若者は多くなさそうである。その一因として、一九六〇年代から一九七〇年代にかけてメイン州やニューブランズウィック州において高等教育機関の統合が進んだことが挙げられよう。ニューブランズウィック州では一九六三年に各地のフランス系カレッジを統合するかたちでモンクトン大学が設立され、エドマンズトンの聖ルイ大学も現在ではモンクトン大学エドマンズトン校となっている。同様にメイン州でも各地のカレッジがメイン大学の下に統合され、教員養成を目的として一八七八年にフォートケントに設置されたマダワスカ師範学校も現在ではメイン大学フォートケント校となっている。また、教員免許や看護師免許などの制度も若者の進学先決定に大きく影響するはずである。すでに一九世紀後半に公立学校の無宗派化がすすめられたニューブランズウィック州と異なり、メイン州では一九六〇年代になっても公立学校に聖職者が勤務していた。カトリックの聖職者はカナダで教育を受けた者も多く、彼らの存在も若者の進学先決定に影響を及ぼした可能性は十分に考えられる。現地の研究者によれば、かつてはメイン州とカナダの沿海諸州との間で教員免許が互換可能であったといい、国境が存在することによる制度的な制約も強くなかった。

なお、*St. John Valley Times* では一九六二年六月九日付紙面から、「我々は共通の問題を抱えている」としてカナダ側のニュースを増やすべく、Canadian News Edition というセクションが設けられたが、一九七三年にとくに説明もなく廃止されている。もちろんセクションがなくなったからといって、一般の紙面からカナダ側のニュースがまったく消滅したわけではないが、大きな後退であることは否定できないだろう。筆者は、カナダ側の売店で *St. John Valley Times* が、アメリカ側の売店で *Le Madawaska* が販売されているのを確認していない。多くの場合、週刊紙は遠隔地に居住していても郵送で購読することが可能であり、またセントジョン川沿いの道路を走っていると対岸のラジオ放送の聴取は可能なので、お互いの地域のニュースがまったく得られないわけではないが、国境の壁は意外に高いのが現実である。

カナダ側とのつながりが薄れていくにつれて、アメリカ合衆国側ではフランス系住民の言語的同化が進行している。表3.1は、国勢調査とアメリカ地域社会調査の最新の調査結果に基づいて、セントジョン川上流地方の主要なフランス系コミュニティにおける家庭で用いる言語について示したものである。アメリカ合衆国の国勢調査では、家庭で用いる言語は二〇世紀の早い時期から質問項目に取り入れられてきた。しかし、質問の目的や背景は時代によって異なり、調査報告書における集計のされ方も調査年次によって異なっている。そこでここでは、同じ質問形式となった一九八〇年以降について示した。

さて、表3.1によると、いずれのコミュニティにおいても年を追うごとに家庭で英語のみを用いる人口の割合が上昇している。家庭で英語のみを用いる人口の割合は、比較的人口規模の大きいフォートケントやマダワスカ、ヴァンビューレンで先行して上昇したが、二〇一〇〜二〇一四年推計では、セントジョン川から離れて立地し、農村的な性格を最も強く残しているセントアガサでもほぼ四割が家庭で英語のみを話すと回答している。人口規模の大きいコミュニティのなかでは、フォートケントにおいて家庭で英語のみを用いる人口の割合が最も高い。フォートケントにはメイン大学フォートケント校やメイン北部地域医療センターが立地し、アルーストゥーク郡南部やメイン州南部など地域外からの流入が比較的多いことがその一因と考えられている。

続いて、家庭でフランス語を用いる人口を検討しよう（表3.1）。アルーストゥーク郡の一部の地域では最近アーミシュの移住が目立つものの、ヒスパニックや中国系住民がほとんど居住していないセントジョン川上流地方では英語以外の言語といえばフランス語である。したがって、家庭でフランス語を用いる人口の数値は英語のみを用いる人口の数値のほぼ裏返しとなる。人口規模の大きいコミュニティのなかでは、マダワスカにおいて家庭でフランス語を用いる人口の割合が最も高い。マダワスカにはフランス語教育にかかわる機関が集中して立地していることがその一因であろう。また、マダワスカは、セントジョン川をはさんで隣接するカナダ側のエドマンズトンとともに、ツインリヴァー製紙社（旧・フレイザー製紙社）の企業城下町のような存在である。ツインリヴァー製紙社は両都市に工場

表 3.1　メイン州セントジョン川上流地方の主要フランス系コミュニティにおける言語使用

コミュニティ	人口（人）（2010 年）	家庭で英語のみを用いる人口の割合（％）				家庭でフランス語を用いる人口の割合（％）2)		
		1980 年	1990 年	2000 年 1)	2010 ～ 2014 年	1980 年	1990 年	2010 ～ 2014 年
フォートケント	4,097	22.8	26.8	36.2	47.9	76.3	−	50.3
マダワスカ	4,035	11.6	19.0	16.6	34.6	88.2	−	65.3
ヴァンビューレン	2,171	17.3	19.0	22.7	39.9	81.7	−	59.0
フレンチヴィル	1,087	−	−	20.4	27.1	−	−	72.5
イーグルレイク	864	−	−	50.1	56.8	−	−	41.3
セントアガサ	747	−	−	19.9	39.7	−	−	59.4
アルーストゥーク郡	71,870	72.0	76.5	75.9	82.5	26.1	21.9	15.7
メイン州	1,328,361	89.2	90.8	92.2	93.3	9.0	7.1	3.5

（注）人口 700 以上のコミュニティについて示した。
－：データなし
1）2000 年国勢調査では「家庭で英語のみを用いる人口」の数値は公表されていないので、「家庭で英語以外の言語を用いる人口」を全体の人口から減じた数値を便宜的に「家庭で英語のみを用いる人口」とみなすことにした。
2）1980 年国勢調査では人口 2,500 以上のコミュニティのみ数値が公表されている。1990 年国勢調査ではコミュニティの数値が公表されていない。2000 年国勢調査では「家庭で英語以外の言語を用いる人口」の言語別の数値が公表されていない。
（出所）アメリカ合衆国国勢調査（1980 年、1990 年、2000 年、2010 年）およびアメリカ地域社会調査（2010 ～ 2014 年推計）により作成。

を所有し、アメリカ側の規制によって、エドマンズトンにパルプ工場、マダワスカに製紙工場が立地しているが、それらはパイプラインでつなげられている（Poitras 2011：97-112）。エドマンズトンが含まれるニューブランズウィック州マダワスカ郡はフランス語を母語とする人口が九割以上を占めており、同社内で国境を超えた人的交流があるとすれば、マダワスカにおいて家庭でフランス語を用いる人口の割合にも影響していることが考えられよう。

家庭で英語のみを用いる人口の割合が上昇する最も大きな理由がフランス語使用人口の高齢化であることは容易に推測できる。すなわち、家庭でフランス語を用いていた人々が世を去り、家庭で英語のみを用いる若年層が増加した結果ということである。そして、若年層が家庭で英語のみを用いる大きな要因は、フランス語以外を母語とする配偶者との結婚である。一例を示そう。フォートケントの高校でフランス語を教える男性（一九六九年、フォートケント生まれ）は、セントジョン川上流地方に最初に入植した家族の末裔であり、農家で育った。彼はフォートケントの高校を卒業後、ニューハンプシャー州の教員養成カレッジに進学した。そして州南部出身の女性と結婚して二〇〇九年に郷里に戻った。妻もフランス語での会話は可能なようであるが、家庭では英語が中心になっているという。

また、そもそも若年層がフランス語使用に積極的ではないことも考えられよう。一九九一年にセントアガサおよびヴァンビューレンの学校において言語使用に関する大規模調査を実施したランドリーとアラール（Landry and Allard 1992）は、フランス語を用いる家庭で育った生徒たちでさえフランス語使用に積極的でないことを指摘している。なお、筆者の現地調査において、路上でフランス語を耳にする機会は非常に少なく、すでに述べたようにフランス語が商店の看板等に用いられている例も限られている。したがって、筆者には家庭でフランス語を用いる人口の割合の数値が高すぎるように思われるが、家庭の内外における言語の使い分けなどには不明な部分も多く、今後検討されなければならない。

4 アカディアン・フェスティヴァルと世界アカディアン会議の開催——カナダとのつながりは復活するか

メイン州側のフランス系住民にとって大きな転機となるのは一九七八年である。この年、メイン州議会において、一七八五年にアカディアンがセントジョン川をさかのぼって到来したとされる六月二八日がアカディアンの日と定められ、またマダワスカにおいて六月下旬に第一回アカディアン・フェスティヴァルが開催された。なぜこの時期に突如自らのアイデンティティを前面に押し出すイベントが開催されることになったのかについては十分な資料がないが、アメリカ合衆国におけるエスニック史の一般的な説明にしたがえば（明石・飯野 二〇一一）、公民権運動に触発された白人エスニック集団の再活性化の現れといえるかもしれない。

第一回のアカディアン・フェスティヴァルは、マダワスカ歴史協会とマダワスカ商工会議所が中心となって一九七八年六月二四日から七月一日にかけて開催された。*St. John Valley Times* に掲載されたプログラムはその後のフェスティヴァルと比較するとかなり簡素であり、一九七八年六月二一日付の記事は、ミサやバザー、一七八五年のアカディアン到来を記念するセレモニー、アカディアンの「国旗」とアメリカ合衆国およびカナダの国旗掲揚セレモニーのほか、伝統音楽のコンサートやソフトボール大会、ゴルフトーナメントなどが行われることを報じている。

第二回アカディアン・フェスティヴァルは前年と同様にマダワスカ歴史協会とマダワスカ商工会議所が中心となって一九七九年六月二三日から七月一日にかけて開催され、ビアガーデンやその後長く続くことになるパレードなどが新たにプログラムに加わっている。この年は、一六〇四年のフランス人によるセントクロイー島への入植から数えて三七五周年であった。

一九八〇年の第三回からはマダワスカ歴史協会が主催者の立場から退き、マダワスカ商工会議所のみが運営の中心を担うことになる。ただし、この年からマダワスカ歴史協会が中心となってファミリー・レユニオン（一族の集会）が実施されるようになる。毎年一家系が選ばれ、第一回のこの年は、一七八五年のアカディアン到来を主導したジョセフ・デグル（Joseph Daigle）の末裔たちがセントジョン川上流地方に集まった。その後、一九八一年がシル（Cyr）一族、一九八二年がエベール（Hébert）一族、一九八三年がデュフール（Dufour）一族、一九八四年がチボドー（Thibodeau）一族が選ばれ、アカディアン・フェスティヴァルの重要な要素となっていく。第八回の一九八五年は一七八五年のアカディアン到来から二〇〇周年にあたり、ニューブランズウィック州北東部出身のアカディアンでシンガーソングライターとして著名なエディス・バトラーのコンサートが行われるなど、大々的に開催された。

このように、メイン州のアカディアン・フェスティヴァルは、曜日の並びによって日程は変化するものの、一貫してメイン州のアカディアンの日である六月二八日の前後に開催されてきた。また、たとえば第三回（一九八一年）のパレードではエドマンズトンからブレヨン祭の山車が参加するなど、カナダ側の参加がみられることもあった。しかし、カナダ側との関係という点で様相が大きく変化するのは二〇一〇年代に入ってからである。一九九〇年代、カナダ沿海諸州のアカディアン社会では新たな動きがおこっていた（太田 一九九八）。すなわち、一九九四年にニューブランズウィック州南東部において開催された、第一回世界アカディアン会議である。そしてそれは、開かれた、未来志向ともいえるアイデンティティ構築をめざす動きにつながるものであった。世界アカディアン会議はその後、第二回（一九九九年）がルイジアナ州、第三回（二〇〇四年）がアカディアンの最初の入植地であるノヴァスコシア州のファンディ湾沿岸、第四回（二〇〇九年）がニューブランズウィック州北東部のアカディア半島で開催され、世界中からアカディアンが集まって専門家会合で議論をしたり、さまざまなイベントを楽しんだりする場となった。その世界アカディアン会議が二〇一四年八月にニューブランズウィック州北西部とメイン州北部、さらには隣接するケベック州テミスクアータ地方が中心となって開催されることになったのである。そして、この三地域は世界アカディアン会議を開催するにあたって、自らを「大地と森のアカディアン」と標榜した。

世界アカディアン会議の開催決定は、メイン州で三〇年以上にわたって開催されてきたアカディアン・フェスティヴァルにも大きな影響を与えることになった。まず、二〇一〇年に沿海諸州のアカディアン居住地域の祭典で新たな伝統となりつつあるタンタマルが導入された。タンタマルとは、自らの存在をアピールするために、フライパンなどをたたいてノイズを響かせながら練り歩くパレードである。次いで、二〇一一年からは世界アカディアン会議の日程に合わせるように、八月中旬にアカディアン・フェスティヴァルの日程が変更され、二〇一一年は八月一一日から一五日にかけて開催された。この時期の *St. John Valley Times* の紙面には、沿海諸州のアカディアンの伝統やイベントになじみのない読者を啓発するような記事がしばしば掲載されている。六月二八日のメイン州アカディアンの日に対して、聖母被昇天の日を「国際アカディアン・デー」という、カナダでは見慣れない表現が使われることもある。

そして、二〇一四年八月八日、エドマンズトンで開会式が挙行され、エドマンズトン市長のスピーチから第五回世界アカディアン会議は始まった。式典にはカナダのハーパー首相（当時）やジャン前総督をはじめ、ニューブランズウィック州首相、同州副総督、(5) メイン州知事、ケベック州政府の担当大臣などが参列した。聖母被昇天の日である八月一五日には、大規模なミサ、タンタマル、コンサートという世界アカディアン会議の重要なイベントがメイン州側のマダワスカで開催された。

なお、メイン州のアカディアン・フェスティヴァルも並行して開催され、クライマックスである伝統のパレードは八月一七日に実施された。パレードでは、一族ごとの山車を中心に、マダワスカのメイン・ストリートを多くの山車が練り歩き、フェスティヴァルはフィナーレを迎えた。

世界アカディアン会議の経験は、アメリカ合衆国北東端の過疎化に悩む小さなコミュニティに何をもたらしただろうか。会議自体は成功裡に終わり、観光客二万一千人と地元住民四万五〇〇人が参加し、二八四〇万カナダドルの経済効果をもたらした（LeBlanc 2014 : 3-4）。メイン州のアカディアン・フェスティヴァルは二〇一五年にいったん従来の六月下旬から七月上旬の開催に戻ったが、ニューブランズウィック州北西部、ケベック州テミスクアータ地方との協力関係は継続し、持ち回りでイベントを主催することになり、二〇一六年のアカディアン・フェスティヴァルは再び八月中旬に開催された。アメリカ合衆国に組み入れられたことによって独自の発達をみたメイン州のアカディアンのアイデンティティは、カナダ側と協力して実現した世界アカディアン会議の開催によって変化を見せ始めている。もちろん、世界アカディアン会議の開催から三年が過ぎたばかりである。人々に与えた影響は今後表面化していくと予想され、研究の進展が期待される。

〈注〉

（1）アメリカ地域社会調査とは、二〇〇〇年国勢調査まで実施されてきた詳細調査票に代わって導入されたものであり、国勢調査よりも小規模なサンプル調査を毎年実施し、最大で五年にわたって蓄積されたデータに基づく推計をインターネット上で毎年公表している。なお、アメリカ地域社会調査については森（二〇〇七）や Mather et al.（2005）による紹介がある。

（2）『エヴァンジェリンヌ』は、アカディアンの追放政策によって離れ離れになった恋人ガブリエルを探し求めて北アメリカ各地をさまようヒロイン・エヴァンジェリンヌを中心に描いた詩である。『エヴァンジェリンヌ』がアカディアンのアイデンティティ形成に果たした役割は大きく、一八八七年から一九八二年までモンクトンで発行されてきたフランス語新聞の名称に用いられ、現在でも観光ルートの名称に冠されることがある。なお、グラン・デランジュマンという表現のつつましさを日本で最初に指摘したのはフランス文学者の大矢タカヤスであると思われる。大矢は、アカディアン入植四〇〇周年を迎えた二〇〇四年前後にアカディアンの文学と歴史を精力的に研究し、現地のテレビ放送にも出演するほどの活躍をみせるとともに、『エヴァンジェリンヌ』の新訳をも提出した（大矢・ロングフェロー 二〇〇八）。

（3）一八六七年に成立するカナダ連邦への加入に際し、沿海諸州にとって中央カナダとつながる鉄道の敷設は重要な課題であり、加入の条件でもあった。最終的に鉄道（インターコロニアル鉄道）は、人口が多く、距離の面でも有利なセントジョン川沿岸ではなく、ニューブランズウィック州沿海部に敷設された。鉄道を防衛面で活用したいイギリス本国が国境に近いルートに難色を示したからである（Craig and Dagenais 2009 : 237）。のちにセントジョン川沿岸ルートにも鉄道が敷設されたが、現在では貨物輸送に用いられるのみである。現在、ケベック州モントリオールとノヴァスコシア州ハリファクスとを結ぶ旅客列車は沿海ルートを走っている。

（4）「共和国」という表現は、第二次世界大戦後に独自の地域性を観光促進に生かそうという狙いから生まれた。その後、たとえば一九七三年のマダワスカ郡創設一〇〇周年の記念式典で来賓の多くが「共和国」に言及したように、政治的意味合いを帯びていくようにもなったという（Couturier 2002）。

（5）本来はジョンストン総督（当時）が出席する予定であったが、体調不良のため直前に出席をとりやめ、副総督が代行したようである。カナダ総督はカナダの元首であるイギリス国王の名代であり、副総督はカナダ各州においてイギリス国王の名代を務めるポストである。いずれも現在ではカナダ人が任命されており、当時のニューブランズウィック州副総督は先住民であった。

〈文　献〉

明石紀雄・飯野正子　二〇一一『エスニック・アメリカ（第三版）――多文化社会における共生の模索――』有斐閣
太田和子　一九八一「エスニック・ファミリー再考――メイン州のフランコ・アメリカン――」『アメリカ研究』一五：七〇―八六
太田和子　一九八二「フランス系アメリカ人のエスニック・アイデンティティ」綾部恒雄編『アメリカ民族文化の研究――エスニシティとアイデンティティ――』二四九―二八三　弘文堂
太田和子　一九八八a「アカディアンのエスニシティと民族間関係――ニューブランズウィックでの調査より――」綾部恒雄編『カナダ民族文化の研究――多文化主義とエスニシティ――』刀水書房　五九―九六
太田和子　一九八八b「現代の創世神話――新しい『民族』の生成――」川田順造・福井勝義編『民族とは何か』岩波書店　一七一―一八六
太田和子　一九九八「『世界アカディアン会議』とアカディアン・アイデンティティ」森川眞規雄編『先住民、アジア系、アカディアン――変容するカナダ多文化社会――』行路社　九九―一一二
大矢タカヤス・ロングフェロー　二〇〇八『地図から消えた国、アカディの記憶――「エヴァンジェリンヌ」とアカディアンの歴史――』書肆心水
木村和男編　一九九九『カナダ史』山川出版社
高井由香理　二〇〇〇「移民過程にみる適応のメカニズム――20世紀初頭ニューイングランド繊維産業都市におけるフランス系カナダ人移民の年齢及びジェンダー分析を中心に――」『カナダ研究年報』二〇：一七―三五
森博美　二〇〇七「アメリカ地域社会調査（ACS）について」『統計学』九二：三八―四六
矢ケ﨑典隆編　二〇一一『世界地誌シリーズ4　アメリカ』朝倉書店
Allen, J. P. 1972. Migration fields of French Canadian immigrants to southern Maine. *Geographical Review*, 62 : 366-383.
Allen, J. P. 1974. Franco-Americans in Maine : A geographical perspective. *Acadiensis*, 4 : 32-66.

Cayo, D. 1993. Republic of Madawaska : A modern myth rooted in New Brunswick history. *Canadian Geographic*, 113 (1) : 50-59.

Couturier, J. P. 2002. La République du Madawaska et l'Acadie : La construction identitaire d'une région néo-brunswickois au XXe siéle. *Revue d'histoire de l'Amérique française*, 56 : 153-184.

Craig, B., and Dagenais, M. 2009. *Land In Between : The Upper St. John Valley, Prehistory to World War I.* Gardiner, ME: Tilbury House.

Doty, C. S. 1991. *Acadian Hard Times : The Farm Security Administration in Maine's St. John Valley, 1940-1943.* Orono, ME : University of Maine Press.

Griffiths, N. E. S. 1992. *The Contexts of Acadian History, 1686-1784.* Montréal: McGill-Queen's University Press.

Konrad, V. A. 1982. Against the tide : French Canadian barn building traditions in the St. John Valley of Maine. *American Review of Canadian Studies*, 12 : 22-36.

Konrad, V. A., and Chancy, M. 1982. Madawaska twin barn. *Journal of Cultural Geography*, 3 (1) : 64-75.

Landry, R., and Allard, R. 1992. Subtractive bilingualism : The case of Franco-Americans in Maine's St John Valley. *Journal of Multilingual and Multicultural Development*, 13 : 515-544.

LeBlanc, M. 2014. *Étude sur les retombées économiques et sociales du Congrès mondial acadien 2014.* Dieppe, N. B. : Groupe stratégique Nufocus ltée.

Mather, M., Rivers, K. L., and Jacobson, L. A. 2005. The American Community Survey. *Population Bulletin*, 60 (3) : 3-20.

Poitras, J. 2011. *Imaginary Line: Life on an unfinished border.* Fredericton, N. B. : Goose Lane Editions.

Volpé, P. 2015. La brayonnité, la brayonnité?!? : Référence madawaskaenne en chantier, 1785-2014. *Acadiensis*, 44 : 64-90.

コラム2

ルイジアナ州南部のケイジャン文化とフェスティヴァル

大石太郎

ルイジアナ州南部に、ケイジャンとよばれる人々が暮らしている。ケイジャンとは、一八世紀半ばにノヴァスコシア植民地を追放され、一七六五年から一七八五年の間にルイジアナの地に住みつくようになったフランス人入植者を祖先とする人々であり、アカディアン（英語の発音でアケイディアン）がなまったものであるという。彼らがやってきた当時、ルイジアナはスペイン統治下にあったが、いったんフランス領に戻ったのち、一八〇三年にアメリカ合衆国に買収される。以来、アメリカ合衆国の主流文化が流入し、フランスやスペインによって形成された社会や文化は変容を迫られた。おもに非都市地域に暮らしていたケイジャンはルイジアナでもフランス語とカトリック信仰を維持してきたが、しだいに英語への同化が進み、現代ではもはやフランス語を母語として維持しているとは言いがたい。また、ケイジャンはカナダ東部からまったく環境の異なるルイジアナに移住し、その亜熱帯的環境に適応したが、かつての暮らしも近代化によってほぼ失われてしまった。

かつての暮らしとその変容を現代に伝えるのは、ケイジャン文化の中心都市ラファイエットなどにある博物館である。また、ルイジアナ州では食を中心に据えたフェスティヴァルもさかんであり、食文化の継承に重要な役割を果たしている。たとえば、レイバー・デー（九月最初の月曜日）の週末にモーガンシティで開催されるシュリンプ・アンド・ペトロリウム・フェスティヴァルは、エビ養殖と石油という州を代表する産業をテーマとしており、全州的に知名度を高めつつある。また、地元の食材の代表格といえるザリガニ（クローフィッシュ）は三月から五月にかけてが旬であり、小都市ブローブリッジで五月初旬に開催されるクローフィッシュ・フェスティヴァルでは、蒸し煮などの料理コンテストが実施されている（Martin and Martin 2014）。この時期にはレストランでも、ボウルいっぱいに盛られた、ボイルされて真っ赤になったザリガニを食す人々の姿がみられる。

〈文　献〉

Martin, A. K. and Martin, J. 2014. *Southeast Louisiana Food: A Seasoned Tradition*. Charleston, SC: American Palate.

第4章

アイルランド系アメリカ人にとってのセント・パトリックス・デイ・パレード

根田　克彦

セント・パトリックス・デイは、カトリックの国アイルランドの守護聖人セント・パトリックの命日三月一七日を記念する宗教的な行事である。しかし、現在のアメリカ合衆国の都市でセント・パトリックス・デイに開催されるパレードは、多くの非カトリック住民も観覧する重要な都市の観光資源である。このような形態のパレードは、本国アイルランドではなく、アメリカ合衆国でアイルランド系アメリカ人により誕生したものであった。本章では、世界最大といわれるニューヨーク市のセント・パトリックス・デイ・パレードを事例として、アイルランド系アメリカ人にとって，パレードの意義が時代によりいかに変化したかを明らかにする。

1　エスニック景観としてのセント・パトリックス・デイ・パレード

一七世紀初頭からアイルランド自由国が成立した一九二二年までに、七〇〇万人のアイルランド人（アイリッシュ）

が北米に移住したといわれる（高神 二〇〇四）。とくに、一八四〇年代後半におけるアイルランド大飢饉（Great Famine, Great Hunger）の際には、一〇〇万人を超えるアイルランド人がアメリカ東海岸の港湾都市に渡った（Moss 1995）。二〇一三年現在、アメリカ合衆国におけるアイルランド系移民は、ドイツ系移民に次ぐ民族集団であり、約三四五九万人（アメリカ合衆国全体の一一・一%）の人口を擁し（U.S. Census Bureau, 2009-2013 American Community survey 5-year Estimates）、本国アイルランド人口四五九万人（Central Statistics Office, 2011）をはるかに上回る存在である。

アメリカ合衆国の都市では、第5章に示すように、中国系やイタリア系など多くの移民がインナーシティに移民街を形成して、移民街内に独特なエスニック景観を形成した（根田 二〇一六）。一九世紀以降アイルランド系移民もインナーシティに移民街を形成したが、彼らは二〇世紀以降に急速にアメリカ社会に同化して郊外に分散し、アイルランド系移民のエスニック景観は消滅していった（Remiers 1996）。

アメリカ合衆国の都市におけるアイルランド系移民のエスニック景観は失われたが、アイルランド系移民の祝祭である十月三一日のハロウィンと三月一七日のセント・パトリックス・デイは、アメリカ合衆国だけではなく、世界中で開催される恒例行事である。宗教色が薄いハロウィンと異なり、セント・パトリックス・デイ・パレードは、アイルランド

図 4.1　アメリカ合衆国におけるセント・パトリックス・デイ・パレード開催都市の分布（2015 年 3 月開催）
（出所）http://www.st-patricks-day.com/st_patricks_day_parades_usa/ などにより作成。

の文化と宗教性を現在でも強くもつ。主にカトリック系団体がパレードの主催者となり、行政に街路の使用許可を得て、パレードのルート、参加者、行進の順序が主催者の主導のもとで組織的に開催される。二〇一五年現在、アメリカ合衆国では二〇〇以上の都市で二四〇以上のセント・パトリックス・デイ・パレードが開催されている（図4.1）（1）。

ニューヨーク市のような大都市では、複数の地区でセント・パトリックス・デイ・パレードが開催されるが、その都市で最大規模のパレードは、一般にダウンタウンのメインストリートで開催される。とくに、ニューヨーク市マンハッタンの五番街沿いで開催されるセント・パトリックス・デイ・パレードは、アメリカ独立前から開始された全米最古で、世界最大といわれるパレードである。このパレードは、毎年一五～二五万人が行進し、二〇〇万人の観光客を集め、パレードの際には五番街で車の通行が警察により禁止される（写真4.1）（http://www.nycstpatricksparade.org/about.html　最終閲覧：二〇一四年八月三日）。

セント・パトリックス・デイ・パレードには、行進参加者がアイルランドの象徴である緑色の衣服とシャムロック（2）を身に着け、アイリッシュダンスとバグパイプの演奏など民族的な催しが披露される。パレードに参加した団体は、それぞれの団体のバナーを掲げて行進する（写真4.2）。パレードの先頭を歩くのはグランド・マーシャルと呼称されるアイ

写真 4.1　ニューヨーク、セント・パトリックス・デイ・パレード前の五番街の道路封鎖
（撮影）2014 年 3 月、根田克彦

リッシュの代表者であり、グランド・マーシャルはパレード主催者が決定する。パレード行進の順番も、セント・パトリックス・デイ・パレードにおける各組織の歴史的貢献度を考慮して、パレード主催者が決定する（Kelton 1985）。グランド・マーシャルに続くのは、ニューヨーク市長と市議会議員などの政治家である。その後を、軍隊、さまざまなアイルランド系アメリカ人の組織、学校の児童・生徒のダンスサークル、アイルランド音楽を演奏するバグパイプなどの楽隊が行進をする（写真4.3）。パレードが開催される五番街沿いにあるセント・パトリックス大聖堂では、この日の朝にミサを行い、大司教が教会の階段からパレードを祝福する。このように、セント・パトリックス・デイ・パレードはアイルランドの民族性とカトリックの宗教性が強いイベントである。

セント・パトリックス・デイにはバーが日中から営業して酒とアイルランド料理（コーンビーフとキャベツに代表される）を提供し、パレードの沿道には、シャムロックやアイルランド関係の商品を販売する店、露店が立ち並ぶ。多

写真 4.2　ニューヨーク、セント・パトリックス・デイ・パレードにおけるバナーを掲げての行進
（撮影）写真 4.1 に同じ

写真 4.3　ニューヨークにおけるセント・パトリックス・デイ・パレードの楽団と兵士
（撮影）写真 4.1 に同じ。

くの観光客は緑色の衣服・装飾品、およびシャムロックかその模造品を身に着け、顔や髪の毛を緑で染め、アイルランドの妖精レプラコーンの仮装をして、飲酒をして騒ぐ。アメリカ合衆国におけるセント・パトリックス・デイ・パレードは各都市のダウンタウンをアイリッシュの象徴である緑色で一時的に占拠し、セント・パトリックス・デイには、「誰もがアイリッシュとなる」ことを楽しむ（Irish Network Japan のウェブサイト http://www.inj.or.jp/tokyo-st-patricks-parade2015 最終閲覧：二〇一六年二月七日）。

パレードは街路を占有してその集団の存在を誇示し、多くの人々の注目を集めるイベントである。アメリカ合衆国のインナーシティにおけるアイルランド系移民のエスニック景観の多くは消滅したが、セント・パトリックス・デイ・パレードは、特定の日に限定されるとはいえ、開催都市にアイルランド系移民の文化・宗教景観を創出し、その景観が時代を越えて維持される。この点で、セント・パトリックス・デイ・パレードは無形博物館と呼称できよう。

本章では、エスニック景観を示す祝祭空間の事例として、ニューヨーク市におけるセント・パトリックス・デイ・パレードをとりあげ、アイルランド系アメリカ人にとってのパレードの意義と、その都市における役割の変化を検討する。

2　アメリカ合衆国におけるセント・パトリックス・デイ祝祭の形成

(1) アイルランドにおけるセント・パトリックス・デイ

三月一七日のセント・パトリックス・デイは、五世紀ころにアイルランドにキリスト教を広めたといわれるセント・パトリックの命日である。伝説によると、セント・パトリックはローマに占領されたイギリスに生まれたが、一四歳の時に拉致されてアイルランドで奴隷となった（Catholic Online http://www.catholic.org/saints/saint.php?saint_

id=89（最終閲覧日：二〇一六年一月一〇日）。その後、セント・パトリックはイギリスに戻ることができたが、後に伝道師としてアイルランドに戻り、アイルランドにキリスト教を広め、教会を建設した（http://www.st-patricks-day.com/about_saintpatrick/（最終閲覧日：二〇一六年一月一〇日））。ダブリン市にはセント・パトリック大聖堂がある。

セント・パトリックは、アイルランドの守護聖人、もしくはアイルランドの使者（Apostle of Ireland）と呼称される。一八〇一年にアイルランドがイギリスに併合された際に作られたイギリスの国旗は、スコットランド、イングランドおよびアイルランドのセント・パトリックの紋章を組み合わせたものである。

セント・パトリックス・デイの起源は定かではないが、一七世紀初頭にアイルランドでは、三月一七日のセント・パトリックス・デイが宗教的行事として認められていた（Cronin and Adair 2002 : 1）。一七世紀にイギリスによるアイルランドの征服が進展し、アイルランドのカトリック系の地主は没落して、プロテスタント系のイングランド人が支配階級となった。少数のプロテスタント系の支配を徹底するために、カトリック系アイルランド人は公職や土地の購入など多くの点で差別された。一七～一八世紀に、支配層のプロテスタント系住民によりカトリック系の聖人を祝日とすることは禁止された（Cronin and Adair 2002 : 3）。しかし、一八世紀後半に、アイルランドの首都ダブリン城主の主催でセント・パトリックス・デイの儀式が行われていた。それは主としてイギリス系住民である上流階級と富裕層による、ディナーと舞踏会などの催しであった（Cronin and Adair 2002 : 4-5）。城で開催されるセント・パトリックス・デイのイベントは、公式にはカトリック系住民を排除していたが、華美なイベントはカトリック系住民をも魅了した（Cronin and Adair 2002 : 6）。

（2）アメリカ合衆国におけるセント・パトリックス・デイの成立

アメリカ合衆国において、最初にセント・パトリックス・デイを祝った事例として、一七三七年の三月一七日に、ボストンでアイルランド系移民の富裕階層のプロテスタントが豪華なディナーを開催した記録がある（Cronin and Adair 2002 : 8-9）。一八世紀中期からアイルランド大飢饉前までにアイルランドから北アメリカに移住したアイルランド人はまだ少数で、裕福なプロテスタントとカトリックの商人であり、比較的容易にアングロ・アメリカ人社会に同化できた（Moss 1995）。この会合はボストンの富裕階層のアイルランド系移民間の社交と、経済的に貧窮している同胞のための寄付を募る目的もあった（Cronin and Adair 2002 : 9）。

セント・パトリックス・デイにおけるディナーは、アイルランド系移民が多い他のアメリカの都市でも開催された。たとえば、ニューヨークでは一七六二年にセント・パトリックス・デイ・ディナーが開催された（Ridge 1988 : 4）。とくに記録がないが、その会合で行進が行われたようである（Ridge and Bushnel 2011 : 14）。一八世紀のアメリカ合衆国におけるセント・パトリックス・デイの行事は、比較的富裕層であるプロテスタントのアイルランド移民により開催され、イギリス国王に対して忠誠心をもつ点で、本国アイルランドのセント・パトリックス・デイのそれと類似していた。なお、労働者階級であるアイルランド系カトリックもアメリカでセント・パトリックス・デイを家族で祝っていたはずであるが、その記録はほとんど残っていない（Cronin and Adair 2002 : 10）。

アメリカで最初のセント・パトリックス・デイ・パレードの記録は、一七六六年にニューヨークで開催されたものである（Ridge 1988 : 4・Cronin and Adair 2002 : 10）。その詳細は不明であるが、笛と太鼓を奏でた軍隊の行進といわれる（Ridge 1988 : 10）。カトリックのアイルランド系移民にとって、軍隊は数少ない職業選択肢の一つであった（Ridge 1988 : 5）。アメリカの独立戦争（一七七五〜一七八三年）において、イギリス軍とアメリカ独立軍の双方にアイルランド系移民が属し、アイルランド系移民は敵味方に分かれて戦った（Cronin and Adair 2002 : 11）。アメリカ独立後、独立軍に属したアイルランド系移民の英雄はアメリカの英雄となり、七月四日の独立記念日のパレードにおいてアイルランド系移民はめだつ存在になった（Cronin and Adair 2002 : 11）。セント・パトリックス・デイ・パレードも、アイルランド系移民の存在を誇示する場となった。

なお、一八世紀末のアメリカの都市では、コミュニティごとにアイルランド系移民の組織が形成された。セント・パトリックス・デイの祝祭は、アイルランド系移民の各組織・家族・コミュニティが個別に行っており、パレードも組織の拠点ごとに行われており、小規模なものであった。

3　セント・パトリックス・デイ・パレードの大規模化と政治利用

(1) アイルランド大飢饉とセント・パトリックス・デイ・パレード

一八四〇年代後半以降、アイルランド大飢饉によりアイルランドから多くの移民がアメリカ合衆国に移住した。大飢饉以降におけるアイルランド移民の主体は、貧しく専門的技術のないカトリックの農民であったが、彼らは英語を話せることからアメリカの東海岸の都市において労働者階級に属した。また、イギリスに対する反乱に失敗した、アイルランドの独立と共和国樹立を掲げたフェニアン協会(3)のメンバーもアメリカ合衆国に移住した。アイルランド系カトリックは、警察官、消防士、鉄道員で顕著となり、アイルランド系の富裕層も行政とビジネスの領域で存在感を増したので、アメリカ合衆国でアイルランド系移民は確固とした地位を築いていった (Cronin and Adair 2002 : 34)。アイルランド系移民にとってセント・パトリックス・デイはアメリカ合衆国における彼らの存在を主張し、祖国アイルランドの危機をアメリカ合衆国に訴える重要な手段となった (Cronin and Adair 2002 : 64-65)。

アイルランド大飢饉の期間に、アイルランド系アメリカ人はセント・パトリックス・デイに募金を行い、それを本国アイルランドに送金した (Cronin and Adair 2002 : 34-35)。アメリカ合衆国では、フェニアン協会などによりアイルランド独立のためのロビー活動も行われた (Cronin and Adair 2002 : 65-66)。アメリカ合衆国のセント・パトリックス・デイ・パレードは、本国のアイルランドで禁止されたアイルランドの象徴である緑色のバナーを、逮捕の恐れなしに掲げることができた（Cronin and Adair 2002 : 68）。しかし、アイルランド系移民がセント・パトリックス・デイ・パレードにおいてカトリックの宗教色とアイルランドの独立を訴えて政治色を強めたことにより、ホスト社会であるプロテスタント系の住民は、急速に増加するアイルランド系移民の存在と、彼らのアイルランド独立を支持する政治的行動に拒否的反応を示すようになり（Cronin and Adair 2002 : 68-69）、パレードが攻撃を受けるようになった。

それに対して、アイルランド系移民は団結を強化することで対応した。一八五一年にニューヨーク市のセント・パトリックス・デイ・パレードに参加したアイルランド系移民の組織は、六組織から一七組織に増加した（Ridge 1988 : 19）。新規に参加したアイリッシュの組織は、ニューヨーク市の市街地の拡大に伴い形成された郊外の組織と、労働組合の組織であった（Ridge 1988）。ニューヨーク市における初期の労働組合は民族的組織ではなかったが、初期のメンバーの主体はアイルランド系移民であった。

一八五三年は、ニューヨーク市のセント・パトリックス・デイ・パレードを現在でも主催する古ヒベルニア騎士団（Ancient Order of Hibernians, AOH）が初めてパレードに参加した年であった（Ridge 1988 : 22）。AOHは一八五〇年代にはパレードを掌握し、現在に至っている（Cronin and Adair 2002 : 37）。AOHはカトリックを明確に主張し、アイルランドのナショナリストのロビー団体でもあったので、セント・パトリックス・デイ・パレードはいっそう反カトリック住民と敵対するようになった（Cronin and Adair 2002 : 37）。フェニアン協会の会員が、パレードの行進を観覧もしくは偽名で参加することも問題となった（Cronin and Adair 2002 : 65-66）。

一八六〇年代までには、アメリカ合衆国全体でアイルランド系移民が増加し、彼らの組織も全米で形成され、それらの組織はセント・パトリックス・デイ・パレードを開催した（Cronin and Adair 2002 : 64）。ニューヨーク市のパレードは、AOHの主導のもとで中央集権的となり、各アイルランド系移民のコミュニティが行う小規模なものから、都市のダウンタウンで大規模・壮麗に行うものとなった（Cronin and Adair 2002 : 36）。一八六七年におけるニューヨーク市のセント・パトリックス・デイ・パレードでは、四四の音楽バンド、五二グループのバナーが参加し、総計二万人の男性が行進した（Ridge 1988 : 39）。ニューヨーク市ではアイルランド系移民人口が急増し、一八五〇年代にはニューヨークの人口の三〇%近くがアイルランド生まれであった（Dinner 1996 : 91）。アイルランド系移民の票を政治家は無視できなくなり、一八五〇年代になると、ニューヨーク市長と議員がセント・パトリックス・デイ・パレードを観覧した（Ridge 1988 : 22 ; Cronin and Adair 2002 : 37）。

　ニューヨーク市のセント・パトリックス・デイ・パレードのルートは何度も変更されたが、一八七九年にロワー・マンハッタンからミッドタウンの五番街沿いにセント・パトリックス大聖堂が移転する(4)とセント・パトリックス・デイ・パレードはミッドタウン方向に移動し、五番街がパレードの主たるルートとなった（Kelton 1985）（写真4.4）。セント・パトリックス大聖堂の枢機卿は大聖堂の扉の前の階段でパレードを祝福した。また、一八五〇年代には攻撃を避けるために、軍隊が市民組織を先導するようになった。

写真 4.4　五番街のセント・パトリックス・デイ当日のセント・パトリックス大聖堂
（撮影）2014・2015 年 3 月、根田克彦

一八六〇年代後半になると、セント・パトリックス・デイ・パレード主催者はアイルランドの独立を公然と支持することと、移民先であるアメリカ合衆国で純粋にセント・パトリックス・デイを祝祭することとの間で揺れることとなった（Cronin and Adair 2002 : 67）。また、パレードを主催する組織間でも、アイルランドの独立を支持し過激なアイルランド系の労働組合と関係するＡＯＨと、穏健な組織との足並みが不ぞろいとなった（Ridge 1988 : 54-55）。さらに、狂信的プロテスタントからなるオレンジ・オーダーを主体とする反カトリック集団からの攻撃も激化した。パレード行進者数は一八六七年の二万人をピークに、一八八〇年には九八〇人に低下した（Cronin and Adair 2002 : 72）。カトリック教会もＡＯＨの過激な動向を批判し、一八七六年にローマカトリック教会のニューヨーク枢機卿の自宅の前をパレードが通過した際には、枢機卿は姿を現さなかった（Ridge 1988 : 54）。

セント・パトリックス・デイにおける混乱はあったが、一八九〇年代になると、セント・パトリックス・デイ・パレードはアイルランド系カトリックだけではなく、市民全体に人気を博するようになり、多くの観客が観覧するようになった（Cronin and Adair 2002 : 73）。二〇世紀になった一九〇一年には、アイルランド主義に反対していたローマカトリック教会のニューヨーク枢機卿が、セント・パトリックス・デイ・パレードを観覧した。パレードには多くの楽団が参加し、カトリックの学校から児童・生徒も行進に参加し、行進者数は三万人を超えた（Ridge 1988 : 90-95）。セント・パトリックス・デイ・パレードは再び、ニューヨーク市の重要なイベントとなった。

（2）アイルランド独立とセント・パトリックス・デイ・パレード

アメリカだけではなく、世界中の都市でアイルランド系移民は、祖国アイルランドとナショナリストの組織を支えた（Cronin and Adair 2002 : 105）。アイルランドでは、独立をめざす一九一六年のイースター蜂起は失敗したが、一九一八年の総選挙ではアイルランド共和国樹立をめざすシン・フェーン（Sinn Fein）党が圧勝し、一九一九年にダブリンで独立を宣言して、ドウ・バレラが代表に選出された。それにより、アイルランドの独立を認めないイギリスと戦争状態が続くこととなった。さらに、一九二〇年に、ニューヨーク市のセント・パトリックス・デイ・パレードで、観覧スタンドにアイルランド暫定政府のリーダー、ドウ・バレラが招待された（Cronin and Adair 2002 : 106）。また、パレードではアイルランド共和国の旗である、オレンジ、緑および白の三色旗が登場した。

一九二一年のイギリス・アイルランド条約は北アイルランド六郡をイギリス領としたことから、アイルランドは独立後に、アイルランド共和国を主張する共和派（リーダーはドウ・バレラ）と、条約に賛成するアイルランド自由国政府との間で、アイルランド市民戦争が生じた（一九二一〜一九二四年）。アイルランド系アメリカ人は主として条約賛成派に共感を示したが、条約そのものに賛同するものではなかった（Ridge 1988 : 113）。共和派と自由国政府の双方は、セント・パトリックス・デイにアメリカ合衆国のアイルランド系移民に対して支持を求めるメッセージを送った（Cronin and Adair 2002 : 110）。

しかしドウ・バレラは闘争を中止し、一九二二年の総選挙ではイギリスとの協調路線を選んだコスグレーブが首相に選出された。アイルランドではこの混乱により、セント・パトリックス・デイにおける公的な式典はほとんど行われなかった（Cronin and Adair 2002 : 108）。一方、ニューヨーク市のセント・パトリックス・デイ・パレードもこのようなアイルランドの混乱を反映し、一九二三年のパレードルートは、混乱を避けるために縮小され、行進者も四〜五〇〇〇人に減少した（Ridge 1988 : 117）。しかし、翌一九二四年にアイルランド市民戦争が終了し、ニューヨーク市におけるセント・パトリックス・デイ・パレード行進者数は一万人を超え、観客の興奮も以前に戻った（Ridge 1988 : 118）。

4 メディアの発展とセント・パトリックス・デイ・パレードの観光化

(1) アイルランドの経済発展とセント・パトリックス・デイ・パレード

アイルランドでは一九三二年に共和党が選挙で勝利し、イギリスから自立の道を歩み始め、一九三七年には新憲法を制定し、国名をアイルランド自由国からアイルランドの古名であるエール共和国に改めた。第二次世界大戦終了後の一九四九年には、アイルランドはイギリス連邦から離脱し、アイルランド共和国が成立した。しかし、北アイルランド問題は残り、アイルランドの南北統一をスローガンとして武力闘争を続けるカトリック系武装組織（Irish Republican Army, IRA）による民族主義紛争は二一世紀まで続いた。

アイルランド独立後のセント・パトリックス・デイにはダブリンで軍隊のパレードがあり、政府の大臣は臨時司教座聖堂の礼拝に出席した（Cronin and Adair, 2002 : 134）。しかし、アイルランド自由国政府は、セント・パトリックス・デイにパブを閉鎖し飲酒を禁止した。飲酒が解禁されたのは、一九六一年のことであった（Cronin and Adair 2002 : 135-136）。アイルランドにおけるセント・パトリックス・デイは、朝に教会で礼拝し、軍隊のパレードと晩餐とダンスがある、静かな宗教的な行事となった。

アメリカ合衆国でも一九二〇年に禁酒法が導入され、一九三〇年代までほとんどの州で飲酒が禁じられた。しかし、ニューヨーク州は全国に先駆けて一九二三年に禁酒法を廃止し（Cronin and Adair 2002 : 136）、本国アイルランドとは異なり、セント・パトリックス・デイ・パレードでは飲酒も楽しめるようになった。また、一九二〇年代にはニューヨーク市のセント・パトリックス・デイ・パレードが共和派と自由国派の分断から回復し始め、行進の規模は拡大し、多くのアメリカ市民がパレードを歓迎した。セント・パトリックス・デイ・パレードは、単なる民族的な祭典ではなく、全国から観光客を集める観光イベントになった。一九三九年には、五〇〇〇人収容のメイン観覧スタンドに二万五〇〇〇人が応募した（Ridge 1988：133）。セント・パトリックス・デイには、パレードの観客を対象として、シャムロックやその模造品などを販売する土産物屋台が歩道に軒を連ねた（Cronin and Adair 2002：138）。

一九三五年には、ダブリン市長がニューヨーク市のセント・パトリックス・デイ・パレードを観覧した（Ridge 1988：128）。さらに、ラジオ放送によりアイルランド政府はアメリカ合衆国に番組を配信し、アイルランド本国とアメリカ合衆国のアイリッシュ移民との間の関係は強化された（Cronin and Adair 2002：146）。一九三二年のセント・パトリックス・デイにはアイルランド大統領ドウ・バレラがアメリカ合衆国に対しアイルランドの現状を訴え、海外のアイリッシュに向かいラジオ放送を開始した（Cronin and Adair 2002：147）。セント・パトリックス・デイはアイルランド政府にとって海外のアイリッシュに対する広報の機会となり、アイルランド支援を訴えるアピールの場となったのであった。

（2）第二次世界大戦後におけるアイルランドのセント・パトリックス・デイ・パレード

アイルランドでは、一九五〇年代初頭に、ダブリンにおけるセント・パトリックス・デイで、産業展示会（National Agricultural and Industrial Development Association）が開催された（Cronin and Adair 2002：152）。これはアメリカ合衆国におけるセント・パトリックス・デイ・パレードを模したものであるが、パレードの主目的は、アイルランド製品を披露することであり、経済成長の一環であった。この産業ショーの観客はシャムロックや緑色のリボンを身にまとったが、このショーはセント・パトリックを祝する行事というより、アイルランドの産業化を誇示し、輸出を促進することが重視された（Cronin and Adair 2002：153-154）。パレードでは商品を生産・販売する企業名が明示され、産業ショーは企業の広告の場となった（Cronin and Adair 2002：166）。

さらに、アイルランドでは海外から観光客を吸引するために、セント・パトリックス・デイの祝典の日程が検討された(Cronin and Adair 2002:177)。天候の悪い三月一七日から、観光客が来訪しやすい季節にセント・パトリックス・デイの祝典を移動するべきとの意見もあったが、それは宗教的な見地から却下された(Cronin and Adair 2002:178-179)。セント・パトリックス・デイ・パレードは一九六九年にはアメリカ合衆国で行われるような一般的な行列に変更され、一九七〇年には、ダブリン観光局(Dublin Tourism)が主催することになった(Cronin and Adair 2002:184)。ダブリンのセント・パトリックス・デイ・パレードはアメリカ合衆国から観光客(主としてアイルランド系アメリカ人)を吸引する観光行事としての側面が強調され、アメリカから楽団とバトンガールなどを招待した(Cronin and Adair 2002:184-185)。しかし、IRAによるイギリスのテロ活動が活発に行われ、一九七八年にはパレードにおいてイギリス国旗が焼かれる事件が生じた(Cronin and Adair 2002:186)。そのようなこともあり、アイルランドにおけるセント・パトリックス・デイ・パレードは、アメリカ合衆国におけるそれと比較すると低調であった(Cronin and Adair 2002:184)。一九九五年のパレードの観客は三〇〜四〇万人ほどで、海外からの観光客のほとんどはアメリカ人であった(Cronin and Adair 2002:187)。一九九五年には、ダブリンにおけるセント・パトリックス・デイ・パレードのスポンサーから降りた企業もあった(Cronin and Adair 2002:188)。

そのため、アイルランド政府はセント・パトリックス・デイ・パレードのあり方を検討し、一九九五年に国家がセント・パトリックス・デイの祝祭を開催し(Cronin and Adair 2002:243)、数日間のセント・パトリックス・デイ・フェスティバルを設定した(http://www.stpatricksfestival.ie/info 最終閲覧:二〇一五年三月一八日)。

(3)アメリカにおけるセント・パトリックス・デイ・パレードの観光化

一九五〇年代になると、飛行機の利用により、アイルランドの政治家が大西洋を渡ることも容易になった。

一九五〇年代にはアイルランド首相がニューヨーク市のセント・パトリックス・デイ・パレードの観覧に招待された（Ridge 1988：147；Cronin and Adair 2002：151）。アイルランドの大臣はセント・パトリックス・デイに世界の都市を訪問し、セント・パトリックス・デイ・パレードを観覧してアイルランド移民との関係を深めるだけではなく、移民先の政治家と会った（Secully 2012）。

また、一九五〇年代にテレビ放映が開始した。壮大で躍動感のあるセント・パトリックス・デイ・パレードはテレビ向きのイベントであった。パレードは企業の広告の場となり、テレビ放映により、パレードは多額の資金を得た。一九五九年にアイルランドのダブリンからバグパイプ楽団がニューヨーク市のセント・パトリックス・デイ・パレードに参加した際の渡航費を、スポンサー企業が提供した（Cronin and Adair 2002：165）。テレビはまた、アイルランド祖国との結びつきを強めた。一九六三年には、ミルウォーキーのテレビ局が、セント・パトリックス・デイにアイルランド首相のコメントを放映した（Cronin and Adair 2002：165）。アイルランドの情報と商品がアメリカ合衆国のテレビで放映されることにより、アメリカ合衆国におけるアイルランド系移民の子孫がアイルランドへの関心を高めることが期待された（Cronin and Adair 2002：168）。テレビ放映により、一九五〇年代以降、アメリカ合衆国におけるセント・パトリックス・デイ・パレードの観光資源・ショーとしての価値は高まり、シャムロックなどのアイルランド関係のグッズの販売は拡大した。人々はアイリッシュビールとウィスキー、アイリッシュ・ディッシュを楽しみ、セント・パトリックス・デイ・パレードはそれらの商品を販売するビジネスと広告の場となった。

アメリカ合衆国では、セント・パトリックス・デイ・パレードの商業的価値が高まることと並行して、その政治的価値も高まった。一九四八年におけるニューヨーク市のセント・パトリックス・デイ・パレードでは八万人が行進し、一〇〇万人の観光客を集め、トルーマン大統領が出席した（Cronin and Adair 2002：156）。

しかし、ＩＲＡが北アイルランドとイギリスの都市でテロ活動を活発に行った一九六〇〜一九八〇年代に、北アイルランド問題はアメリカ合衆国におけるセント・パトリックス・デイ・パレードに影響を与えた（Cronin and Adair 2002 : 189）。一九七〇年のニューヨーク市のセント・パトリックス・デイ・パレードでは、北アイルランドの市民の権利を要求する旗を掲げた男性が逮捕された（Cronin and Adair 2002 : 214）。一九八三年には、ニューヨーク市のセント・パトリックス・デイ・パレードのグランド・マーシャルがＩＲＡの支持者であることがマスコミに批判され、セント・パトリックス大聖堂の枢機卿はグランド・マーシャルが通りすぎるまで姿をみせなかった（Cronin and Adair 2002 : 218-219）。さらに、一九八五年には、アイルランド支援委員会（Noraid）支持者がニューヨーク市のセント・パトリックス・デイ・パレードのグランド・マーシャルに選出され、アイルランド政府はパレードに出席することを拒否した（Cronin and Adair 2002 : 219）。

一方、アイルランド政府は北アイルランドにおける暴力的解放を否定したが、この問題に対するアメリカ合衆国の介入を望み、セント・パトリックス・デイを利用した。たとえば、一九六八年に、アイルランド外交官がホワイトハウスを訪問し、ニクソン大統領夫人にシャムロックを贈呈した（Cronin and Adair 2002 : 213）。なお、北アイルランド問題は一九九〇年代に収束し、セント・パトリックス・デイ・パレードの政治性は希薄化したが、アメリカの政治家が自らをアピールする場として利用され続けた。二〇〇〇年にはニューヨーク市民とアイルランド系アメリカ人の支持を得るために、ニューヨーク市のセント・パトリックス・デイ・パレードにヒラリー・クリントンが参加した（Cronin and Adair 2002 : 222）。

図4.2は、二〇一五年におけるセント・パトリックス・デイ・パレードの開催日程を示したものである。(5) 二〇一五年には三月一七日が火曜日であったが、本来のセント・パトリックス・デイである火曜日に開催予定のパレードは、一八・一％しかない。三月の土曜日と日曜日に開催されるパレードが、それぞれ五三・四％、二六・三％を占める。次に、全米でアイルランド系住民の割合は一一・一％であるが、アイルランド系住民の割合が五・〇％未満の都市で開催

されるセント・パトリックス・デイ・パレードの割合は一二・三％である。現在では、アイルランド系移民の割合が低い都市でもセント・パトリックス・デイ・パレードが開催されている。

ニューヨーク市のセント・パトリックス・デイ・パレードは、三月一七日に開催される。一九八二年に五番街の商業者組合が、平日にパレードを行うことに不満を示し、週末に移動することが試みられたが、それは実現しなかった（Kelton 1985）。このように、アメリカ合衆国におけるセント・パトリックス・デイ・パレードは開催都市における重要な観光イベントとなり、観光客にとって宗教的な意識は薄れたが、パレードを主催するＡＯＨは、パレードがカトリックの伝統とアイリッシュの伝統を表現する手段とみなした。パレードに対する主催者、観光客、参加希望者との認識の違いが明瞭になってきたのである。

セント・パトリックス・デイ・パレードの観光化の背景には、アイルランド系アメリカ人のコミュニティの変化があった。都市の労働者階級としてインナーシティに集中していたアイルランド系移民は、社会的・経済的地位の上昇に伴いインナーシティの移民街から郊外に分散した（Cronin and Adair 2002 : 167）。それにより、ダウンタウンで開催されるセント・パトリックス・デイ・パレードを支えてきたインナーシティのアイリッシュ・コミュニティは衰退し、セント・パトリックス・デイ・パレードは、パレー

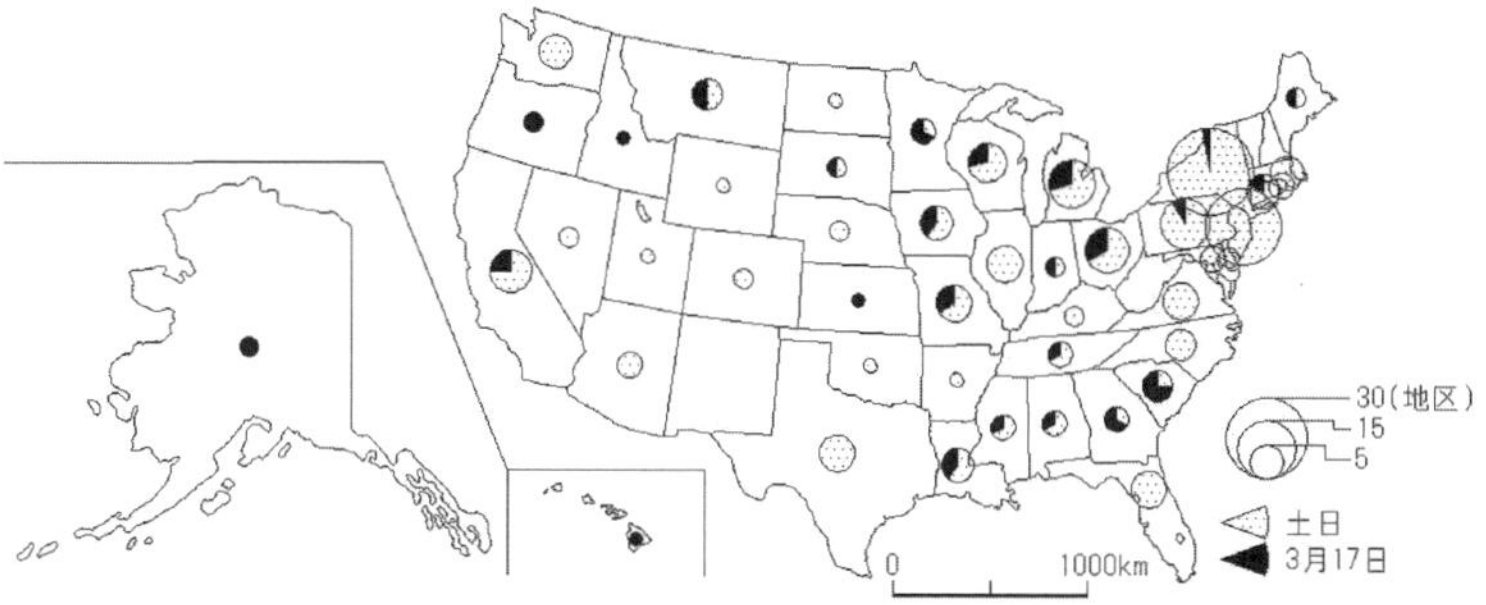

図 4.2　2015 年におけるセント・パトリックス・デイ・パレードの開催日
（出所）http://www.st-patricks-day.com/st_patricks_day_parades_usa/ などにより作成。

ド運営委員会が主催する専門的なイベントとなった。また、アイルランド系アメリカ人の二・三世は民族的・家族的結びつきにそれほど関心を示さず、セント・パトリックス・デイはアイルランド音楽を楽しみ、友人たちとパブですごす日とみなす傾向にあった（Cronin and Adair 2002 : 167-168）。このように、セント・パトリックス・デイは、アイルランド系移民を含む多くの人々にとって、宗教的なイベントというより、アイリッシュ的な雰囲気のなかで飲食と催し物を楽しむイベントとみなされるようになったのである。

5　セント・パトリックス・デイ・パレードにおける同性愛者の参加問題

前述のように、一九世紀後半から、アイルランド系アメリカ人にとって、セント・パトリックス・デイ・パレードは自らのアイデンティティを誇示し主張する場とみなされた。パレード主催者は、パレードをカトリックの伝統的家族観とライフスタイルを表現する手段とみなした（Cronin and Adair 2002 : 222）。一方、パレードは都市における観光イベントとしての特徴を強め、それにより主催者と観光客が求めるパレードを含むセント・パトリックス・デイの祝祭に対する意識のずれが生じた。また、パレードの宗教的な意義と、アイルランド独立などの政治的主張、人権との関係も問題とされた。セント・パトリックス・デイ・パレードにおいて、女性は常に傍観者であり、パレードはアイルランド男性の男らしさとプライドの表現の場で、しばしば飲酒と騒動の度がすぎることがあった（McDannell 1996）。一九世紀からパレードの山車の上で仮装する場合にだけ女性のパレード参加が認められていたが（Hartmann 2014）、一九一三年に婦人参政権論者の行進は警察により阻止された（Ridges and Bushnel 2011）。初めて女性がパレードで行進したのは第一次世界大戦時であり、初めて女性がグランド・マーシャルとして選定されたのは一九八九年のことであった（Hartmann 2014）。また、軍とその退役者、および警察・消防士が制服で参加することも、市民団体から問題視された。さらに、一九九〇年代に新たな問題となったことは、セント・パトリックス・デイ・パレードにおける同性愛団体の参加拒否の問題であった。

一九九〇年にアメリカ合衆国におけるアイリッシュの同性愛者により、アイリッシュ・レズビアン・ゲイ協会（Irish Lesbian and Gay Organization ILGO）が組織され、翌一九九一年にニューヨーク市のセント・パトリックス・デイ・パレードの主催者であるＡＯＨに対して、パレードで行進する許可を求めた（Marston 2002）。ＩＬＧＯは、一九世紀のアイルランド系アメリカ人と同様に、同性愛者が自らの存在を社会にアピールする手段として、自らのバナーを掲げてセント・パトリックス・デイ・パレードで行進することを望んだのであった（Almeida 2001）。ＩＬＧＯのメンバーの主体は若者であり、アイルランド移民とアイルランド系アメリカ人の子孫からなり、カトリックだけではなかった（Marston 2002）。一方、セント・パトリックス・デイ・パレードを主催するＡＯＨのリーダーたちは、六〇～八〇代のカトリックの男性であった。

一九九一年一月に、ＡＯＨはＩＬＧＯのパレード参加を拒否した。ＡＯＨは同性愛者そのものへの反対ではなく、パレード参加希望団体が他にも多いためであると述べたが、ＩＬＧＯによるその団体リスト開示要求はＡＯＨによって拒否された（Hartmann 2014）。それに対し、民主党のニューヨーク市長ディンキンズはＡＯＨの差別的決定を非難し、ＩＬＧＯに対し自らのバナーを掲げずセント・パトリックス・デイ・パレードの最後尾で行進することを提案して、ＡＯＨに対してパレードの開催を許可した（Marston 2002）。一九九一年のパレードでは、ニューヨーク市長は市長の定位置であったグランド・マーシャルの次ではなく、ＩＬＧＯとともにパレードの最後尾を行進したが、観客の一部からあざけりの言葉とビールをかけられた（Garcia 2014）。

一九九二年でも、ＡＯＨはＩＬＧＯが彼らのバナーを掲げて行進することを拒否した。それに対し、ＩＬＧＯは裁判に訴えたが、ニューヨーク市人権委員会（NYC Commission on Human Rights）と連邦裁判所はＡＯＨの主張を支持した（Marston 2002）。パレードが表現の手段であるとみなすと、パレードの主催者の表現の自由の権利があると認められたのであった（Garcia 2014）。ＩＬＧＯはその決定に抗議して、セント・パトリックス・デイ・パレードの前に警察官に守られながら抗議の行進をした（Marston 2004）。

一九九三年のセント・パトリックス・デイ・パレードで、ニューヨーク市長ディンキンズはパレードで行進しなかったが、市長選で彼に対抗して立候補した共和党のジュリアーニは行進し、パレード前には二二八人の同性愛者が抗議して逮捕された（Marston 2002）。ジュリアーニは市長に選出され、翌一九九四年にセント・パトリックス・デイ・パレードで行進し、ＩＬＧＯはパレードの前に、パレードのルート沿いのセント・パトリックス大聖堂の南に位置する図書館前で抗議集会をした。

同性愛者集団のパレード参加はその後も拒否され、一九九八年にはニューヨーク市警察であるニューヨーク・ゲイ警察官アクション同盟（New York Gay Officers Action League）がパレードで行進することを拒否された（Garcia 2014）。ニューヨーク市のセント・パトリックス・デイ・パレードにおける同性愛者の排除に対する批判は、アメリカ合衆国の政治家とマスコミからだけではなく、アイルランドからも生じた。アイルランドのダブリンにおけるセント・パトリックス・デイ・パレードでは、同性愛者が行進していた（Garcia 2014）。二〇一一年にニューヨーク市におけるセント・パトリックス・デイ・パレードに出席したアイルランド外務・貿易大臣（Foreign Affairs & Trade）のギルモアは、ＡＯＨがパレードからＩＬＧＯを排除していることを批判した（Seculy 2012）。また、ビール製造会社ギネス、ハイネケンなどが、セント・パトリックス・デイ・パレードのスポンサーからおりた（Squeglia and Sanchez 2015）。

このような批判に対し、二〇一四年九月に、ニューヨークのパレードを放映するNBCUniversalの従業者の同性愛者の組織、Out@NBCUniversalだけが、二〇一五年のニューヨーク市のセント・パトリックス・デイ・パレードで、バナーを掲げてパレードすることが許可された（Bello 2015）。Out@NBCUniversalは、二〇一五年のパレードの末尾で行進した。そのため、ビール会社のギネスとハイネケンは、二〇一五年のニューヨーク市のセント・パトリックス・デイ・パレードのスポンサーに復帰することを決定した（Bello 2015）。さらに、二〇一五年九月には、クイーンズの同性愛団体である、ラベンダーと緑の同盟（The Lavender & Green Alliance）の行進が許可され、二〇一六年のセント・パトリックス・デイ・パレードで行進した。しかし、同性愛の権利を主張する集団からは、解決の第一歩にすぎないとの指摘もある。

6　セント・パトリックス・デイ・パレードの役割の変化

アメリカ合衆国では、かつてインナーシティに移民街を形成していたアイルランド系移民が郊外に分散して居住するようになり、建築空間としてのエスニック景観は消失したといわれる。しかし、アイルランドの祝祭であるハロウィンとセント・パトリックス・デイはアメリカ合衆国だけでなく、世界の都市で祝祭されている。主たる主催者がない場合が多いハロウィンとは異なり、セント・パトリックス・デイで開催されるパレードは主催者がパレードを主導する点で、アイルランドの文化と宗教性を強く示す。セント・パトリックス・デイ・パレードは、特定の日に限定されるとはいえ、開催都市にアイルランド系移民の文化・宗教景観を出現させる点で、無形博物館と呼称できる。本章では、ニューヨーク市におけるセント・パトリックス・デイ・パレードを事例として、パレードのアイルランド系アメリカ人にとっての意義、都市における役割の変化を明らかにした。

前述のように、セント・パトリックス・デイは宗教的な行事である。しかし、現在、アメリカ合衆国の都市で行われているセント・パトリックス・デイ・パレードとその日に開催される祝祭の形態は、彼らの祖国であるアイルランドでは行われていなかった。アイルランドで抑圧されたカトリック教徒が、アメリカ合衆国で彼らの存在を誇示する手段としてセント・パトリックス・デイ・パレードは発展し、その形態を現在ではアイルランドが逆輸入したのである。

一八世紀のアイルランドではセント・パトリックス・デイのディナーと舞踏会が開催されていたが、それはプロテスタントの富裕層によるもので、カトリックはその行事から疎外されていた。また、イギリスに移住したアイルランド系移民のカトリックによるセント・パトリックス・デイ・パレードは禁止された。

アメリカ合衆国におけるセント・パトリックス・デイの祝祭は、一八世紀初期には行われていた。その時代のセント・パトリックス・デイはコミュニティごとにディナーと会合が開催され、教会に向かう行進はなされたが、大々的なパレードを開催することはなかった。ディナーを開催したのは富裕層であるプロテスタントのアイルランド系アメリカ人であり、この点で、一八世紀のアメリカ合衆国におけるセント・パトリックス・デイの祝祭は、本国アイルランドのそれと類似していた。

しかし、一九世紀中期のアイルランド大飢饉以降、カトリックのアイルランド人がアメリカ合衆国に多数移住し、彼らは都市部で労働者階級に属し、団結して組織を形成した。大型化したアイルランド系移民の組織は、都市のダウンタウンでセント・パトリックス・デイ・パレードを主催した。パレードは、アイルランド系カトリックが故国アイルランドの守護聖人を祝する行事であるが、本国アイルランドでは禁止されたアイルランドの象徴である緑色のバナーを掲げることができ、自らの存在を支配層であるプロテスタントに誇示し、祖国アイルランドの独立を訴える政治的手段となった。

一九世紀末になると、ニューヨーク市の商業地域として発展したミッドタウンのセント・パトリックス大聖堂が立地した五番街が、パレードの主たるルートとなった。パレードは重要な都市の観光資源となり、アイルランド系移民の票を無視できなくなった政治家は、セント・パトリックス・デイ・パレードを観覧、行進するようになった。二〇世紀初頭のアイルランド独立戦争とそれに続く市民戦争によりアイルランドが困窮すると、アメリカ合衆国におけるアイルランド系移民は、祖国支持をアピールする場として、パレードを利用した。しかし、アメリカ合衆国における支配層であるプロテスタントの反発と、カトリック教会がパレードを政治利用することに反対して、二〇世紀初頭に一時パレードは縮小した。

一九二四年にアイルランド市民戦争が終了したが、アイルランド紛争は継続した。しかし、アメリカ合衆国におけるセント・パトリックス・デイ・パレードは都市の観光行事として定着した。メディアと大企業のスポンサーを得て、ますますパレードは大規模化して、セント・パトリックス・デイは、アイルランド関係の商品の販売と、アイルランド系アルコール飲料の販売で、商業的機会としての役割を強めた。テレビはセント・パトリックス・デイ・パレードを全国に放映し、パレードはビジネスと広告の場となった。また、航空機の発展により、アイルランドの政治家はアメリカ合衆国に容易に移動できるようになった。セント・パトリックス・デイは、アイルランドの政治家にとって自国をアメリカ合衆国にアピールする手段となった。

現在では、アメリカ合衆国ではアイルランド系移民が少ない都市でもセント・パトリックス・デイ・パレードが開催されている。また、日本を含む世界の国で、セント・パトリックス・デイ・パレードは開催されている。パレードの観光化が進むことにより、三月一七日が平日の場合、セント・パトリックス・デイ・パレードをその日ではなく、土日に行う都市も多い。セント・パトリックス・デイ・パレードの日に、観光客は飲酒とお祭り騒ぎを楽しむ。また、インナーシティに集中していたアイルランド系移民が郊外に移動して、ダウンタウンで開催されるセント・パトリックス・デイ・パレードを支えるコミュニティは消滅した。このように、セント・パトリックス・デイは多くの人々にとって、アイリッシュ的な雰囲気を楽しむ祝典になったのである。その中にはアイルランドにはなかった伝統が形成されることも含まれる。たとえば，コーンビーフとキャベツのディナーは，アイルランドの伝統とはいえない（Mac Con Iomaire and Gallagher 2011）。しかし、パレードの主催者はカトリックとアイルランドの伝統を表現することを重視したため、観客と主催者の間で、セント・パトリックス・デイ・パレードに対する意識のギャップが拡大した。そのギャップが顕著に示されたのが、セント・パトリックス・デイ・パレードにおける同性愛集団の参加拒否問題である。

一九九〇年代に、アイルランド系移民の同性愛集団が自らのバナーを掲げてセント・パトリックス・デイ・パレードで行進することを、主催者は拒否した。同性愛集団は、かつてのアイルランド系移民のように自らの存在を主張し、社会に認めさせる場としてパレードを用いようとしたが、パレード主催者が宗教的な理由から彼らの参加を拒否したのであった。裁判所はセント・パトリックス・デイ・パレードを私的団体の表現手段と認定して、パレード主催者の主張を支持したが、アメリカの多くの政治家とアイルランド政府はこのことを人権問題とみなして、パレード主催者を非難した。セント・パトリックス・デイ・パレードをアイルランド系移民の私的行為とみなす主催者と、都市の公的行事とみなす政治家と観光客との意識の違いが問われているのである。

〈注〉

（1）主資料としたSt.PatricksDay.comのウェブサイトでは二〇一五年に開催予定のパレードが掲載されているが、二〇一五年三月時点でリンク先のウェブサイトやローカル新聞でパレードの開催が確認できたのは二四三パレードであった。なお、主資料としたウェブサイトになくても、ローカル新聞に開催が掲載されているパレードもあり、アメリカ合衆国におけるセント・パトリックス・デイ・パレードの総数はもっと多い可能性がある。

（2）シャムロックは、マメ科のクローバー（シロツメグサ）など葉が三枚に分かれている植物の総称で、セント・パトリックがアイルランドでキリスト教の三位一体（キリスト教において、父である神、神の子であるキリスト、精霊が一体であるとする教え）を説明する際に用いたとされる。シャムロックは、アイルランド国花である。

（3）フェニアン協会（Fenian Brotherhood）は一八五八年にニューヨークで設立され、武装反乱によりアイルランドの独立を目的とする。フェニアン協会は、同じく一八五八年に設立され、アイルランド統一をめざすアイルランド共和国協会（Irish republican Brotherhood）と姉妹組織である（杉淵 二〇一〇）。フェニアン協会の後継組織として、一八六七年にニューヨークで設立されたのがクラン・ナ・ゲール（Clan na Gael）である。

（4）セント・パトリックス大聖堂はローマカトリック教会の大司教区大司教座がある教会であり、旧セント・パトリックス大聖堂はロワー・マンハッタンの Mulberry Street（出入口は Mott Street にある）に一九世紀初頭に立地した。旧セント・パトリックス大聖堂は現在でも教会として利用されている（http://saintpatrickscathedral.org/historical-timeline（最終閲覧日二〇一六年二月七日））。

（5）St.PatricksDay.com のウェブサイトで開催日が確認できたのは二三二パレードであるが、実際に開催されたかどうかは不明である。

〈文　献〉

杉淵忠基　二〇一〇「アイルランド系アメリカ人――民族の記憶――」『亜細亜大学学術文化紀要』一八：五一–九二

高神信一　二〇〇四「アイルランド系アメリカ人とアイルランド独立戦争(1)――アイルランド救済アメリカ委員会とアイルランド白十字――」『大阪産業大学経済論集』六：一–二五

根田克彦　二〇一六「インナーシティ再生とエスニシティ」山下清海編著『世界と日本の移民エスニック集団とホスト社会――日本社会の多民族化に向けたエスニック・コンフリクト研究』明石書店：六五–七一

Almeida, L. D. 2001. *Irish immigrants in New York City, 1945-1995*. Bloomington: Indiana University Press.

Bello, M. 2015. Gay groups still unhappy with NYC St. Patrick's parade. *USA Today*, March 17, 2015. http://www.usatoday.com/story/news/2015/03/16/st-patricks-day-parade-gay-groups/24856553/（最終閲覧：二〇一六年一月一五日）

Cronin, M. and Adair, D. 2002. *The wearing of the green: A history of St Patrick's Day*. Abingdon: Routledge.

Dinner, H. R. 1996. Overview "the most Irish city in the Union": The era of the Great Migration, 1844-1877. In R. H. Bayor and T. J. Meagher eds., *The New York Irish*. The Johns Hopkins University Press, 87-106.

Garcia, M. 2014. A brief history of gays and the St. Patrick's Day Parade. *Advocate*, March 17, 2014. http://www.advocate.

com/politics/2014/03/17/brief-history-gays-and-st-patricks-day-parade（最終閲覧：二〇一六年二月一〇日）

Hartmann, M. 2014. The gay rights battle over New York's St. Patrick's Day parade: a history. *New York Magazine (Daily Intelligencer)*, March 16, 2014. http://nymag.com/daily/intelligencer/2014/03/gay-rights-st-patricks-day-parade.html（最終閲覧日：二〇一六年二月十日）

Kelton, J. G. 1985. New York City St. Patrick's Day Parade: invention of contention and consensus. *The Drama Review*, 29: 93-104.

Mac Con Iomaire, M. and Gallagher, P. 2011. Irish corned beef: A culinary history. *Journal of Culinary Science and Technology*, 9: 27-43.

Marston, S. A. 2002. Making difference: conflict over Irish identity in the New York City St. Patrick's Day parade. *Political Geography*, 21: 373-392.

Marston, S. A. 2004. Space, culture, state: uneven developments in political geography. *Political Geography*, 23 : 1-16.

McDannell, C. 1996. Going to the ladies' fair: Irish Catholic in New York City 1870-1900. In R. H. Bayor and T. J. Meagher eds., *The New York Irish*. The Johns Hopkins University Press, 234-251.

Moss, K. 1995. St. Patrick's Day celebrations and the formation of Irish-American identity, 1845-1875. *Journal of Social History* 29 : 125-148.

Reimers, D. M. 1996. An end and a beginning. In R. H. Bayor and T. J. Meagher eds., *The New York Irish*. The Johns Hopkins University Press, 395-418.

Ridge, J. T. 1988. *The St. Patrick's Day parade in New York*. New York: St. Patrick's Day Parade committee.

Ridge, J. T. and Bushnel, L. M. ed. 2011. *Celebrating 250 years of the New York City St. Patrick's Day Parade*. New York: St. Patrick's Day Parade Committee, Inc. and Quinnipiac University Press.

Seculy, M. 2012. Whose day is it anyway? St. Patrick's Day as a contested performance of national diasporic Irishness. *Studies in Ethnicity and Nationalism*, 12 : 118-135.

Squeglia, K. and Sanchez, R. 2015. New York St. Patrick's Day parade to include first gay group. CNN, September 3, 2014. http://edition.cnn.com/2014/09/03/us/new-york-st-patricks-day-parade/index.html（最終閲覧：二〇一六年二月一五日）

コラム3

アイルランドとニューヨークの二つの少女像

根田克彦

ニューヨーク、マンハッタン島に近いエリス島には一八九二年一月一日に、移民管理局が開業した。その開業時の最初の移民は、アイルランドから移住したアニー・ムーア（Annie Moore）という一五歳の少女であった（Kelly and Morton 2004）（一七歳ともいわれる）（http://www.libertyellisfoundation.org/annie-moore 最終閲覧：二〇一六年五月三一日）。一九五四年に閉鎖されるまで、エリス島の移民管理局は一二〇〇万人の移民を受け入れた（Roberts 2006）。一九九〇年九月に、エリス島の旧移民管理局は移民博物館となった（Desforges and Maddern 2004）。移民博物館の二階には、アニー・ムーアのブロンズ像が設置されている（写真1）。アニー・ムーア像の顔はマンハッタン島の方向を向き、帽子に左手を置き、右手で小さなスーツケースを持つ。

写真1
（撮影）2013年9月、根田克彦

アニー・ムーアは故国アイルランドのクイーンズタウン（現在はコーヴ）から、彼女の二人の弟とともに、一八九一年一二月二〇日に出発し、蒸気船の三等船室で一二日間航海した。コーヴの遺産センター（Cobh Heritage Centre）の玄関前には，アニーと二人の弟たちのブロンズ像が設置されている（写真2）。二つのブロンズ像のアニーは、よく似ている。これらのブロンズ像は、彫刻家ジェニー・ランハートにより作製され、移民博物館のアニー像は、アイルランド政府から寄贈されたものである。コーヴとエリス島におけるアニー像の除幕式は，ともに当時のアイルランド大統領メアリー・ロビンソンにより行われた。アイルランド政府にとって、ア

写真2
（撮影）2014年8月、根田克彦

ニー像は単なるエリス島を通過した最初の移民ではなく、アニーと同じように自由と富を求めて故国を後にした多くのアイルランド移民と、アメリカンドリームを求めてアメリカに移住した国々からの移民の象徴であった。

イギリスの圧力下にあったアイルランドでは、多くの移民が大西洋を越えてアメリカ大陸に移住した。とくに、アイルランド大飢饉が生じた一九世紀中期以降、非常に多数の貧しいカトリックがアイルランドから移住した（Glynn 2011）。プロテスタントのイギリス人が支配するアイルランドでは、カトリックは土地取得と就業の差別を受け、宗教活動も規制された。アイルランドのカトリックは、自由と富を求めて新大陸に渡ったのであった。一九一二年に海難事故を起こしたタイタニック号の最後の寄港地はアイルランドのコーヴであり，多くのアイルランド人が三等船室で事故にあい死亡した。

移民管理局を出たアニーたちは、すでにニューヨークに移住していた両親と再会した。アニーはその後テキサスに移住し、アイルランドの英雄ダニエル・オコンネルの子孫と結婚して、八人の子どもに恵まれ、四六歳の時に列車事故で死亡したと信じられていた。一九一〇年にアニーが娘を抱いた写真が有名であり、それがアニーのブロンズ像のモデルとなった（Roberts 2006）。この物語は、アイルランド移民がアイルランドの英雄と結婚して、アメリカンドリームを実現させたとのイメージを形成した（Roberts 2006）。

しかし、テキサスで死亡したアニーはイリノイ生まれの別人であり、一八九二年に移民管理局を出たアニーはニューヨークで一生を終えたとの見方が、現在は有力である（Roberts 2006）。その説によると、アニーはドイツ系アメリカ人と結婚し、少なくとも一一人の子どもを産み、一九二四年、四七歳で心不全により亡くなった。彼女の墓はクイーンズにある。実際の彼女は裕福ではなかったが、子孫は繁栄したといわれる。

〈文　献〉

Desforges, L. and Maddern, J. 2004. Front doors to freedom, portal to the past: history at the Ellis Island immifration museum, New York. *Social and Cultural Geography*, 5 : 437-457.

Glynn, I. 2011. *Emigration Across the Atlantic: Irish, Italians and Swedes compared, 1800-1950*. European History Online, 2011-06-06.

Kelly, S. and Morton, S. 2004. Annie Moore and the archives of displacement: towards an immigrant history of the present. *Social and Cultural Geography*, 5 : 633-650.

Roberts, S. 2006. Story of the first through Ellis Island is rewritten. *New York Times*, September 14, 2006. http://www.nytimes.com/2006/09/14/nyregion/14annie.html?ref=nyregion&_r=0（最終閲覧：二〇一六年六月一日）

第5章

シカゴの移民博物館
――移民と移民街の記憶――

矢ケ﨑典隆・髙橋　昂輝

アメリカ合衆国の都市のなかで、移民博物館の数が最も多いのがシカゴである。一九世紀から二〇世紀はじめにかけて、ヨーロッパなどから多くの移民が流入し、この街の社会と経済の発展に貢献した。シカゴは中西部の中心都市となり、今日でもこの国で第三位の人口をもつ大都市である。シカゴの発展と都市構造は、移民に着目するとうまく説明することができる。そして、今日のシカゴの移民博物館は、多くの移民集団の流入によって形成された多民族都市を象徴する存在である。移民エスニック集団は郊外に転出し、アメリカ社会に同化したが、現存する移民博物館には、二〇世紀はじめのシカゴにおける移民と移民街が記憶されているのである。新たに流入した移民集団にとっては、移民博物館は出身地の文化を維持再生する空間である（矢ケ﨑・髙橋　二〇一六）。

1 バージェスが描いたシカゴ

シカゴはアメリカ合衆国で第三位の人口規模を持つ大都市であり、中西部の発展において中核的な役割を担ってきた（図5.1）。シカゴについて語るときに研究者が必ず思い浮かべるのは、バージェス（E. W. Burgess）の同心円地帯モデルである。二〇世紀のはじめにシカゴ大学の社会学者たちは、パーク（R. E. Park）の主導のもとで、バージェスやマッケンジー（R. D. McKenzie）を含めてシカゴの都市研究に取り組んだ。人間生態学の考え方に基づく彼らの都市研究は、シカゴ学派とよばれるようになった。シカゴ学派の都市研究を論じるためには、当時のアメリカ社会で流行した思潮と、シカゴという都市の地理について認識することが必要になる。

当時のアメリカ社会では社会進化論の考え方が流行しており、生物学の概念を援用して、都市は有機体と解釈された。また、当時のアメリカの都市は産業の発達と人口増加によって急速に発展するとともに、さまざまな都市問題に直面した。都市の拡大は内側の地帯が外側に隣接する地帯に侵入することによって進行するものであり、この過程は植物生態学で研究された概念を援用して、遷移（succession）とよばれた。そして、都市の成長に関する現象は、身体の物質合成代謝と分解代謝のプロセスという新陳代謝（metabolism）に例えた、組織と解体の結果として理解することができるとされた（Park and Burgess 1925 : 47-62）。

都市計画が実施されず、住民が市場経済のもとで最適な居住空間を求めて自由に行動し競争すると、所得によって居住空間が分離され、住み分けという現象が生じる。さらに、都市は人口流入によって空間的に拡大し、住民の属性や居住地区の魅力は常に変化する。そのため、住み分けの状況は一定ではない。バージェスは人間生態学の視点から、シカゴの発展と居住地域分化を実証的に示した。興味深いことに、同時代のシカゴ大学の地理学者たちは、「人

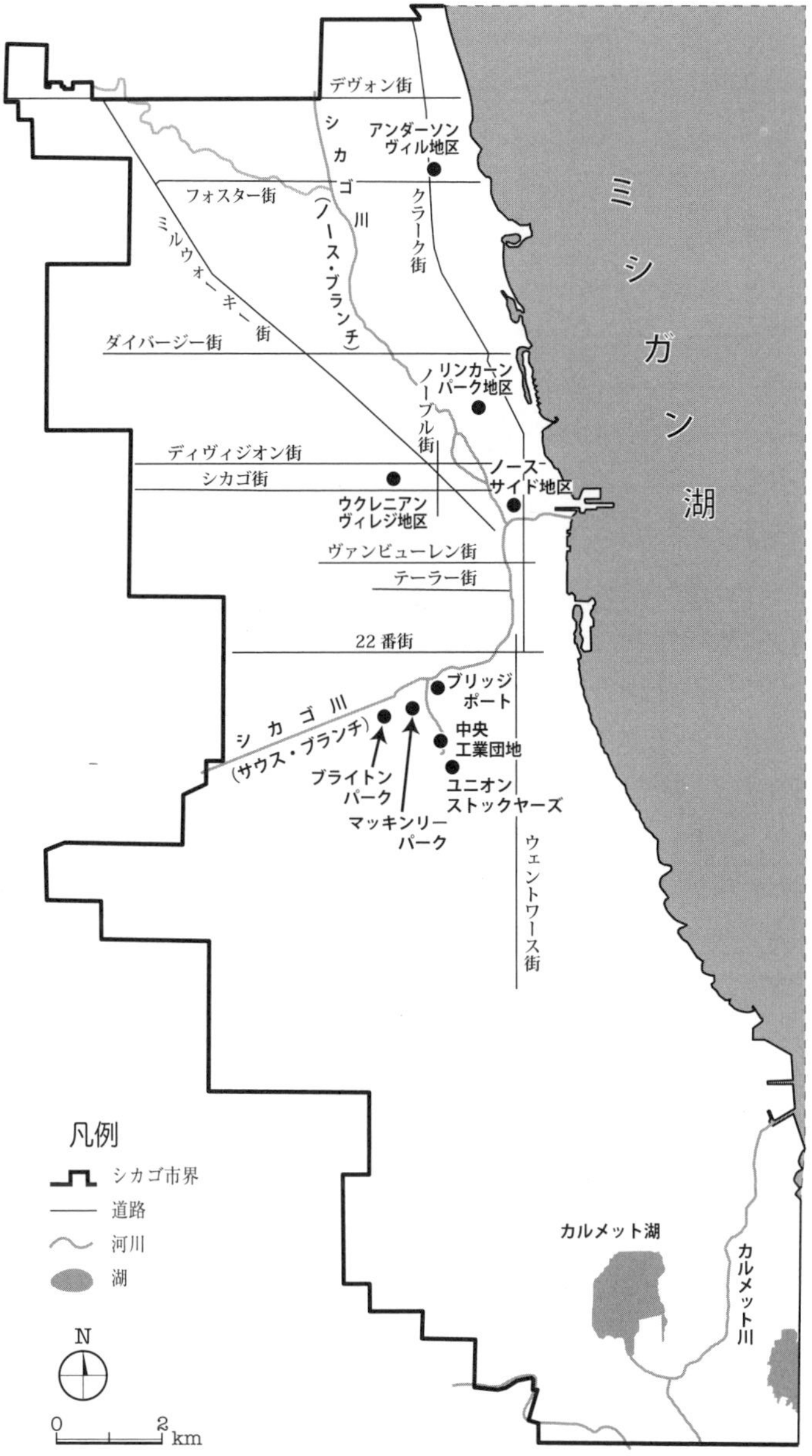

ミシガン湖
デヴォン街
アンダーソンヴィル地区
シカゴ川（ノース・ブランチ）
フォスター街
クラーク街
ミルウォーキー街
ダイバージー街
リンカーンパーク地区
ノーブル街
ディヴィジオン街
シカゴ街
ノースサイド地区
ウクレニアンヴィレジ地区
ヴァンビューレン街
テーラー街
22 番街
ブリッジポート
シカゴ川（サウス・ブランチ）
中央工業団地
ユニオンストックヤーズ
ブライトンパーク
マッキンリーパーク
ウェントワース街
凡例
シカゴ市界
道路
河川
湖
N
0
2 km
カルメット湖
カルメット川

図 5.1　シカゴの概要

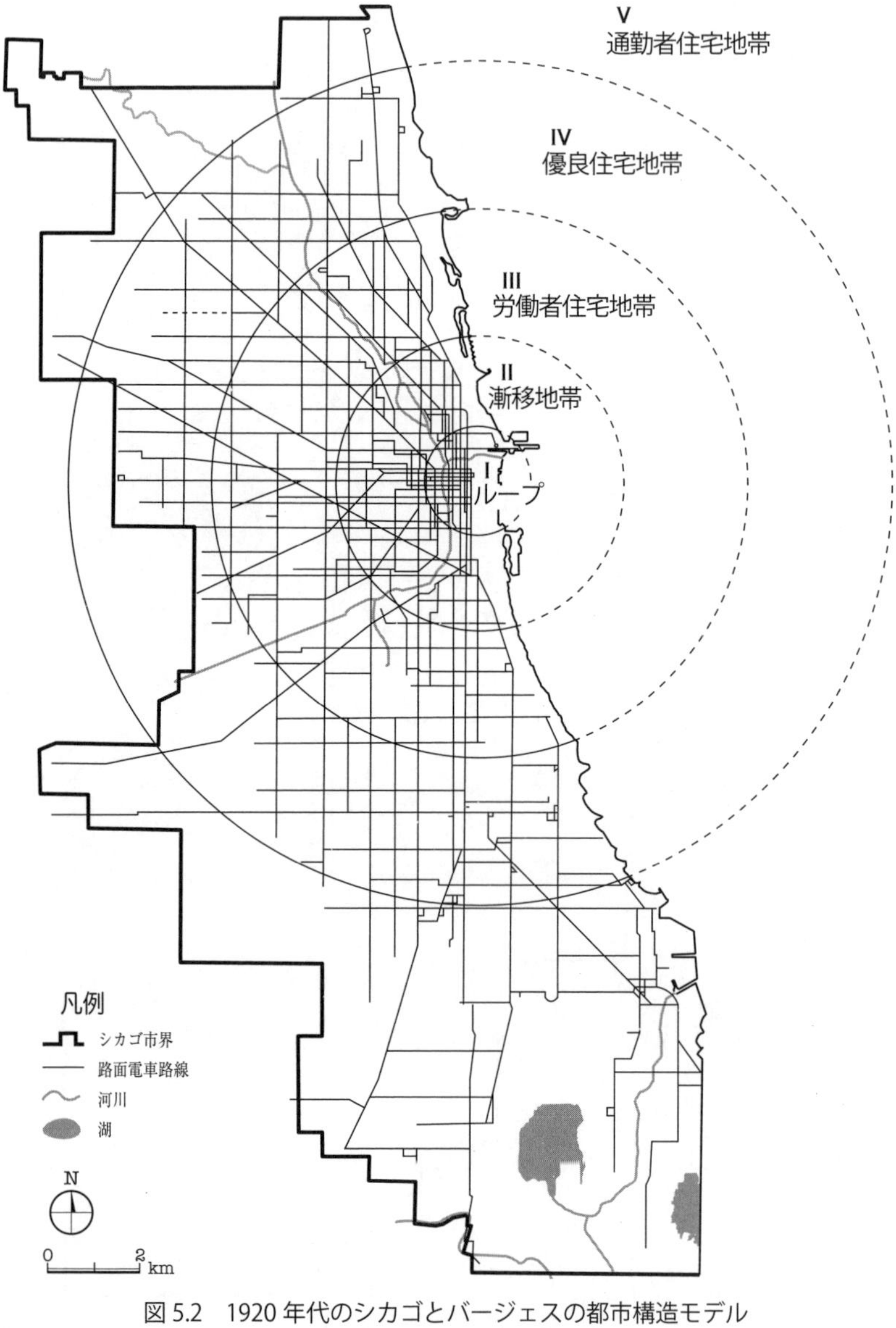

図 5.2　1920 年代のシカゴとバージェスの都市構造モデル
（出所）Park and Burgess（2015）と Holland（2005）により作成。

間生態学としての地理学」を唱えたバローズ（H. H. Barrows）を含めて、自然地理学を基盤とした農村地域の変化に関する研究におもに取り組んでいた。

バージェスによる都市の同心円地帯モデルは、成長する都市の構造とメカニズムを説明したものであり、それはシカゴの地域研究を基盤として構築された。このモデルはシカゴの現実に即して着想したものであり、産業の発展と移民の流入によって、農村社会から都市社会へという著しい変化を経験していたアメリカ都市の現実を的確に描写したものであった。バージェスが研究に取り組んだ一九世紀末から二〇世紀はじめの都市を論ずる際には、電車と移民という二つの要素に注目する必要がある。

一九世紀後半のアメリカ合衆国では、鉄道と路面電車が重要な交通手段であった。鉄道は長距離輸送の手段であり、都市と都市とを結ぶ交通機関として、また、東海岸と西海岸とを結ぶ交通機関として重要な役割を演じた。一方、路面電車は都市内部の公共交通機関として、また、都心部と郊外とを結ぶ公共交通機関として、人々の日常生活に欠かすことのできない存在であった。路面電車の郊外（Streetcar suburbs）という表現があるように、電車路線に沿って郊外住宅地が形成された。

図5.2は、おなじみのバージェスの同心円地帯モデルに、当時の電車路線（System of Chicago Surface Lines）を重ね合わせたものである。シカゴでは一八五〇年代末に鉄道馬車が登場したが、七万五千頭以上を数えたといわれる馬は、道路の破損と糞尿汚染の問題を引き起こした。一八八〇年代に入るとケーブルカーが登場し、一八九〇年代中頃まではケーブルカーが普及して、シカゴは世界最大のケーブルカー網を有する都市となった。一方、一八九〇年代に入ると路面電車の時代が始まった。一九〇〇年代中頃まではシカゴの電車は路面電車に置き換わっており、路面電車網は市域の全域を覆った。そうした状況は、一九二八年のシカゴサーフェスラインズ（Chicago Surface Lines）の路線網（図5.2）から読み取ることができる。一九一四年に五社の電車会社が合併して誕生したシカゴサーフェスラインズ

は、当時、世界最大の電車路線網をもつ会社であったという（Holland 2005：130-132）。

都市機能が集積したのは中心業務地区（Central Business District, CBD）で、シカゴではループとよばれた。ここは業務、行政、商業、そして社会的文化的な機能が集積する都市の核心部で、第一地帯を構成した。ループ地区で働く裕福なホワイトカラーの人々は、電車を利用して郊外の住宅地から通勤した。第五地帯の通勤者住宅地帯は、電車で三〇～六〇分で通勤が可能な地区で、庭付き一戸建て住宅により構成され、豊かなアメリカ社会の象徴となった。郊外の住宅地に住んで都心で働くという形態は、現代の日本のサラリーマンの生活を思い起こさせるが、日米の通勤者には本質的な違いがあった。

シカゴを語るうえでもう一つの要素は移民であった。アメリカ合衆国はイギリスをはじめとするヨーロッパ北西部からの移民が中心となって誕生した国であるが、その移民の出身地は時代とともに変化した。一九世紀末から二〇世紀初頭にかけて、南ヨーロッパや東ヨーロッパからの移民が急増し、彼らは新移民とよばれるようになった。新移民は旧移民とは異なる文化をもっており、同じ白人でありながらも、偏見や差別の対象となった。彼らは低賃金で働く労働者として、工場の単純労働に従事した。英語を話すことができなくても、アメリカ合衆国のことを知らなくても、都心周辺部には製造業を中心に働く場が十分にあった。このような移民労働者は、シカゴの工業発展に重要な役割を演じた。

第一地帯の外側には漸移地帯（第二地帯）が形成された。ここはもともと裕福な人々の住宅地であったが、都市の成長と工業化の進展に伴って工場が増加し、居住環境が悪化した。漸移地帯の内側の地区は工場地帯であり、外側の地区はスラム（不良住宅地帯）であった。この住宅地は工場労働者を収容し、そこに暮らす住民の構成は多様であった。家賃が最も安い住宅地であるため、新たに流入した移民も多く住んだ。英語を話さない移民は、イタリア人街のリトルシシリーのように、リトル〇〇とよばれる自分たちの移民街を作って生活した。ここでは出身地で慣れ親しんだ生活文化を大きく修正しなくても生活することができた。また、アメリカ南部から移動してきたアフリカ系アメリカ人も多く、南部へ通じる鉄道駅の近くに黒人地区（ブラックベルト）が形成された。

都市住民の移動性は高く、社会経済階層の上昇に伴って人々はより条件の良い外側の住宅地帯へと転出した。新移民は単純労働者として都市の経済に吸収された。第三地帯は労働者住宅地帯で、工場や商店で働く労働者が家族で生活する住宅地帯であった。ドイツ系移民に代表されるように、ある程度の経済的な成功をおさめた人々は、漸移地帯の不良住宅地区を脱出して、外側に隣接する労働者住宅地帯に移動した。ここでは住宅を比較的安価に入手することができた。このように、社会経済階層の上昇は、都市における居住地の外側への移動を伴った。こうした転出によって空き家の出た不良住宅地区は、新たに到着した移民によって占拠された。第三地帯の外側の第四地帯は優良住宅地帯であり、一戸建て住宅やグレードの高いアパートで構成された。このように、貧しい人々は都心部に近い住宅地に、豊かな階層の人々は都心から離れた住宅地に住むという一般的な傾向がみられた。

2 移民と移民街

(1) シカゴの発展と人口増加

以上のようにバージェスが一九二〇年代に描いたシカゴは、どのような経緯で形成されたのであろうか。シカゴ市開発計画課がアメリカ独立二百年祭に合わせて刊行した『シカゴ発展史』（City of Chicago 1976）に依拠して、移民の流入に着目しながら、シカゴの発展を概観してみよう。

シカゴの歴史は、毛皮交易所や軍事目的の砦が建設された一七世紀まで遡るが、都市としての整備が進んだのは一八三〇年代のことであった。町が設立された一八三三年の人口は三五〇人であったが、二年後には三二六五人に増加し、さらに一八三七年には市制が敷かれた。ヨーロッパからの移民が急増する一つの契機となったのは、一八三六年に始まったイリノイミシガン運河の建設であり、労働力需要の拡大に伴って、とくにアイルランド人、ドイツ人、スウェーデン人、ノルウェー人が増加した。人口増加に伴って、製粉、醸造と蒸留、食肉加工、家具や馬車の製造をはじめとして、多様な産業が発展を開始した（City of Chicago 1976：8-10）。

一八四八年に完成したイリノイミシガン運河は、アメリカ大陸の東西方向および南北方向の舟運を発展させたが、ちょうどその頃、鉄道の時代が始まった。鉄道会社は移民の誘致に積極的で、交通の要衝としてのシカゴは西部開拓の拠点としての重要性を増した。中西部やグレートプレーンズの開拓が進行するにつれて人口が急増し、シカゴは農産物の集散地、製造業の中心地としての地位を確立した。五大湖の水運がますます活発化すると同時に、一八六〇年代に入ると、シカゴは世界最大の鉄道網の中心となった。このようなシカゴの発展は移民の流入を促した（City of Chicago 1976：18-19）。

シカゴの人口は、一八四〇年の約四〇〇〇人から、一八五〇年の二万九三七五人、一八六〇年の一〇万九二六〇人に増加した。南北戦争が始まった当初、シカゴの経済は苦境に直面したが、この戦争はシカゴに特需をもたらし、産業の発展を促進した。シカゴは火器、弾薬、軍服の製造の中心地となったし、食料品の供給の拠点となった。綿織物、食肉加工、印刷、製鉄、衣料品、農業機械製造なども発展した。戦争が終結すると好景気も終わりを迎え、帰還した軍人は仕事を見つけることが難しかった。それでもシカゴの人口は一八七〇年には二九万八九七七人を数えた。南北戦争はシカゴへの移民の流入を抑制することはなかった（City of Chicago 1976：27, 34）。

図5.3は、一八七〇年におけるシカゴ市および周辺地域（一九二〇年の市域の範囲）における人口分布を示したものである。実線で示された市域はループ地区から六キロメートル以内の範囲にあり、ここに、西ヨーロッパ系（薄いグレーで表示）および南ヨーロッパ・東ヨーロッパ系（濃いグレーで表示）の集住地区が存在した。

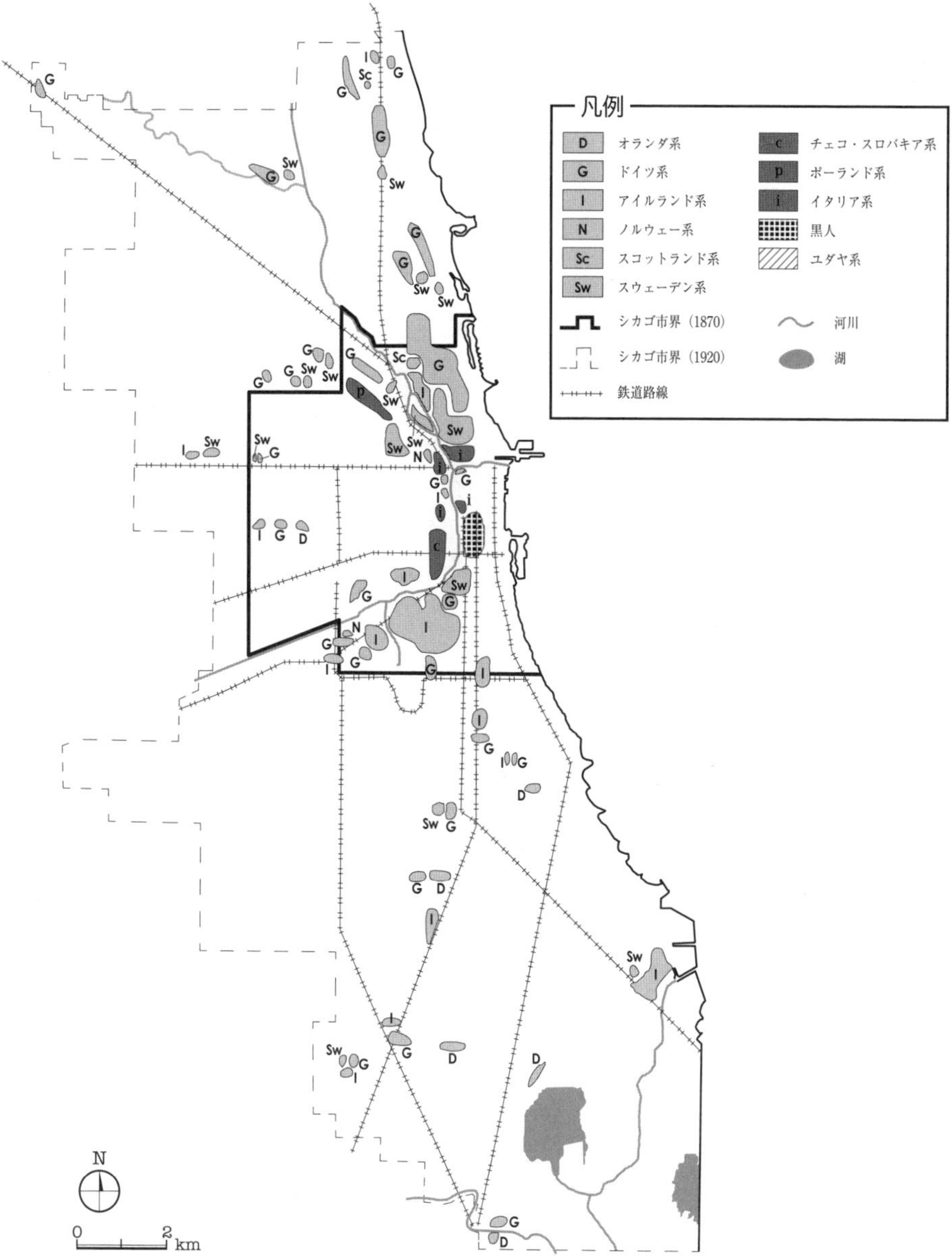

図 5.3　シカゴの人口分布（1870 年）
（出所）City of Chicago（1976）により作成。

最大の移民集団はドイツ人であった。一八六〇年に二万二二三〇人を数えたドイツ生まれの人口は、一八七〇年には五万二三一八人に達した。ドイツ人の集住地区は、おもにループ地区の北側でシカゴ（ノースブランチ）川の東側に存在した。ドイツ人はシカゴとイリノイ州の産業、政治、文化、宗教に重要な役割を演じたことで知られる。なお、ユダヤ人は最初にドイツ人の大量の移住に伴ってドイツから到来し、ループ地区に集住した（City of Chicago 1976：20-21：35-36）。

アイルランドの大飢饉が一八四八年に最悪となり、多くのアイルランド人が大西洋を越えてアメリカ合衆国に渡った。シカゴのアイルランド生まれの人口は、一八五〇年の六〇九六人から一八六〇年の一万九八八九人へ増加し、一八七〇年には三万九九八八人を数えた（City of Chicago 1976：22, 35）。アイルランド人はシカゴ（サウスブランチ）川の右岸に沿ったブリッジポート、マッキンリーパーク、ブライトンパークなどの地区に集住した。

北欧系もシカゴの人口を構成する重要な人々であった。おもにシカゴ（ノースブランチ）川に沿って集住地区が形成され、それは製粉所、工場、鉄道操車場などの職場に近接していた。スウェーデン人は、一八六〇年の八一六人から一八七〇年の六一五四人に急増し、アメリカ最大のスウェーデン人社会を形成した。一八六〇年代にノースサイド地区にスウィードタウンが形成され、それはディヴィジオン街（Division St.）とシカゴ街（Chicago Ave.）に挟まれた地区であった。また、ノルウェー人は一八六〇年の一三一三人から一八七〇年には六三七四人に、デンマーク人は一八六〇年の一五〇人から一八七〇年の一二四三人に増加した（City of Chicago 1976：26, 37）。

オランダ人は一八五〇年代に市域の南方に小規模な農業集落を形成した。その後、鉄道建設に伴って、カルメット湖の北側に鉄道建設労働者の居住地が形成された（City of Chicago 1976：26）。

東ヨーロッパ系および南ヨーロッパ系の人々は一九世紀末から急増するが、一八七〇年の時点でも若干の小規模な集住地区が存在した。ボヘミア人あるいはチェコ人（センサスでいうボヘミア人にはスロバキア人やモラビア人が含まれた）は六二七七人を数え、ループ地区の南西でシカゴ（サウスブランチ）川の北に集住した（City of Chicago 1976 : 35）。ポーランド人は一八六〇年には一〇九人であったが、一八七〇年には一二〇五人に増加し、ミルウォーキー街（Milwaukee Ave.）とディヴィジオン街の周辺に集中した（City of Chicago 1976 : 36）。一八五〇年代後半に、イタリア人の最初の地区は、シカゴ（サウスブランチ）川の南岸の旧アイルランド人地区に形成された。一八六〇年センサスによると、イタリア系人口は一〇〇人程度で、一九世紀末にイタリア人移民が大量流入するまで安定した（City of Chicago 1976 : 22）。一八七〇年にはループの西と北にイタリア人の小規模な集住地区が存在した。

なお、アフリカ系人口の増加は一八四〇年代に始まり、シカゴは奴隷制度廃止運動の一つの拠点となった。一八六〇年のアフリカ系人口は九五五人であったが、一八七〇年には三六九一人を数え、今日のループ地区の南側、シカゴ川右岸に集中した（City of Chicago 1976 : 24, 36）。

一八七一年一〇月八日の夜にシカゴ大火が発生した。強風にあおられて、火災は三六時間にわたって続き、シカゴの人口の三分の一が住居を失った。しかし、復興は急速に進んだ。すぐに住宅が再建され、都心の外側の地域で人口が急増したし、郊外に移転する工場も現れた（City of Chicago 1976 : 43）。シカゴ大火から一九二〇年代初頭までの半世紀の間に、シカゴの産業は発展し、人口は増加し、市域は拡大し、都市景観は変化した。

産業発展の一つの契機となったのは、一九〇五年に開設された中央工業団地（Central Manufacturing District）であった。これは、アメリカ合衆国で最初に計画的に建設された工業団地で、家畜収容施設のユニオンストックヤーズの北に位置する広大な区画を占めた。当時、シカゴはアメリカ合衆国の食肉産業の中心に成長しており、スウィフトアンドカンパニーなどの食肉工場で処理された食肉は冷蔵され、鉄道貨車で広域に出荷された（Pacyga 2015）。中央工業団地とユニオンストックヤーズを含めて、物流を担ったのはシカゴジャンクション鉄道であった。設立の一〇年後には、中央工業団地には二〇〇社におよぶ工場や流通関連施設が集積し、ユニオンストックヤーズと合わせて、約四万人の労働者が働いたという（City of Chicago 1976 : 43）。

シカゴの人口は一八七〇年の二九万八九七七人から一九〇〇年の一六九万八五七五人へ増加した。ヨーロッパからの移民と彼らのアメリカ生まれの子どもたちは、一九〇〇年までには全人口の四分の三余りを占めた。一八五〇年代と一八六〇年代に流入した移民の子どもたちは、鉄鋼、食肉、衣料品、家具、運輸、不動産業などの産業の発展に伴って中産階層を形成し、郊外住宅地に立派な住宅を建設した。一方、新たに到着した外国生まれの移民は、過酷な労働条件のもとで低賃金労働に従事した。彼らの住宅環境は劣悪で、地下室や下水処理や水道もない木造住宅が一般的であった。しょうこう熱、ジフテリア、コレラが多くの住民の命を奪ったし、大気や水の汚染も深刻であった（City of Chicago 1976 : 43, 44, 46）。

シカゴの発展に伴って都市景観も変化した。一八七〇年代には三～四階建てアパートがシカゴで初めて登場した。フラットとよばれたアパートは人気を集め、フラットブームが生まれた。一八八三年だけでも一一四二軒のアパートが建設され、それらは鉄道や路面電車の路線に沿って密集した。こうして一八八〇年代に郊外人口が増加した。都心部では、一八八四年にデザインされた一〇階建ての高層ビルの建築を契機として、摩天楼の都市景観が形成された。シカゴはシカゴ学派の建築様式で有名になった（City of Chicago 1976 : 43-44）。さらに、一八九三年の五月から一〇月にかけて開催された世界博覧会（World's Columbian Exposition）は、シカゴを世界的に有名にした。

この間にシカゴ市は周辺の地域を併合して市域面積が拡大し、市域は一八七〇年から一九〇〇年まで、三五平方マイルから一九〇平方マイルへと増加した（一八八九年には一二五平方マイルを獲得した）。新たな郊外住宅地の形成に伴って、都心部から郊外へと住民が移動した。計画的な住宅地開発や高級住宅地が形成された。分散した住宅地は路面電車と道路により結びついていた。一九世紀末が近づくにつれて、移民の構成が変化した。ドイツ人、アイルランド人、スカンジナビア人、イギリス人に代わって、ポーランド人、ロシア人、イタリア人、ボヘミア人、ギリシア人が数で上回るようになった（City of Chicago 1976 : 46）。

（2）一九二〇年のシカゴ

図5.4は一九二〇年におけるシカゴの人口分布を示しており、バージェスが研究した時代のシカゴを概観することができる。移民集団の集住地区が、市域の全域にモザイク状に分布することがわかる。工業地区はシカゴ（ノースブランチ）川とシカゴ（サウスブランチ）川に沿って、また南東部のカルメット川に沿って帯状に分布した。バージェスも認識していたように、漸移地帯を構成した工場地区は決して同心円状に分布していたわけではなく、河川や鉄道という交通路の影響を受けていた。バージェスは地理学者ではなかったので、現実の土地利用をモデル化することをめざしたわけではなかった。

一八七〇年と同様に、ドイツ系はシカゴで最大の集団であり、一九〇〇年にはドイツ生まれのドイツ人は一七万七三八人を数えた。アメリカ生まれの子どもを含めると、ドイツ系人口は四二万八二〇一人で、これはシカゴの人口の四分の一を上回った。一九二〇年にはドイツ生まれの人口は一一万二二八八人で、彼らの多くが一九一〇年までにアメリカにやってきた人々であった。一九一〇年には徴兵と戦争により、海外への移住が不可能になっていた。一九二〇年にはアメリカ生まれのドイツ系人口は四二万一四四三人に達した（City of Chicago 1976 : 49, 66）。ドイツ系の最大の集住地区はシカゴ（ノースブランチ）川の東側で、ダイバージー街（Diversey Ave.）とデヴォン街（Devon Ave.）の間の地区であった。また、シカゴ（ノースブランチ）川の西側にも南北にドイツ系集住地区が存在したし、ループ地区の北側のニアノース地区とリンカーンパーク地区にもドイツ系集住地区が存在した。これらの地区に加えて、ドイツ人の小さな集住地区が市域の全体に分布した。

アイルランド生まれの人口は一八七〇年には四万人を数えたが、一九二〇年にはアイルランド生まれの人口とア

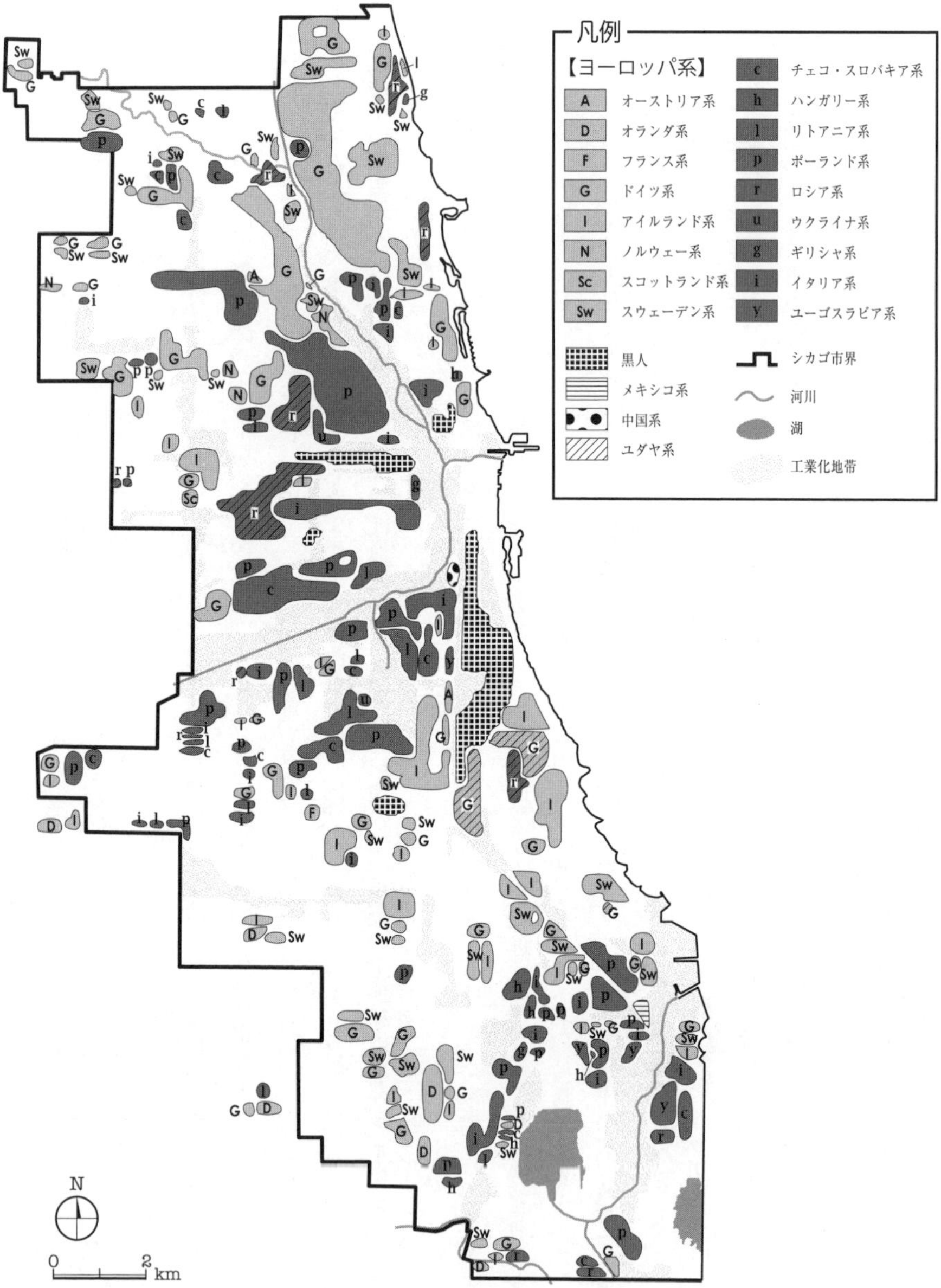

図 5.4　シカゴの人口分布（1920 年）

（出所）図 5.3 に同じ。

メリカ生まれの二世を合わせて二〇万人を数えた。これらの人口はアメリカ生まれの三世や四世を含めたアイルランド系社会の一部を構成するのみであった（City of Chicago 1976 : 46, 68）。古くからの集住地区はシカゴ（サウスブランチ）川の南のブリッジポートからブライトンパークの地区であったが、アイルランド系はこの地域を離れて南に移動し、集住地区は広域化と分散化を経験した。

北欧系の集住地区も広範囲にわたって分布した。一九二〇年にはスウェーデン系人口は一二万一三二六人で、そのうち五万八五六三人が外国生まれ、ノルウェー系人口は四万四九六一人で、そのうちの二万四八一人が外国生まれ、デンマーク系人口は二万二六一五人で、そのうちの一万一二六八人が外国生まれであった（City of Chicago 1976 : 71）。最も大きな人口を有したスウェーデン系の集住地区は広範囲にみられたが、クラーク街（Clark St.）とフォスター街（Foster Ave.）の交わる地区に大きな集住地区が存在した。

一八七〇年のシカゴの人口分布を比較して一九二〇年の人口分布の顕著な特徴は、東ヨーロッパ系および南ヨーロッパ系の集住地区の存在である。一八七〇年代にビスマルクによる反ポーランド人および反ユダヤ人の政策により、また、経済的苦境により、多数のポーランド人が母国を後にした。彼らはシカゴにも流入し、当時は二〇〇〇人にも達していなかった同胞に合流した。一九〇〇年にはポーランド生まれの人口は五万九七一三人を数えた。ポーランド生まれの人口とアメリカ生まれのポーランド系二世を合わせると、シカゴはワルシャワに次いでポーランド人の多い都市となった。一九二〇年には、ポーランド生まれの人口は一三万七六一一人に達し、ポーランド人を親にもつポーランド系二世の人口は三五万人を超えたものと推計された（City of Chicago 1976 : 47, 67）。

ポーランド系集住地区は、ミルウォーキー街とノーブル街（Noble St.）の交わる地区を起点として、人口増加に伴って、ミルウォーキー街に沿って北西方向に拡大を続けた。また、ポーランド系集住地区はシカゴ（サウスブランチ）川の南側と北側にも、またカルメット湖の北側にも急速に発展した。

ウクライナ人についてみると、一九〇〇年代の初めに移民が増加し、一九二〇年には八四〇三人を数えた。ヨーロッパから直接シカゴにやってきたウクライナ人もいたし、東部で、主に石炭地域で労働した後、シカゴに再移住した人々もいた。ウクライナ人移民は農民であり、オーストリアハンガリー帝国の支配地域の出身者であった（City of Chicago 1976 : 76)。ウクライナ人の集住地区は、ループ地区の西側に形成された。

リトアニア人は二〇世紀の最初の一〇年間にシカゴに流入し続けた。そして、一九二〇年にはシカゴのリトアニア生まれの人口は一万八九二三人を数えた（City of Chicago 1976 : 73)。リトアニア系の集住地区は、シカゴ（サウスブランチ）川の南側のストックヤードや製鉄工場などの職場に近接した地区であった。

チェコ人とスロバキア人は一九二〇年には五万三九二人を数えた（City of Chicago 1976 : 72)。シカゴ（サウスブランチ）川の北側と南側に集住地区が存在した。また、ハンガリー人は一九〇〇年の七四六三人から一九二〇年にかけて急増し、ハンガリー生まれの人口二万六一〇六人を含めて、七万二〇九人を数えた。これらの数字にはハンガリー系ユダヤ人やハンガリー系ドイツ人が含まれていた（City of Chicago 1976 : 58, 75)。多くのハンガリー人が鉄道操車場や製鉄工場で働き、南部地区に集住した。

一八七〇年から一九〇〇年にかけてシカゴのユダヤ系人口は急増した。それはポーランド系とロシア系のユダヤ人が貧困と迫害を逃れるためにアメリカに移住したためであった。共通言語はロシア語でもポーランド語でもドイツ語でもなく、イディシュ語であった（City of Chicago 1976 : 51-52)。ユダヤ人の集住地区はループ地区の北方、西方、南方に形成された。

初期のイタリア人移民は比較的豊かな北部地域の出身者であったが、一八八〇年代と一八九〇年代には、移民の主な出身地は貧しい南部およびシチリア島に移った。イタリア生まれおよびアメリカ生まれのイタリア系人口を合わせると、一九〇〇年には二万七二五〇人であったが、一九二〇年には一二万四一八四人を数えた（City of Chicago

1976 : 52, 69)。古くからのイタリア系集住地区はループ地区の北に存在したが、シカゴ（ノースブランチ）川に沿って北方へ拡大した。西方では、古くからの集中地区は西に拡大した。これらに加えて、小規模なイタリア系集住地区が市域全域に分布した。

アメリカ合衆国へのギリシア人移民は、トルコとの戦争などにより、一八九〇年代に増加した。一九〇〇年のギリシア人口は一四九三人であったが、一九二〇年には一万五五三九人のギリシア人移民とその子どもたちがいた（City of Chicago 1976 : 58, 75)。ギリシア人集住地区はループ地区の西方のシカゴ（サウスブランチ）川の西に存在した。

中国人の小規模な社会はループ地区に一八八〇年代に形成された。彼らは中国からサンフランシスコ経由でシカゴに到来し、鉄道労働に従事した。最初のチャイナタウンはクラーク街に沿ってヴァンビューレン街（Van Buren St.）の南に形成された。ここが過密となり、またループ地区の業務機能の拡大の影響を受けて、一九一二年頃に中国系実業組織が南方のウェントワース街（Wentworth Ave.）と22番街（22nd St.）の地区に土地を購入し、二番目のチャイナタウンが誕生した。一九二〇年には外国生まれの中国人は一六四七人を数えた（City of Chicago 1976 : 58, 77)。

二〇世紀に増加した移民集団としてメキシコ系があげられる。第一次世界大戦中に小さなメキシコ系集住地区が形成された。ただし、図5.4から明らかなように、メキシコ系は一九二〇年のシカゴにおいて目立つ存在ではなかった。

アフリカ系人口は一九一〇年代後半に急増した。この時期に五万人がシカゴに到来したと推計され、一九二〇年のアフリカ系人口は一〇万九四五八人を数えた。南部における害虫による綿花の不作、低い綿花価格、洪水による被害が人々を押し出す要因として働いた。一方、軍需産業の需要が増大するなかで、第一次世界大戦を契機としてヨーロッパからの大量移民時代が終了し、労働力不足が深刻化した。シカゴの鉄道や製鉄所が代理人を派遣して南部で労働者を調達し、シカゴに到来したアフリカ系住民は南部からのさらなる人口移動を促進した。一九二〇年代にはヨーロッパからの移民は五万人を数えたが、南部諸州からシカゴに到来したアフリカ系は一二万人を超えた。その後もアフリカ系人口は増加を続けた（City of Chicago 1976 : 70, 84）。

以上のように、一九二〇年頃のシカゴは、農村社会から都市社会へ移行するアメリカ社会を象徴した。農村では農業機械の普及により労働力需要が減少した一方、都市では工場労働に対する需要が増大し、賃金労働者を必要とした。昔ながらのコンパクトシティは電車網の拡大によって郊外化し、自動車の新たな出現によって路線網の間の空間が到達可能となった。

一九世紀後半に移住した移民一世の人口は減少し、アメリカ生まれの人口が増加した。アメリカ生まれの人々は、経済状況が向上すると、郊外に新たに開発された住宅地に移動した。一九世紀末から増加した東ヨーロッパや南ヨーロッパからの新移民は、ヨーロッパでの戦争の影響を受けて、また一九二四年移民法の影響を受けて減少した。一方、労働力不足を補うべく、南部からのアフリカ系アメリカ人の流入が顕著になった。さらに、図5.4に示されない多くの少数派の民族集団も存在し、シカゴの多民族社会を特徴づけた。

3 移民博物館と移民文化の再生・発信

（1）二〇〇〇年の人口分布

バージェス時代のシカゴは、その後一世紀近くの間に著しい変化を経験した。この間に起きた大恐慌、ニューディール、第二次世界大戦、公民権運動、移民法改正、産業構造の変化、情報通信技術の発達などは、シカゴを大きく作り変えた。二〇〇〇年の人口分布を示した図5.5は、センサストラクト単位で優位のエスニック集団を示したものである。一九二〇年の分布図（図5.4）と比較対照すると、八〇年間に生じたシカゴの人口の変化を理解することがで

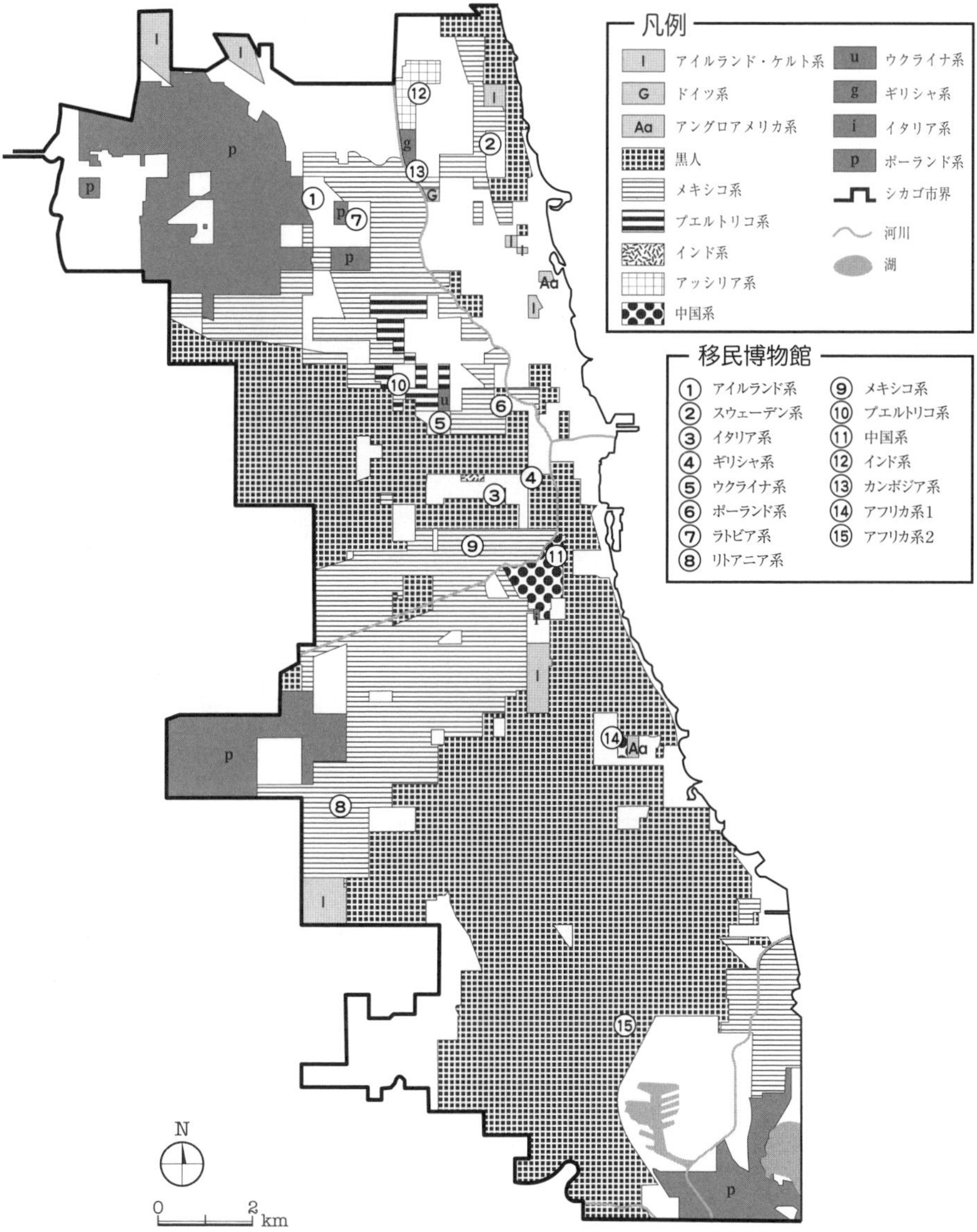

図 5.5　シカゴの人口分布（2000 年）と移民博物館

（出所）Grossman, Keating and Reiff（2004）および現地調査により作成。

きる。
アフリカ系アメリカ人は、一九二〇年にはループの南に南北に延びるブラックベルトを形成した。しかし、二〇〇〇年になると、アフリカ系アメリカ人の居住地域は空間的に拡大して、市域南部の全域を占める。一九二〇年に北西ヨーロッパ系および南ヨーロッパ系・東ヨーロッパ系の移民街が文化島のように混在したこの地域は、アフリカ系アメリカ人によって占拠されている。また、ループの西側に帯状に存在したアフリカ系アメリカ人地区も西方に拡大して、市域の西端まで達した。この地域に居住したイタリア人、ロシア系ユダヤ人、アイルランド人、ドイツ人、スコットランド人、スウェーデン人などの住民は郊外へ移動した。アフリカ系アメリカ人は、市域北部のミシガン湖岸にも新たな集住地区を形成する。アフリカ系アメリカ人は一九三〇年代から増加を続け、二〇〇〇年には一〇〇万人を超えて、シカゴ市総人口の三七%を占めた。

二〇〇〇年におけるもう一つの主要な集団はメキシコ系である。メキシコ人は一九二〇年には市域南東部のカルメット湖の北東に小さな移民街を形成するのみであったが、二〇〇〇年にはカルメット川河口部に広域に居住する。また、ループ地区から南西方向に、シカゴ川に沿ってメキシコ系居住地区が広がる。この地区は一九二〇年には工場集積地区であり工場労働者の居住地域であったが、メキシコ系居住地域に変わった。この過程で、ポーランド系、イタリア系、リトアニア系、チェコ系、ウクライナ系、ドイツ系などの移民街は姿を消した。一方、ループから北西方向に、アフリカ系アメリカ人居住地区の北側にメキシコ系居住地区が形成された。とくにポーランド人の移民街はメキシコ系居住地区となった。メキシコ系を含めたヒスパニック人口は、二〇〇〇年にはシカゴの総人口の二六%を占めた。

一方、一九二〇年の移民街を今日まで維持してきた集団も存在する。中国系は、ループ地区の南でシカゴ（サウスブランチ）川が北に流れを変える右岸に二番目のチャイナタウンを形成したが、中国人の流入に伴ってこのチャイナタウンが拡大した。また、ループ地区から北に向かい、ミシガン湖に臨むリンカーンパークの西には、ベトナム人街とニューチャイナタウンが新たに形成された。

ヨーロッパ系集住地区のなかで、一九二〇年代からの継続が認められるのはポーランド系である。一九二〇年に存在した最大のポーランド人移民街は、ループ地区から北西に向かってミルウォーキー街沿いに広域に存在した。この地域は、今日ではメキシコ系、プエルトリコ系、そして多民族混住地区である。ポーランド系は郊外化して、市域の北西部に大きな地域社会を形成する。また、ループ地区の南西方向では、シカゴ川南岸の市境界線に隣接した地区にもポーランド系集住地区が存在する。

その他のヨーロッパ系については、ウクライナ系がループ地区の西北西に小さな集住地区を維持している。また、アイルランド系は、チャイナタウンの南に昔からの集住地区を維持している。

以上のように、一九二〇年と二〇〇〇年の人口分布図を比較対照することにより、シカゴが数多くのヨーロッパ系移民集団によって構成された多民族都市から、アフリカ系アメリカ人やメキシコ系を中心とするヒスパニックによって空間的に支配された多民族都市へと変化したことがわかる。最新の二〇一〇年センサスによると、二七〇万人を数えるシカゴの総人口のうち、アフリカ系アメリカ人とヒスパニックを合計すると、実に六二％に達した。

（２）移民博物館が語る多民族都市

このような多民族都市シカゴを読み解く鍵となるのは、移民エスニック集団が設立し運営する移民博物館である。表5.1に示されるように、シカゴ市内には一三の移民博物館が存在し、それらの位置は図5.5に①～⑬で印した。また、アフリカ系アメリカ人関係の博物館が二か所ある（図5.5の⑭と⑮）。

移民集団と移民博物館の間には、密接な関係を読み取ることができる。今日の集住地区に移民博物館が立地するの

表 5.1　シカゴの移民博物館

集団および名称		開館年 *	立地
ポーランド系	Polish Museum of America	1937	⑥ 旧ポーランド人街
ウクライナ系	Ukrainian National Museum of Chicago	1952	⑤ ウクレニアンヴィレッジ
リトアニア系	Balzekas Museum of Lithuanian Culture	1966 (1986)	⑧ 旧リトアニア人街に近接
スウェーデン系	Swedish American Museum	1976 (1986)	② 旧スウェーデン人街
イタリア系	National Italian American Sports Hall of Fame	1977 (2000)	③ リトルイタリー
ラトビア系	Latvian Folk Art Museum	1978	⑦ 多民族混住地区
メキシコ系	National Museum of Mexican Art	1987 (2001)	⑨ メキシコ系集住地区
アイルランド系	Irish American Heritage Center	1991	① 多民族混住地区
ギリシャ系	National Hellenic Museum	1992 (2011)	④ グリークタウン
プエルトリコ系	National Museum of Puerto Rican Arts and Culture	2000	⑩ プエルトリコ系集住地区
カンボジア系	National Cambodian Heritage Museum & Killing Fields Memorial	2004	⑬ 多民族混住地区
中国系	Chinese-American Museum of Chicago	2005	⑪ チャイナタウン
インド系	Indo-American Heritage Museum	2008	⑫ 多民族混住地区

（注）* カッコ内は現建物への移転の年次。
（出所）現地調査および各博物館のホームページにより作成。

は、ウクライナ系と中国系である。シカゴ全米ウクライナ博物館（Ukrainian National Museum of Chicago）は、ウクレニアンヴィレジ地区にある（図5.5の⑤）。設立は一九五二年で、シカゴの移民博物館のなかでは二番目に長い歴史を持つ。故国を去ることを余儀なくされた学者たちによって、慈善家や活動家の支援を受けて、ウクライナの歴史を記録し伝統を継承するためにこの博物館が建設された（写真5.1）。

二階建ての立派な建物には、一階にアートギャラリーが、二階に伝統文化の展示室が設けられている。二〇一四年には、ウクライナの女性画家ＭＩＫＡ（一九一一〜二〇〇〇年）の作品がアートギャラリーに展示されていた。二階の展示室には、ウクライナの地図、民族衣装、人形、建築模型、楽器、伝統的彩色を施したイースターエッグなどが展示される。また、一九三二〜一九三三年ウクライナ人集団虐殺に関する展示室もある。図書館と文書館も設けられており、ウクライナやシカゴのウクライナ人社会に関する貴重な資料等が保管されている。

この博物館の北側の街区を占めるのは、ウクライナ系教会とウクライナ文化センターである。そしてこの街区の北側を東西に延びるシカゴ街（Chicago Ave.）に沿って、ウクレニアンヴィレジのバナーが目につくとともに、ウクライナレストランが何軒かある。ウクライナ系人口は分散したが、ウクライナ人移民は継続して流入している。ウクライナ語による週刊新聞（英語名は *Ukrainian Weekly Newspaper*）がシカゴの西郊のホフマンエステーツで刊行されている。教会、文化センター、レストラン、商店、銀行などとともに、シカゴ全米ウクライナ博物館はシカゴのウクライナ系社会の中核をなす存在である。

チャイナタウンにはシカゴ中国系アメリカ人博物館（Chinese-American Museum of Chicago）がある（図5.5の⑪、写真5.2a）。チャイナタウン百周年を記念してチャイナタウン商業会議所によって作成されたパンフレット（*Chicago's Chinatown Celebrating 100 years 1912-2012*）によると、中国系人口の増加に伴って、チャイナタウンの三〇街区には一万

写真 5.1　全米ウクライナ博物館
（撮影）2014 年 9 月、矢ケ﨑典隆

写真 5.2a　シカゴ中国系アメリカ人博物館

写真 5.2b　シカゴのチャイナタウン
（撮影）写真 5.2a、b ともに写真 5.1 に同じ。

人の中国人が居住し、四〇〇軒のビジネスが存在する（写真5.2b）。さらに広域なチャイナタウン地区全体には二万七〇〇〇人の中国系が居住するという。この移民博物館は二〇〇五年に開館し、二〇〇八年の火事で多くの展示品を失ったが、二〇一〇年に再開にこぎつけた。

博物館の入口近くには寄付者の名簿が陳列され、一階は中国の伝統的な年間の祭りに関する展示でにぎやかな雰囲気を作り出す。二階には中国人移民の歴史に関する展示があり、移民に関するビデオが視聴できる。中国人人口の増加に伴ってチャイナタウンは活気に満ちており、チャイナタウン商業会議所が作成した案内パンフレット（*Chinatown Visitors Guide*）から、エスニック資源を観光化することへの中国人社会の意欲を十分に読み取ることができる。

住民の郊外化が進行して一九二〇年に存在した移民街は消滅したが、旧移民街の一角に移民博物館が立地するタイプは、スウェーデン系、ポーランド系、ギリシア系、イタリア系である。

ループ地区の北に位置するアンダーソンヴィル地区はもともとスウェーデン人街の一つであったが、今日は多民族混住地区である（図5.5の②）。スウェーデン系アメリカ人博物館（Swedish American Museum）は一九七六年にクラーク街に面した小規模な施設で開館し、一〇年後に道路の反対側の現在の建物に移動した（写真5.3）。近くにはスウェーデン系のレストランや居酒屋がある。もともとスウェーデン人経営の金物店だった建物には十分なスペースがあり、スウェーデン人移民の歴史に関する常設展示（A Dream of America: Swedish Immigration to Chicago）のほか、現代のスウエーデン人芸術家の作品を展示するギャラリー、図書館、教室、売店などが完備している。また、年間を通してさまざまな行事が開催されるし、機関誌 *Swedish American Museum Flaggan* が季刊発行される。

アメリカポーランド人博物館（Polish Museum of America）はループ地区の北西、ミルウォーキー街に沿って広域に存在した旧ポーランド人移民街の南東端部に位置する（図5.5の⑥）。一九一三年に築造されたこの建物には、Polish

Roman Catholic Unionと大きく刻まれている（写真5.4）。この建物内に、一九三五年にアメリカポーランド系ロマンカトリックユニオン博物館文書館（Museum and Archives of the Polish Roman Catholic Union of America）が設立され、二年後に博物館の一般公開が始まった。シカゴの移民博物館の中で最も古い歴史をもつ。

この建物に博物館、図書館、文書館、売店が入っている。博物館の歴史は一階の一連のパネルで解説される。二階は、音楽家でアメリカとポーランドの懸け橋となったパデレウスキ（Ignacy Paderewski）に関する展示がある。三階はもともとホールであったが、主な展示室が二階から移動した。ここには文化に関する展示に加えて、一九四五年のワルシャワ進軍に関する写真が展示され体験ビデオを視聴することができる。ポーランド系住民は郊外化したが、一〇〇年以上も前に建設されたこの建物が、ポーランド系の歴史を今にとどめている。定期刊行物として、英語による *Polish Museum of America Newsletter* が発行される。また、アメリカポーランド系ローマカトリックユニオン（Polish Roman Catholic Union of America）は英語とポーランド語による *Polish Nation* を月刊で定期刊行している。

ループ地区に最も近接して立地する移民博物館は、全米ギリシア博物館（National Hellenic Museum）である。ハルステッド街に沿ってグリークタウンとよばれるギリシア人街があり、主にギリシアレストランが軒を連ね、ギリ

写真 5.3　スウェーデン系アメリカ人博物館
（撮影）2014 年 2 月、矢ケ﨑典隆

写真 5.4　アメリカポーランド博物館
（撮影）写真 5.1 に同じ。

シア国旗がはためく（シカゴのニックネームは windy city）。かつてのギリシア人移民街は、今日ではギリシアレストラン街としてシカゴ市民や観光客の人気を集める。この歴史的ギリシア人街に二〇一一年竣工のモダンな博物館がある（写真5.5）。この博物館はもともと Hellenic Museum and Culture Center として一九八三年にダウンタウンに設立され、一九九二年に博物館が一般公開された。二階はギリシアとギリシア系アメリカ人に関する展示室で、一階には広い売店がある。ここには図書館・文書館も併設される。また、屋上から眺めるシカゴの摩天楼は格別である（図5.5の④）。

ループ地区の西方で東西に延びるテーラー街（Taylor St）に面して、全米イタリア系アメリカ人スポーツ殿堂（National Italian American Sports Hall of Fame）がある。この地区にはもともとユダヤ人が多く居住したが、一九世紀末にイタリア人移民が増加してイタリア人街となった。イリノイ大学と大学病院に挟まれたこの地区は、イタリア系人口が減少した現在もリトルイタリーとして知られ、イタリアンレストランが軒を連ねる。この博物館はもともとボクシング殿堂として一九七七年に設立されたが、翌年、あらゆるスポーツを含む殿堂としてシカゴ市の西に隣接するエルムウッドパークに設立された。

イタリア系社会を象徴するリトルイタリーの現在の建物に移転したのは、二〇〇〇年のことであった（図5.5の③）。この新しい博物館の一階と二階には、野球、ボクシング、アメリカンフットボールなど、スポーツで活躍したイタリア系の人々とそうした人々にゆかりの品物が展示される（写真5.6a）。充実した展示は、スポーツにおけるイタリア系の活躍が再認識させられるし、アメリカ合衆国のイタリア系社会をつなぐ絆はスポーツだとも確信できる。道路を隔てて北側にある小さな公園には、ジョー・ディマジオがこの殿堂に向かってバットを振る像が建っている（写真5.6b）。

写真 5.5　全米ギリシア博物館
（撮影）写真 5.1 に同じ。

住民の郊外化が進行したが、一九二〇年の移民街に近接して移民博物館が立地するのは、リトアニア系のバルゼカスリトアニア文化博物館(Balzekas Museum of Lithuanian Culture)である。シカゴ(サウスブランチ)川の南岸にはかつてストックヤードと食肉工場があり、多くのリトアニア人が働いた。アプトン・シンクレアの小説『ジャングル』(Sinclair 1906)は食肉工場での過酷な労働について語り、大きな反響を引き起こした。現在の移民博物館は、かつてのリトアニア人移民街の南西に位置する(図5.5の⑧)。

この博物館は、一九六六年にスタンレー・バルゼカスJr.が個人所蔵の貴重な地図、甲冑、芸術品などをもとにして開館し、その後、展示品が増加した。一九八六年にサウスプラスキ街(South Pulaski Road)に面した旧病院の大きな建物を購入して移転した(写真5.7)。広々とした展示室に加えて、アートギャラリー、図書館、教室、ホール、売店、子ども博物館など、施設は充実している。アメリカにおけるリトアニア文化、芸術、歴史、リトアニア語の維持発展が目的であり、教室ではリトアニアを紹介するビデオを視聴することができる。リトアニアへの研修旅行を企画し、ジャーナル(*The Lithuanian Museum Review*)の発行も行う。二〇〇六年には博物館設立四〇周年を記念した小冊子(*The 40th Anniversary Report of the Balzekas Museum of Lithuanian Culture*)が刊行された。

多民族混住地区に移民博物館が立地するヨーロッパ系タイプとして、ア

写真 5.6b　ジョー・ディマジオ像

写真 5.6a　全米イタリア系アメリカ人スポーツ殿堂

(撮影) 写真 5.6a、b ともに写真 5.1 に同じ。

イルランド系とラトビア系があげられる。アイルランド系アメリカ人遺産継承センター(Irish American Heritage Center)はループ地区の北西郊外の住宅街にあり、一九二〇年のドイツ人集住地区に立地する(図5.5の①)。堂々とした建物は、一九二四年に中等学校として築造されたもので、一九六〇年代からコミュニティカレッジとして利用されたが、一九八五年にこの団体が購入した(写真5.8)。一九九一年に博物館が、二〇〇六年には図書館が開館した。ここには博物館と図書館のほか、文書館、高齢者用給食プログラムのための厨房、ギフトショップ、バー・食堂とダンスフロアを備えたメンバーズクラブ、講堂、体育館を改造した大きなホールがある。アイルランド語教室、音楽教室、絵画教室も定期的に開催される。博物館には移民関係の展示はなく、アイルランドの伝統文化に関して寄付されたものが展示される。

なお、ラトビア系については、シカゴラトビア協会(Chicago Latvian Association)によってラトビア民俗芸術博物館(Latvian Folk Art Museum)が運営されている(図5.5の⑦)。

二〇世紀後半の移民の流入に伴ってエスニック人口が増加して集住地区が形成され、そこに移民博物館が立地するタイプは、メキシコ系の全米メキシコ芸術博物館(National Museum of Mexican Art)と、プエルトリコ系の全米プエルトリコ芸術文化博物館(National Museum of Puerto Rican Arts and

写真 5.8　アイルランド系アメリカ人伝統継承センター
（撮影）写真 5.1 に同じ。

写真 5.7　バルゼカスリトアニア文化博物館
（撮影）写真 5.3 に同じ。

Culture）で、いずれも芸術や文化をテーマとする。

　前述のとおり、メキシコ系人口は現在のシカゴにおいて広域に分布する。この博物館はループ地区の南西のメキシコ系居住地区に位置する（図5.5の⑨）。この地区を歩くと壁画が目につき、メキシコ系住民が多いことを景観的に理解することができる（写真5.9b）。プエルトリコ系移民博物館は、プエルトリコ系住民の集住地区にあるフンボルト公園の一角を占める（図5.5の⑩）。これらのエスニック集団は、移民の歴史が新しいので、移民の歴史を残すことよりも、芸術や文化に焦点を当てた現代的なつながりを重視することを目的としている。

　明瞭な移民集住地区が形成されているわけではないが、二〇世紀後半の移民の流入に伴ってエスニック人口が増加し、移民博物館が形成されたタイプもある。一つはインド系のインドアメリカ遺産継承博物館（Indo-American Heritage Museum、図5.5の⑫）である。もう一つは、カンボジア系の全米カンボジア遺産継承博物館および集団虐殺記念館（National Cambodian Heritage Museum & Killing Fields Memorial）である。両者とも多民族混住地区に立地する。カンボジア系移民博物館は、その名称が示す通り、クメールルージュによるカンボジア人集団虐殺の記念館を併設しており、これについては、次節で述べることにする（図5.5の⑬）。

　以上の事例から、結論として次の点が指摘できる。ヨーロッパ系移民博物

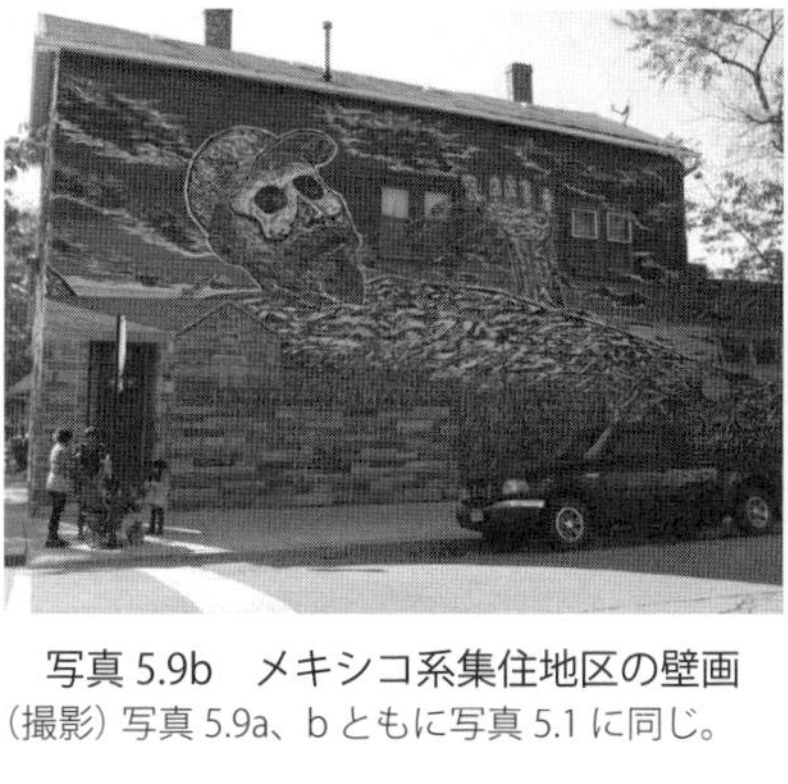

写真 5.9b　メキシコ系集住地区の壁画

写真 5.9a　全米メキシコ系芸術博物館

（撮影）写真 5.9a、b ともに写真 5.1 に同じ。

館は、一九世紀から二〇世紀初めまでの移民の歴史と、二〇世紀初めに繁栄した移民街の記憶を留める機能を果たしている。すなわち、バージェスが描いた一九二〇年代のシカゴの移民社会を、今日の移民博物館が記録しているのである。一方、一九七〇年代以降に増加したヒスパニックやアジア系の移民博物館には、最近の移民の流入と母国との現代的なつながりが集約されている。いずれにせよ、多民族都市シカゴの過去と現在は、移民博物館に注目することによって論ずることができる。

4 移民博物館に記憶される世界の出来事

シカゴの移民博物館にはもう一つの特徴がみられる。それは、移民博物館が世界と結びついており、アメリカ以外の地域で起きた出来事がアメリカの移民博物館に記憶されるということである。

前述のシカゴ全米ウクライナ博物館には、一九三二〜一九三三年に起きたウクライナ人集団虐殺に関する資料が展示されている。スターリンのソ連政府によって一千万人以上のウクライナ人が意図的に餓死させられたとする展示は、豊かな穀倉地帯における隠された歴史を記憶している。展示のほか、ウクライナ飢餓集団虐殺財団（Ukrainian Genocide Famine Foundation, Inc.）が作成したパンフレット（*Holodomor: The Secret Holocaust in Ukraine 1932–1933*）が用意されている。すなわち、ウクライナで起きた歴史上の事件が、アメリカ合衆国に住むウクライナ系の人々によって認識され、ウクライナ系移民博物館に記憶されている。なお、シカゴ全米ウクライナ博物館の前にある教会には、最近のウクライナでの戦争における戦没者を慰霊するモニュメントがあり、シカゴのウクライナ系社会がウクライナとのつながりを維持していることを示す。

カンボジア系は全米カンボジア遺産継承博物館および集団虐殺記念館が二〇〇四年に開館した（写真5.10a）。この博物館の母体となったのは一九七六年設立のイリノイ州カンボジア協会（Cambodian Association of Illinois）で、カンボジア系難民に対する社会的サービスを提供する。カンボジアの文化と伝統をシカゴに存続させることがこの新しい移民博物館の目的である。併設される集団虐殺記念館には、キリングフィールドで命を落とした二〇〇万人ともされる人々を追悼する記念碑がある（写真5.10b）。追憶の壁にはカンボジア人の犠牲者の名前が刻まれ、追憶の日の追悼式典も毎年開催される。カンボジアで起きた歴史的事件をアメリカで記憶しようとする意図が存在する。なお、図書館とギフトショップも完備されている。施設の裏手の空間を利用して拡張の予定があるという。

アメリカ全体をみると、ユダヤ系の移民博物館が最も多い。シカゴ市内にはユダヤ系移民博物館はない。しかし、市域の北に隣接するスコーキーにはユダヤ系人口が集住し、ここにはユダヤ人の集団虐殺をテーマとしたイリノイ州ホロコースト博物館および教育センター（Illinois Holocaust Museum & Education Center）がある（写真5.11）。

一九三〇年代から一九四〇年代にかけてナチの迫害を逃れて多くのユダヤ人がヨーロッパからアメリカ合衆国に渡り、シカゴにもユダヤ系人口が増加した。その後、スコーキーはユダヤ系人口の集住地区として知られるようになった。一九七八年にシカゴのネオナチ集団がスコーキーで反ユダヤデモを行う企画をたてると、これに対してそれまで沈黙を守ってきたユダヤ人たち

写真 5.10a　全米カンボジア遺産継承博物館
（撮影）2014 年 11 月、矢ケ﨑典隆

写真 5.10b　集団虐殺記念館
（撮影）写真 5.1 に同じ。

は団結して立ち向かった。その模様は一九八一年にテレビ映画『Skokie』としてCBSテレビ局で放映された。当時、アメリカ合衆国に住んでいた著者の矢ケ﨑は、この番組を見て考えさせられたことを今でも覚えている。この事件を契機として一九八一年にホロコースト記念財団（Holocaust Memorial Foundation）が設立され、小さなホロコースト博物館が開館した。これを母体として、二〇〇九年に現在の立派な博物館が開館した。大規模な施設で、展示、図書館が充実している。館長はホロコーストを生き抜いた女性である。二時間余りをかけたツアーも充実しているが、終了後には精神的な疲労を感じざるをえない。

従来、シカゴを論じる際に、この大都市を構成する多様な人々と、特色のある地区については関心が払われてきた（たとえば、Holli and d'A. Jones 1977；Keating 2008；Linton 2012）。しかし、シカゴに存在する移民博物館に注目して、多民族都市を論ずる試みはなされてこなかった。本章で考察したように、シカゴの移民博物館は、一九世紀から二〇世紀はじめまでの移民の歴史と、二〇世紀はじめに繁栄した移民街の記憶を留める機能を果たしている。すなわち、バージェスが描いた一九二〇年代のシカゴの移民社会と移民街を、今日の移民博物館が記憶しているのである。同時に、移民博物館は、現代のシカゴへ流入する移民と移民の出身地とを結びつける存在である。一九七〇年代以降に増加したヒスパニックやアジア系の移民博物館には、最近の移民の流入と母国との現代的なつながりが集約されている。さらに、世界で起きた事件がシカゴの移民博物館に記録されている。いずれにせよ、それぞれの移民エスニック集団は、移民博物館を通して自らの文化や歴史を発信している。

写真 5.11　イリノイ州ホロコースト博物館
（撮影）写真 5.10a に同じ。

〈文　献〉

矢ケ﨑典隆　二〇〇八　「都市構造からみたアメリカ合衆国の地理」『新地理』五六（一）：三八–四三

矢ケ﨑典隆・高橋昂輝　二〇一六　「バージェス時代の多民族都市シカゴを記憶する移民博物館」『歴史地理学』五八（四）：一–二三

City of Chicago, Department of Development and Planning. 1976. *Historic City: The Settlement of Chicago.* City of Chicago.

Grossman, J. R., Keating, A. D., and Reiff, J. L. eds. 2004. *The Encyclopedia of Chicago.* The University of Chicago Press.

Holli, M. G. and d'A. Jones, P. eds. 1977. *Ethnic Chicago: A Multicultural Portrait.* William B. Eerdmans Publishing Company.

Holland, R. A. 2005. *Chicago in Maps.* Rizzoli International Publishing, Inc.

Keating, A. D. ed. 2008. *Chicago Neighborhoods and Suburbs: A Historical Guide.* The University of Chicago Press.

Linton, C. ed. 2012. *The Chicago Area Ethnic Handbook: A Guide to the Cultures and Traditions of Our Region's Diverse Communities.* Chicago Area Ethnic Resources.

Pacyga, D. A. 2015. *Slaughterhouse: Chicago's Union Stock Yard and the World it Made.* The University of Chicago Press.

Park, R. E. and Burgess, E. W. 1925. *The City,* The University of Chicago Press.（＝一九七二、R・E・パーク、E・W・バージェス（大道安次郎・倉田和四生訳）『都市——人間生態学とコミュニティ論』鹿島出版会）

Sinclair, U. 1906. *The Jungle.*（＝二〇〇九、U・シンクレア（大井浩二訳）『ジャングル』松柏社）

コラム4

シカゴ市の都市政策と移民街の観光地化

髙橋昂輝

一九七〇年代以降、北米では、ＢＩＤ（Business Improvement Districts）とよばれる都市政策が普及してきた。ＢＩＤは、ある地区内の土地所有者が、追加の税金を自発的に支払うことにより、それを運営資金として、自地区の経済的活性化のために活動する地域自治制度である。一九七〇年にカナダ・トロント市で最初に施行されると、一九八〇年代までに、カナダ国内の他の都市でも相次いで採用された（髙橋 二〇一六）。アメリカでは、ニューオーリンズ市が最も早く、一九七五年にこの政策を導入した。シカゴ市もアメリカの都市では早く、一九七七年にＳＳＡ（Special Service Areas）とよばれるＢＩＤと同様の制度を開始した。その後、一九九〇年代以降、アメリカの他都市においても、ＢＩＤの導入が急速に進展した。今日では、北米のみならず、イギリス、ドイツ、ニュージーランド、南アフリカ共和国などの都市にも政策移転（Policy transfer）が拡大している。

この政策が考案された背景には、モータリゼーションの進展と郊外の成長による、インナーシティの衰退があった。インナーシティの商店が経営難に悩まされる一方、行政にとって、財政支出を増加させることは望ましくなかった。トロント市では、商店主をはじめとした土地所有者らが、自発的に課税するこの方式を考え出し、行政に提案したことにより、政策の実現にいたった。一九七〇年代、シカゴ市においてもインナーシティ問題が顕在化していたため、ＢＩＤが導入されたと考えられる。

アメリカの隣国、カナダを代表する多民族都市トロント市は、二〇一五年現在、北米最多の八一のＢＩＤを有した。このうち、七つのＢＩＤが、移民街、または旧移民街に立地し、チャイナタウン、リトルポルトガルなどといった、エスニック集団の送出地の名称を冠した地区名を採用していた。ＢＩＤは、経済的な活性化を目的とする都市政策であることから、その地区名には、各地区の文化的・社会的特性のほか、経済的利潤の獲得を志向した戦略性が反映される。地元商店主らは、当該地区が有する特性を端的に示す語を選定するとともに、それが経済的価値を有することを認識したうえで、エスニック集団の名称を地区名に採用している。こうした動きは、エスニシティの経済的な資源化にほかならず、移民街の観光地化を示唆する。

シカゴ市では、ニューヨーク市の七二に次ぐ、国内第二位の五三のBID（同市では、SSA）が存在した。同市において、エスニック集団の名称を冠するSSAは、ギリシア人街（Greektown）であり、トロント市と同様に、ここでもエスニック集団が有する特性（エスニシティ）を、観光などの経済的活動に利用しようとする意図が看取される。

現在、この地区にギリシア系住民は集住していない。しかし、二〇世紀前半までに、彼らがこの地区を占拠した歴史は、移民博物館のほか、ギリシア系レストランの集積として、現在でも記憶されている（写真1）。さらに、SSAの中核を担う団体は、エスニックフェスティバルを開催するなどし、観光客の増加を図っている。また、街頭にはバナーを掲げ、景観を利用した働きかけも怠らない（写真2）。食文化や民族舞踊などのエスニック文化は、多様性を積極的に評価する現代においては、肯定的な差異として扱われ、観光資源になりえている。

写真1　グリークタウンのギリシア系レストラン
（撮影）2014年9月、高橋昂輝

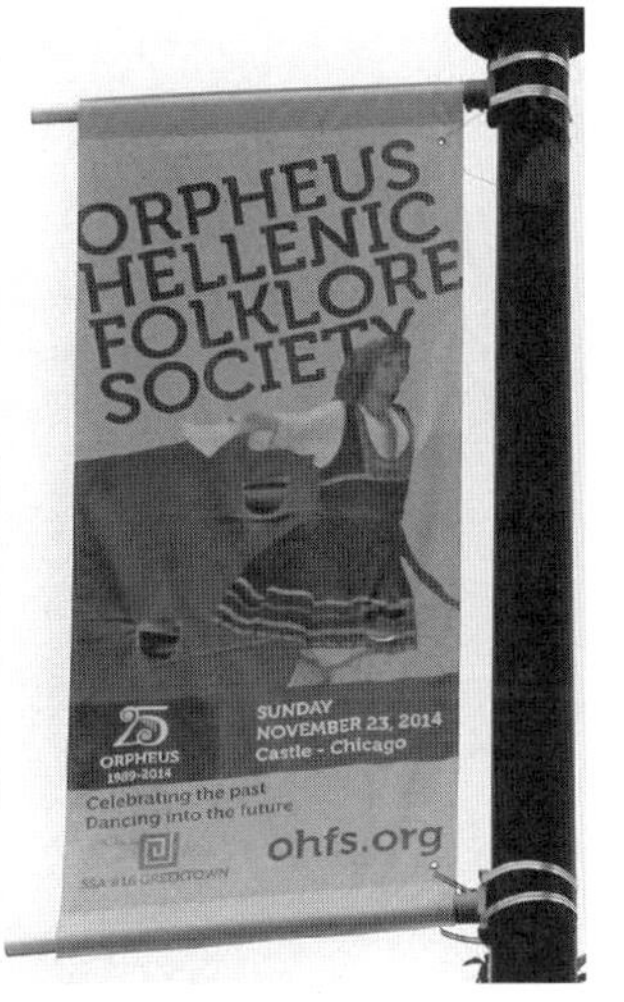

写真2　民族舞踊のイベントを告知するバナー
（撮影）写真1に同じ。

今日、都市内部の移民街は、エスニック集団の居住・生活空間としての特性を減少させ、代わって、エスニシティを消費する空間へと変容しつつある。シカゴ学派の全盛期、否定的なイメージとともに扱われた移民街と彼らのエスニシティは、二〇世紀末以降、シカゴ市の多様性を象徴する都市文化になり代わってきた。BIDは、こうした時代背景をもとに、今日、移民街の観光地化を政策的な側面から推進する役割を果たしている。

〈文　献〉

高橋昂輝　二〇一六「北米都市の業務改善自治地区BID：トロントにみるローカルガバナンスとエスニックブランディング」『地理空間』九（一）：一―二〇

第6章

デンマーク系アメリカ移民博物館と移民文化の再創造活動

山根　拓

一九世紀後半以降、多くの北欧系移民がアメリカ合衆国へ入植した。本章では、まず北欧系移民史の特徴を地域性等に注目し概観する。次に、北欧系移民博物館・文書館等の全米での立地展開傾向を示した後、有力な北欧系移民博物館であるデンマーク系アメリカ博物館に注目し、それが立地するアイオワ州エルクホーンの地域性を概観した後、同館の展示や他の諸活動の内容の特徴について検討する。そこからこの博物館が重視し実践するのが、単なる「祖国文化や移民文化の継承」ではなく、それらを踏まえたうえでの「移民文化の再創造」であることを説明したい。最後に、こうした博物館を支える人々が全米でどのような広がりを示すのかについて明らかにする。

1　アメリカ開拓史と北欧系移民の動向

（1）一九世紀以降の北欧移民の動向

アメリカ合衆国の成立に果たした移民の役割は大きい。とくに一九世紀後半から二〇世紀の前半にかけて、ヨーロッパを中心とした地域からアメリカへ大量の移民が入国した。ヨーロッパ系移民は基本的に母国から船で太平洋を渡り、アメリカ東海岸に到達した。一八二〇年以降、その乗船名簿を通じてアメリカに入国する移民数が正確に把握されることとなった。

ニューヨーク・マンハッタンの南に、有名な自由の女神像のあるリバティー島と隣り合って浮かぶエリス島には、移民たちがアメリカ到着後に最初に検査を受け入国許可を得る移民局（Immigrant Reception Center：現在のエリス島移民博物館 Ellis Island Immigration Museum）が置かれていた。「希望の島」ないしは「涙の島」とよばれたそこを無事に通過した移民たちは、その後、アメリカ国内を移動し、やがて定住地を見つけ定着していった。エリス島を通過して入国した移民の数は、一八九二～一九二四年において二二〇〇万人以上に上るという（National Park Service ホームページによる）。彼らは、その後のアメリカ社会形成の大きな礎となった。

デンマーク、スウェーデン、ノルウェーという北欧三国（Scandinavia）からも、同時期に多くの移民がアメリカに渡った。一八五〇年以降のアメリカ合衆国センサスでは、被調査者は自身がアメリカ生まれか、外国生まれかを、問われることになった。また、アメリカの公式統計によって一八二〇年以降の出身国別の移民数を知ることも可能である。それらを利用したイェペスン（Jeppesen 2011）によると、一八四〇年代以降、まずノルウェー、そしてその数年後にスウェーデン、デンマークの順で、この三国からの集団移民が現れるようになったという。さらにセンサスデータ分析から、一八五〇年には一・八四万人に過ぎなかった北欧三国出身移民の在米居住者数は、一八八〇年に四四万人、一九〇〇年に一〇六・八万人、一九一〇年に一二五・一万人、一九三〇年に一二一・二万人と推移している。一九世紀後半に一〇〇万人以上の北欧移民が入国したことになるが、なかでも一八八〇～一八九三年間が移民流入のピーク期とされ、この一四年間で実に九〇万人以上の北欧移民がアメリカ入りしたという。この後移民流入のペースは落ち、第一次世界大戦時と一九三〇年代の恐慌時に決定的に減退したとされる。とりわけ一九二一・一九二四両年に施行された「割当移民法」(ジョンソン法・移民法)が、移民入国を制限することで、直接的な影響を与えたとされる。また年次単位でみるとピーク期といえども移民数は上下変動を経験しており、景気変動や戦争による影響が指摘される。

イェペスンの分析を参照すると、時期的には一八八〇~一九一〇年代が北欧系移民流入の最盛期であり、その期間に複数の移民流入ピークがあったことがわかる。その背景には一九世紀後半における移民母国での急速な人口増加があり、人口圧が出移民の増加を促進する(プッシュ要因)一方、そこにアメリカ側の積極的な移民受け入れのオファー(プル要因)が一致して、大量の集団移民が現れたのである。

その後の北欧移民の後退局面においては、上記のように受入側のアメリカの移民制限事情(経済的退行・法的制限などによるプル要因の変化)の影響も考慮されるべきではあるが、イェペスンはむしろ移民出身地の北欧各国の変化(プッシュ要因の変化)の影響を重視する。すなわちそれは、北欧諸国での産業化・都市化の進展による都市での新規雇用の創出増加によるものであった。

北欧三国の間で対米移民数には差異がある。移民が最も活発であったのはスウェーデンである。一九一〇年の在米スウェーデン系移民人口六六・五万人に対して、デンマーク系は一八・二万人、ノルウェー系は四〇・四万人であり、その差は大きい。同年の各国人口は、デンマーク二七四万人、スウェーデン五五二万人、ノルウェー二三九万人であり、この移民母国の人口規模の差異が対米出移民の規模にも反映しているともいえるが、デンマーク以上に自然条件の厳しい地域を広く抱え、労働市場も小さなスウェーデン、ノルウェーでは人口圧が移民排出圧力として強く作用したとも考えられる。一八五〇~一九二〇年間の一〇年ごとの移民母国三国の本国人口の変化をみると、この間にデンマークが各一〇年期とも一〇%台の人口増加を維持し続けたのに比べ、スウェーデンおよびノルウェーでは人口増加をし続けつつも、全般にデンマークほどの増加率を示さなかった。一八五〇〜一九二〇年間の長期の増加率を見ても、デンマークの一三一・八％に対して、スウェーデン六九・五％、ノルウェー九〇・九％と大きな開きがある。国内で一定の人口圧を吸収したデンマークと人口圧を対米移民に転嫁した他の二か国との対照性が推察される。

（2）北欧系アメリカ移民の初期の地域的展開

イェペスンは移住後の北欧移民がアメリカの内部でどのように拡散していったのかについても、統計データを基に示している。

北欧移民のなかで先行したのは、ノルウェー人であった。彼らはウィスコンシン州やイリノイ州などアメリカ中西部で農業移民として集団で開拓し定着したとされる。これが呼び水となり、スウェーデン人やデンマーク人も中西部に入植し、一八六〇年までにスウェーデン人移民の三分の一はイリノイ州に居住していた。一方、デンマーク系移民のうち、一八五〇年代に二〇〇〇人以上のモルモン教徒が中西部ミズーリ州からプレーリーやロッキー山脈を越えて決死行の末に西部山岳地帯のユタ州ソルトレークに達し、当地にコロニーを建設したことは、特異な動きであった。

北欧移民の一般的なアメリカ入国後の移動定着パターンは、①到着地のニューヨークかその周辺地域への定着、②ニューヨークから列車でシカゴに移動し定着、③シカゴからさらに中西部プレーリー諸州（イリノイ、ウィスコンシン、アイオワ、ネブラスカ、ミネソタ、ノースダコタ、サウスダコタ）へ移動し、広大な農業地帯ないしは主要都市に定着といったものであった。この③のパターンが最も主要な北欧移民の流動パターンであった。一八八〇年時点でノルウェー系のほぼ八〇％、デンマーク系の七二％、スウェーデン系の六六％が農村地域に居住しており、農業移民が主体であったことがわかる。この割合はその後減少し、北欧移民の都市居住が進むが、一九一〇年時点ではノルウェー系・デンマーク系はまだその半数以上が農村に居住していたのに対し、スウェーデン系のみが都市居住が全体の約六〇%を占める都市居住型に変化した。北欧系移民はイギリス、アイルランドやドイツからの移民と同様に「前期移民グループ」に属し、移住当初は農業に従事していたものが多いという特徴を有していた。

イェペスンは、北欧三国生まれの移民の全米分布図(一九一〇年)を作成した。そのうち、デンマーク系移民の分布状況を示したのが図6.1である。上記移動パターンの①〜③のそれぞれ、ならびに特殊事例として示したユタ州のケースが地図から確認できるほか、すでに一部の移民が西海岸のワシントン州やカリフォルニア州に達していたことがわかる。しかしなかでも最も顕著な特徴は、移民の中西部への集中、すなわちシカゴへの集中と、アイオワ・ミネソタ・ネブラスカ等の各州における規則正しい居住地の分布である。前者は移民を引きつける「マグネット」であると同時に、そこから周辺に移民を再拡散する基点でもあったシカゴという都市の結節点的な役割を示し、後者はプレーリー上に展開したタウンシップ制(矢ケ崎 二〇一一:六〇)によって立地した開拓農村の分布パターンを示している。イェペスンは同時期のスウェーデン系・ノルウェー系

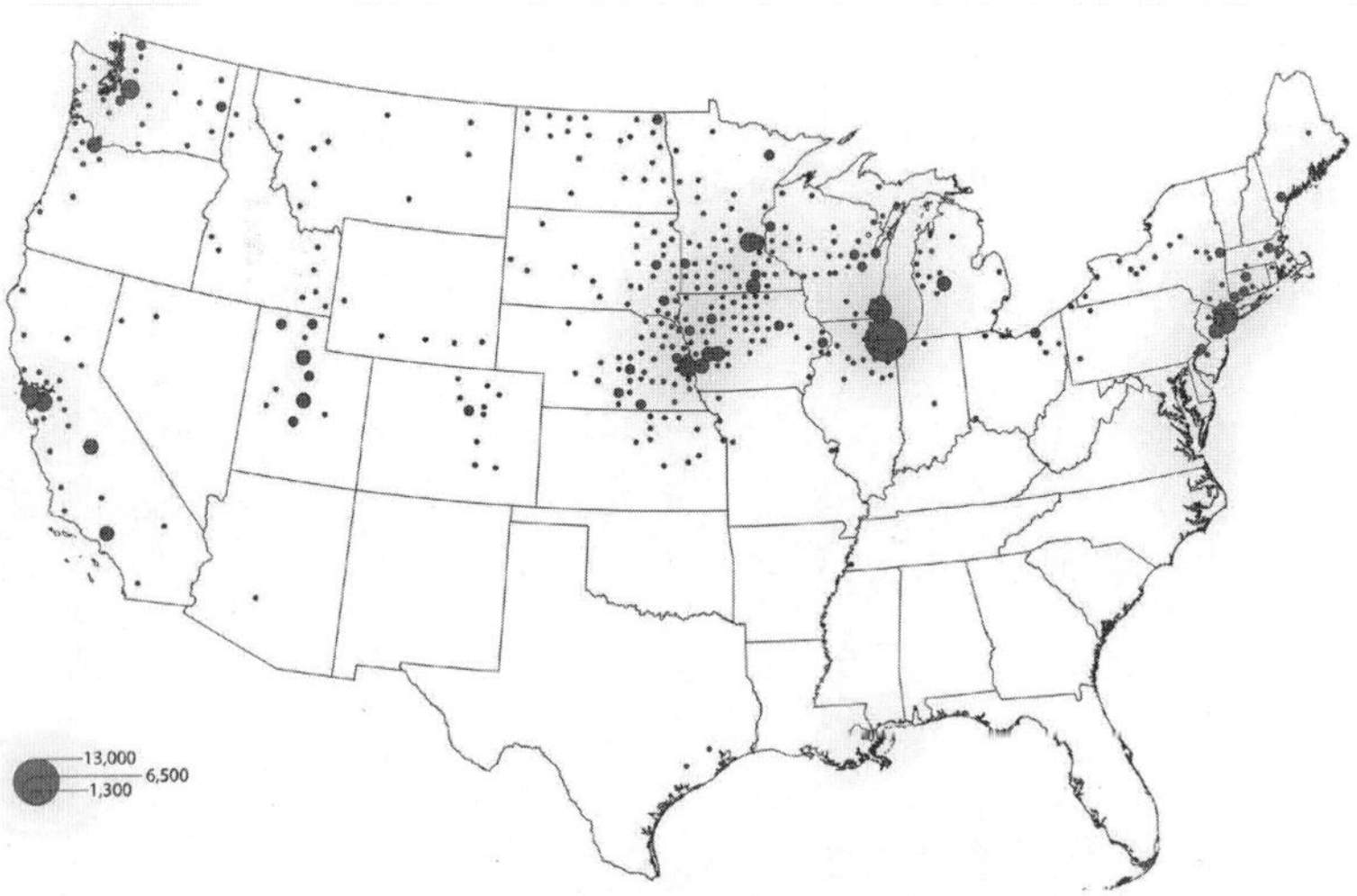

図6.1　1910年のデンマーク出身移民の分布図
(出所) Jeppesen (2011: 20)

の移民分布のパターンも示したが、これらもユタ州を除けば概ねデンマーク系の場合と類似した分布パターンを示す。

なお、大石（二〇一一：七七）が示した現代の全米における各エスニック集団の分布図をみると、スカンジナビア系（北欧系）は、中西部の北部にあるミネソタ・ノースダコタ両州に跨る地域で、他のエスニック集団を上回る占有率の高い分布を示す。現代の北欧系移民がより西へと拡大する一方、開拓初期からの北欧系移民は今なお民族集住地域を維持していることがわかる。

2　北欧系移民博物館の立地と分布

広大なアメリカには、全米で合計一・六～二万館（Ettle 2006）の博物館が存在するとされているが、正確な数は把握されていない。そして、多民族国家アメリカには、各地に多数の民族系移民博物館や文書館、交流施設等が存在している。一九七〇年代頃からアメリカ人の間で系譜学（genealogy）的関心の流行がみられ、それが各地での民族系移民博物館の立地に繋がったようである。たとえば、日系人に関しても、ロサンゼルスのリトルトーキョーに一九八五年設立の全米日系人博物館（Japanese American National Museum）がある。こうした移民博物館は、母国からアメリカに移住し現在に至るまでに先行世代が辿り経験してきた、喜怒哀楽とともにある民族の多様な記憶を今に遺すこと、現世代・次世代がそれを継承すること、また現世代・次世代が彼らのもう一つの母国の文化や現状を理解し母国との交流を深めること等を進めるためには、欠くことのできない施設である。北欧系移民についても例外ではなく、北欧系移民博物館も全米各地に立地している。

図6.2に、全米の北欧系移民関連博物館・文書館・図書館・移民協会等の分布を示した。何れもインターネット上でホームページをもつ博物館等であり、二八件の博物館等がリストに上った。この図の附表にあるように、そのなかに

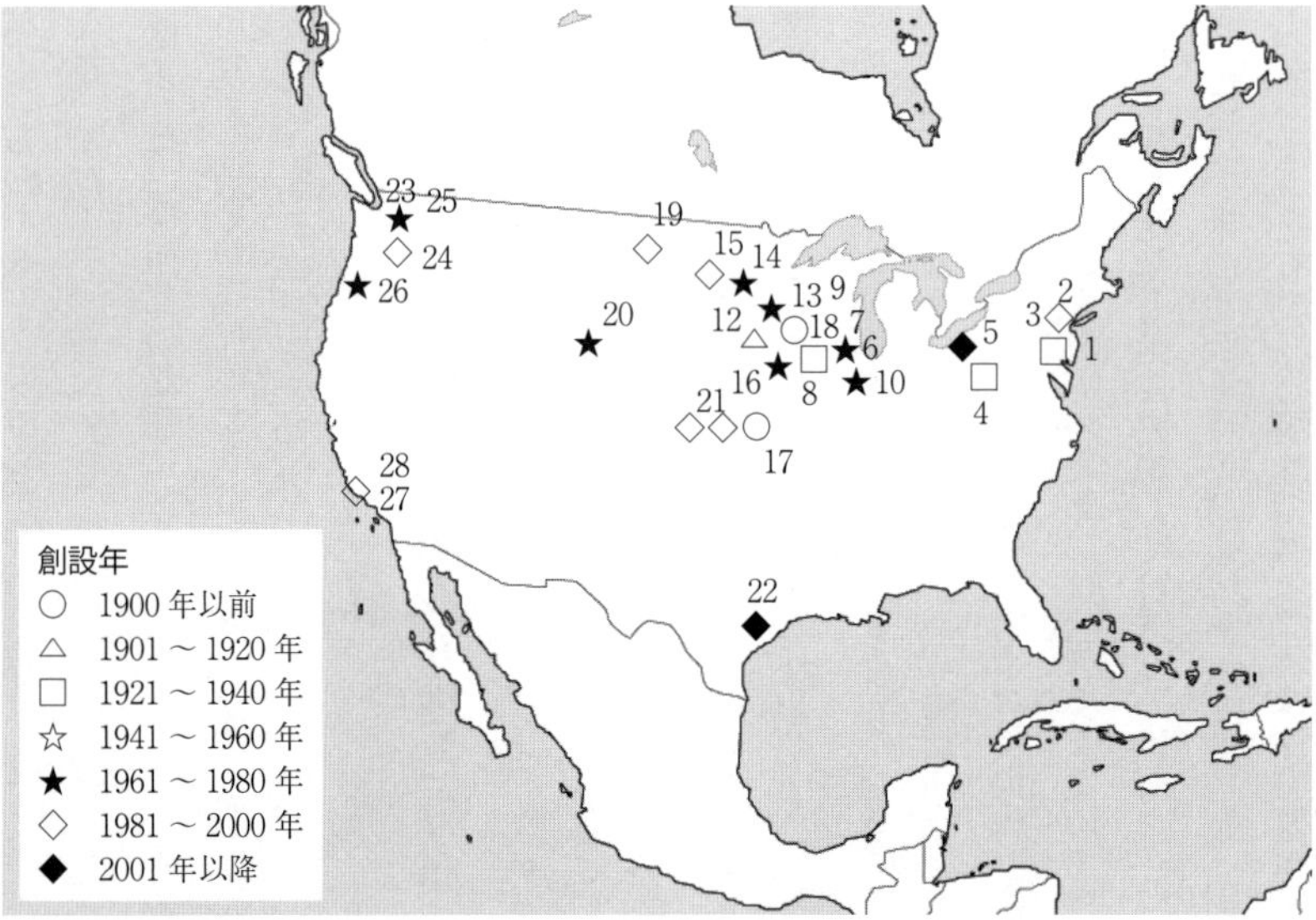

附表　在米北欧系博物館・文書館等の一覧

図番号	博物館名	創設年	民族	地区	州	場所
1	スカンジナヴィアハウス(アメリカ北欧センター)	2000	スカンディナヴィア	北東部(中部大西洋岸)	ニューヨーク	ニューヨーク
2	スカンディナヴィア系東海岸博物館	1996	スカンディナヴィア	北東部(中部大西洋岸)	ニューヨーク	ニューヨーク
3	アメリカスウェーデン歴史博物館	1926	スウェーデン	北東部(中部大西洋岸)	ペンシルベニア	フィラデルフィア
4	ナショナリティ・ルームス	1938	30民族集団(ノルウェー，スウェーデン含む)	北東部(中部大西洋岸)	ペンシルベニア	ピッツバーグ
5	フィンランド系遺産博物館	2007	フィンランド	中西部(東北中部)	オハイオ	フェアポート・ハーバー
6	オールドワールド・ウィスコンシン	1976	アフリカ系，デンマーク，フィンランド，ドイツ，ノルウェー，ポーランド，ニューイングランド(米)．	中西部(東北中部)	ウィスコンシン	イーグル
7	リトル・ノルウェー，ウィスコンシン	1927	ノルウェー	中西部(東北中部)	ウィスコンシン	ブルーマウンズ
8	ノルスクダーレン	1977	ノルウェー	中西部(東北中部)	ウィスコンシン	クーンバレー
9	スカムスラド遺産ファーム	1853	ノルウェー	中西部(東北中部)	ウィスコンシン	ハンブルグ
10	スウェーデン系アメリカ人博物館	1976	スウェーデン	中西部(東北中部)	イリノイ	シカゴ
11	ガムル・ゴーデン博物館	1972	スウェーデン	中西部(西北中部)	ミネソタ	スカンディア
12	デンマーク系アメリカセンター	1924	デンマーク	中西部(西北中部)	ミネソタ	ミネアポリス
13	アメリカ・スウェーデン人協会	1903	スウェーデン	中西部(西北中部)	ミネソタ	ミネアポリス
14	フィン・クリーク野外博物館	1975	フィンランド	中西部(西北中部)	ミネソタ	ニューヨークミルズ
15	イエムコムストセンター	1985	ノルウェー	中西部(西北中部)	ミネソタ	ムーアヘッド
16	グランド・ビュー・デンマーク系移民文書館	1896	デンマーク	中西部(西北中部)	アイオワ	デモイン
17	デンマーク系アメリカ博物館	1983	デンマーク	中西部(西北中部)	アイオワ	エルクホーン
18	ヴェスターハイム・ノルウェー系アメリカ博物館	1977	ノルウェー	中西部(西北中部)	アイオワ	デコラ
19	スカンディナヴィア遺産公園	1990	スカンディナヴィア	中西部(西北中部)	ノースダコタ	マイノット
20	チャペル・イン・ヒルズ	1969	ノルウェー	中西部(西北中部)	サウスダコタ	ラピッドシティ
21	デンマーク系アメリカ文書・図書館	1986	デンマーク	中西部(西北中部)	ネブラスカ	ブレア
22	デンマーク遺産博物館	2001	デンマーク	南部	テキサス	デーンバング
23	スウェーデン文化センター	1892	スウェーデン	西部太平洋岸	ワシントン	ノースシアトル
24	スカンディナヴィア文化センター	1989	スカンディナヴィア	西部太平洋岸	ワシントン	タコマ
25	北欧遺産博物館	1980	北欧(デンマーク，フィンランド，アイスランド，ノルウェー，スウェーデン)	西部太平洋岸	ワシントン	シアトル
26	デンマーク系アメリカ遺産協会	1977	デンマーク	西部太平洋岸	オレゴン	セーレム
27	エルヴァホイ歴史・芸術博物館	1988	デンマーク	西部太平洋岸	カリフォルニア	ソルヴァング
28	ハンス・クリスチャン・アンデルセン博物館	1988	デンマーク	西部太平洋岸	カリフォルニア	ソルヴァング

図 6.2　アメリカ合衆国における北欧系博物館・文書館の分布

(出所) 各博物館等のホームページにより作成。

は単一民族の移民博物館もあれば、「スカンディナヴィア」や「北欧」といった国を超えて広がる複数民族の移民博物館もみられる。筆者は、二〇一三〜二〇一五年の三年間に、このうち九か所の博物館等施設を訪れた。北欧系移民博物館等はいずれも比較的小規模な施設であり、なかにはニューヨーク・ブルックリンのスカンディナヴィア系東海岸博物館（Scandinavian East Coast Museum）のような「建物のない博物館」も存在した。

二八の北欧系移民博物館等の分布（図6.2）をみると、二〇世紀初頭の北欧系移民の分布（図6.1など）に類似した中西部に偏した立地傾向がある。二八件中一七件（六〇・七％）が中西部への立地である。「前期移民」カテゴリーに属する北欧移民が早期に定着し、長期的な移民史資料や記憶が蓄積され、現在でも北欧系移民の集中度が高水準に保たれる中西部が移民博物館設立の焦点となったように見える。

設置年次を見ると、全体の約三割弱は一九世紀末から二〇世紀前半の集団移民到来期とその前後に設置されているのに対し、約七割を占めるのは一九七〇年代以降に設置された比較的新しい博物館であり、新旧に分かれている。

前者の代表例としては、アメリカスウェーデン歴史博物館（American Swedish Historical Museum：一九二六年設置：図6.2の3）がある。当館は米国有数の大都市フィラデルフィア南郊の、一七世紀にデラウェア川沿岸で展開したスウェーデン系移民入植地・ニュースウェーデン（New Sweden）地区に立地している。すなわち、スウェーデン移民史上の記念碑的な土地への立地である。館内にニュースウェーデンの紹介展示もあることから、当館は移民博物館の性格も有するが、展示全体を見るとスウェーデン本国の歴史・美術工芸の紹介に重きが置かれており、移民史よりも母国史に重点を置いた博物館と言える。

後者のなかで代表的な北欧系移民博物館の例としては、スウェーデン系アメリカ人博物館（Swedish American Museum：シカゴ、一九七六年設立：図6.2の10）や本章で取り上げるデンマーク系アメリカ博物館（Museum of Danish America：アイオワ州、一九八三年設立：図6.2の17）があげられる。農村地域に立地する後者についてはこの後詳しく紹介する。他方、スウェーデン系アメリカ人博物館は、二〇世紀初期にスウェーデン人が集中し、ストックホルムに次ぐ「スウェーデン第二の都市」と言われたシカゴのなかでも同系移民の集住地区・アンダーソンヴィル（Andersonville）に立地する。上述した二〇世紀初頭のデンマーク系（農業移民が主体）とスウェーデン系（都市移民が主体に変化）との居住地域選好の差異が、これら移民博物館の立地にも影響を与えているようにみえる。

また、カリフォルニア州ソルヴァング（Solvang）というデンマーク人の開いた町に、デンマーク系博物館（図6.2の27・28）がある。この町はデンマーク系の町であることをアピールし、景観的にも風車やデンマーク風建築物を備えたテーマパークのような町である（コラム1参照）。現在のデンマーク系住民人口は中西部よりもむしろ西海岸やユタ州に多く、この西海岸のデンマークタウンも観光地として賑いを見せている。

3　アイオワ州のデンマーク系アメリカ博物館

ここでは、デンマーク系移民関連の博物館であるデンマーク系アメリカ博物館（Museum of Danish America：以下、ＭＤＡと標記：写真6.1）を取り上げ、この移民博物館の構成・展示・館外活動を紹介し、この博物館のデンマーク系アメリカ（Danish America）移民文化の再生産活動について考え、最後にその博物館が誰によってどのように支えられているかを示したいと思う。

筆者は二〇一三年三月と一〇月に、アイオワ州エルクホーン（Elk Horn）の当博物館を訪問し、資料収集や聞き取り調査を行った。また、ＭＤＡの充実したホームページからも、この博物館やデンマーク系移民およびデンマーク系アメリカ人やその社会についての多くの情報を得た。以下の記述は、多くがそれらに基づいている。また、やや以前のものとなるが、デンマークのオールボー（Aalborg）にあるデンマーク人世界文書館（The Danes Worldwide Archives）

写真 6.1　デンマーク系アメリカ博物館
（撮影）2013 年 3 月、山根拓

が同じくオールボーのデンマーク移民史協会（The Danish Society for Emigration History）と協力して出版したデンマークからアメリカへの移民史に関する書籍（Larsen and Bender eds 1992）も、多様な側面から移民やその社会、移民博物館などについて論じており、以下の記述のなかで参照した。

（1）デンマーク系アメリカ博物館とエルクホーンという町

アメリカ中西部アイオワ州南西部のシェルビー郡エルクホーンという田舎町に、一九八三年、デンマーク系移民博物館（Danish Immigrant Museum：後のＭＤＡ）が設立された。当地に博物館が立地した理由を考えるため、エルクホーンについて紹介しておきたい。

一九～二〇世紀初頭のデンマーク系移民の居住は、タウンシップ制の下、中西部プレーリーでとくに進展した。一八九七年五月に在米デンマーク人協会（Dansk Folkesamfunds：デンマーク語表記）が編集・発行した『アメリカにおけるデンマーク人分布図』“Kort over Udbredelsen af Danske i Amerika”（図6.3）の全体図（A）を見ると、デンマーク人居住集落はすでに全米に展開していたが、なかでも高密な分布を示したのは中西部、シカ

(A)

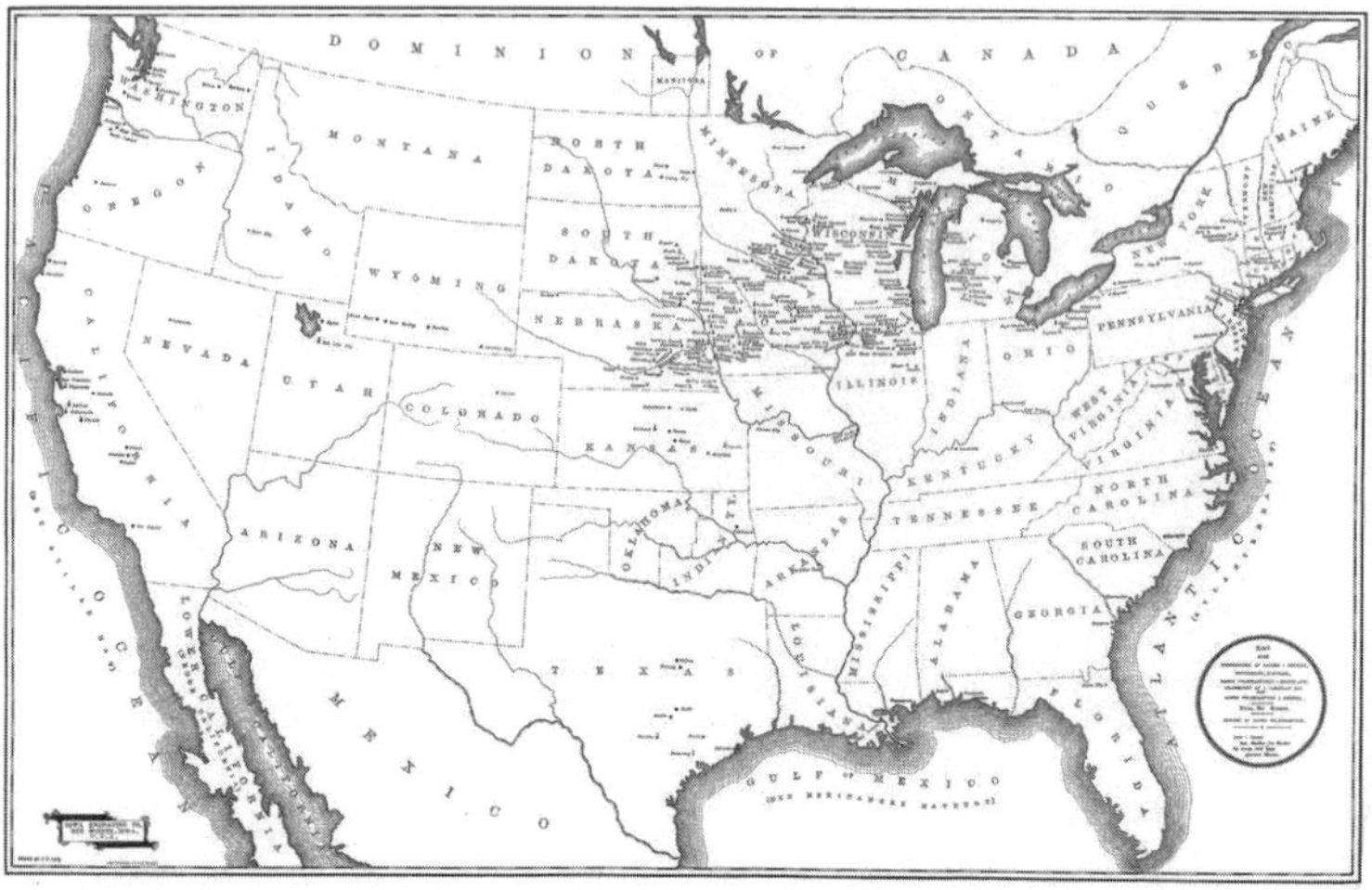

(B)

図 6.3　アメリカにおけるデンマーク人分布図（1897 年）

（出所）Kort over Udbredelsen af Danske i Amerika（1897）

（注）（A）全図（MDA にも展示されていた地図），（B）アイオワ州を中心とする拡大図（太線で囲まれている地域がエルクホーン（Elk Horn）を中心とする地域）

ゴから西にミシシッピ川を越えて広がる地域であった。このアイオワ州を中心とする地域を拡大した図6.3の（B）で、エルクホーンの位置が確認できる。図上で地名の左側に付された記号はキリスト教会である。当時の教会は入植者を統合する地域的紐帯となり、ネルソンとペターセン（Nelson and Petersen 2000）によると、一九世紀の移民入植以後数年間に複数宗派の教会（ルター派、バプテスト、キリスト再臨派）の教会が当地に設置されたという。

マッキントッシュ（Mackintosh 1991）は、一八七〇〜一九二五年間の州・連邦センサスに基づき、エルクホーンを含むアイオワ州クレイ（Clay）・シャロン（Sharon）両タウンシップにおけるデンマーク系移民の来住者層の属性とその来住以後の流動性を検討した。当地域では、一九世紀の間は移民の多くが家族移住であったのに対し、二〇世紀以降は若年層がそれに取って代わった。また一九一〇年の連邦センサスから、この地域が移民の約半数をデンマーク系が占めるデンマーク系集住地域であったことが指摘された。彼らの定着率は一八七〇〜一九二五年の期間を通して他地域に比べ高水準を維持したが、一八九〇年代の不況期には流動性が大きく上昇したという。しかし、この流出者の多くは後に再び当地に戻り、その際、既婚のデンマーク系移民がこの地への強い愛着を示したため、当地におけるデンマーク系の集中・高い占有率が際立つことになったとされる。デンマーク系移民の当地への愛着はそれ以後の世代にも継承され、現在のエルクホーンのデンマークタウンとしての特性を維持したように思われる。

現在のエルクホーン中心部は、クレイタウンシップの北東隅の一画（一および二セクション）にあるが、実はそこはエルクホーンの原位置ではない。ネルソンとペターセンが示したクレイタウンシップの古地図のうち図6.4と図6.5を比較すると、一八七五年にはタウンシップ中心部にあったエルクホーン集落が一九一九年には現在地に移動したことがわかる。

面積約二平方キロメートルに過ぎないエルクホーンの人口は、合衆国センサスによれば一九二〇年の五八九人から第二次大戦期まで減少を続けたが、戦後は増加に転じ、一九八〇年には七四六人を数えた。しかしそれをピークに再び人口減少が進み、二〇一〇年の人口は六六二人となった。一九二〇～二〇一〇年の九〇年間を通じて、人口規模は比較的安定していたと言えよう。民族構成に関してみると、この町では人口の九八％以上が白人であるが、デンマーク系人口の割合は明らかではない。エルクホーンを含むシェルビー郡の二〇〇五～二〇〇九年期の人口をみると、同郡居住者のうちでデンマーク系を第一位の出自とする者の割合は一二・六％、また第一位ないしは第二位とする者は一七・八％であった。この割合は以前よりも低下したが、

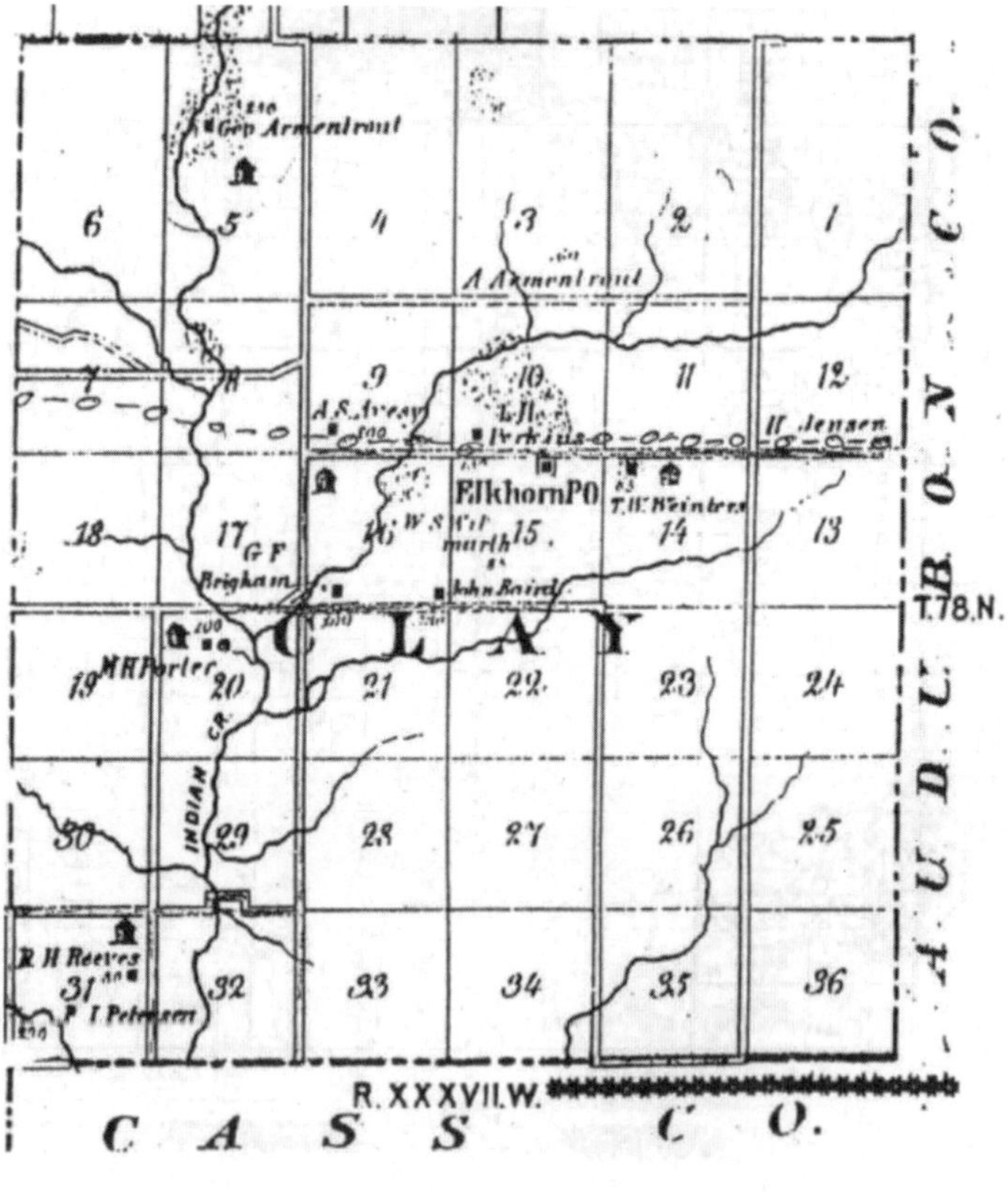

図 6.4　クレイタウンシップの地図（1875 年）
（出所）Nelson and Petersen (2000) より。

全米平均（〇・四四％）に比べれば、デンマーク系の偏在は際立っている。

エルクホーンの町には、デンマーク系のエスニシティを強調する施設が複数存在する。有名なシンボルはデンマーク式風車（Danish Windmill）で、これはデンマークで一八四八年に建設されたものを一九七六年に当地の人々が購入し移築した建物である（写真6.2）。現在その一階には展示コーナーと

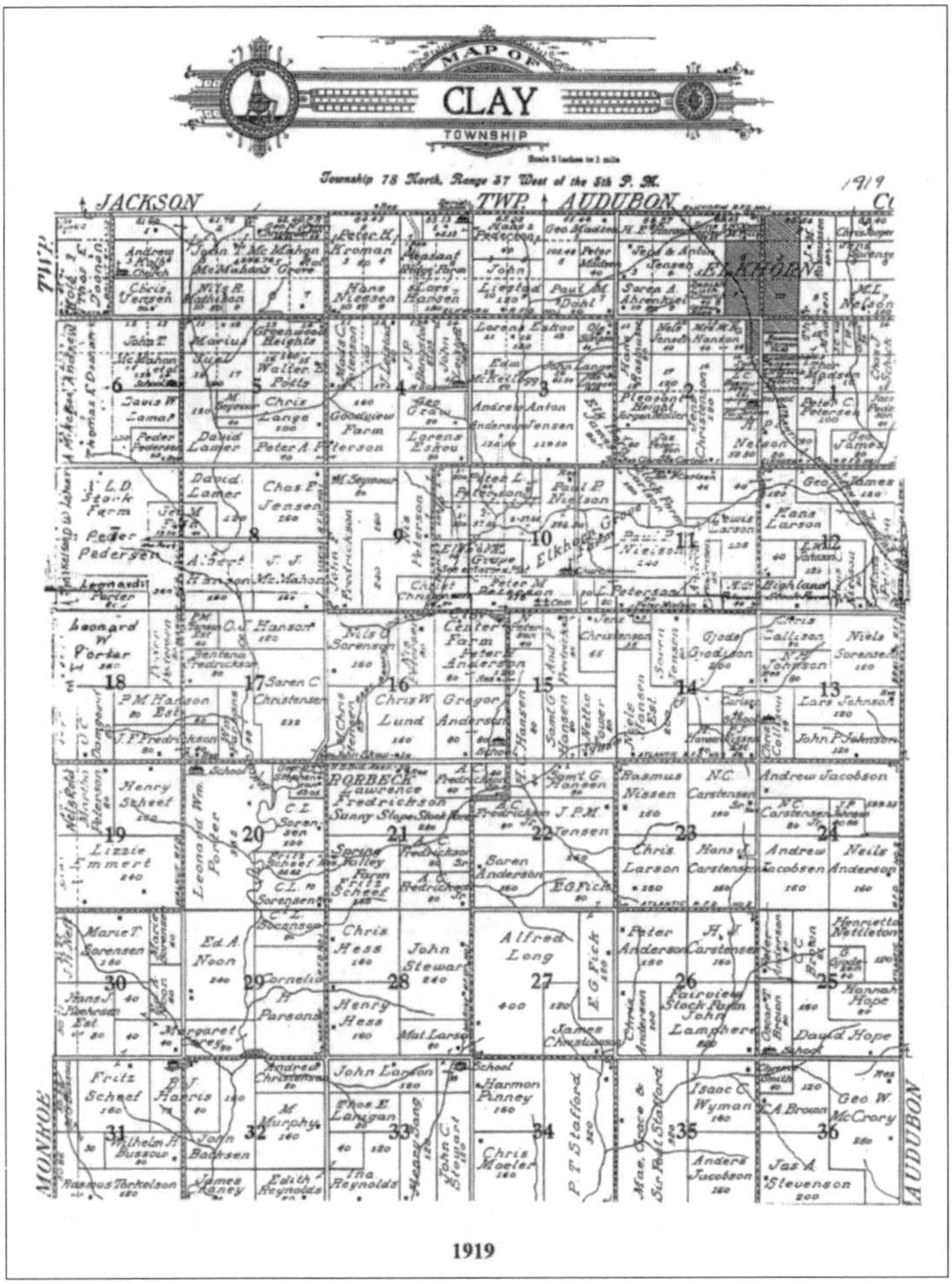

図6.5　クレイタウンシップの地図（1919年）

（出所）Nelson and Petersen (2000) より。

ギフトショップがあり、観光施設となっている。町中にはその他にもデンマーク式木製家具・木工品の製作工房やデンマーク料理のレストラン等がある。もちろん、移民博物館（Museum of Danish America）もその一つである。また、メインストリートに面して、デンマーク風の木骨造の建物や、デンマークの風景や国旗が壁面に描かれた建物が並び、道端には“Welcome to the Danish Villages”と書かれた小旗が掲げられている。このデンマーク系の村々（Villages）とは、エルクホーンとその北側にあるキンボールトン（Kimballton）の二つの町を指す（図6.3）。キンボールトンもやはりデンマーク系の開拓期以来のデンマーク人の町であり、地域の中心地の一つでもあるが、人口規模は約三〇〇人とエルクホーンの半分以下である。いずれも小規模だが、“Danish Windmill”パンフレットには、この二つの村々が「アメリカ最大のデンマーク系農村集落を形成する」と記されている。

写真6.2　エルクホーンのデンマーク式風車（Danish Windmill）
（撮影）写真6.1に同じ。

なお、この地区から比較的近距離の範囲にはデンマーク移民史関係の種々の文書館・図書館や移民団体が複数立地している。それは、グランド・ビュー・デンマーク系移民文書館（Danish Immigrant Archives-Grand View：アイオワ州デモイン：図6.2の16）、デンマーク友愛協会本部（Danish Brotherhood：ネブラスカ州オマハ：コラム5参照）、デンマーク系アメリカ文書・図書館（The Danish American Archive and Library：ネブラスカ州ブレア：図6.2の21）等である。MDAはこれらの施設と緊密な協力関係を有する。

（2）デンマーク系アメリカ博物館の設立過程と館内展示・事業内容

移民が集まり散じる場所の意で「マグネット」とよばれるシカゴから、その西方にタウンシップ制とともに拡大したデンマーク系農業移民の開拓前線上で、一九世紀末よりデンマーク移民の入植・集落形成が進展し、一八六五～一九一四年間（最盛期は一八六八～一八九三年間）に合計約三〇万人以上のデンマーク人がアメリカに移住した（Jeppesen 2011）。エルクホーンとキンボールトンは、デンマーク系キリスト教会を有し、一八七八年には全米で初めてデンマーク式の国民高等学校（Danish Folk High School：folkehøjskole（デンマーク語）：成人教育を行う学校）が設置された地である（Nielsen 2013）。ここでは、人口は小規模ながらデンマーク系住民の高い割合が維持され、母国文化も他地域以上に保持されてきた。マッキントッシュ（Mackintosh 1992）は、この二つの町の地域を全米最大のデンマーク系開拓集落と位置づけている。当地にデンマーク系の民族博物館が設立された背景には、こうした地域住民によるデンマークへの強いアイデンティティの存在やその継承への尽力があったものと思われる。そのようななか、デンマーク系移民博物館（Danish Immigrant Museum）は、在米デンマーク系移民史の保存を目的に、一九八三年に非営利機関（NPI）としてエルクホーンで設立され、それが母体となり一九九四年にデンマーク風建築の博物館が開設された（写真6.1）。開設を間近にした時期の当博物館の計画・構想・理念についてはサンプソンが記しており、「国際的文化センター」を作るという理想が示されている（Sampson 1992）。なお、開設二〇周年を前にした二〇一三年一〇月に同博物館はデンマーク系アメリカ博物館（Museum of Danish America）と改称した。

エルクホーン市街地の西端部、なだらかな起伏のプレーリー上に、この移民博物館が立地する。デンマーク風の木骨造二階建（ただし館内中央部の一・二階の間は吹き抜け）の当館のフロアは、地階・一階・二階の三層に分かれる。

博物館の重要な機能の一つは展示である。まず、当館の展示スペースの配置を見てみよう。移民博物館としての当館の活動テーマの中心は、デンマーク系移民およびその後継世代の経験や事績の記録と継承、現代のデンマーク系アメリカ人の間およびデンマーク系アメリカ人とデンマーク人との間の交流・相互理解の促進にある。デンマーク系移民の歴史や文化、デンマークの地域史誌等を解説するパネルや移民関係資料の常設展示は地階（写真6.3）と一階の一部で行われている。一方、移民やデンマーク本国関連の企画展示・展覧会等は一・二階のスペースを利用して行われる。こうした展示スペースの他、地階は資料収蔵スペースとしても用いられている。また一階にはデンマーク関連の書籍や土産品等を販売するミュージアムショップや、関係者の会合や演奏会が行われる小ホールがある。二階は中央部が吹き抜けのため床面積が少なく、周辺部分のフロアが展示スペースとして利用される。オフィススペースは各階にある。

　博物館の敷地内には、他にプレーリーの景観を見渡しながら散歩することのできるイェンス・イェンセン・プレーリー景観公園（Jens Jensen Prairie Landscape Park）が整備されている。公園内の遊歩道には、イェンスの事績などを紹介した説明パネルが掲げられている。二〇世紀初頭のホームステッド法による入植移民の小屋であったイェンス・ディクセン・ハウス（Jens Dixen House）もこの敷地内にある。

写真 6.3　デンマーク系アメリカ博物館の地階展示スペースの様子
（撮影）写真 6.1 に同じ。

　また、博物館敷地からほど近いエルクホーン中心部にも同館の付属施設がある。その一つは二〇世紀初頭のデンマーク系移民のヴィクトリア風の住宅建築である「祖母の家」（Bedstemor's House）である。もう一つは、系譜学センター（Genealogy Center）である。同センターはエルクホーン中心部のメインストリートに立地し、一九九六年以来、デンマーク系移民の家族史・系譜学や地域史関係の文書や地図等の資料を備えたデンマーク系移民史の研究センターとなっている。デンマーク系移民やデンマーク系アメリカ人に関する研究者にとって、諸資料を閲覧できるこのセンターは、博物館本館以上に重要な研究活動の拠点ともいえる。

こうした展示活動や資料収集・研究補助活動の他にも、この博物館は次のような役割を果たしている。たとえば、デンマーク本国の伝統行事の主催もその一つである。チボリ祭（Tivoli Fest：五月）、聖ハンス夜会（Sankt Hans Aften：六月）、クリスマス祭（Julefest：一二月）がそれに当たる。また、デンマーク系アメリカ人やデンマーク人を招待し、講演会やピアノリサイタル等も実施する。

さらに、外部に向けての、博物館や系譜学センターで開催される展示・講演会・伝統行事等の企画の紹介、スタッフの動静や研究内容の紹介、収蔵品等に関わる情報の提供等も、博物館の業務である。最近ではこれらの情報は、インターネットのホームページでも告知・紹介されているが、以前から機関誌の“America Letter”やE-Newsletterで会員やその他に報知されてきた。また、常設展示内容や博物館・センターでの収蔵諸資料、民族系新聞等の資料の一部は、ホームページで公開されている。

外部機関との連携・相互交流も行われている。デンマーク系移民史研究に関わるアメリカ国内の三つの研究機関、デンマーク系アメリカ文書・図書館（図6.2の21）、グランド・ビュー・デンマーク系移民文書館（同16）、デンマーク系アメリカ遺産協会（同26）との連携が図られている。とくに、前二者とMDAはともに中西部に位置しており、地理的に比較的近い位置関係にもある。また、博物館と系譜学センターではデンマークや国内の研究者・学生等のインターンシップ制度による受け入れも行い、研究者交流や博物館スタッフの人事交流も行われている。

博物館の実際の運営には、博物館の現場スタッフが当たっている。アメリカ文学者のジョン・マーク・ニールセン

(John Mark Nielsen) 博士が業務執行取締役員 (Executive Director) を務め、その下で一一名の正規スタッフと、インターンスタッフ二名、非常勤スタッフ四名が配置され日常業務に当たる。正確な把握ではないが、正規スタッフのうち少なくとも半数は、その姓からデンマーク系と思われる。ここからもわかることだが、スタッフには自身がデンマーク系であることはとくに要求されてはいないようである。

現場スタッフの上に定員二五名の理事からなる理事会が設置され、博物館の運営について協議する。理事の任期は三年で、このうち会長、副会長、事務局長、会計係の四名が幹部メンバーである。理事会は二月・六月・一〇月の年三回開催され、このうち二月・六月は全米各地で開催されるが、一〇月には必ずエルクホーンで年次総会が開催される。

4 移民博物館が重視するもの——移民文化の再創造

MDAのホームページには、当博物館の使命 (Mission)・価値 (Values)・ビジョン (Vision) が掲げられている。その使命は、デンマーク系出自とアメリカンドリームを称揚することである。また、説明を要約すれば、その価値はデンマーク系アメリカ人の成功者を称揚して将来世代を鼓舞し、デンマークの伝統を保存しつつ在米地域共同体に深く根差し、デンマーク系アメリカ人の過去の経験を将来に焦点化させ活かすことである。そのビジョンは、デンマーク系アメリカ人の歴史・業績をまとめ伝承すること、当館とエルクホーン・キンボールトンをデニッシュタウンの特徴を有する観光地・訪問地として振興するとともに、同様に他のデニッシュエリアの振興を支援すること、展示・イベント・出版・オンラインメディアの革新を進め、国際的な博物館事業の発展を先導し牽引することである。これらの「使命・価値・ビジョン」がMDAの展示やその他の活動にどのように反映されているのかを考えながら、次に館内展示や博物館機関誌の内容を読み取り、そこに込められた意味やメッセージを汲み取ってゆきたい。

（1）館内展示からみた移民文化再創造

本館地下室のデンマーク系移民史に関するパネル一般展示は、一九世紀後半以降の大量移民期にデンマーク人がどのような事情・理由の下でアメリカに移住し、アメリカのデンマーク人社会や文化がどのように形成されてきたのかという、移住・定着・変容過程を順に説明している。それは正に"Danish America"の形成過程である。各パネルのタイトルは、表6.1に示されている。

このなかで筆者がとくに印象に残ったのは、デンマーク出身者のアメリカへの同化過程に関する説明パネルであった。アメリカ合衆国では、近現代期に多様な移民が流入し多民族から成る国民国家が形成された。現代アメリカは多民族社会でありながら、国民が合衆国に対する強いナショナルアイデンティティを有している。では、異なる民族的出自をもつ移民たちは、いつ「アメリカ人」になったのか。デンマーク系移民の場合、この過程はどのように進行したのか。それまであまりアメリカ史や移民史を見つめてこなかった筆者にこうした問題を意識させ、その問の答えを与えたのが、ＭＤＡの展示パネルであった。国家統合局面におけるデンマーク系の人々の状況については、"Becoming American"や"Embracing Two Languages"が説明している。そこで、「デンマーク系移民のアメリカ化」は自然な現象ではなく、兵役や戦争、あるいは戦時の英語公用語化などを契機として、連邦国家の力で強制され進められたということがわかる。

デンマーク出身者やその後継世代は、アメリカ社会への同化や、異なる民族的出自の者の間での婚姻などを経て、全般にオリジナルな民族性を「希釈」させてきた。すなわち、当初の母国文化を背景とするデンマーク人の民族性・民族文化は、時とともに確実に失われ変容してきたはずである。しかし他方で、デンマーク系アメリカ人固有の民族性・民族文化はそれなりに継承・再生産されてもいる。教会、学校、コミュニティ組織、それに家庭が、民族文化を変容させつつも継承し、再生産してきたことが、"Building Churches" "Maintaining Culture" "Creating Community" "Danish American Homelife" "Danish Arts, Crafts and Music" といったパネルの説明からわかる（表6.1）。

今ここで、筆者は移民文化の「再生産」という言葉を用いたが、これは事実のすべてを言い表すにはやや不適当な言葉かもしれない。なぜなら、これは完全な再生産ではなく、オリジナルな民族文化を尊重しつつも、それに「アメリカ文化」を融合した一種の「ハイブリッドな新文化の創造」であり、その文化の担い手もハイブリッドな社会的文化的存在であるデンマーク系アメリカ人（Danish

表6.1　デンマーク系アメリカ博物館の地階展示パネルのタイトル

Title	タイトル
Deciding to Leave	故郷を出る決断
Choosing a New Land	新天地の選択
Crossing the Ocean	大洋を超えて
Arriving in America	アメリカ到着
Traveling to New Homes	新たな住処への旅
What did they bring?	何を持ってきた？
Settling Down	定住する
Making a Living	生計を立てる
Becoming American	アメリカ人になること
Jacob Rits	ヤコブ・リッツ
Building Churches	教会を建造する
Maintaining Culture	文化を維持する
Danish Folk School in North America	北米のデンマーク式国民学校
A Tale of Two Colleges	二つのカレッジの話
Embracing Two Languages	二つの言語を受け入れて
Creating Community	コミュニティーの創出
The Danish Brotherhood in America	アメリカのデンマーク人友愛組合
Danish American Homelife	デンマーク系アメリカ人の家庭生活
Danish Traditional Holidays	デンマークの伝統的休日
Danish Arts, Crafts and Music	デンマークの芸術、工芸、音楽

（注）2013年3月現在。パネル全体のタイトルを左寄せ、パネル内の小コラムタイトルを右寄せで表示。

American）であるからだ。したがって、ここではデンマーク系アメリカ人によるこれまでの文化的営為を「移民文化の再創造」という言葉に置き換えておく。

博物館の地階から一階に上がると、移民史関係の展示スペースには、母国・デンマークの近現代事情に関する展示と、在米デンマーク系移民の戦後世代の様子や戦後にデンマークからやって来た新移民の様子を描いた展示等がある。新移民の個人誌の簡単な紹介もあり、旧世代移民に比べれば少数ではあるが、旧世代とは違う、彼らのより積極的な移住選択の動機・事情がわかる。また、現代デンマーク事情の紹介のなかには、デンマークの新世代の入移民とホスト社会との関係に触れた説明展示もあり、デンマーク社会におけるイスラム系デンマーク人（Muslim Danes）の存在への言及もあった。これらの展示はデンマーク系アメリカ人に「祖国」の現代事情についての理解を促進させる役割を果たし、ＭＤＡが掲げた「使命・価値・ビジョン」に則している。

（２）博物館機関誌からみた移民文化へのまなざし

『アメリカ・レター』（America Letter：以下ではＡＬと略記）は一九八五年一〇月に創刊されたＭＤＡの機関誌である（図6.6）。デンマーク移民博物館（Danish Immigrant Museum：ＭＤＡの前身）が一九八三年に発足した二年後に創刊され、一九九四年の博物館建物オープン以前から、ＭＤＡの活動を外部関係者に報知する役割を担ってきた。その創刊号は、博物館建物建設の進捗状況を紹介しており、機関誌というよりもニュースレターに近い。

前項では、ＭＤＡが、その「使命・価値・ビジョン」を踏まえて行う展示活動を通じて、デンマーク系移民文化の継承と再創造に寄与しているという見方を示した。本項では、ＡＬの記事内容に着目し、そのなかからＭＤＡの移民文化の継承・再生産・再創造への姿勢やそれへの寄与を明らかにしたい。

一九九九年以降に年間三〜四回の割合で発行されてきたＡＬは、現在そのほとんどがインターネット上で公開されている。本項では、一号当りＡ４判サイズ・二〇ページ強と比較的大部なＡＬの記事内容を分類し、その一部記事について具体的に言及し、ＭＤＡがデンマーク系移民とその子孫に対して発してきたメッセージを読み取りたい。筆者は一九九九年以降発行のＡＬについて記事リストを作成した。それを基に以下に記事の大まかな分類を示し、近年の記事のなかで注目すべきものを紹介したい。

　なお、二〇一四年からＡＬは、大幅な増ページと誌面変革を行った。ここではそれ以前のものを取り上げる。その内容は、①ニールセン業務執行取締役員による巻頭記事（Director's Corner）（図6.6）、②デンマーク系移民の個人誌・家族史・系譜を扱う比較的長文の連載記事（Across Oceans, Across time, Across Generations：「海を超え、時を超え、世代を超えて」）、③系譜学センターからのデンマーク系アメリカ人関係の解説・短信記事（STAMARÆ（デンマーク語で「系譜」の意））、④ＭＤＡへの寄付者（donor）一覧、⑤企画展・主催行事の日程・内容や収蔵品の紹介、⑥スタッフやインターンの紹介、⑦理事会（Board of Directors）報告などである。

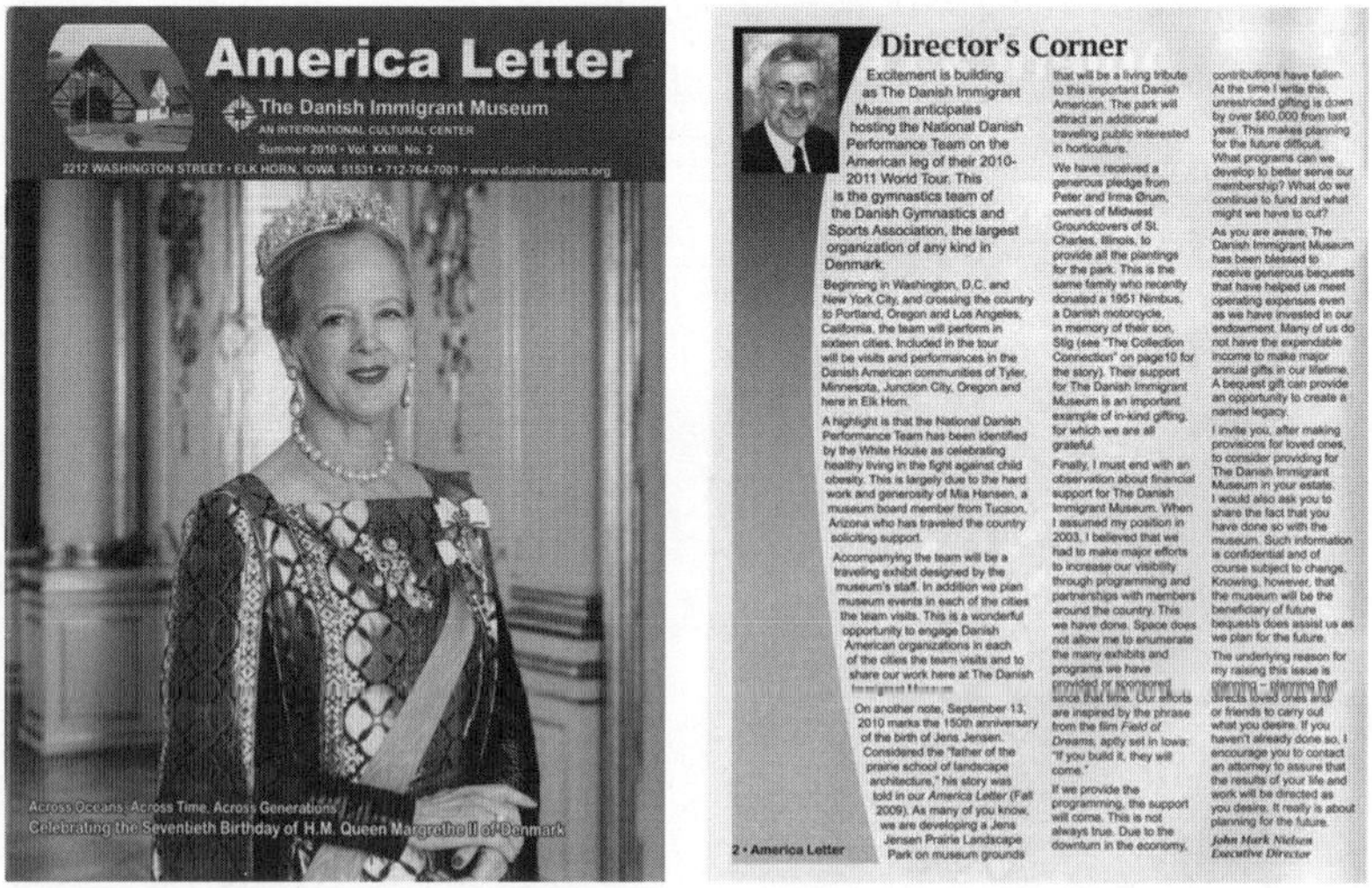

Director's Corner

Excitement is building as The Danish Immigrant Museum anticipates hosting the National Danish Performance Team on the American leg of their 2010-2011 World Tour. This is the gymnastics team of the Danish Gymnastics and Sports Association, the largest organization of any kind in Denmark.

Beginning in Washington, D.C. and New York City, and crossing the country to Portland, Oregon and Los Angeles, California, the team will perform in sixteen cities. Included in the tour will be visits and performances in the Danish American communities of Tyler, Minnesota, Junction City, Oregon and here in Elk Horn.

A highlight is that the National Danish Performance Team has been identified by the White House as celebrating healthy living in the fight against child obesity. This is largely due to the hard work and generosity of Mia Hansen, a museum board member from Tucson, Arizona who has traveled the country soliciting support.

Accompanying the team will be a traveling exhibit designed by the museum's staff. In addition we plan museum events in each of the cities the team visits. This is a wonderful opportunity to engage Danish American organizations in each of the cities the team visits and to share our work here at The Danish Immigrant Museum.

On another note, September 13, 2010 marks the 150th anniversary of the birth of Jens Jensen. Considered the "father of the prairie school of landscape architecture," his story was told in our *America Letter* (Fall 2009). As many of you know, we are developing a Jens Jensen Prairie Landscape Park on museum grounds that will be a living tribute to this important Danish American. The park will attract an additional traveling public interested in horticulture.

We have received a generous pledge from Peter and Irma Ørum, owners of Midwest Groundcovers of St. Charles, Illinois, to provide all the plantings for the park. This is the same family who recently donated a 1951 Nimbus, a Danish motorcycle, in memory of their son, Stig (see "The Collection Connection" on page10 for the story). Their support for The Danish Immigrant Museum is an important example of in-kind gifting, for which we are all grateful.

Finally, I must end with an observation about financial support for The Danish Immigrant Museum. When I assumed my position in 2003, I believed that we had to make major efforts to increase our visibility through programming and partnerships with members around the country. This we have done. Space does not allow me to enumerate the many exhibits and programs we have provided or sponsored since that time. Our efforts are inspired by the phrase from the film *Field of Dreams*, aptly set in Iowa: "If you build it, they will come."

If we provide the programming, the support will come. This is not always true. Due to the downturn in the economy, contributions have fallen. At the time I write this, unrestricted gifting is down by over $60,000 from last year. This makes planning for the future difficult. What programs can we develop to better serve our membership? What do we continue to fund and what might we have to cut?

As you are aware, The Danish Immigrant Museum has been blessed to receive generous bequests that have helped us meet operating expenses even as we have invested in our endowment. Many of us do not have the expendable income to make major annual gifts in our lifetime. A bequest gift can provide an opportunity to create a named legacy.

I invite you, after making provisions for loved ones, to consider providing for The Danish Immigrant Museum in your estate. I would also ask you to share the fact that you have done so with the museum. Such information is confidential and of course subject to change. Knowing, however, that the museum will be the beneficiary of future bequests does assist us as we plan for the future.

The underlying reason for my raising this issue is planning – planning that directs loved ones and or friends to carry out what you desire. If you haven't already done so, I encourage you to contact an attorney to assure that the results of your life and work will be directed as you desire. It really is about planning for the future.

John Mark Nielsen
Executive Director

2 • America Letter

図 6.6　"America Letter" の表紙 (左) と内部 (右) の例
（出所）13 巻 2 号、2010 年。

このうち①・②・③はこの博物館のポリシーや活動を明瞭に示す記事である。①は、ＭＤＡの事実上のトップである業務執行取締役員のニールセン博士が記す巻頭言である。ＭＤＡの活動・業務・財務報告や活動方針の説明等がそこでなされる。たとえばＡＬ二四巻三号（2011）の"Director's Corner"では、ニールセン氏が"The Danish Immigrant Museum celebrates Danish roots and American dreams"と題して、同博物館（当時の館名はデンマーク系移民博物館）の使命を示している。ただ、このコーナーでは、終始高邁な博物館の理念が語られているわけではなく、博物館事業が実際に行っていることやその財務状況についての会員への説明が大きな部分を占めている。

②は、毎回デンマーク系アメリカ人の個人やその家族に焦点を充て、その個人誌・家族史を本人の証言を得て構成・紹介する記事である。これは、デンマーク系アメリカ人の思想や経験について具体的かつ詳細に迫る内容であり、移民史・家族史・系譜学等の分野での学術的記録的価値も高いため、ＡＬ全体のなかでも、最も興味深く読み応えのある重要な記事である。四〜五ページと相応の分量を費やした記事で取り上げられる人物の職業は、海外特派員記者、教育者、歌手などさまざまであり、また人物の世代も新旧多様である。

③は、系譜学センターによるデンマーク系アメリカ人研究に関する短報記事である。当センターには地元地域を中心とするデンマーク系アメリカ人に関する多くの資料が所蔵されており、アメリカ国内やデンマークなどから研究者が来訪する。所員やインターン職員がそうした資料の紹介や資料分析による小論などを執筆している。

①では博物館の姿勢・思想・方針が示され、②や③ではデンマーク系アメリカ人に共有されるべき事実が系譜学的に提示され、彼らの社会内部での民族的系譜学的な関心の一層の喚起が図られる。

①〜⑦のレギュラー記事とその他の単発記事（デンマーク系アメリカ人社会にとって大きな出来事があればそれが特集されることもある。たとえば、ネブラスカ州ブレアにあった、デンマーク系教会創設の高等教育機関・デーナカレッジ（Dana College：一八八四〜二〇一〇）の閉鎖のような場合）も併せてみると、ＡＬではデンマーク系移民史の復元、デンマーク

系アメリカ人の伝統的資産の提示・称揚、一流のデンマーク系アメリカ人の人物・事績の紹介・称揚を通じた文化や経験の共有、移民子孫の現在世代による母国文化理解の促進などが、重要なテーマとして意識されていることが窺われる。そしてそれらは、ＭＤＡがデンマーク系アメリカ人社会を、またそのなかでの個々人の間の親密な関係を構築するための紐帯の役割を認識していることを示している。

この博物館の展示・催事・研究・出版報道等の諸活動への参加を通じ、デンマーク系アメリカ人は、先行世代の過去の経験・知見を追体験し、母国デンマークの伝統文化の価値を理解することで、自らのルーツを再確認することができるであろう。また、博物館が提供する交流の場を通じて、そこで集い繋がる人々は、現代のデンマーク系アメリカ（Danish America）の文化や社会および祖国デンマークにおける文化や社会についても、諸々の知識や経験を得るであろう。それによって若い世代が、「人種・民族の坩堝《るつぼ》」とされるアメリカで、デンマーク系アメリカ人としてのアイデンティティを構築し、移民文化・社会を継承・再生産・再定義する「主体」となることを、ＭＤＡに関わる先行世代は期待しているのではなかろうか。したがって厳密に言えば、ＭＤＡのような移民博物館の存在や役割は、移民文化ないしは出身国とアメリカのハイブリッドな文化を再生産・再創造する主体というよりも、それを促進する媒体という方が妥当であろう。

（３）博物館の活動を支える人々

中西部プレーリーの小さな開拓集落に立地した小さな移民博物館、それがＭＤＡである。これは片田舎の小博物館ではあるが、デンマーク系アメリカ人やデンマーク系移民に関係・関心を有する人々にとっては、全米においてもあるいは世界中でも、他に類を見ない最も重要な交流・研究・教育の場の一つである。この博物館の活動を支えるうえで重要な役割を果たしているのは、そこで働く人々であり、博物館活動からさまざまな価値を受容する人々である。

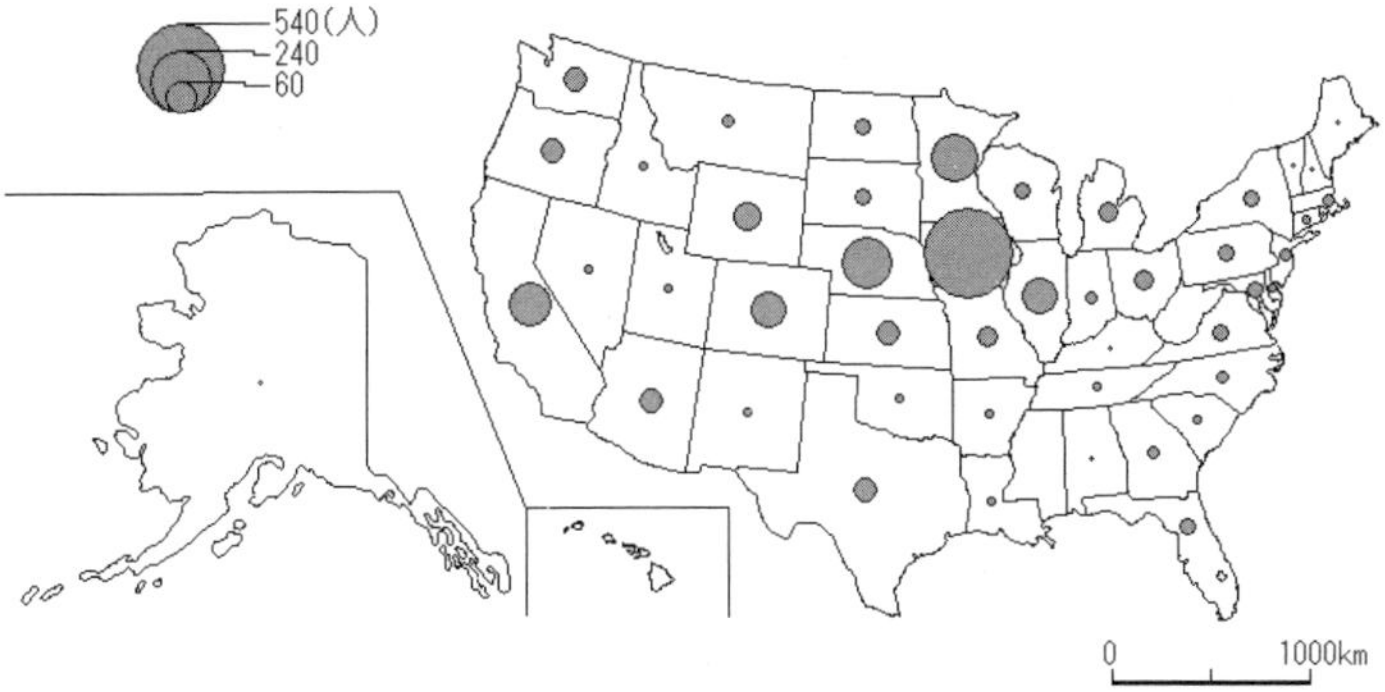

図 6.7　デンマーク系アメリカ博物館への 2011 年度州別寄付者総数

（出所）"America Letter" 25-1，'Annual Report 2011: Honor Roll of Contributors' により作成。

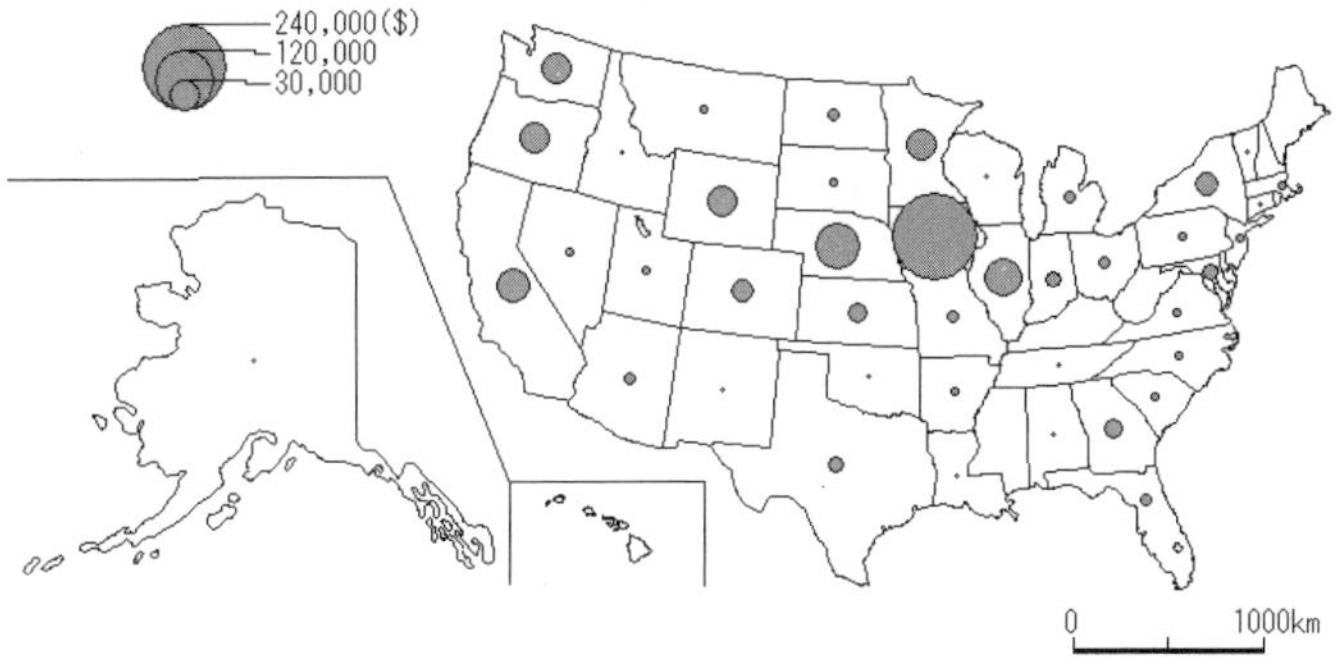

図 6.8　デンマーク系アメリカ博物館への 2011 年度州別寄付総額（概算）

（出所）図 6.7 に同じ。

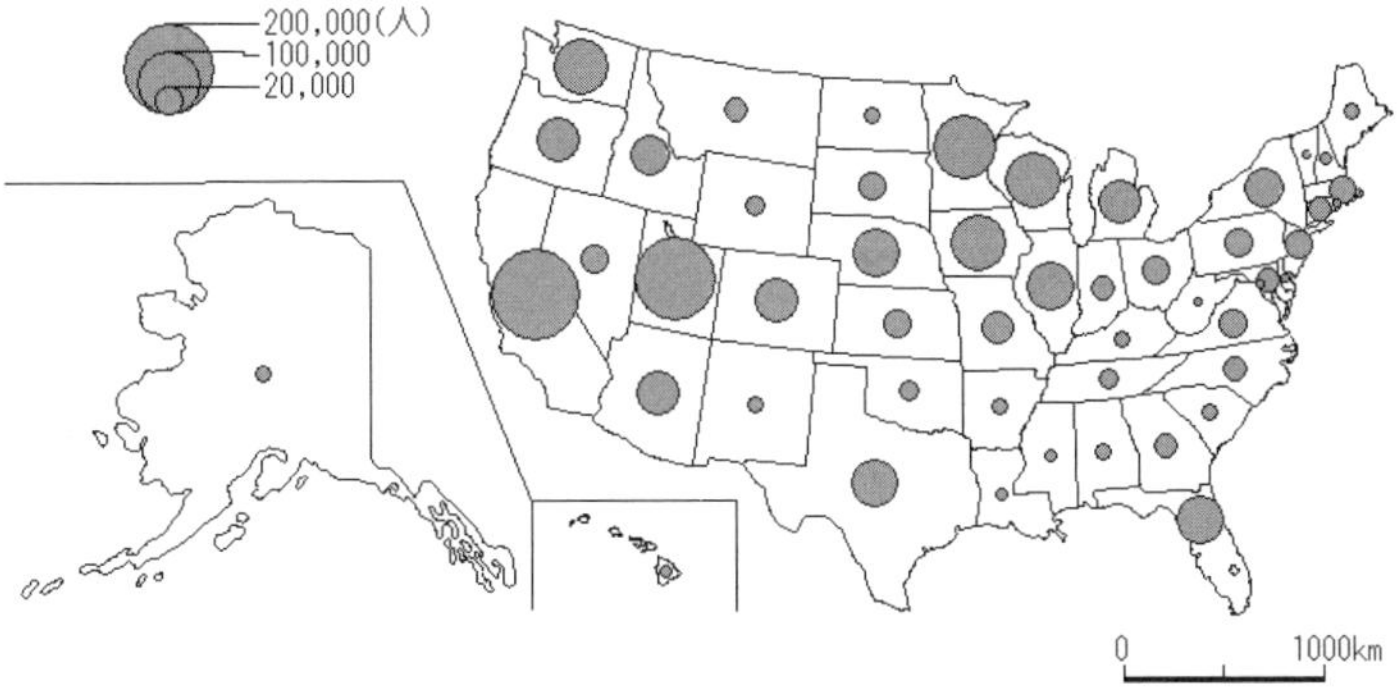

図 6.9　デンマーク系アメリカ人の州別人口分布（2005-2009 年）

（出所）合衆国センサスにより作成。

さらに、財務経営的に博物館の維持発展を可能にするのは、一定の運営資金であるが、そこでは外部からの寄付が大きな役割を果たしている。

これまで、博物館側が寄付を呼びかけ、それに応じて相当額の寄付が行われてきた。寄付者の氏名は各年のＡＬ誌に掲載される。したがって、アメリカのどの地域からどの程度の寄付が行われているかを確かめるために、ＡＬ誌に掲載された二〇一一年度の寄付者（個人や団体）リストのデータに基づき州別の傾向を地図化し（図6.7、図6.8）、全米のデンマーク系人口の分布傾向（図6.9）と比較した。これにより確認された傾向は次の通りである。

まず、全米のデンマーク系の人口分布のパターン（カリフォルニア州やユタ州で突出）に比べ、寄付者は博物館のある中西部に集中する傾向がある。一方、寄付者の広がりは全米に及んでいる。さらに、伝統的なデンマーク系多住地域の住民やコミュニティがこの博物館を支える強い意識をもつことと、全米に拡散したデンマーク系住民も自らの民族的アイデンティティの拠り所としてこのプレーリーの農村地帯の小さな博物館を支える意識を有していることが窺える。

こうしたローカルな立地の博物館の全米各地との結びつきは、一九九〇年代以降のインターネットの普及・活用によって一層強化されているのではないか。また、ニールセン（Nielsen 2013）も、大都市ではない農村地域に立地する博物館であるからこそ、本館が外に向かった活動を積極的に行う必要があり、また大都市のように地元地域によって博物館の活動やポリシーが過剰に縛られてしまうことがなく、博物館としてのビジョンを保ち、全米の広い範囲の支持者との関係を築くことができるという旨の、農村立地に対する肯定的な意見を述べている。

こうした状況の下で、移民博物館は「デンマーク人・社会」でも「アメリカ人・社会」でもない「デンマーク系アメリカ」（Danish America）の紐帯となり、またそれを再生産・再創造する拠点として、今後も機能し続けるのではなかろうか。

〈文　献〉

大石太郎　二〇一一「多民族社会の形成と課題」矢ケ﨑典隆編『世界地誌シリーズ4　アメリカ』朝倉書店　七四―八五

矢ケ﨑典隆　二〇一一「農業地域の形成と食料生産」矢ケ﨑典隆編『世界地誌シリーズ4　アメリカ』朝倉書店　五七―七二

Dansk Folkesanmfund ed. 1897. *Kort over Udbredelsen af Danske i Amerika.* Iowa Engraving co., Des Moines, Iowa, US.

Ettle, J.L. 2006. *Irrational Exuberance: Calculating the Total Number of Museums in the United States.* Master Thesis（Baylor University）.（https://baylor-ir.tdl.org/baylor-ir/bitstream/handle/2104/4196/joseph_ettle_masters.pdf）.

Jeppesen, T. G. 2011. *Scandinavian Descendants in the United States: Ethnic Groups or Core Americans?.* Odense City Museum, Odense, Denmark.

Larsen, B. F. and Bender, H. ed. 1992. *Danish Emigration to the U.S.A..* The Danes Worldwide Archives, Aalborg, Denmark.

Mackintosh, J. 1991. Migration and mobility among Danish settlers in southwest Iowa. *Journal of Historical Geography*, 17, 2: 165-189.

Mackintosh, J. 1992. Elk Horn-Kimballton – The Largest Danish Settlement in America. B. F. Larsen and K.V. Bender eds. *Danish Emigration to the U.S.A.*, Aalborg, Denmark: The Danes Worldwide Archives, 157-174.

Nelson, L. N. and Petersen, W. eds. 2000. *Elk Horn Community History.* Audubon Media Corporation, Audubon, Iowa, US.

Nielsen, J.M. 2013. Director's Corner: Thirty years!. *America Letter (Danish Immigrant Museum)*, 27, 1: 2-3.

Sampson, J. 1992. The Danish Immigrant Museum – An International Cultural Center. B. F. Larsen and K.V. Bender, eds., *Danish Emigration to the U.S.A.*, Aalborg, Denmark: The Danes Worldwide Archives, 219-230.

Museum of Danish America　http://www.danishmuseum.org/（最終閲覧：二〇一六年三月三一日）

National Park Service　http://www.nps.gov/elis/learn/historyculture/index.htm（最終閲覧：二〇一六年一月二二日）

コラム5

デンマーク人友愛組合（Danish Brotherhood in America）

山根　拓

ここでは、長らく全米のデンマーク系アメリカ人社会の統合の中核組織として機能し、移民系博物館・文書館等の開設にも大きな役割を果たした"Danish Brotherhood"（デンマーク人友愛組合）について、デンマーク系アメリカ博物館の館内展示、同館のホームページ、ならびに同館附属系譜学センター所蔵資料等に基づいて説明したい。

デンマークからアメリカへ大量移民が訪れた最初の時期に、デンマーク系移民たちは、各々の入植地域で複数のDanske Vaabenbrødre（デンマーク語で「デンマーク在郷軍人会」の意、英語ではDanish Brothers in Arms）を組織した。これらが連合して、一八八一年、ネブラスカ州オマハで、Det danske Brodersamfund（デンマーク語）が結成された。英語で言うところのThe Danish Brotherhood（以下DB）である。これは、メンバーであるデンマーク系移民男性に対して遺族保険、疾病手当、死亡給付金を給付する、全米規模の友愛組合的保険組織であった。

翌一八八二年七月、DBの最初の六支部（lodge：ロッジ）の設置が認められ、その後、支部はデンマーク系住民の集まる地域へ急速に拡がった。最初の六支部はネブラスカ州オマハ、ウィスコンシン州のニーナとラシーン、アイオワ州ダベンポート、イリノイ州モリーン、ミシガン州ニゴーニーであり、いずれも中西部の町であった。支部には設置順に番号が与えられ、最初のロッジ（lodge 1）はオマハであった。

一〇年ごとにDB支部の新設数をみると、一八八二～一八九〇年に四二、一八九一～一九〇〇年に九五、一九〇一～一九一〇年に一五〇と増加し続けたが、一九一一～一九二〇年には三〇と大幅に減少した。このころまでに、デンマーク移民の国内移動の前線が西部太平洋岸に達し、また一九二一年・一九二四年移民法の制定により、受入移民数が大幅に制限されたこともあって、DB支部数もこれ以後はさらに減少した。

DBの支部活動を歴史的にみると、各支部は本来の保険業務とともに、デンマーク系移民が母国の言語・文化を維持継承するための教化活動にも力を入れてきた。

一八八二年以来現在までに、DBは合計三五〇以上の支部を、全米とカナダのブリティッシュコロンビア州およびデンマークのコペンハーゲンに開設した。それを地図に示すと（図1）、第6章で引用した図6.1・図6.3といった地図と類似した分布傾向を示す。すなわち、中西部に高密に支部が集中する傾向が見られ、また、北緯四〇～五〇度帯での分布密度が高い。それに対して、西部太平洋岸以外は北緯四〇度以南での分布密度は低い。つまり、DB支部の立地展開はデンマーク系移民の定着の空間的傾向を忠実に反映しているといえる。またDB創設の地であるオマハ（支部番号1、19、195、200、600、650、700：ただし600以降の三つのロッジは通常の地区支部ではない）と、シカゴ（17、18、35、140、298）、ニューヨーク（164、248、252、258）、ロサンゼルス（126、246）といった人口稠密な大都市ではデンマーク系移民の数も多く、複数の支部が設立されたことが確認できる。この他、コネチカット州ニューヘブン（32、232）、ワイオミング州ミルウォーキー（36、313）、コロラド州デンバー（43、179）、ミネソタ州ミネアポリス（45、316）、同セントポール（91、333）、アイオワ州アトランティック（53、349）、同ハーラン（158、327）、ユタ州ソルトレークシティ（78、278）、オレゴン州ポートランド（167、274）、ニューヨーク州ジェネヴァ（196、334）、ミシガン州デトロイト（227、331）等の都市でも複数の支部が設置された。いずれもデンマーク系アメリカ人の集住地域であったと考えられる。

一九一六年、DBは *Det Danske Brodersamfunds Blad/The Danish Brotherhood Magazine* という月刊機関誌を創刊した。これは後に *The American Dane* と改

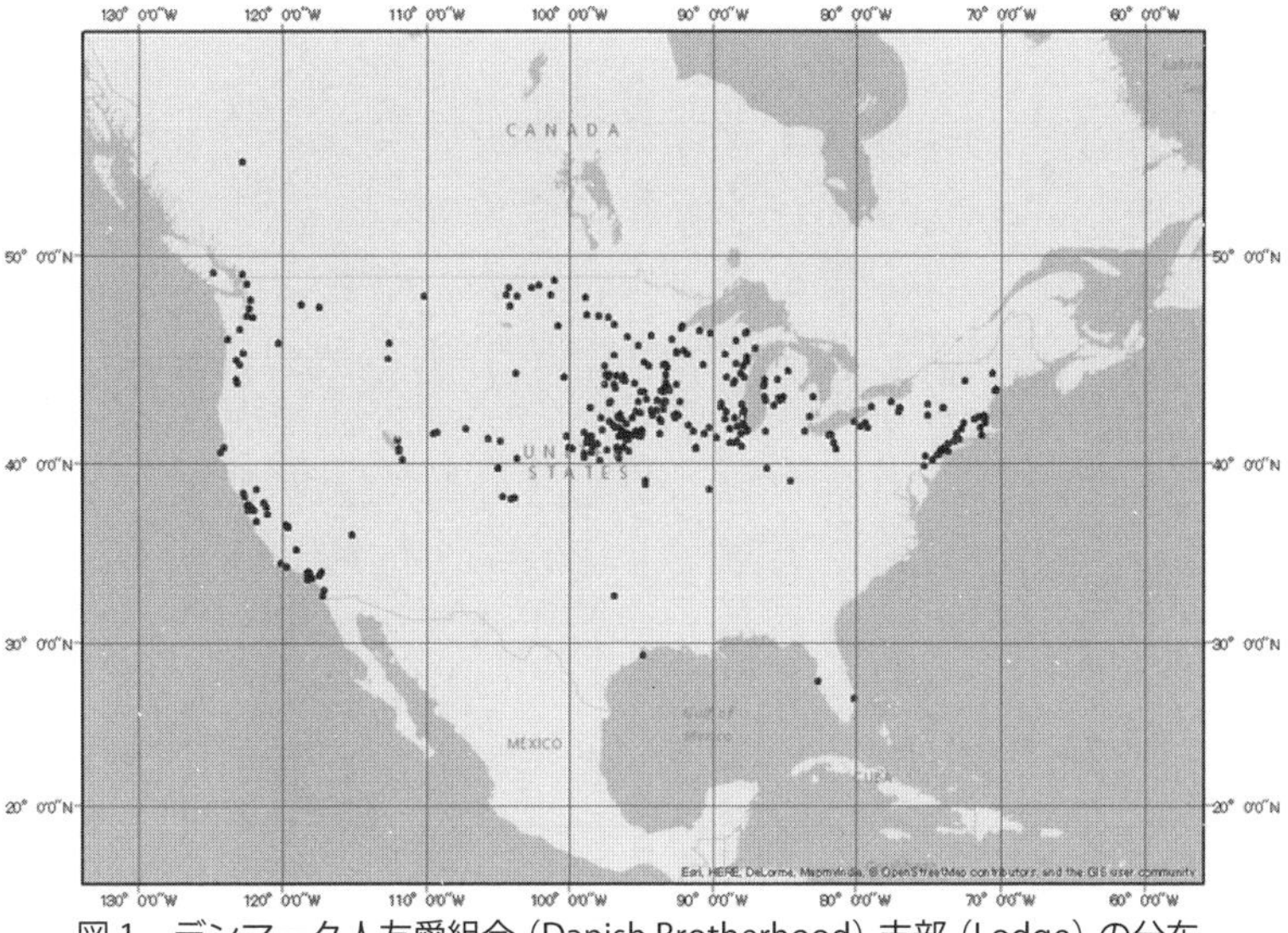

図1　デンマーク人友愛組合（Danish Brotherhood）支部（Lodge）の分布

（出所）"DB membership records through 1974"（Museum of Danish America）、コペンハーゲン支部は除く。

名し、メンバー間・支部間のコミュニケーションメディアとして機能し続けた。

デンマーク系移民が大幅に減少し、会員資格者であるデンマーク系市民男性も減少した一九二〇年代以降、DBは組織維持のために門戸を広げ、アメリカ生まれのデンマーク系女性、後には支部メンバーの配偶者にも会員資格を与えた。これによって、DBは当初のデンマーク系移民男性のための組合組織から、デンマーク系の全家族に向けた社会組織へとその性格を変更した。

先に合計三五〇を超えるDBの支部が設置されたと述べたが、そのなかには、設置から数一〇年後に、各支部を支えてきたコミュニティの経済状況の変化が原因で解散するものも出てきた。解散した支部に所属していたメンバーは、近隣の別の支部に移籍するか、オマハにあるDB本部に直接保険料を払い込むことになった。その後、一九九五年八月、DBの保険部門はオマハに本社のある大手保険会社 "Woodmen of the World Life Insurance Society and/or Assured Life Association" に合併された。

それ以後のDBの各支部は、もう一つの重要な機能に専門化し、デンマーク系アメリカ人相互の交友関係を深める親睦の場・紐帯となり、彼らのアイデンティティを維持し、その伝統・文化への誇りを高める役割を積極的に担っている。支部における活動の様子は、支部のニューズレターの内容等からうかがい知ることができる（図2）。

デンマーク外務省が開設した「アメリカにおけるデンマーク（Denmark in the USA）」というホームページがある。仕事のためにアメリカに長期・短期滞在するデンマーク人やアメリカを訪れるデンマーク人観光客のために情報提供することが、その目的のようだ。その下位ページである "Danish Associations and Communities" には、全米にあるDB支部を含む二九のデンマーク系アメリカ人のクラブ・協会がリストアップされている。また、"Denmark in the United States" として、全米七か所のデンマークタウンと一機関もリストアップされている。多くの在米デンマーク関係機関が全米に広がり、さまざまな形でアメリカのなかのデンマーク社会・文化を支えていることがうかがわれる一方、その中核・紐帯となっているのが、第6章で紹介した移民博物館・文書館やこのコラムで紹介したDanish Brotherhoodであり、さらにDBの支部は、一九世紀の移民初期から最も長きにわたって、各地で草の根から在米デンマーク社会・文化を下支えしつつ、各地のデンマーク系社会を結びつける重要な役割を果たしてきたといえよう。デンマーク系アメリカ人を考える際に、DBに関する考察が欠かせない所以である。

〈文　献〉

The Danish Brotherhood/Sisterhood. Museum of Danish America Home Page. http://www.danishmuseum.org/explore/danish-american-culture/danish-brotherhood-sisterhood（最終閲覧：二〇一六年四月一〇日）

The Danish Brotherhood In America

Dannevang Lodge 126, Los Angeles

Chartered September 14, 1899

All are welcome to our meetings held at "The Alamo," 6401 Ruby St., Highland Park, Los Angeles

GREETINGS! JULY 2010

OUR CALENDAR:

Tuesday, July 13: Gather at 3:00 pm at Helene & John's home for a SwimFest and Barbeque with steak, potatoes, salad (John & Helene), dessert (Karen) and rolls & butter (Betty) **and a short Business Meeting.** **Reservations are a must.....Call Helene Kristensen at 626-357-8285. $10 donation.**

Tuesday, August 10: Regular Business Meeting at the Alamo at 11:30 am. After the meeting we will enjoy a *Salad Table.*
Lettuce and dressing and rolls will be provided. Bring your favorite "*add-in*" ingredient.
Dessert will be furnished by Doris Christensen

Fri-Sun, Sep 3-5: City of Orange International Street Fair. This tradition has gone on for many years and you can enjoy food and drink from many nations, especially the beer, pølser and æbleskiver on the Danish Street.

Wed-Thu September 15-16: Regular Business Meeting at the home of Pat & Owen Miller in Big Bear City, at 3:00 pm. followed by a bar-b-q and Lodge Anniversary celebration. Also, we are planning to spend the night in Big Bear City, have breakfast together the next morning and then head back to LA. We will discuss lodging for us at the July 13 meeting. If you cannot attend the meeting, please be sure to call Dave or Betty and tell them you are interested in going. *A portion of the cost of the trip will be provided by the Lodge. And, we will be carpooling!*

Sunday, September 19: Naver Club Picnic at 1 pm at 616 Norumbega Dr., Monrovia, CA 91016. The Brotherhood is invited.

Tuesday, October 12: Regular Business Meeting, 11:30 am, at the Alamo.
Dessert furnished by Sofie Christoffersen.

Saturday, October 16: Our Annual Fish Dinner and Bingo, at the Alamo.
Bring your friends and relatives (and donate a nice prize, if you can) and enjoy a fun evening. The cost is $25. 5:00 pm Social, 6:00 pm Dinner.

Tuesday, November 9: Regular Business Meeting, 11:30 am, at the Alamo.
This is the month we nominate and elect 2011's Officers. Be there!

Tuesday, December 14: Christmas Meeting, 11:30 am, Sisterhood is welcome!
Smørrebrød / Business Meeting / Dessert / Singing, At the Alamo.
Everyone brings Open Face Sandwiches (or call Jørgen A. - 626-355-1081).

図 2　Danish Brotherhood、126 支部発行ニューズレター（2010 年 7 月）

第７章

グレートプレーンズのロシア系ドイツ人と文化の継承

矢ケ﨑典隆

アメリカ人のルーツを探ると、イギリス系とともに、ドイツ系の人々がたいへんに多い。二つの世界大戦を経験して、ドイツ系の人々はアメリカ社会に同化し、ドイツ系社会の存在は不明瞭になった。一方、一般に Germans from Russia とよばれるロシア系ドイツ人は異色な存在である。すなわち、ロシア系ドイツ人としての自己認識の確立と文化の再生・継承にむけて、積極的な取り組みが行われている。出身地であるロシアにおいては、ドイツ系の文化と社会はほぼ消失したのに対して、グレートプレーンズの北部地域はロシア系ドイツ人の文化の中心地である。ロシア系ドイツ人の移住と植民の過程、そしてエスニック集団の組織的な取り組みについて考えてみよう。

1　ドイツからロシアへの集団移住

一七世紀のヨーロッパにおける三十年戦争をはじめとする度重なる戦争の結果、ドイツの社会と経済は疲弊した。また、宗教による対立も激しくなった。これらはドイツからの人口流出の原因となった。こうして一七世紀後半にはアメリカ植民地へのドイツ人の移住が始まった。ウイリアム・ペンの招きに応じて、一六八〇年代にはドイツ系メノナイトがフィラデルフィアに移住し、ジャーマンタウンを建設した（Schrader 1924 : 33-46）。その後も、宗教の自由を求めて、貧困から逃れるために、また厳冬による被害の結果として、ドイツ人の大西洋を越えた移住は続いた。ペンシルヴェニアはドイツ人移民の主要な受入地であった。独立戦争が始まった時点で、アメリカ植民地には二二万五千人のドイツ人が居住した（Williams 1975 : 2-10）。

一八世紀にはドイツ人の移住パターンに変化が生じた。一八世紀で最も激しい戦争は七年戦争（一七五六～一七六三年）であり、この間、ドイツからアメリカ植民地への移住は停止した。一七六三年に七年戦争は終結したが、荒廃したドイツからの人口流出が始まった。ヨーロッパでは、デンマーク、スペイン、オーストリア、ハンガリー、プロイセンなどへドイツ人が移住して農業開発に従事した（Williams 1975 : 20-28）。こうした状況に着目したのが、ドイツ生まれのロシアの女帝、エカチェリーナ二世であった。

ヨーロッパの東の辺境に位置したロシアには、未開拓の草原が広がっていた。一七六二年にロシア皇帝となったエカチェリーナ二世は、当時のロシア領で未開発のままであった南東部の開発をめざした。それまでにピョートル一世が試みた、奴隷を使用した草原開発の試みは失敗に終わっていた。また、その後を継いだエリザヴェータ・ペトロヴナも、草原開発に外国人入植者を導入する方式を考案したが、七年戦争によってこの計画を実現することはできなかった（Williams 1975 : 31-33）。

エカチェリーナ二世は、一七六二年の即位後、間もなくして、外国人移民を導入することによって草原開発に着手した。そのために、一七六三年にエカチェリーナ二世は草原開発を目的とした第二の布告を出した。その目的は、ヴォルガ川流域の草原地域の開発を促進するために、入植者に多数の特権を与えて人口流入を促すものであった。特権には、教会の建築と宗教の自由、兵役の免除、税金の減免、自給体制の確立までの旅費と生活費の公的援助、世帯当たり三〇〇ルーブルまでの輸入税の免除、五〇〇ルーブルの無利子融資、一世帯三〇デシアティーネ（ヘクタール）の土地の賦与、私有地の購入の許可、学校や教会を含む自治権の承認、すべての特権の相続の承認などが含まれた（Williams 1975：38-41）。エカチェリーナ二世の布告は西ヨーロッパで宣伝されたが、多くの国が国民の外国への移住を禁止した。エカチェリーナ二世はロシアの草原にヨーロッパの多様な人々が住む世界を建設することを意図したようであったが、現実には、ドイツからの移住者が中心となった（Williams 1975：51）。

エカチェリーナ二世の植民政策に応じて、まず、一七六四年から一七六七年にかけて、ドイツ人がヴォルガ川流域へ集団移住した。ヴォルガ地域へ移住したドイツ人の出身地は、ヘッセン、ラインラント、バーデン、ヴュルテンベルク、アルザス、プファルツであった（Rippley 1974：11）。移住の経路と入植地の位置は図7.1に示される。ドイツから入植地までの道のりは決して容易なものではなかった。バルト海を航行し、ペテルスブルクから陸路でヴォルガ川に達した。移送の請負人によっていくつものルートが選ばれたが、ヴォルガ川流域の入植地に到達するまでに多くのドイツ人が命を落としたという（ゲルマン・プレーヴェ、二〇〇八：四一―四三）。一七六七年までに、ヴォルガ川下流域に一〇四のドイツ人入植地が誕生した（Long 1988）。入植地が分布したのは、現代のサラトフの南の地域と、サラトフからサマーラへの、ヴォルガ川に沿った地域であった。集団移住にあたって宗教は重要な単位であり、カトリック系三八集落、プロテスタント系六五集落、混合一集落であった（The Rush County 125th Anniversary Committee 2001：145）。

西ヨーロッパの森林地域の出身であるドイツ人は、ヴォルガ川流域の厳しい環境への適応を余儀なくされた。移住者のなかには農業経験のない人々も含まれた。乾燥した草原は不慣れな環境であり、冬の低温と夏の高温、春の洪水など、過酷な自然に立ち向かう必要があった。遊牧民（キルギス人）の襲撃によってたびたび被害を受けた。新しい環境のもとで生活するために、農業方式、住宅、衣服、食事など、適応が必要であった。こうして自給生活が始まったが、時間の経過とともに、草原は農業地域に姿を変えた（The Rush County 125th Anniversary Committee 2001：146）。

ドイツ人はドイツからの農業技術を導入したと同時に、地域の条件に適合したロシアの農業方式や生活様式を採用した。住宅は地元の建築材料を使用して建設された。ロシアの食事やアルコール飲料も採用された。動物のフンを利用した燃料は重要になった（Koch 1977：25-26, 50, 77）。ロシアで栽培されていた小麦、大麦、カラスムギは重要な作物となった。一方、ドイツ人はジャガイモをヴォルガ川流域に導入した（Williams 1975：141）。

後述する黒海沿岸に入植したドイツ人の場合とは異なり、ヴォルガ地域に入植したドイツ人の前職は多様であった。農業経験のない入植者

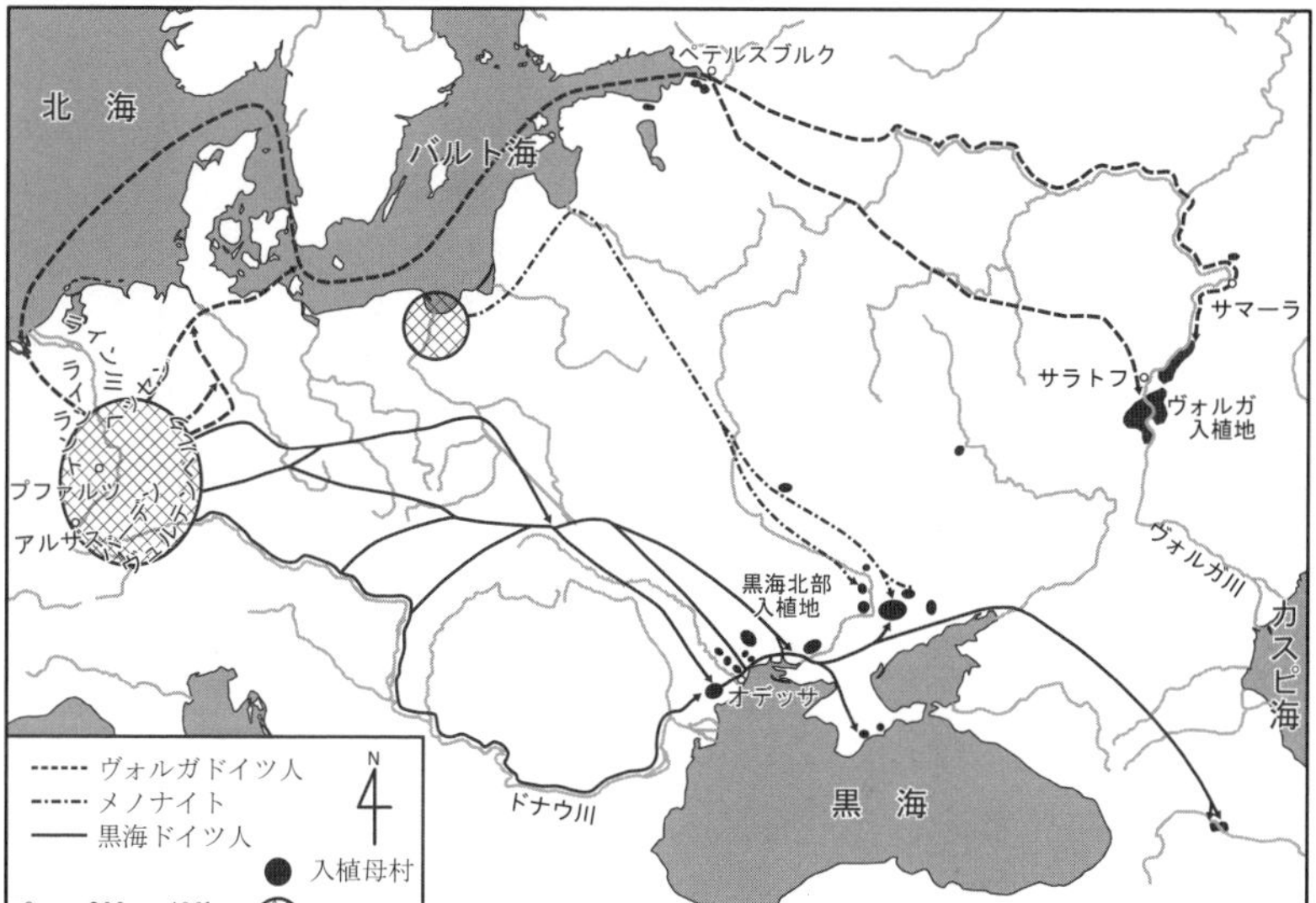

図 7.1 ドイツ人のロシアへの移住と入植地

（出所）American Historical Society of Germans from Russia: Countries of Origin, Migration Routes and Area of Settlement (1763-1861) of the Volga and Black Sea Germans in the Mother Colonies により作成。

も多かったので、入植直後は厳しい生活を強いられた。しだいに家内工業として織物業が始まった。小麦栽培も成功し、穀倉地帯が誕生した。

ドイツ人はヴォルガ地域で一般的であった農村共同体（ミール）の土地制度を採用した。これは男子数による土地再配分で、人口が増加するにつれて、定期的に土地の再配分が行われた。しかし、人口が増加するにつれて、各戸の所有地は縮小した。その結果、新たな植民地の建設が行われた。この土地制度によって非ドイツ人の流入が抑えられ、大家族が維持され、エスニックアイデンティティやドイツ文化を保持することができた（Kloberdanz 1980 : 59）。

ヴォルガ川流域に入植したドイツ人の数については、いろいろな推計がある。一七九三年の推計によると、もともとの入植者数は二万九〇〇〇人を数えたが、人口の自然増加によって三万三〇〇〇人となった。なお、一七八八年のセンサスでは、一〇二の植民地に三万九六二人を数えた（Williams 1975 : 98-99）。人口は徐々に増加し、一七九八年には三万九一九三人、一八一六年には六万七四六人、一八五〇年には一六万五〇二七人、一八七一年には二七万五八九人、一八九七年には三七万八〇六七人を数えた（Long 1988 : 12）。

ヴォルガ地域のドイツ人集落は近隣のロシア系住民から孤立し、ドイツ系の社会と文化を維持した文化島のような存在であった。ここでは一世紀余りの間、ドイツ語、宗教、社会制度、学校、伝統、歴史認識が共有された。一八二九年にロシア皇帝ニコライ一世の招きに応じてロシアの中央アジアを探検したドイツ人地理学者のアレクサンダー・フォン・フンボルトは、ヴォルガ川流域におけるドイツ人社会の存在について記載した。ドイツ人入植集落では農耕が営まれ、小麦などの穀物、ジャガイモ、エンドウ豆、レンズ豆、大麻、亜麻、タバコなどが栽培され、農家の家と裏庭は清潔で豊かそうにみえたと観察した。そして、「祖国ドイツからはるかに遠く離れたこの土地で、ドイツ語を聞き、祖国の風俗習慣を見るのは感激であった」という感想を記した（佐々木 二〇一五：一七五–一七六）。

図7.1から明らかなように、ヴォルガ地域への移住よりも少し遅れて、ドイツ人は黒海沿岸低地やクリミア半島にも

移住した。一七七五年から一七八三年にかけて、トルコとの戦争の結果、黒海北岸低地のドニエプル川流域とクリミア半島がロシア領となった。エカチェリーナ二世は一七八五年に新たに宣言を出して、この地域への外国人の入植を促した。ドイツ各地からの移住者がこの地域の開発にあたった（Williams 1975 : 89）。さらに、アレクサンドル一世の統治時代（一八〇一〜一八二五年）に、一八〇四年の移民誘致政策に基づいて、この地域への入植が活発化した。おもな移住は一八〇四年から一八一〇年にかけて発生し、ヴュルテンベルクから、カトリックとプロテスタントがオデッサ周辺やクリミア半島に移住した（Rippley 1974 : 10-12）。

黒海沿岸低地に入植したドイツ人は、ヴォルガ地域とは異なる土地制度を展開した。農地は末子に相続され、相続を受けない兄弟は新たに土地を取得して独立した農場を経営した。こうして黒海沿岸低地ではドイツ人の所有地は拡大した（Rippley 1974 : 4）。ヴォルガ地域と黒海沿岸低地におけるこのような土地制度の相違は、ドイツ人がロシアからアメリカ合衆国に移住し、農村地域に永住した際に、明らかな地域差を生み出すことになった。

2　ロシアからアメリカの草原へ

ロシア皇帝ニコライ一世の時代に、ヨーロッパとの接触を断つ政策が展開し、国内の外国人に対する抑圧が高まった。一八七〇年代に入ると、ロシア皇帝アレクサンドル二世によるドイツ人の迫害が始まった。兵役の免除や自治権をはじめとして、それまでドイツ人に認められていた特権が否定された。ロシア化政策が進行する過程で、ドイツ人の間にはロシアから脱出する機運が高まった。ヴォルガ川流域に形成されたドイツ人集落においても、黒海沿岸に形成されたドイツ人集落においても、ドイツ人は移住の準備を開始した。一八七一年に従来の特権がはく奪されてから、ドイツ人には一〇年間の猶予が与えられ、この間に国外への移住の自由が認められた（Williams 1975 : 204）。

ヴォルガ川流域のドイツ人は、一八七四年に集会を開いて新たな移住先の探索を開始した。一八七四年の夏に代表者がアメリカ中西部を訪問し、土や植物など、また土地販売の宣伝パンフレットを持ち帰った。一八七五年秋には二六一人のドイツ人が大西洋を渡った（Williams 1975：193-196）。彼らはカンザス州中西部のエリス郡に五つの植民地、ラッシュ郡に一つの植民地を形成して入植した。一八七六年夏に一万五〇〇〇人近くのドイツ人がロシアを去り、カンザスの草原に入植した。その後三八年間にわたって、アメリカ合衆国への移住が継続した（Kloberdanz 1980：60）。

一九世紀末にロシア系ドイツ人がアメリカ西部に到来したときに、グレートプレーンズ北部地域は、まとまった土地を入手することのできる唯一の地域であった。ノースダコタとサウスダコタ、そしてカンザス西部にはまだ十分な土地が存在した。とくにダコタ地域では大陸横断鉄道の到来が遅れ、一八八〇年代前半になるまで鉄道交通に恵まれなかったことが、開発が遅れた要因の一つでもあった。

グレートプレーンズでは、入植者を引きつけることによって草原を開発することが重要な課題となった。連邦政府からの土地の賦与を受けた鉄道会社は、ロシアへ代理人を派遣するなど、入植者の勧誘活動に積極的に取り組んだ。州政府も入植者を勧誘するために宣伝活動を行った。ネブラスカ州の事例では、英語とドイツ語、そして他のヨーロッパの言語によるパンフレットが刊行された（Williams 1975：176）。グレートプレーンズはロシアの草原に類似した環境であり、ドイツ系ロシア人はそうした環境にすでに適応していた。ジョーダンの表現を借りると、ロシア系ドイツ人はグレートプレーンズに前適応していたわけである（Jordan 1989）。

ロシアからのドイツ人の移住は、アメリカ合衆国のグレートプレーンズに限定されてはいなかった。一八七六年にはブラジルのパラナへの移住が始まった。一八七七年にはアルゼンチンのパンパへの移住が検討され、翌年にはブエノスアイレスに最初のヴォルガドイツ人の移住地が誕生した。また、一八九三年にはカナダ西部の草原地域プレーリーへの移住が始まった（Kloberdanz 1980：60）。

アメリカ合衆国への移住が始まった時点で、ロシアには約三〇〇のドイツ系の母村が存在した。ヴォルガ川流域には一〇五、黒海沿岸低地には一八一の母村を数えた (Ripplev 1974 : 12)。ロシア系ドイツ人のアメリカ移住は一九一二年頃にピークに達し、その後、第一次世界大戦の勃発によって消滅した。一八七〇年から一九二〇年までに一二万人のドイツ人がアメリカ合衆国に移住した。このうちで五〇〇〇人が帰国したというが、彼らはロシアではなく、祖先の地であるドイツに帰国したわけである (Ripplev 1974 : 6)。

一九二〇年におけるロシア系ドイツ人の分布を州別に見たのが図7.2である。地域的に偏った分布が明瞭である。ノースダコタ、サウスダコタ、カンザス、ネブラスカ、コロラド、オクラホマという、グレートプレーンズの中部から北部に集中することがわかる。

ドイツからロシアへの移住過程と移住地が示唆するように、ロシア系ドイツ人には、大きく分けると三つの集団が存在した。ヴォルガ川流域に移住した

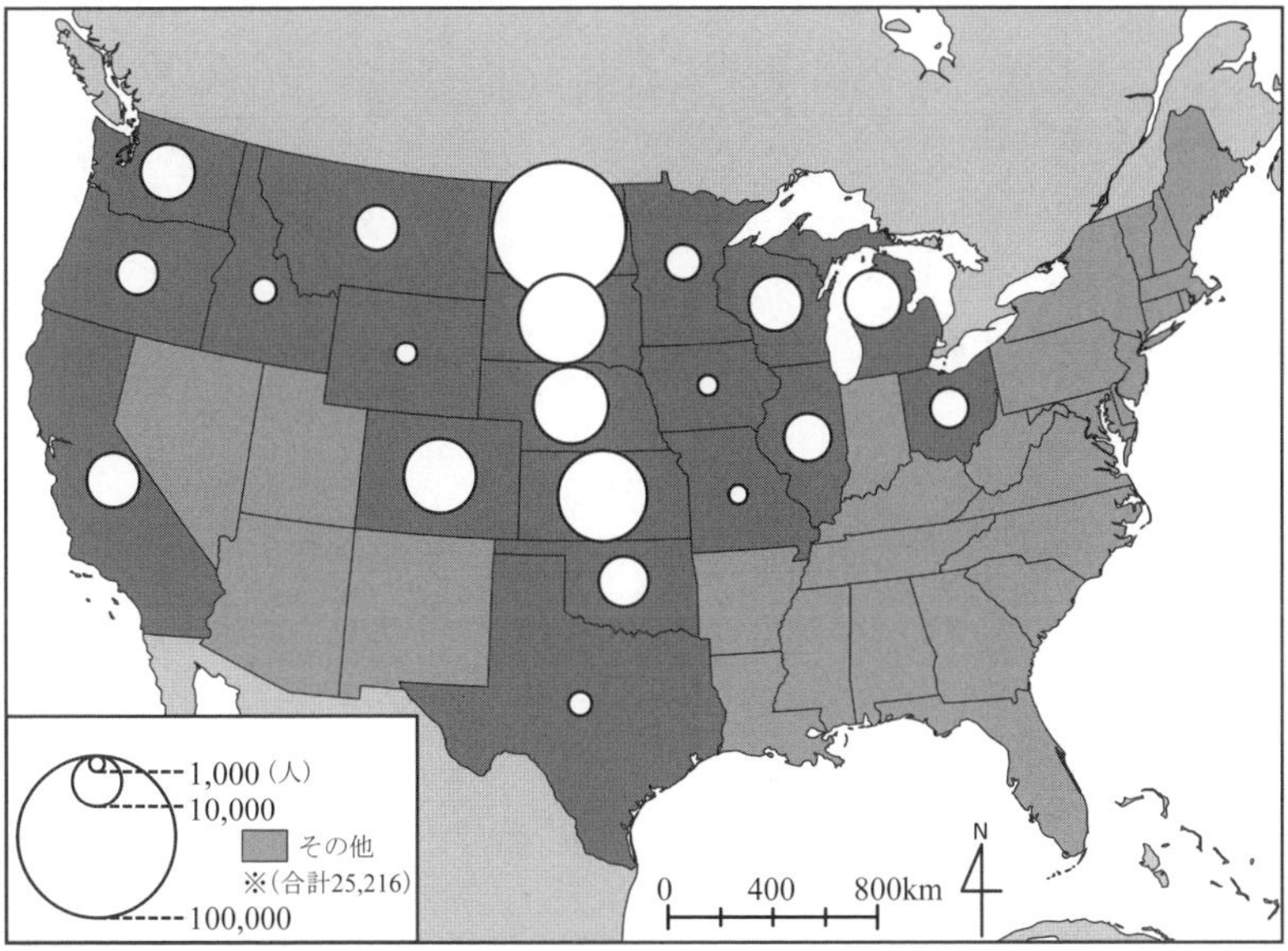

図7.2　ロシア系ドイツ人（一世と二世）の州別分布（1920年）
（出所）Sallet（1974 : 112）により作成。

表 7.1　ロシア系ドイツ人（一世と二世）の属性と主な居住州（1920 年）

州	ヴォルガドイツ人		黒海ドイツ人		メノナイト	その他	合計
	P	C	P	C			
ノースダコタ	500	85	43,000	25,000	1,000	400	69,985
サウスダコタ	600	37	20,000	6,000	4,200	100	30,937
ネブラスカ	19,000	–	2,200	200	800	221	22,421
カンザス	9,750	9,000	750	1,500	10,512	–	31,512
コロラド	16,000	3,500	1,000	67	500	–	21,067
小　計	45,850	12,622	66,950	32,767	17,012	721	175,922
その他	53,900	6,121	12,094	4,729	14,001	36,765	127,610
合　計	99,750	18,743	79,044	37,496	31,013	37,486	303,532

P：プロテスタント　　C：カトリック
（出所）Sallet（1974：112）の推計による。

ヴォルガドイツ人（Volga German, Wolgadeutsche）、黒海沿岸低地とクリミア半島に移住した黒海ドイツ人（Black Sea German, Schwarzmeer-deutsche）、そしてメノナイト（キリスト教アナバプティストのメノー派）であった。ヴォルガドイツ人と黒海ドイツ人は、プロテスタントとカトリックの集団から構成された。これらのロシア系ドイツ人は、歴史的、地域的、社会的、宗教的に異なる集団であり、アメリカ合衆国への移住後、それぞれ異なる社会を形成した。

表7.1は、グレートプレーンズの五つの州について、Sallet の推計に基づいて、一九二〇年のロシア系ドイツ人の分布の概要をみたものである。アメリカ合衆国全体には三〇万人あまりのロシア系ドイツ人が数えられ、そのうちの五八％がグレートプレーンズの五州に居住した。ヴォルガドイツ人は五万八四七二人、黒海ドイツ人は九万九七一七人を数えた。ヴォルガドイツ人のうち七八％がプロテスタント、二二％がカトリックであった。また、黒海ドイツ人のうち、六七％がプロテスタント、三三％がカトリックであった。

ヴォルガドイツ人はネブラスカ、コロラド、カンザスに集中した。一方、黒海ドイツ人は圧倒的にノースダコタとサウスダコタに集中した。集落の分布を示した図7.3をみると、出身地が異なるこれらの集団には明瞭な住み分けが認められる。また、それぞれの集団につ

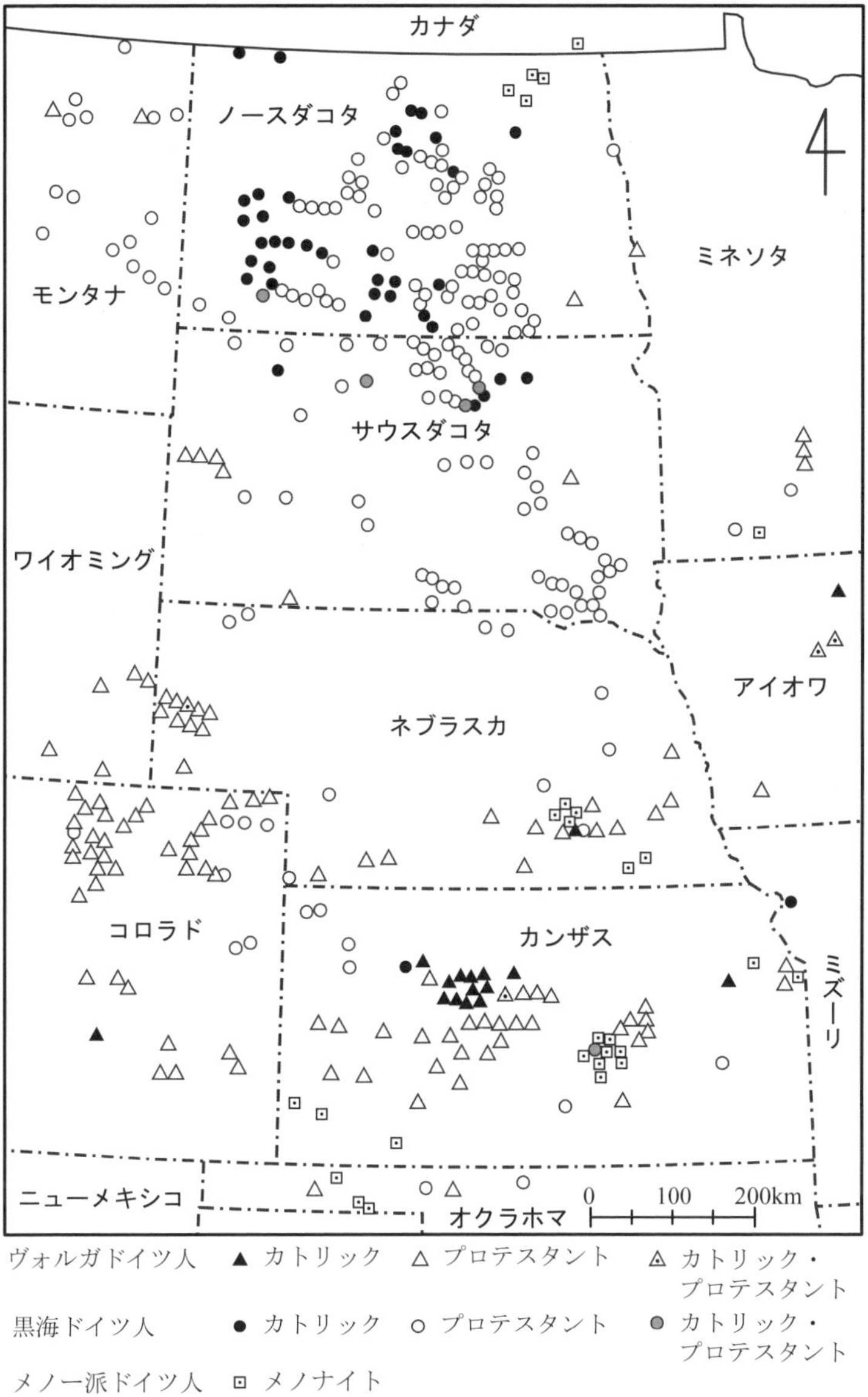

図 7.3　グレートプレーンズにおけるロシア系ドイツ人の集落の分布（1920 年）

（出所）K. Stumpp: Karte der russlanddeutschen Siedlungen in den USA und Mexiko により作成。

いてみると、プロテスタントとカトリックの集落の分布にも住み分けが確認できる。ノースダコタでは、プロテスタント集落は中央部に分布するが、カトリック集落はおもに西部に分布した。サウスダコタではプロテスタント集落が圧倒的であり、カトリック集落は少数派であった。また、カンザスではプロテスタント集落が中心であった。カンザスの中西部にはカトリック集落が集積したが、南西部ではプロテスタント集落が多数を占めた。なお、図7.3を作成するための資料とした集落分布図から、属性ごとに集落数を数えてまとめたのが表7.2である。

　カンザス州東部のトピカはカトリックのヴォルガドイツ人の移住の拠点となり、カンザス州中西部はヴォルガドイツ人の集住地域となった。とくに、エリス郡とラッシュ郡にはカトリック教徒がロシアの同じ集落の住民とともに集落を建設して集住した。たとえば、Catharine、Munjor、Herzog、Pfeifer、Schoenchen、Liebenthal などが典型的なヴォルガドイツ人集落であった (History Book Committee, Ellis County Historical Society 1991 ; The Rush County 125th Anniversary Committee 2001)。ここにはヴォルガ川流域から持ち込まれた生活様式と農業様式が維持された。

　カンザス州のリーベンサル (Liebenthal) は同州で最も古いヴォルガドイツ人の集落である。ロシアのリーベンサル出身の人々は、一八七五年一一月二日にドイツのブレーメンから蒸気船で出航し、三週間かけて大

表7.2　グレートプレーンズにおけるロシア系ドイツ人集落 (1920年)

州	ヴォルガドイツ人			黒海ドイツ人			メノナイト	合計
	P	C	C&P	P	C	C&P		
ノースダコタ	1	0	0	83	38	1	6	129
サウスダコタ	1	0	0	68	8	3	1	81
ネブラスカ	25	1	1	11	0	0	6	44
カンザス	32	25	0	8	1	1	15	82
コロラド	44	2	0	8	0	0	0	54
合　計	103	28	1	178	47	5	28	390

P：プロテスタント　C：カトリック　P&C：プロテスタントとカトリックの混住

（出所）K. Stumpp: Karte der russlanddeutschen Siedlungen in den USA und Mexiko により作成。

西洋を横断してボルティモアに上陸した。カンザス州トピカで冬を過ごした後、一八七六年二月二一日にエリス郡ヘイズに到着した。そして、不動産業者の斡旋により、南に隣接するラッシュ郡に一セクションの土地を購入して入植した。さらに八月と九月にも入植者が到来して植民に参加した。こうしてリーベンサルが建設され、一部の人々は北にシェーンヒェン（Schoenchen）を建設した（The Rush County 125th Anniversary Committee 2001 : 146）。なお、言語研究者にとってロシア系ドイツ人は隔絶方言の研究の対象であり、シェーンヒェンで話されたドイツ語はシェーンヒェン方言変種として知られているという（長友二〇〇四）。

リーベンサルでは入植の翌年には教会の建設事業が始まり、近くの丘陵から切り出した石材を利用した教会は一八七八年一〇月に完成した。人口増加に伴ってこの教会は手狭になった。一九〇五年の教区の人口は一〇三世帯、五六三人を数えた。こうして、一九〇二年に近くの場所に新しい教会の建設が始まり、一九〇五年に石造りの立派なセントジョセフ教会が完成した（The Rush County 125th Anniversary Committee 2001 : 147-148）。この教会は二回の火災により被害を受けたが、その雄姿は今でも大平原にそびえるランドマークである（写真7.1）。

写真 7.1　カンザス州 Liebenthal のセントジョセフ教会
（撮影）2013 年 8 月、矢ケ﨑典隆

カトリック集落は、農業を基盤として独自の文化を維持し、長期にわたって存続することになった。一方、プロテ

スタント集落は一般に異なる特徴を示した。アメリカ移住後に農業に従事したのはプロテスタント人口の半分といわれ、鉄道建設やテンサイ産業の労働者として活躍したし、都市の製造業に進出した。彼らは高い移動性を示した。ネブラスカ州リンカーンはプロテスタントのヴォルガドイツ人の中心地となり、ここから多くの人々がオレゴン州ポートランドやコロラド州デンバー、そして他の西部の地域へと移動していった（Williams 1975：202）。

黒海沿岸からのロシア系ドイツ人は、一八七三年からダコタテリトリーに居住を開始した。ここには未開拓の土地が十分に残っており、鉄道会社によるプロモーションやホームステッド法（一八六二年）による土地の取得がまだ容易であった。こうして、ノースダコタとサウスダコタに入植した黒海ドイツ人は、農地を取得して農民になった。もともと黒海沿岸低地では、ウクライナの伝統であった末子相続制が採用され、他の兄弟は自立して農業に従事した。こうして、アメリカ合衆国に移住した黒海ドイツ人の九五％が農民となったという（Kloberdanz 1980：63；Rippley 1974：7）。

ロシア系ドイツ人の新大陸への移動によって、また、ロシア化政策の進展によって、ロシアでは、一世紀にわたって維持されてきたロシア系ドイツ人の存在の証は失われた。こうして、ロシア系ドイツ人の文化は、アメリカ合衆国西部で維持され再生されることになった。

3　テンサイ栽培と砂糖産業

ロシア系ドイツ人が集団でアメリカ合衆国に移住した一九世紀末には、西部の草原地域で農民や農業労働者に対する需要が激増した。一八六二年に施行されたホームステッド法のもとで、アメリカ人になることを宣言したヨーロッパ系移民は、五年間に開墾の実績が認められれば、一六〇エーカーの土地の所有権を無償で入手することができた。また、河川水を用いた灌漑農業が行われたカンザス州やコロラド州では、テンサイ栽培とそれを原料とする砂糖産業が発展を開始した。一九世紀末から一九一〇年代前半にかけてはアメリカ型テンサイ糖産業の確立期であった（矢ケ﨑 二〇〇〇）。ネブラスカ、カンザス、コロラド、ワイオミング、モンタナなどのテンサイ糖生産地域において、ロシア系ドイツ人の役割を語ることなく砂糖産業の発展を論じることはできない（Taylor 1967、矢ケ﨑 二〇一七）。

二〇世紀初頭に、灌漑に基づいたテンサイ栽培とテンサイ糖生産が盛んになると、また、未開拓の土地の入手が難しくなったため、ロシア系ドイツ人、とくにヴォルガドイツ人は労働者として重要な役割を演じるようになった。テンサイの間引き、除草、収穫には多量の労働力が必要であった。ヴォルガ地域の農村共同体のしくみを取り入れたヴォルガドイツ人社会では、大家族が単位であり、家族内に十分な労働力が維持された。これはヴォルガドイツ人がテンサイ労働に従事する際には好都合であった（Kloberdanz 1980 : 64）。

コロラド州南部からカンザス州南西部にかけて、ロッキー山脈を水源とするアーカンザス川の流域には灌漑事業が進展し、テンサイ糖地域が形成された。ここには二〇世紀初めに七か所の製糖工場が操業した。それらは、American Beet Sugar Company（Rocky Ford, CO. 1900-1978）、National Sugar Manufacturing Company（Sugar City, CO. 1900-1967）、American Beet Sugar Company（Lamar, CO. 1905-1913）、Holly Sugar Company（Holly, CO. 1905-1913）、Holly Sugar Company（Swink, CO. 1906-1958）、American Beet Sugar Company（Las Animas, CO. 1907-1921）、United States Sugar and

写真 7.2　ガーデンシティ製糖工場とヴォルガドイツ人によるテンサイ栽培
（出所）フィニーカウンティ歴史協会所蔵。

Land Company（Garden City Company）（Garden City, KS. 1906-1955）である。原料となるテンサイの調達は、製糖工場にとって経営の根幹をなす課題であった。テンサイを確保するために、製糖工場は農民と栽培契約を結び、労働力を確保し、最低価格を保証するなどした。ヴォルガドイツ人は、労働者として、また農民として、砂糖産業を支える存在であった（矢ケ﨑 二〇〇〇）。

カンザス州南西部のガーデンシティには、ガーデンシティカンパニーが農地と灌漑水路を所有し、貯水池を建設し、テンサイ運搬用に鉄道を敷設し、製糖工場を経営した。二〇世紀初めの手書きの連邦センサス調査票を分析すると、ヴォルガドイツ人の移住史、家族構成、職業などを明らかにすることができる（コラム6を参照）。ここには、テンサイの栽培と収穫の労働者や小作農として、ヴォルガドイツ人社会が形成された。一九三〇年代から一九四〇年代にかけて、ガーデンシティカンパニーの小作農はみなドイツ系で、日常的にドイツ語を話していたので、子どもたちは、小学校に入学する時点で英語を話すことができなかったという。しかし、一九五五年に製糖工場が閉鎖されて、テンサイを原料とした製糖産業が衰退した。それに伴ってヴォルガドイツ人が他地域へ転出した結果、ヴォルガドイツ人のエスニック社会は消滅した（矢ケ﨑 二〇一四）。

4 ドイツ系文化の持続と再生

ロシア系ドイツ人は、一九七〇年代に入ると、ドイツ系文化の維持と再生に向けて組織的な活動を開始した。そうした活動の拠点となるのは二つの団体である。ヴォルガドイツ人はロシア系ドイツ人アメリカ歴史協会（American Historical Society of Germans from Russia）を、黒海ドイツ人はロシア系ドイツ人伝統継承協会（Germans from Russia Heritage Society）を組織した。これらの二つのエスニック集団と文化の継承と再生の動きについて考えてみよう。

ロシア系ドイツ人アメリカ歴史協会は、ネブラスカ州の州都リンカーンに本拠を置く（写真7.3）。もともとこの協会は一九六八年にコロラド州で組織されたが、一九七三年にリンカーンに移転した。この州都はヴォルガドイツ人が多いことで知られ、とくにサウスボトムズ地区は二〇世紀初頭にロシア系ドイツ人の居住の中心地であった。この地区は国立公園局により歴史地区に指定されている。現在、ロシア系ドイツ人アメリカ歴史協会の文化的伝統研究センターは、ヴォルガドイツ人の移住や生活文化を知るための拠点となっている。

本部の建物には、事務所、研究図書館、展示室、書籍等の売店などが入っている。研究図書館には家系研究のための資料が完備しており、家族のルーツを探るための調査研究の場を提供している。なお、ホームページも充実しており、家系研究のためのさまざまな資料（祖先一覧、連邦政府土地記録、移民船乗客名簿、墓碑記録、死亡

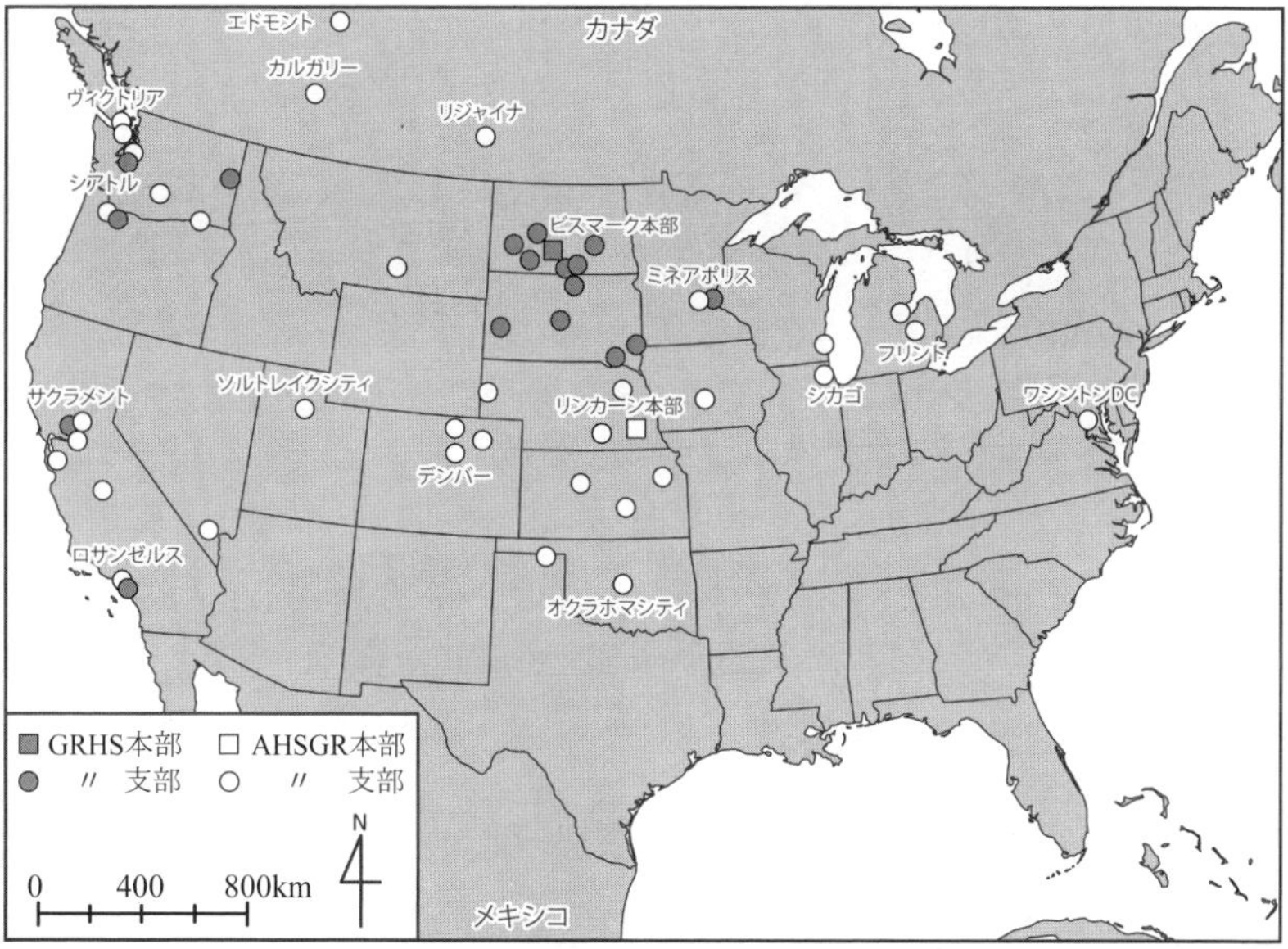

図7.4 ロシア系ドイツ人アメリカ歴史協会（AHSGR）およびロシア系ドイツ人伝統継承協会（GRHS）の本部と支部（2016年）

（出所）American Historical Society of Germans from Russia および Germans from Russia Heritage Society の資料により作成。

記事など）を検索することができる。

　敷地の一角は歴史村で、ロシア系ドイツ人のアメリカでの生活を知るための野外博物館である。礼拝堂、住宅、作業小屋などが移築され、グレートプレーンズにおける移民の生活を今に伝えている。テンサイや小麦の栽培と収穫、酪農、鍛冶屋、靴屋、日用雑貨店など、道具や写真が展示され、解説がなされていて、きわめて教育的である。

　リンカーンの本部に加えて、ロシア系ドイツ人アメリカ歴史協会は支部を設けている。二〇一六年には、アメリカ合衆国の一六州とワシントンDCに合計三二の支部が、またカナダ西部の三州に四支部が設けられている（図7.4）。支部の分布は、図7.2に示した一九二〇年におけるロシア系ドイツ人の分布とほぼ重なる。なお、二〇一三年にはカナダの四支部を含めて、支部は四五を数えたことから、減少傾向が認められる。この間、アリゾナ、フロリダ、サウス

写真7.3　ネブラスカ州リンカーンのロシア系ドイツ人アメリカ歴史協会本部
（撮影）2013年8月、矢ケ﨑典隆

写真7.4　ロシア系ドイツ人アメリカ歴史協会の中部カリフォルニア支部
（撮影）2011年1月、矢ケ﨑典隆

ダコタ、テキサスの各州で支部がなくなった。支部のなかには有志の活動に依存するものが多くあるようで、そうした会員の高齢化に伴って活動が停滞し、支部が閉鎖される事例が少なくないと推察される。

最大の支部は、カリフォルニア州フレズノにあるロシア系ドイツ人アメリカ歴史協会中部カリフォルニア支部である。規模は小さいながらも、博物館と図書資料館が開設されている（写真7.4）。また、定期的にドイツ語教室が開かれる。なお、二〇一三年八月にロシア系ドイツ人アメリカ歴史協会のリンカーン本部を訪問した時には、会長はフレズノの出身で、カリフォルニア大学バークリー校で農学の教授を務めた男性であった。フレズノはセントラルバレーの農業地域の中心都市であり、ロシア系ドイツ人のコミュニティが存在した。この支部の博物館には、フレズノ市街地におけるロシア系ドイツ人の家屋ごとの分布を示した地図が展示されている。

ロシア系ドイツ人アメリカ歴史協会は、一九七〇年から年次大会を開催してきた。第一回大会はコロラド州グリーリーで開催され、第四六回大会は二〇一五年にモンタナ州ビリングズで開催された。この間、リンカーン（一〇回）とカナダ西部（三回）を含めて、おもにアメリカ西部の諸州で年次大会が開催されてきた。リンカーンで二〇一四年七月に開催された第四五回大会のプログラムから、大会の概要を知ることができる。ロシア系ドイツ人に関する家系研究、歴史、文化、民族のセッション、ロシアと南アメリカからのゲストスピーカーの講演、ロシアの文書館で利用可能な資料の最新情報、ロシア系ドイツ人研究の最新の研究動向、ローカルツアー、子ども向けプログラム、オークションなどが企画された。

この協会は研究と出版の活動にも積極的である。一九七八年からは、それまでの定期刊行物を*Journal of the American Historical Society of Germans from Russia*として刊行するようになった。一九八二年からは年四冊発行する季刊誌である。なお、本協会の年会費は、基本会員の場合は三五ドルであるが、標準会員が支払う年会費五〇ドルにはこの雑誌の購読料が含まれる。

文化の継承の一つの手段として、若い世代に対する教育活動も行われる。子ども向けの教材（Tätigkeit Buch）が準備されている。これには、塗り絵によるドイツ語の学習から始まって、マトリョーシカの解説とその作り方、家系への関心、ドイツ語の表現、ドイツおよびロシアの料理、音楽、オクトーバーフェスト、宗教と教会、ドイツからロシアへの移住の歴史、文献が含まれる。

一方、ノースダコタ州の州都ビスマークにはロシア系ドイツ人伝統継承協会が組織されている。ノースダコタ州は、表7.1でみたように、黒海ドイツ人の居住の中心地であった。サウスダコタ州も含めると、この地域には一九二〇年頃に九万四〇〇〇人の黒海ドイツ人が居住した。その三分の二あまりがプロテスタントであった。

この協会は一九七一年にビスマークで創設された。当時の名称はロシア系ドイツ人ノースダコタ歴史協会（North Dakota Historical Society of Germans from Russia）であったが、一九七九年に現在の名称に変更された。二〇〇〇年には、現在の場所に新築された建物に本部が移転した（写真7.5）。この協会には博物館はない。しかし、図書室は研究スペースを提供しており、黒海ドイツ人に関する研究の拠点となっている。

ロシア系ドイツ人伝統継承協会も支部を設けて活動している。支部には、実際の所在地を持つ支部と、インターネットによるヴァーチャルコミュニティがある。ノースダコタの七か所とサウスダコタの五か所のほか、ミネソタ、ワシントン、オレゴン、カリフォルニアに合計六か所の支部が存在する（図7.4）。こうした支部の所在は、ロシア系ドイツ人アメリカ歴史協会の場合と同様、一九二〇年のロシア系ドイツ人の分布に

写真 7.5　ノースダコタ州ビスマークのロシア系ドイツ人伝統継承協会本部
（撮影）2015 年 9 月、矢ケ﨑典隆

ほぼ相当する。これらに加えて、八つのインターネットグループが存在し、情報交換の場を提供している。なお、一九七一年以来、年次大会が開催されてきた。

機関誌 *Heritage Review* が年四回発行され、歴史的な書籍の復刻、関連する書籍の販売等を行っている。また、若い世代にロシア系ドイツ人としてのルーツを認識してもらうための小冊子（*Youth Discover Your Roots!*）を刊行している。ロシア系ドイツ人伝統継承協会とロシア系ドイツ人アメリカ歴史協会は、定期刊行する出版物を交換するだけで、交流はしていない。同じロシア系ドイツ人ではあるが、ヴォルガ地域と黒海沿岸という出身地が異なるため、また、グレートプレーンズにおいても大まかな住み分けがみられるため、交流の機会はほとんどない。

なお、ノースダコタ州東端部のファーゴにはノースダコタ州立大学があり、その中央図書館にはロシア系ドイツ人伝統継承コレクション（Germans from Russia Heritage Collection）がある。ロシア系ドイツ人研究の一つの中心地となっている（Miller 1987）。

以上の二つのロシア系ドイツ人の団体は、一九七〇年代から進展したアメリカ社会の多民族化への認識の変化を反映していると解釈できる。この時期にエスニック関係の書籍の出版が盛んになった。ノースダコタについては Berg（1983）があり、ほとんど白人ではあるが、アメリカ先住民に加えて、一六のエスニック集団を扱っている。ロシア系ドイツ人もその一つである。

ノースダコタやサウスダコタの農村地域を観察すると、ロシア系ドイツ人の存在を認識する機会がある。たとえば、サウスダコタ州北部のユレカを訪れると、パイオニア博物館がある。この小都市は一九世紀末に小麦農業の発展に伴って人口が急増した。アメリカ中西部からの農民に加えて、黒海ドイツ人（プロテスタント）が大量に流入した。彼らは小麦農民として成功し、ユレカは小麦の首都ともよばれるようになった。ビール好きのロシア系ドイツ人は、小麦を販売してお金を手にすると、街の一六か所の酒場でビールを楽しんだという（二〇〇年祭記念フェスティバルの

パンフレット *Eureka, South Dakota: World's Wheat Capital, 1887–1902*)。そうした小麦とロシア系ドイツ人の歴史は、パイオニア博物館で確認することができる。二〇一五年九月にはSchmeckfest（festival of tasting、食の祭り）が開催されていた。ここにドイツの伝統の残存を認めることができる。

ロシア系ドイツ人がアメリカ合衆国においてエスニックアイデンティティを維持してきた理由として、Rippley（1974 : 6-7）は四つを指摘している。すなわち、ロシア系ドイツ人は信仰心があつく、団結して教会への忠誠心を維持することである。また、ロシアでもアメリカ合衆国でも母語としてのドイツ語を維持した。さらに、ロシア系ドイツ人はロシアに居住していた時に、ロシア人やトルコ人の隣人に対して、文化的、社会的、民族的に自分たちが優等であるという意識をもっていた。そして、ロシアの草原で地理的に孤立した集落を形成し、それを単位とする社会が形成されていたことである。

ロシアでは、アメリカ移住の時代が終わった後、残ったドイツ人は土地を没収されたり飢餓に直面したりして、苦しい生活を強いられた（鈴木 二〇一三）。一九一七年のロシア革命の翌年、ヴォルガドイツ人自治州が組織された。それは一九二三年にヴォルガドイツ人自治ソヴィエト社会主義共和国に改組された。しかし、一九四一年八月にヒトラーがロシアに侵入すると、スターリンはドイツ人強制移住令・追放令を出して、ドイツ人自治共和国のすべての市民をソヴィエト領の中央アジアへと追放した。こうして、ヴォルガ川流域、黒海沿岸低地、クリミアに居住していたドイツ人は、立ち退きを余儀なくされた。ロシア系ドイツ人口の中心はカザフスタンやシベリアに移った。こうして、旧ロシアのヴォルガ川流域や黒海沿岸に形成されたドイツ系社会は崩壊するとともに、ドイツ語地名はロシア語に置き換えられ、ドイツ人の居住の歴史は抹殺された（Rippley 1974 : 15-16、ゲルマン・プレーヴェ 二〇〇八：一七六―一八二）。

一九九一年のソ連の崩壊後、こうしたロシア系ドイツ人の多くはドイツに帰国した。しかし彼らは、ヴォルガ川流域や黒海沿岸低地やクリミアへは帰還しなかった。一八世紀後半から一九世紀初めにかけてロシアのヴォルガ川流域や黒海沿岸に形成されたドイツ系の文化と社会は、現在では、アメリカ合衆国のグレートプレーンズに記憶されているわけである。

〈文　献〉

ゲルマン、アルカージーA・プレーヴェ、イーゴリR著、鈴木健夫・半谷史郎訳　二〇〇八　『ヴォルガ・ドイツ人――知られざるロシアの歴史――』彩流社
佐々木博　二〇一五　『最後の博物学者アレクサンダー＝フォン＝フンボルトの生涯』古今書院
鈴木健夫　二〇一三　『ヴォルガのドイツ人女性アンナ――世界大戦・革命・飢餓・国外脱出――』彩流社
長友雅美　二〇〇四　「北米大陸に移住したロシア系ドイツ人の言語使用研究の動向」『東北大学大学院国際文化研究科論集』一二：一三一―一三八
矢ケ﨑典隆　二〇〇〇　「アメリカ合衆国アーカンザス川流域の甜菜糖産業」『歴史地理学』四二（四）：一―二二
矢ケ﨑典隆　二〇一一　「アメリカ合衆国ハイプレーンズを事例としたエスニック地誌の方法」『東京学芸大学紀要人文社会科学系Ⅱ』六二：六三―七七
矢ケ﨑典隆　二〇一四　「アメリカ合衆国カンザス州南西部の甜菜糖産業とロシア系ドイツ人」『歴史地理学』五六（二）：一―二四
矢ケ﨑典隆　二〇一七　「砂糖工場の廃墟――アメリカ西部で繁栄したテンサイ糖産業の記憶――」E-journal GEO　一二（二）：二九四―三〇〇
矢ケ﨑典隆・斎藤功・菅野峰明編　二〇〇六　『日本地理学会海外地域研究叢書3　アメリカ大平原――食糧基地の形成と持続性――増補版』古今書院
Berg, F. M. 1983. *Ethnic Heritage in North Dakota.* Attiyeth Foundation.
Kloberdanz, T. J. 1980. Plainsmen of Three Continents: Volga German Adaptation to Steppe, Prairie, and Pampa. In F. C.

Luebke ed. *Ethnicity on the Plains*, University of Nebraska Press, 54-72.

History Book Committee, Ellis County Historical Society 1991. *At Home in Ellis County, Kansas 1867-1992*. Ellis County Historical Society.

Jordan, T. G. 1989. Preadaptation and European colonization in rural North America. *Annals of the Association of American Geographers*, 79(4) : 489-500.

Koch, F. C. 1977. *The Volga Germans: In Russia and the Americas, from 1763 to the Present*. Pennsylvania State University Press.

Long, J. W. 1988. *From Privileged to Dispossessed: The Volga Germans, 1860-1917*. University of Nebraska Press.

Miller, M. M. ed. 1987. *Researching the Germans from Russia*. North Dakota Institute for Regional Studies, North Dakota State University.

Rath, G. 1977. *The Black Sea Germans in the Dakotas*. Pine Hill Press.

Rippley, L. J. 1974. An introduction to Richard Sallet's Russian-German Settlements in the United States. In R. Sallet. *Russian-German Settlements in the United States*, North Dakota Institute of Regional Studies, 3-16.

The Rush County 125th Anniversary Committee. 2001. *The Rush County 125 Years in Story & Pictures*. The Rush County Historical Society.

Sallet, R. 1974. *Russian-Germans Settlements in the United States*. Translated by Rippley, L. J. and Bauer, A. North Dakota Institute for Regional Studies.

Schrader, F. F. 1924. *The Germans in the Making of America*. The Strafford Co.

Taylor, P. S. 1967. Hand laborers in the western sugar beet industry. *Agricultural History*, 41 : 19-26.

Williams, H. P. 1975. *The Czar's Germans with Particular Reference to the Volga Germans*. American Historical Society of Germans from Russia.

コラム6

マニュスクリプトセンサスから移民の属性を知る

矢ケ崎典隆

アメリカ合衆国では、一七九〇年の第一回国勢調査（センサス）以来、一〇年ごとに全国調査が実施されてきた。センサスは、基本的な統計としてさまざまな研究に活用されてきたが、移民の属性を知るために活用できるのは、マニュスクリプトセンサスである。これは手書きの連邦センサス調査票で、アメリカ合衆国国立公文書記録管理局にマイクロフィルムとして所蔵される。アメリカ合衆国では個人情報が七二年間は保護されるので、現在、一九四〇センサスまでの調査票が公開されている。

センサス調査員は各世帯を訪問して、世帯主と家族の名前、年齢、渡米年、出生地、母語、両親の出生地、職業などを調査票に書き込んだ。原本の保存状態が悪い場合もあるし、調査員の筆跡によって判読が難しい場合もあるが、住民の属性を知るための優れた一次資料である。

図1は、筆者がカンザス州南西部フィニー郡のヴォルガドイツ人社会について調べた時に使用した、一九一〇年（第一三回センサス）のシャーロックタウンシップに関する調査票の一部である（矢ケ崎 二〇一四）。一九〇〇年と一九二〇年のマニュスクリプトセンサスを合わせて分析することにより、テンサイ栽培と製糖業の発展に伴って、アーカンザス川流域にロシア系ドイツ人の社会が形成された過程が明らかになった。

マニュスクリプトセンサスを読むのは時間と労力のかかる仕事である。しかし、それは新しい知見を生み出す。アメリカ合衆国を対象とした地理学研究にとって、マニュスクリプトセンサスは貴重な一次資料なのである。

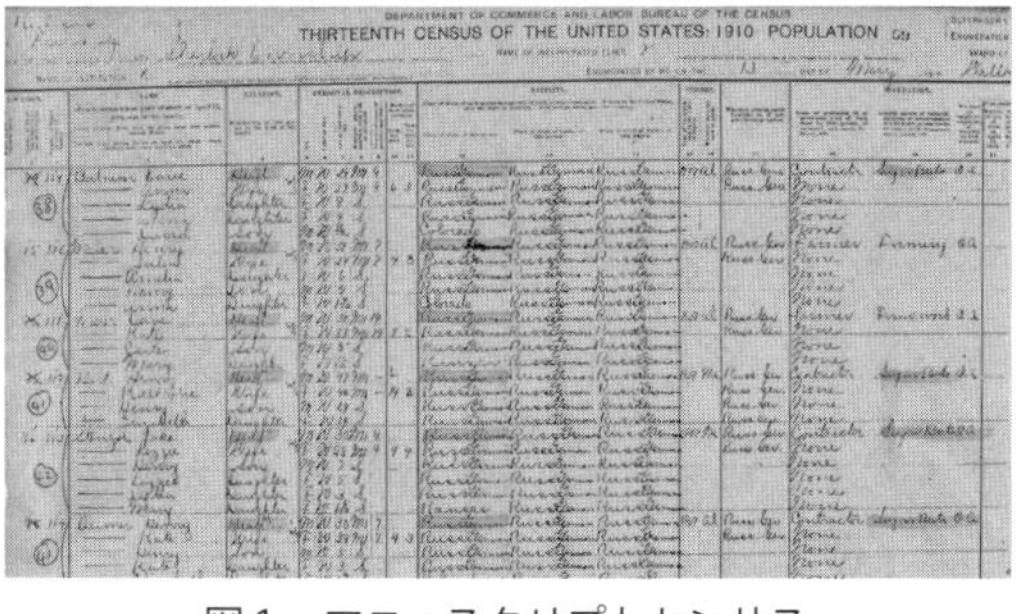
DEPARTMENT OF COMMERCE AND LABOR—BUREAU OF THE CENSUS
THIRTEENTH CENSUS OF THE UNITED STATES: 1910—POPULATION

図1　マニュスクリプトセンサス
（出所）Thirteenth Census of the United States: 1910 Population, Kansas, Finney County, Sherlock Township.

第8章

アメリカ西部のバスク人とアイダホ州ボイジーのバスク博物館

石井　久生

アイダホ州の州都ボイジーには、アメリカで唯一のバスク博物館がある。いや、バスク地方を除けばバスクのエスニシティを展示する世界で唯一の場所かもしれない。バスク人がアメリカに移住するようになったのは一九世紀半ば以降であり、決して最近のことではない。にもかかわらず、アメリカに住むバスク人について日本ではあまり知られていない。それはその数の少なさにある。センサス局によれば、アメリカ在住のバスク人はわずか五万九千人（二〇一六年）であり、マイノリティといわれるエスニック集団のなかでも極端なマイノリティである。そのようなバスク人ではあるが、ボイジーをはじめとするアメリカ西部では強烈な個性を放っている。

1 ボイジーのバスク博物館・文化センター

まずは世界でも類を見ないボイジーのバスク博物館を簡単に紹介しよう（写真8.1）。バスク博物館の正式名称は

「バスク博物館・文化センター（The Basque Museum and Cultural Center）」であるが、ここでは省略して「バスク博物館」とよばせていただく。同博物館は、ボイジーの歴史的都心地区の一角、グローヴ通り六〇〇番街に位置する。グローヴ通り六〇〇番街は、バスク関連施設がブロックの大部分を占めることから「バスクブロック」とよばれ、おそらくは世界で唯一のバスク人街である（図8.1）。

バスク人の故郷であるバスク地方とは、スペインとフランスの国境西部に広がる一帯である。そこに住むバスク人は、系統不明の孤立言語であるバスク語を話し、固有の文化を今日まで維持継承してきた。バスク博物館は、そのようなバスク人の移民の歴史と文化の保存、継承、発展を目的とした非営利団体組織である（Patty 2016）。そのために博物館は、写真、図書、オーラルヒストリー、工芸品、音楽や舞踊など、バスク人の歴史や文化にまつわるアーカイブ資料を収集している。博物館のもう一つの重要な任務が、バスク人の歴史や文化に関する知識の市民への啓発活動である。記憶継承の目的で収集整理された資料は、解釈展示、講演、プレゼンテーション、図書室の活用などをとおして市民に提供され、知識の普及に役立てられている。こうした展示やプレゼンテーションは博物館施設内で主に実施されるが、直接の来場が難しい学校の生徒や市民団体のために出張プレゼンテーションも実施される。一方でバスク博物館は、若い世代へのバスク文化に関する知識の普及に

写真8.1　アイダホ州ボイジーのバスク博物館
（撮影）2015年3月、石井久生

積極的である。そのために各地の学校を活用しており、州内の学校にバスクの歴史や文化を紹介した本、バスク音楽ＣＤ、バスク舞踊指導用ＤＶＤと音楽ＣＤを配布したり、視聴覚教材などを詰め込んだ学習トランクの巡回などを実施している。

バスク博物館は、その正式名称「バスク博物館・文化センター」からもわかるように、文化センターとしての機能も担っている。そのためさまざまな集会活動に対応できるよう、集会用スペースも併設している。そこでは、青少年部門の舞踊スクール（写真8.2）、成人向けバスク語教室などが毎週のように開催されるうえ、ミュージックグループのジャムセッション、博物館主催の料理教室なども月ベースで催されている。

もう一つ重要なのは、他機関との連携活動である。そのなかで特筆すべきは、故地のバスク地方以外で唯一、幼児向けのバスク語漬け教育を実践する「イカストラ」である（写真8.3）。イカストラとは「学校」を意味するバスク語であるが、バスク地方ではバスク語の公教育が禁止されていた一九五〇年代頃からバスク語教育の私学として存在しており、現在ではバスク語で授業が行われる公私立の学校がそうよばれている。ボイジーのイカストラは、アイダホ州立大学バスク研究コンソーシアムと

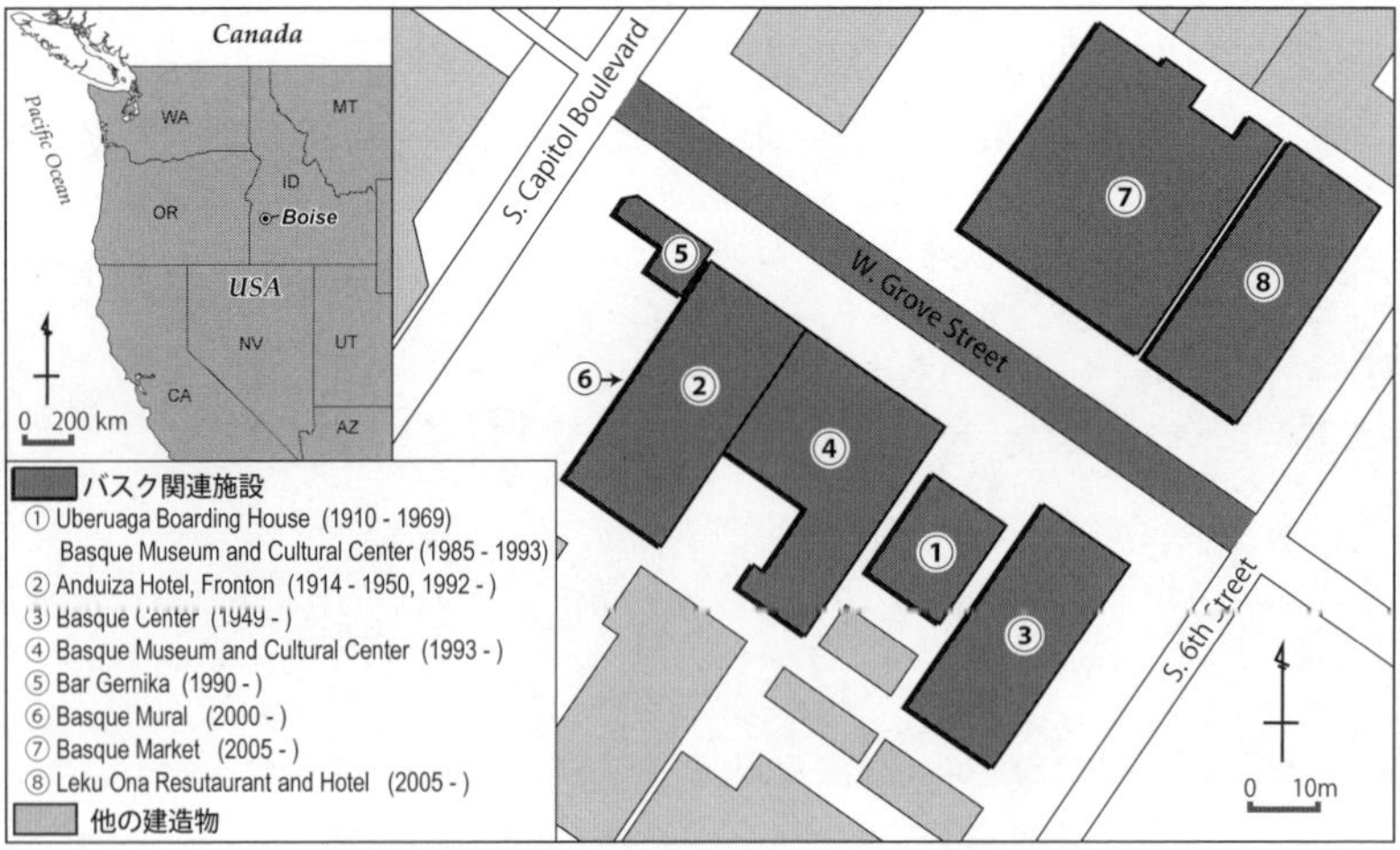

図 8.1　アイダホ州ボイジーのバスクブロック
（出所）現地調査により作成。

写真 8.2　バスク博物館におけるバスクダンススクール
（撮影）写真 8.1 に同じ

写真 8.3　ボイジー州立大学敷地内のバスク語幼稚園「イカストラ」
（撮影）写真 8.1 に同じ

共同で運営されており、教室も大学敷地内に設置されているが、博物館は園長や常勤教員を雇用するなどその運営に深く関与している。

バスク博物館は一八人の理事により構成される理事会により管理され、運営には七〇人以上のバスク人ボランティアが参加している。これほど多くのバスク人が参加するのは、この博物館が彼らにとってエスニシティの象徴的な場所であるからである。しかし、その設立は一九八五年であり、バスク人の長い移住の歴史を考えれば比較的最近のことである。それでは彼らのアメリカへの移住史をバスク博物館設立前夜までひもといてみよう。

2 バスク人のアメリカ移民史

アメリカへのバスク系移民の歴史は、一八四〇年代末のカリフォルニアでのゴールドラッシュまでさかのぼる。その当時、ヨーロッパからの直接移民はわずかで、大半を占めたのはアルゼンチンやチリへ移住した後にアメリカへ移住した再移民であった。アルゼンチン、ウルグアイなどの南米南部温帯地域は、一九世紀前半、バスク人の主要な移住先であった。そもそも新大陸におけるバスク人の入植地は、一六～一七世紀にはメキシコ北部や中央アンデスの鉱山地帯、一八世紀にはベネズエラやチリが主流であったが、一九世紀に入りラプラタ川流域で牧畜業が発展すると、そこに就業機会を求めるバスク人が大量に移住するようになった（Álvarez 2002 : 140-1）。

その当時のバスク人の移住の背景には、バスク地方におけるバスク社会の変化に起因するプッシュ要因があった。当時バスク地方では、衛生環境の向上により死亡率が大幅に低下し、人口が急増した。増加した人口を維持するには大量の食糧が必要になるが、一九世紀前半は気候の寒冷化による食糧不足が深刻で、その解決策の一つとして移民が選択された。家族制度も移民を推進する要因となった。移民を多く輩出したバスク地方山間部では、伝統的に牧畜社会であったため、家計を維持する前提として一定規模の土地所有が必要であった。そのため一家の土地は分筆防止のために伝統的に長子が相続することが慣例となり、長子以外の子どもにとって移住は生き残るうえでの重要な選択肢となった。政治的事件も移民送出要因となった。一九世紀前半のスペインは動乱が続き、バスク地方はスペイン独立戦争（一八〇八～一八一四）、第一次カルリスタ戦争（一八三三～一八三九）の主戦場の一つとなり、戦乱による地域の荒廃により多くのバスク人が故地を離れた。

これに対し南米南部のラプラタ川流域では、一九世紀前半に牛や馬の牧畜業が盛んになり労働者が不足した。同時に毛織物産業が発達したにもかかわらず現地では牧羊の技術が不足した。ここに参入したのがバスクからの移民であった。とくに一八四〇年代には多くのバスク人が移住し、彼らは牧羊業に参入し広大な草原地帯パンパにおいて羊の長距離移牧を実践した（Azcona and Douglass 2004 : 276-7）。

一八四〇年代末に始まったカリフォルニアのゴールドラッシュは、ラプラタ川流域をはじめ中南米各地に移住したバスク人のアメリカへの再移住を促した。一獲千金をもくろむ彼らは、カリフォルニアへ再移住するようになったが、多くの移民はゴールドラッシュの成功とは無縁であった。そこでバスク人が目を付けたのが牧羊業であった。ちょうど一八五〇年代から一八六〇年代にかけて、カリフォルニアでは牧羊業が発展した。当初は牧牛も行われていたが、アメリカ西部の乾燥した気候に対応できず次第に衰退した。それに代わり乾燥した気候と起伏の激しい地形に対応可能な牧羊業は、食肉加工業や毛織物業の発展と並行して、カリフォルニアの重要産業に成長した。そこにバスク人が参入したわけであるが、それがスムーズに進行したのはラプラタ川流域での牧羊業の経験があったからである。こうしてカリフォルニアにおいて牧羊業に参入したバスク人は、地縁血縁を頼りに故地のバスク地方から近親者を呼び寄せるようになり、一九世紀半ば以降にはバスク地方から直接移民が流入するようになった。

一八五〇年代、カリフォルニア南部では、バスク人は牧羊業においてすでに重要な地位を確立していた。バスク系羊飼いは、乾燥したカリフォルニアの自然環境に適応した季節的な長距離移牧様式をすでにこの時期に確立していた。当時の彼らの移牧は、セントラルバレーを中心に展開された。秋の終わりから春のはじめにかけての羊の出産期に、彼らはセントラルバレー南部のサンホアキンバレーに滞留し、羊群を形成した。春になると大きくなった羊群をともない、北のシエラネヴァダ山脈の高地にある公有地へ移動し、秋になるとセントラルバレーを南下し、サンホアキンバレーに戻った。そのうち一部の成功者は、サンホアキンバレーに土地を獲得し、牧羊企業を経営するようになった。牧羊企業経営者は、地縁や血縁のつながりから信頼できるバスク人を雇用するようになった（Douglass and Bilbao 1975：299-300）。ただし、現地在住のバスク人では限界があるため、バスク地方から地縁血縁を頼りに直接呼び寄せるようになった。こうしてアメリカ西部とバスク地方とを結ぶバスク人の連鎖移民が確立された。バスク系羊飼いへの報酬は、移牧の過程で生まれた子羊があてがわれることが多かった（Douglass and Bilbao 1975：225-6）。子羊を得たバスク系羊飼いは、約三年間移牧に従事することで、十分な羊群を形成した。そして地縁血縁を頼りに移住してくるバスク系移民に子羊を引き継ぐことで、新規移民が移牧に容易に参入することを可能にした。こうして連鎖移民ネットワークが漸次増強された。

カリフォルニアのセントラルバレーを中心に展開されたバスク系羊飼いによる移牧は、一八六〇年代には過密状態となった。そのため彼らは、一八七〇年代にはシエラネヴァダ山脈を越えたネヴァダ州、アリゾナ州へ、さらに一八七〇年代後半にはネヴァダ州北部、オレゴン州南東部、アイダホ州南部にかけて広がる広大なグレートベースンに進出するようになった。

アイダホ州のボイジー付近でバスク人の活動が観察されるようになったのは一八八〇年代末であるとされる。最も古い記録では、スペインバスク地方西部のビスカヤ県出身の二人の羊飼いが、アイダホ州に隣接するワイオミング州のジョーダンバレーで一八八九年に牧羊を営むようになったとある（Douglass and Bilbao 1975：242）。彼らの進出が、ビスカヤ県出身者がアイダホからワイオミングにかけての北西部に集中するようになる契機となった。二〇世紀最初の一〇年間に、ジョーダンバレーで活動していたビスカヤ県出身の羊飼いがボイジー近郊に進出するようになった。その結果ボイジーは、バスク系の羊飼いや土地所有者の支援基地として機能するようになった。しかしボイジーに移住したバスク人は、羊飼いや牧羊企業経営に従事するだけではなく、ダム建設などの建設業や鉱山採掘、さらにはそれらに従事する同胞労働者のための宿泊業を営んだ点で、他地域に比べて職業選択の多様性に富んでいた。

こうしてアメリカ西部に入植した羊飼いの多くは単身男性で、バスク地方の山村地域の出身者が中心であった。羊飼いは過酷な労働を強いられたため、この分野で競合する他の移民集団は少なく、そのため彼らは容易に参入し占有することができた。同時に羊飼いは、英語の能力を必要とせず、長距離移動に必要なテントや牧羊犬など必要最低限の装備がそろえば単身でも開始できたため、山村出身の単身男性には参入しやすい就業形態であったといえる。しかし彼らは、長期間にわたって人と接することなく羊の群れと行動し、馬車に張ったテントに寝泊まりするため、孤独であり、孤独さゆえに英語を習得する必要もなかった。英語に堪能でなく、孤独な羊飼いとして荒野を移動する彼らは、しばしば「汚い黒いバスク人(dirty black Basco)」と侮蔑された(Bieter and Bieter 2000 : 39)。現地の女性と通婚してそのままアメリカ西部に残るものは少なく、多くは一定期間後に羊の群れを同胞に譲ったうえでバスク地方に戻り、同郷の女性と結婚した(Douglass 1984 : 115)。

二〇世紀初めの二〇年間、バスク地方からの移民は順調に増加した。しかし、一九二一年の移民法により移民の出身国別割当制が導入され、さらに一九二四年の移民法により割当基準が厳しくなったことで、バスク地方からの移民は急減した。バスク地方はフランスとスペインにまたがることから、バスク系移民は両国に対する移民割当の影響を受けたが、とくに厳しかったのがスペインに対する割り当てであった。一九二一年移民法で年間九一二人の入国がスペインに割り当てられたが、一九二四年移民法で一三一人まで厳格化されたことで、スペインバスクからの移民の流れは急速に先細った。フランスに対する移民割当は厳しくなかったものの、当時のフランスバスク地方からの移民は、二〇世紀以降に急発展した酪農業に参入する傾向が強かったため、羊飼い不足を補完するに十分ではなかった(Douglass and Bilbao 1975 : 303)。当時のカリフォルニアでは、人口増加に伴い酪農製品の需要が急増し、フランスバスク系羊飼いのなかには所有地を牧場に転換し酪農を始めるものがあらわれたとされる。フランスバスク系の牧場所有者は、牧場労働者として近親者を雇用したため、フランスバスク系移民の羊飼いへの参入は減少した。それに対し、スペインバスク地方のナバラとビスカヤからの移民は、規模は縮小されたとはいえ継続的に流入し、羊飼い労働力を供給し続けていた。この頃からバスク系移民はスペインバスク出身者が大半を占めるようになった。そのため一九二四年の移民法は、スペインバスク地方からの羊飼いの供給を停滞させるとともに、後に深刻な羊飼い不足を招いた。

一九二〇年代から強化された連邦政府による国有地管理も、バスク系羊飼いによる移牧に深刻な影響をおよぼした。とくに一九三四年制定の「テーラー放牧法(Taylor Grazing Act)」の影響は大きかった。同法の特色は、内務長官に固有放牧地を管轄する広範な権限を付与したことにある。同法により、未使用かつ未保留であるが放牧に有益であると判断される国有地に八〇〇〇万エーカーを上限に放牧地区を設置することが認められる代わりに、それを利用したり貸与したりするためには連邦政府の放牧許可が必要となった。これにより一億七三〇〇万エーカーの土地が連邦政府管轄下の放牧地区に指定された。同法成立の背景には、牧場主と羊飼いの間の放牧地を巡る抗争が存在するとされ、国有地に隣接して牧場を所有する牧場主らは、隣接する公有地でのバスク系羊飼いの活動を制限することで自らの放牧用地を確保しようと試み、地方政府や連邦政府に対して同法成立のための圧力をかけたといわれている(Thursby 2009 : 165-7)。このような国有放牧地の再編により、バスク系羊飼いが確立した長距離移牧ルートは分断され、大幅に短縮されるようになった。

これらの逆風によりバスク地方からの移民は減少したものの、第二次世界大戦期の徴兵による羊飼い不足と毛織物の需要増加により、一九四〇年代には羊飼い不足が深刻化した。これに対してアメリカ西部諸州は、通称「羊飼い法（Sheepherder Laws）」とよばれる一連の法律を適用し、不法滞在のバスク系移民に対し永住権を与えるなどして、羊飼い不足に対処した（Douglass 1979 : 297）。しかしそれだけでは羊飼い不足は解消できなかったため、アメリカ西部を代表する牧羊関連団体が連邦政府や連邦議会議員に圧力をかけ、移民国籍法、通称マッカラン＝ウォルター法を一九五二年に成立させた。同法により、熟練羊飼いは特殊技能者として移民割当から除外されるようになった。同法は対象をバスク人に限定していたわけではないが、恩恵を受けたのは彼らであり、これにより五千人以上のバスク人が入国したとされている（Douglass 1979 : 297）。

こうしてバスク系羊飼いは、一九五〇年代末から一九七〇年代はじめにかけて安定的に供給されるようになった。しかし、一九七〇年代後半に入るとバスク地方の経済環境の改善や政治状況の安定により移民が急速に減少し、一九八〇年代に入ると移民はほぼ途絶えた。それに代わって、ラテンアメリカのペルーやメキシコからの移民が羊飼いに就業するようになった。

3　ボイジーのバスク人コミュニティの磁場としてのバスクホテル

アメリカ西部に移住したバスク人の多くは還流的移民であり故地に戻ったが、一部は定住した。その結果、バスク人が生活拠点としたアメリカ西部諸都市には、バスク人の独特なコミュニティが形成された。一般的に移民集団は、他集団との競合を避けるためにエスニック・エンクレイブに集住して移民街を形成する。しかしバスク人の場合、都市内の特定空間を占有することはなかった。彼らが形成したコミュニティは、都市内に散在する移民宿とそのネットワークにより構成される独特なものであった。

バスク人が経営し、バスク人のみを顧客とする移民宿は、「バスクホテル」とよばれた。バスク地方からの移民は、船でニューヨークのエリス島から入国すると、目的地とホテルの名前が書かれたカードを首にぶらさげ、アメリカ在住のバスク人ブローカーらの助けを得ながら鉄道で大陸を横断して目的地に到着し、とにかくバスクホテルへ向かった。バスクホテルでは、経営者をはじめ、料理人やメイドなどの従業員もバスク人のためバスク語が一種の公用語であり、英語を全く理解しない、入国間もない移民でも問題なく生活することができた。彼らはここで地縁血縁者と合流し、牧羊企業経営者を紹介され、羊飼いに就労した。羊飼いとして働くようになって以降も、彼らにとってバスクホテルは一種の避難所的存在であった。彼らは一人あるいは二人で数千頭の羊とともに長距離移牧を実践したが、その間、現地のホスト社会と接する機会はほとんどなく、英語を習得しなかった。彼らは子羊の出産期にあたる冬季に労働から解放されるが、その間、若く単身で英語に不慣れな彼らが一時的に身を寄せるのが都市部のバスクホテルであった。バスやトイレなどは共用のため宿泊費が安く、バスクレストランが併設されているため故郷の食事を堪能することができた。さらに彼らにとって最大の魅力は、ホテル経営者が職業案内、金融窓口、医療などさまざまな社会活動において現地社会との仲介を担ってくれることにあった。それによりバスクホテルに滞在するバスク人は、現地社会と接することなく、必要最低限の社会生活を営むことが可能だったのである。

アイダホ州ボイジーを例に、バスクホテルをベースとしたバスク人コミュニティがどのように形成されたかを概観しよう。宿帳のような資料が残っていれば当時の状況を再現することは容易であるが、現在まで営業を続けるホテルがないため、その種類の資料は入手不可能である。ただし、地図や住所録を利用すれば、当時の景観は再現可能である。そのために利用したのが、サンボーン地図会社が製作した火災保険地図と、ファーアンドスミス社とポークス社が作成した住所録である。火災保険地図は一八〇〇年代末の発行以降改定を重ねており、かつてのボイジー市街とその変遷を知るための貴重な資料であり、ホテルの位置とホテル名を確認することができる。住所録は一九〇〇年代初期まではファーアンドスミス社、それ以降はポークス社が毎年発行している。これには氏名、住所、職業も明記されていることから、地図に対応する年次のバスク姓とその住所、職業を抽出すれば、バスクホテル滞在者の職業属性も把握可能になる。これらの資料に加え、ボイジーのバスクホテルに詳しいBieter and Bieter（2000), Echeverria（1999), Totoricagüena（2002), Zubiri（2006）を中心とする文献資料から情報を補って、かつてのバスク人コミュニティを地図で再現した。

バスク博物館の調査では、一八九〇年代はじめには表向きはレストランの業態をとるバスクホテルが存在したとのことであるが、ホテル業を前面に掲げるバスクホテルの登場は世紀の変わり目の頃であったようである。前述のようにボイジー近郊にバスク人が移住するようになったのは一八九〇年代頃であり、その契機は一八九三年にオレゴン短線鉄道ボイジー線の旅客駅が当時のボイジー都心の南西に建設されたことにあった。一九〇三年の都心付近を再現した地図からは、スター・ルーミングハウス（Star Rooming House）とシティー・ロッジングハウス（City Lodging House）の二軒のバスクホテルの存在が確認できる（図8.2）。開業年には諸説あるが、両ホテルともに一九〇一年頃にホセ・ウベルアガ（Jose Uberuaga）が開業した。ウベルアガはその後もいくつかのホテルの創業や経営に携わるかたわら、バスク人のホテル経営者を育成し、後に彼らに経営を譲った。こうしてバスク人ホテル経営者のネットワークが形成され、ホテル間で宿泊者の調整や就業紹介が行われた。こうしたネットワークを支えるホテル経営者はオテレロ（hotelero）とよばれた。当時の二つのホテルに住所を置く宿泊者を住所録から抽出したところ、職業のわかるバスク人宿泊者は五名であった。具体的職業は労働者、商人、タイピストなどであり、羊飼いは皆無であった。その状況がわずか十年で一変する。

一九一二年には図の範囲に確認できるバスクホテルが九軒に急増する（図8.3）。ホテル数に限らず、宿泊者数も急増

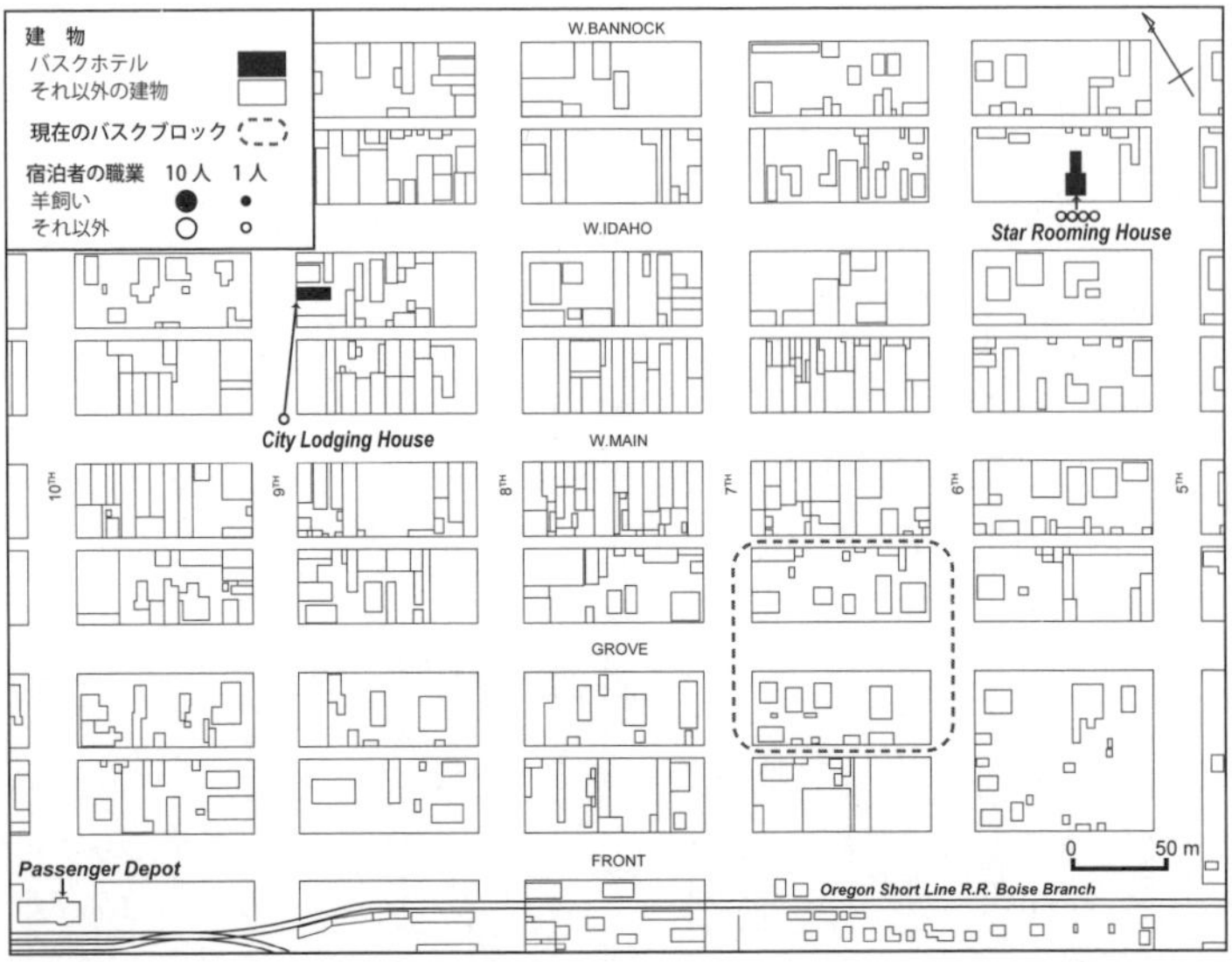

図 8.2　1903 年当時のボイジーのバスクホテルとバスク人宿泊者就業状況
（出所）石井久生（2015）図 5 を加筆修正。

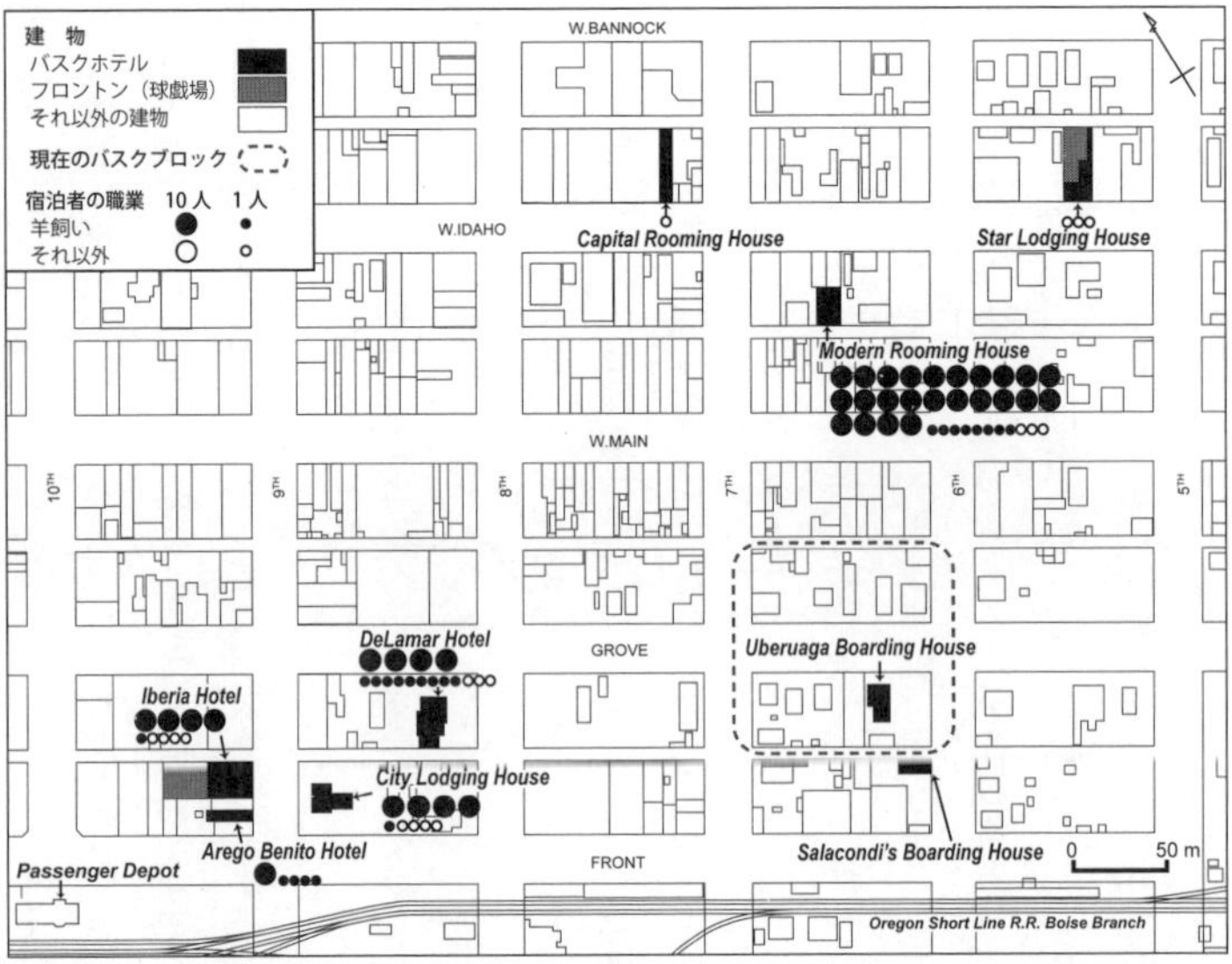

図 8.3　1912 年当時のボイジーのバスクホテルとバスク人宿泊者就業状況
（出所）石井久生（2015）図 6 を加筆修正。

した。職業の判明するバスク姓の宿泊者は四二〇名であったが、そのうち実に四〇二名が羊飼いであった。当時のバスク人宿泊者の約九七％が羊飼いであったとは現実的に考えられない。おそらくは、チェックイン時に宿帳に職業として羊飼いと記入し、多かれ少なかれ羊飼いに従業した後、レストランの給仕や建設労働者などに転職した者もいたであろう。しかしこの図で重要なのは、これほどのバスク人が羊飼いとしてボイジーに到着したという事実であろう。このように二〇世紀初めはバスク人の職業のステレオタイプが羊飼いだったのである。

図8.3中で宿泊者が最も集中するモダン・ルーミングハウス（Modern Rooming House）は、一九一二年頃にマテオ・アレギ（Mateo Arregui）が開業した。住所録を確認すると、このホテルと同じ住所に記載されたバスク人は二五二名に達する。当時のアレギは、前出のウベルアガと同様にボイジーのオテレロの代表的存在であった。おそらくボイジーに到着したバスク人の多くをアレギが引き受け、自らのホテルにチェックインさせた後に、オテレロのネットワークを通じて別のホテルに分散させたため、このような突出した値になったのであろう。

一九一二年当時のバスク人コミュニティの特徴は、ホテルとそのネットワークにより構成される閉じたコミュニティを形成していたことにある。その一端は、図中のスター・ロッジングハウス（Star Lodging House）とイベリア・ホテル（Iberia Hotel）からうかがい知ることができる。両ホテルとも、ハンドボールコートを併設している。これは素手で球を壁打ちして競い合うピロタ（pilota）というバスク地方独特の球戯用のコートで、アメリカ西部ではフロントン（fronton）とよばれる。現地ホスト社会と接点をもたないバスク人にとって、フロントンは貴重な遊戯施設であった。フロントンを併設したバスクホテルでは、市内各所のバスクホテルに滞在するバスク人が集う球戯大会がしばしば開催されたといわれる。バスクホテルは食住のみならず余暇機能も満たすバスク人の閉じた生活空間であり、バスクホテルとそれをつなぐネットワークが彼らのボイジーでの生活のすべてであったことをうかがい知ることができる。

その後、一九二〇年代に移民制限が強化されたことは前述したが、バスク人はその影響を直接的に受けた。その様子は一九五〇年のバスクホテルの宿泊者にはっきりと表れている（図8.4）。当時、火災保険地図と住所録から確認できるバスクホテルの数は一一軒で、一九一二年と大差ないが、住所録から確認できるバスク人は四六名に減少している。そのうち羊飼いはわずか四名である。移民制限の強化の結果、バスク地方からの羊飼いの供給が弱まり一九四〇年代には深刻な羊飼い不足に陥ったことは前述したが、バスク地方からの移民減少と羊飼い不足の二つの現象をこの図が如実に物語っている。

だがこの頃になると、故地バスク地方に帰郷せずボイジーに残るバスク人も増え、同人会組織であるバスク人会が結成された。その活動拠点となる固有の建物が「バスクセンター」である。バスクセンターはいわばバスク人の集会場である。ここでは同人会の会合をはじめ、バスクダンスの練習や週末の食事会などが開催され、併設のバルには日常的にバスク人が集う。

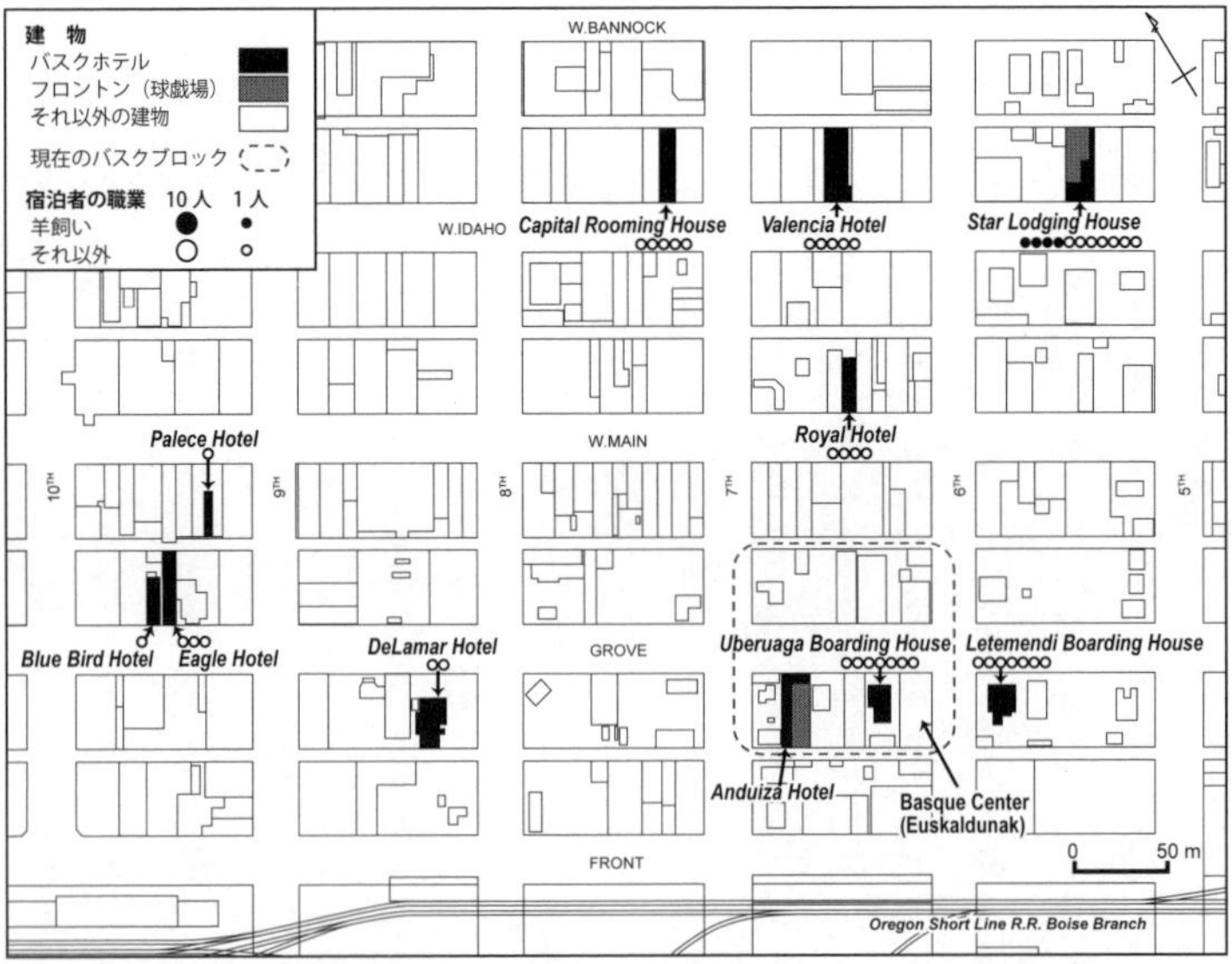

図 8.4　1950 年当時のボイジーのバスクホテルとバスク人宿泊者就業状況
（出所）サンボーン火災保険地図と Porks Boise City Directory により作成。

一九五〇年の火災保険地図には記載されていないのだが、同センターの開設は一九四九年である。図8.4中に記入したが、グローヴ通り六〇〇番街の東端に位置する。

図8.4中には、現在のバスク博物館につながる重要なバスクホテルが登場している。それがバスクセンターの西隣に位置するウベルアガ・ボーディングハウス（Uberuaga Boarding House）である。この建物は一八六四年建造のボイジー最古の建造物のひとつであり、もともとはフランス系のシーラス・ジェイコブ（Cyrus Jacobs）が所有していた。そこが一九一二年以降バスク人に賃借され、バスクホテルが営まれるようになった。一九二八年に前出のホセ・ウベルアガの一族がこれを買収し、ウベルアガ・ボーディングハウスとして営業するようになった。このホテルは一九六九年まで営業を続けたが、一九七〇年代に入るとバスクからの移民が急減したことによりすべてのバスクホテルは閉業に追い込まれた。

しかし、帰郷せずにボイジーに残ったバスク人たちは、旧ウベルアガ・ボーディングハウスの建物を利用して、一九八五年にバスク博物館を創設した。これ以降この建物が位置するグローヴ通り六〇〇番街は、バスク人と地元行政により景観整備が進められ、世界で唯一のバスク人街である「バスクブロック」へと変貌した。それを推進した原動力は、この場所に連綿と刻み込まれてきたバスク人の記憶である。その経緯を、バスク博物館の設立直前にさかのぼり概観しよう。

4 バスク博物館とバスクブロック

バスク地方からの移民が途絶えた一九八〇年代以降、移民の歴史が刻まれた建造物がいくつか残るグローヴ通り六〇〇番街が、彼らの記憶を表象するバスクブロックへと生まれ変わる。ただし一九八〇年初期時点のこの界隈で、バスク人の管理下にあったのはバスクセンターとウベルアガ・ボーディングハウスのみであった。そのような状況下で、バスク人はいかにして六〇〇番街をバスク人街として復活させたのであろうか。

グローヴ通り六〇〇番街は、州庁舎と市庁舎から五〇〇m圏内に位置し、歴史的都心地区の一部を占める。しかし、一九五〇年代頃から歴史的都心地区の退廃化は著しく、一九七〇年代以降再開発が進行した。再開発を担ったのは首都開発公社（Capital City Development Corp.）であるが、同社の当初の再開発計画では、現在のバスクブロック付近に一九八〇年代前半までにショッピングモールを建設する予定になっていた。それに対して同ブロックの不動産所有者らが計画に反対し、既存景観の保存と改修を主張した。そのため一九八〇年代半ば、首都開発公社は既存景観を保全改修する方針に転換した（Hill 2014：9）。

グローヴ通り六〇〇番街の場合、バスク人が再開発に積極的に関与した。その中心となったのがアデリア・ガロ・シンプロット（Adelia Garro Simplot）であった。彼女はボイジー生まれのバスク人で、父は牧羊企業を経営していた。彼女は六〇〇番街のバスクゆかりの不動産を買収することでバスクブロックの整備を進めた重要人物であるが、一九八三年に最初に購入したのが当時退廃化著しかったウベルアガ・ボーディングハウス（図8.1中①）であった。彼女は建物を改修し、そこに一九八五年にバスク博物館・文化センターを開設した（Zubiri 2006：381）。バスク博物館の開設は、グローヴ通り六〇〇番街がバスクブロックへ変貌する出発点となり、それにかかわったシンプロットは、これ以降もこのブロックの不動産買収や建造物改修に深く関与した。バスク博物館は一九九三年に隣接する現在の位置（図8.1中④）に移転している。

写真8.4　アンドゥイサ・ホテルのフロントン
（撮影）2015年3月、石井久生

シンプロットが購入に関与したもう一つの重要建造物はアンドゥイサ・ホテル（Anduiza Hotel）（図8.1中②）である。アンドゥイサ・ホテルは一九一四年頃に開業し一九五〇年に閉業したバスクホテルであるが、アメリカ最大級の屋内フロントン（ピロタ球戯場）を併設していたため、バスク人にとって貴重な文化財であった（写真8.4）。このフロントンではボイジーとその近郊のバスク人が集うピロタ競技会が一九一四年以降開催されたため、このホテルは当時のアメリカ在住バスク人にとってランドマーク的存在であった。一九五〇年の閉業後、フロントンはオフィスの倉庫に転用されていたが、幸運にも取り壊されず残されていた。この建物を購入しフロントンを補修した二人のバスク人のうちの一人がシンプロットであった（Zubiri 2006：367）。

これら二つの重要施設以外にも、バル、レストラン、マーケットなどのバスク関連施設がバスク人の手により次々と開業した。そして二〇〇五年にほぼ現在の建物配置が完成した。

建造物もさることながら、バスクブロックでは景観演出においてもバスク色が強調されている。たとえば、フロントン球戯場の入ったアンドゥイサ・ホテル跡の西側の壁には、故地バスク地方とアメリカ西部に展開するさまざまなバスクのイメージを組み込んだ巨大な壁画が掲げられている（写真8.5左）。個人所有の施設に限らず、公共空間、たとえば道路にもバスクの景観が組み込まれている。バスクブロックを東西に貫くグローヴ通りの路面には、バスク地方を象徴する紋章ラウブル

写真8.5　バスクブロックの壁画と路面のバスク十字「ラウブル」
（撮影）2015年8月（左）、同年3月（右）、石井久生

（Lauburu：バスク十字）が組み込まれ（写真8.5右）、車道と歩道の境界には街路樹とともにバスクをイメージさせるさまざまなオブジェが配置されている。この景観演出はボイジー市の街路景観整備プロジェクトの一環であり、公道であることから公的機関とバスク人コミュニティが共同で整備した。街路景観デザインの立案と整備は首都開発公社が担当し二〇〇〇年に完成しているが、その過程にはバスク博物館やバスク人会、ボイジー市アート委員会（Boise City Art Commission）などが参加している（Totoricagüena 2000：578-9）。

5　バスクの祝祭ハイアルディから世界へ

バスクブロックは、ボイジーのバスク人にとって、ノスタルジックな景観を提供してくれる心象的な空間であるだけではない。五年ごとに開催される世界最大級のバスクフェスティバルであるハイアルディ（Jaialdi）のメイン会場となり、バスク人コミュニティの結束を世界に発信する場ともなっている。

そもそも「ハイアルディ」とは、バスク語で「祝祭」を意味する。アメリカ西部各地では、一九六〇年代以降バスク人コミュニティの祝祭行事である「バスクフェスティバル」が開催されるようになったが、ボイジーのハイアルディは一九八七年という比較的最近始まった祝祭である。ハイアルディ開催のきっかけは、前年の一九八六年にソルトレイクシティで開催されたNABO《ナボ》（North American Basque Organization：北米バスク協会）の総会であった。NABOとは、全米各地に散在するバスク人会を統括するために、一九七三年に創設された各地のバスク人会の上位組織である。一九八六年総会に出席したボイジー出身のNABO会長エルキアガ（Al Erquiaga）が、同席した当時のバスク州政府文化大臣インチャウスティ（Jokin Intxausti）と、会合後に交わした会話のなかで祝祭開催についてアイデアが上ったことが、ハイアルディ開催の発端とされる（Yatsko 1997：59-60）。その後、エルキアガ会長はボイジーのバスク人会評議会にこの件を提案し、記念すべき第一回が一九八七年に開催された。それが好評だったため、一九九〇年以降は五年ごとに開催されるようになった。

ハイアルディでは、七月最後の一週間、伝統スポーツ大会、バスクダンス上演会、聖人サンイナシオのミサなどが、ボイジー都心から郊外までの複数の場所で分散開催されるが、そのメイン会場となるのがバスク博物館のあるバスクブロックである。バスクブロックでは、月曜の開会式を皮切りに、伝統舞踊やストリートミュージックなどのイベントが連日開催され、最終日曜の閉会式も執り行われる（写真8.6）。前述のバスクブロックの街路景観や壁画は、二〇〇〇年のハイアルディに合わせて整備されたものでもある。

ハイアルディが開催される週は「バスクウィーク」とされ、市内各所でバスクに関連する行事が開催される。二〇一五年の「ハイアルディ二〇一五」で開催された行事からは、彼らがそれらに込めた想いを読み解くことができた。その一つが、ボイジー州立大学のバスク研究プログラム主催のシンポジウム「Joan-Etorri」である。日本語の「往復」を意味するバスク語タイトルを冠したこのシンポジウムは、タイトル英訳がGoing Back & Forthであった。バスク人がこれまで経験してきた記憶を見つめながら未来へ向かうという意味が込められ、彼らのアイデンティ

写真 8.6　ハイアルディ 2015 のバスクブロック（左）とミサ前の式典（右）
（撮影）2015 年 8 月、石井久生

ティを時間軸に沿って継承していこうという意図が感じられる。

もう一つがバスクブロックに近い劇場で開催されたバスク映画祭"Meet the Basques" Community Gatheringである。アメリカやバスク地方など各地で作成されたバスクに関するドキュメンタリー映画の上映を目的とした映画祭であるが、このタイトルからわかるように、各地のバスク人を一堂に集めるという意味がある。実際にハイアルディの時期には、アメリカ各地のみならず、南北アメリカ大陸のバスクディアスポラ、さらには故地のバスク地方からもバスク人がこのボイジーに集結する。したがってこの行事の重点は空間軸にあり、ボイジーに集うバスク人が地理的制約を超えてバスク人コミュニティの結束を強化することを意図している。

ここまでの記述から、ハイアルディはそれを目的にボイジーに集結するバスク人のエスニックな連帯を時間と空間の制約を超えて強化する装置であると結論づけられそうであるが、はたしてその範疇で収まる現象なのであろうか。議論をさらに展開する鍵は、故地バスク地方からの参加者にある。ハイアルディ二〇一五主催者の推計や現地報道によれば、祝祭開催期間中の各イベントへの全参加者は約三万人であった。そのうちバスク地方からの参加者は、二千人から四千人であった。数値の幅が大きいものの、約一〇分の一はバスク地方からの参加者であったといえる。他のエスニックな祝祭に故地からどの程度の数が参加するかを証明する具体的資料がみつからないので、一〇分の一という数字の客観的意義を評価できないが、故地からの参加者がこれほど多い祝祭がほかにあるだろうか。

バスク地方からの参加者の多くは個人的意思によるものであるが、バスク州政府首相を含め州政府から参加した二〇名、スポーツ競技、舞踏、歌謡などのパフォーマーとして参加した約一〇〇名には、バスク州政府の公的支援が施され、総額六万ユーロの旅費が支払われている。この種の旅費はバスク州政府首相府直属の外務局の予算から拠出されるが、外務局は対外政策のなかでもディアスポラ政策に力を入れている。とくに一九九四年五月に、バスク地方外のバスクセンターを組織化し支援するための一九九四年州法八号が成立して以降、その傾向がさらに強まっている。同法は各地のバスクセンターをバスク地方外に居住するバスク人を組織化する拠点として位置づけ、バスクディアスポラの組織化とバスク人コミュニティの活性化を進めることを目的としている。たとえば、現在バスク州政府はＮＡＢＯに対して同法を根拠に年間二万～四万ユーロの予算を拠出しており、ＮＡＢＯはその予算を全米各地のバスクセンターに配分し、バスクセンターはバスク人コミュニティ活性化のためのバスク語教室やバスクダンス教室などの運営費に充当している。

バスク州政府がバスクディアスポラの組織化と活性化を進めるようになったのは、バスク州がスペイン中央政府から高度な自治権を獲得した一九七九年の直後からである。その当初からバスク州政府は、ディアスポラ支援の拠点としてバスクセンターに注目していた（Totoricagüena 2005 : 195）。そして一九九四年の州法八号により世界各地のバスクセンターを自治州の体系に組み込むことで、世界各地に散らばるバスク人の制度的ネットワークを構築したのである。

これまでの流れをハイアルディ二〇一五の文脈に組み込めば、故地のバスク地方と世界各地のバスクディアスポラで平行して進行するバスク人コミュニティの再活性化のための装置として、ハイアルディ二〇一五を位置づけることは可能であろう。移民がディアスポラの地で開催する祝祭が、集団内でエスニックなシンボルや感覚を共有することでコミュニティの結束を強化したり故地との紐帯を確認したりするといった文化的機能をもつということは、従来もよく指摘されてきた（たとえば Gans 1979 : Smith 1998）。しかしハイアルディ二〇一五の場合、それがディアスポラ政策と連動している点は、従来のエスニックシンボリズム的解釈の範疇を超える。同時に、バスク州のディアスポラ政策が、故地バスク地方における自治権回復、すなわちネイションとしての復活と連動している点も忘れてはならない。自治州の政治的枠組みのなかでナショナリズムが制度化され、その運動が活性化するのみでなく、そうしたナショナルな意識が地理的に離れたディアスポラでも共有されることで、エスニックなコミュニティの再活性化が故地バスクと世界のバスクディアスポラで同時に進行しているのである。

これが偶然か必然かの議論は別の機会に譲るが、一九七〇年代末にネイションとしての復活を果たしたバスク州は、それ以前にヒトの移動により構築されたネットワークを頼りに、各地のバスク人のネットワークの制度化を図ってきた。こうして構築された越境するバスク人のネットワークは、地理的に離れた複数の空間を連動し、越境する空間にあたかも一つの社会空間としての性格を付与するようになった。こうしたトランスナショナルな社会空間では、バスク人としての集団意識やナショナルなセンスさえもネットワークを介して共有されるようになる。その結果、故地のバスク地方と世界各地のバスクディアスポラでは、エスニシティの再認識とエスニックな連帯の強化が進行している。一九八五年にボイジーにてバスク博物館が開業したことは、これら一連の流れを考えれば偶然とはいえない。ハイアルディ二〇一五のメイン会場となったバスクブロックと、バスクブロック形成の起点となったバスク博物館は、物理的にはバスクのトランスナショナル社会空間のほんの一部にすぎないが、その全体を表象する磁場的存在なのかもしれない。

〈文　献〉

石井久生　二〇一五「バスク・ホテルにみるバスクのトランスナショナル社会空間——ボイジーとベーカーズフィールドの事例——」『共立国際研究』三二：四三–七〇

Álvarez Gila, Ó. 2002. Los vascos de Buenos Aires a la luz del censo de 1855. In Ó. Alvarez Gila and A. Angulo Morales (eds.), *Las migraciones vascas en perspectiva histórica (siglo XVI-XX)*. Euskal Herriko Unibertsitateko Argitalpen Zerbitzua, pp. 139-178.

Azcona Pastor, J. and W.A. Douglass 2004. *Possible Paradises: Basque Emigration to Latin America*. University of Nevada Press.

Bieter, J. and M. Bieter 2000. *An Enduring Legacy: The Story of Basques in Idaho*. University of Nevada Press.

Douglass, W.A. 1984. Sheep Ranchers and Sugar Growers: Property Transmission in the Basque Immigrant Family of the American West and Australia. In Netting, R.M., R.R. Wilk, and E.J. Arnould (eds.), *Households: Comparative and Historical Studies of the Domestic Group*. Univ. of California Press, pp. 109-129.

Douglass, W.A. and J. Bilbao 1975. *Amerikanuak: Basques in the New World.* University of Nevada Press.

Echeverria, J. 1999. *Home Away from Home: A History of Basque Boardinghouses.* University of Nevada Press.

Gans, H.J. 1979. Symbolic Ethnicity: The Future of Ethnic Groups and Cultures in America. *Ethnic and Racial Studies*, 2(1): 1-20.

Hill, G. 2014. Production of Heritage: The Basque Block in Boise, Idaho. *Basque Studies Consortium Journal*, 1(2): 1-22.

Patty, M. 2016. *Historical Overview of the Basque Museum.* The Basque Museum & Cultural Center.

Smith, A.D. 1998. *Nationalism and Modernism: A Critical Survey of Recent Theories of Nations and Nationalism.* Routledge.

Thursby, J.S. 2009. Contemporary Basque Shepherds of the American West: In Harmony with Animals and Nature. In Cutchins, D. and E.A. Eliason eds., *Wild Games: Hunting and Fishing Traditions in North America.* The Univ. of Tennessee Press, pp. 163-180.

Totoricagüena, G.P. 2000. Celebrating Basque Diasporic Identity in Ethnic Festivals: Anatomy of a Basque Community: Boise (Idaho). *Revista Internacional de Estudios Vascos*, 45(2): 569-598.

Totoricagüena, G.P. 2002. *Boise Basques: Dreamers and Doers.* Coleccion Urazandi Bilduma 3, Servicion Central del Gobierno Vasco.

Totoricagüena, G.P. 2004. *Identity, Culture, and Politics in the Basque Diaspora.* University of Nevada Press.

Totoricagüena, G.P. 2005. *Basque Diaspora: Migration and Transnational Identity.* University of Nevada Press.

Yatsko, M. S. 1997. *Ethnicity in Festival Landscapes: An Analysis of the Landscape of Jaialdi '95 as a Spatial Expression of Basque Ethnicity.* Master's thesis, Virginia Polytechnic Institute and State University.

Zubiri, N. 2006. *A Travel Guide to Basque America: Families, Feasts, and Festivals.* 2nd edition, University of Nevada Press.

コラム7

ベーカーズフィールドのバスク系牧羊企業

石井久生

ロサンゼルスから北に約二〇〇キロメートルに位置するベーカーズフィールド。サンホアキンバレーの南端に位置するこの街は、かつて羊の出産期にあたる冬期にバスク系羊飼いが滞留する基地となり、そのためバスク人経営の牧羊企業が発達した。一九世紀末から二〇世紀半ばにかけて、バスク系牧羊企業経営者はバスク地方からの移民を羊飼いとして雇用した。現在、羊飼いはメキシコ人やペルー人にとって代わられたが、バスク系オーナーが経営する牧羊企業は二〇一四年時点で一三社存在する。そのひとつ、約八〇〇〇頭の繁殖用羊を飼育するA&F社は、一九五〇年代初めにスペインバスク地方から移住したパコ・イトゥリリア（写真1右）とその兄弟が起こした企業が前身である。一九八八年に兄弟が没後、パコはA&F社を立ち上げ、現在は息子のフレディ・イトゥリリア（写真1左）に経営を譲っている。かつては数千キロにおよぶ大回遊移牧を実践していたが、現在はシープトレーラーで羊を放牧地まで運んでいる（写真2）。移牧ルートが短縮され放牧地が制限されるなか、牧羊業者間で環境資源の競合は起きないのかフレディに尋ねたところ、「お互いバスク人だから、話し合いと金ですべて解決さ」と語っていた。このようにベーカーズフィールドの牧羊業界は、羊飼いとして移住したバスク人の過去と現在が交差する不思議な世界である。

写真1

写真2

A&F社のイトゥリリア親子（写真1）と同社のシープトレーラー（写真2）
（撮影）2014年9月、フレディ氏（写真1）　同年8月、石井久生（写真2）

第9章

ロサンゼルスにおけるドイツ系住民と伝統文化

加賀美雅弘

移民集団に固有の文化は、異なる文化集団とともに生活する彼らにとってしばしば重要な意味をもっている。それぞれの出身地で慣れ親しんできた生活様式やなじみある伝統的な慣習は、彼らが新たに住み始めた地域において、同じ移民同士の親近感を高めたり、連帯意識を強めたりすることにつながり、ひいては同じ移民集団に所属する仲間としてのアイデンティティを確保することになる。そこで、固有の文化を保持することによって、彼らは特定の集団としてのまとまりを意識するようになる。

特定の集団と文化との関係については、たとえばヨーロッパにおけるエスニック集団を対象にした分析によってすでに指摘されている。彼らが集団としてのまとまりを強めるために伝統文化を重視する傾向にあることは、北イタリアの南チロル地方におけるドイツ系住民や、ハンガリー南部に居住するドイツ系少数集団を対象にした研究において、住民同士で営む文化活動が伝統文化の維持・継承を促し、またドイツ本国や他の地域のドイツ系集団との情報ネットワークの構築をもたらしてきた点から明らかにされている（加賀美 二〇〇七、二〇一一）。そこでは、言語をはじめとする伝統文化が、ドイツ系住民が組織する同好会や余暇サークル、彼らが開催するイベントなどを通じてひろめられ、その結果、彼ら自身に固有の文化は維持・継承されている。また、彼ら自身がドイツ系としてのアイデンティティを強化することにもつながっている。このことから、エスニック集団にとって伝統文化は集団の維持に一定の役割を果たしているものといえる。

そこでこの章では、そうしたヨーロッパでの分析を踏まえて、アメリカ合衆国（以下、アメリカ）における移民集団と伝統文化の関係について考察する。その際、アメリカにおいて比較的長い居住の歴史をもち、しかもきわめて巨大な集団であるドイツ系住民を対象とし、彼らが固有の文化とどのようにかかわってきたのか、彼らが伝統文化をどのように評価し、利用しているのかをみてゆくことにする。

ところで、アメリカ国内に居住する移民集団には、固有の伝統文化を維持することによって、地域的にきわめて個性ある集団であり続けているケースが少なくない。しばしばそれは、他の集団と差別化するために、とりわけ特徴的な文化が意図的に強調され、提示されている。その結果、彼らの祖先の出身地においてはすでに変質・消失してしまったような伝統文化がアメリカに住む移民集団によって継承され、それがアメリカ国内の多彩な文化の構成要素になっている。

「世界の博物館アメリカ」のアイデアは、こうした伝統文化が世界各地から集まる移民によって積極的に維持され、アメリカがあたかも多彩な伝統文化を提示する博物館の様相を呈することを表現したものである（矢ケ﨑二〇一一、二〇一五）。その際、博物館はそうした伝統文化を維持・継承する装置とみなすことができる。アメリカには多くの移民博物館があり、それらは移民固有の文化を展示し、多くの人々に認知させることによって次の世代への継承を期待する。それゆえにアメリカ国内には世界各地の博物館が存在している。「世界の博物館アメリカ」にはそうした実情が込められている。

その一方で、移民文化の維持・継承は、これらのいわゆる「有形の博物館」ばかりが担っているわけではない。移民集団は、祭典をはじめとするさまざまなイベントを開催し、演奏や踊り、衣装や料理などを固有の伝統文化としてアピールしており、こうしたイベントは、特定の時間と場所で開催されており、一時的とはいえ、あたかも博物館としての機能を果たしている。こうしたいわば「無形の博物館」も移民文化の維持・継承に欠かせないであろう。これらを踏まえると「世界の博物館アメリカ」は、移民集団固有の伝統文化がアメリカの文化的多様性をもたらしていることを示すメタファーとして位置づけることも可能だと考えられる。

こうした文化の多様性の担い手として、ここではアメリカに住むドイツ系住民を取り上げ、彼らの伝統文化について、とくにロサンゼルス大都市圏（以下、ロサンゼルス）に居住するドイツ系住民を対象にして検討する。その際、彼らが主体となる同好会や余暇クラブ活動、開催するイベントに注目し、移民集団の維持にかかわる伝統文化の意義について考えることにする。

なお、ここではドイツ系住民とはドイツ移民とその子孫をさすが、一般のエスニック集団と同様に、言語能力とともに、自身の帰属意識つまりアイデンティティによって規定される。センサスでは、自宅で話す言語と英語力（language spoken at home and English proficiency）および祖先（ancestry）の項目が、それぞれ言語能力と帰属意識を反映したものとみなすことができる（菅 二〇〇七）ことから、ここでもこれら項目の統計値を利用した。また、ロサンゼルス大都市圏は、ほぼロサンゼルス郡（Los Angeles County）の範囲に相当するが、この一帯にはドイツ系住民がひろく居住していることから、対象地域の範囲はあえて限定しないこととした。

1 アメリカにおけるドイツ系住民の動向

アメリカにおけるドイツ系住民は、一九世紀後半、とくに一八五〇年代と一八七〇年前後、一八八〇年代から一八九〇年代をピークとする大量移民が背景になっている（図9.1）。なかでも一八八二年には約二五万人ものドイツ人がアメリカに渡った。これは当時のドイツ本国における政治・社会不安と、急激な産業化に伴う貧困層の増大が招いたものであった（Furer 1973）。彼らの多くは北ドイツ・ハンブルク港からニューヨークに渡り、当初は東海岸のニューヨークやペンシルヴェニアにおいて労働者として生計を確保していった。

さらに、アメリカの西部への拡大の流れに沿うように、彼らも徐々に西方へと移動し、五大湖南岸のオハイオ州やミシガン州、イリノイ州などの農村部へと居住地を広げていった。それらの地域の気候環境がドイツと比較的似ていることから、彼らはそこで小麦栽培と豚の飼育というドイツ本国と同様の混合農業を行った。一九世紀後半には彼らの入植地はさらに拡大し、北部ではミネソタ州やノースダコタ州、南部ではテキサス州にまで及んだ。その結果、かつてペンシルヴェニア州東部でペンシルヴェニア・ダッチが形成した島状に長く存在してきた当初の居住地域から、オハイオ州やイリノイ州、ウィスコンシン州、さらにミネソタ州からカンザス州にかけての広大な農業地域において、ドイツ系住民は基幹的な役割を果たすようになった。

一方、経済的野心や新しいビジネスへの関心をもった人々は、ピッツバーグやシカゴ、セントルイスなどの都市に進出し、当初は労働者として従事しつつも、しだいに機械工業や食品工業、ビール醸造業などの製造業、商業や運送業などで主導的な役割を果たすようになった。やがて五大湖周辺地域ではいくつものドイツ語新聞が発行され、ドイツ語による授業を実施する学校が数多く設置されるなど、ドイツ系住民が独自の社会を構築していった（Furer

1973）。

なお、一九世紀半ば以降、都市部を中心にして、ドイツ系住民からは多くの実業家があらわれた。ドイツ系移民とその子孫が創業した企業には、製造業に限っても大手ビール醸造所の Anheuser-Busch 社（一八五二年創業）、ジーンズで知られる Levi Strauss（ユダヤ系ドイツ人、一八五三年創業）、世界的ピアノメーカーである Steinway & Sons（一八五三年創業）、ケチャップの H. J. Heinz 社（一八七六年創業）など、アメリカ経済を支えてきた大手企業が並ぶ。これだけでもドイツ系移民が、一九世紀後半のアメリカの工業化においていかに大きな担い手であったかがわかる。

また、一九世紀後半から二〇世紀初めにかけて、これらの都市には体操協会や射撃クラブ、合唱クラブなどが組織され、ドイツ語のオペラハウスが建てられた。また、ドイツ語の出版物が数多く出され、ドイツ語による学校教育が実施された。その背景には、ドイツ系移民の規模がきわめて大きく、しかも高い教育水準と職業能力に支えられて資産を蓄積させていたことがあげられる。まさに彼らはアメリカにドイツ社会をそのまま持ち込み、独自の社会を形成していた（Conzen 1996）。

こうして二〇世紀初頭までのアメリカ国内には、多くのドイツ系住民が固有の文化を維持したまま、国内各地のかなり広い範囲にわたって居

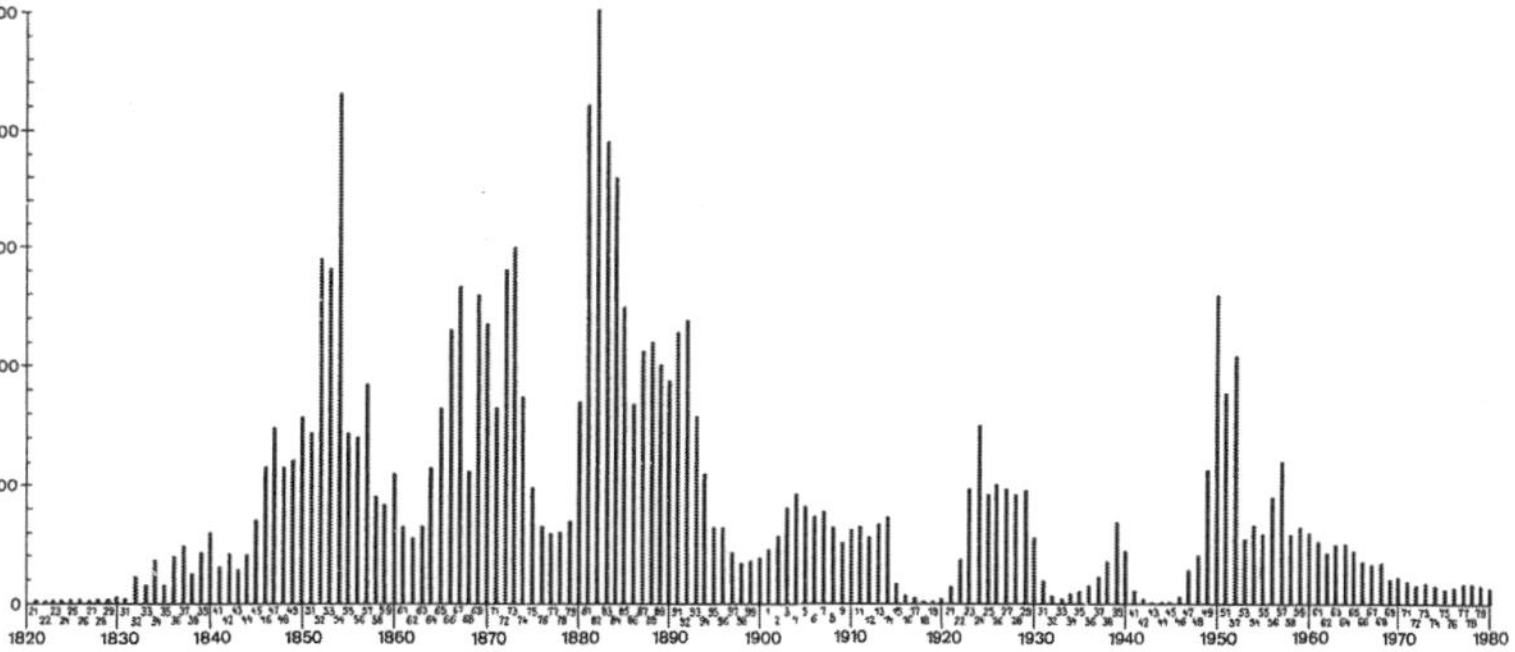

図 9.1　アメリカ合衆国へのドイツ系移民者数の推移（1820-1980 年）
（出所）Adams（1993：3）

住していた。アメリカ社会における彼らの居住形態には学術的な関心も寄せられ、多くの研究成果が生み出された。たとえば地理学では、文化地理学者ジョーダンによる一連の重要な研究成果がまとめられた。彼自身、ドイツ系移民に由来しており、ドイツ系移民の農村的特性として、新しい環境に適応した農業の柔軟性、厳しい気候に対応した混合農業の維持、家族農業を維持するための戦略の確保などを指摘した（Jordan 1966）。とりわけ移民と入植地の環境の関係を論じた「前適応」概念は、農村における移民研究においてきわめて示唆に富んでいる（矢ケ﨑 二〇〇四）。これは、各地に入植を展開したドイツ系移民がアメリカ国内の多様な環境に対応しながら、独自の生活空間を確保してきたからくりを見事に説明したものであり、ひろく移民集団に適用できる概念として高く評価されている。

しかし、彼らの境遇は、両大戦においてドイツがアメリカの敵国となったことにより、大きく変わってゆく。彼らはアメリカ社会において安全な生活を確保するために、ドイツ的な生活様式をやめてアメリカ社会への融合をはかる傾向を強くした。それがいかに劇的だったかは、ドイツ語新聞の廃刊や企業名・氏名の英語化など、ドイツ語から英語への積極的な転換が一気になされたことからも明らかである（Adams 1993）。

実際、多くのドイツ系の人々は自分自身の固有の文化や社会を強調するのをやめ、英語を使用してアメリカ社会にすみやかに融合をはかるようになった。この傾向は一九三〇年代以降、ナチス政権の誕生とユダヤ人迫害、第二次世界大戦勃発とともにいっそう強まった。その結果、アメリカに住むドイツ系住民の多くは、二〇世紀前半において英語を積極的に使用し、他の移民集団よりもアメリカ国民としての意識と特性を強くもつようになっていった（Bade 1992）。

第二次世界大戦後、ドイツ敗戦の混乱とともにドイツや東ヨーロッパから多くのドイツ系移民が新たにアメリカをめざすようになった。ドイツ東部の国境線の変更によって歴史あるドイツの領土が失われたのをはじめ、ポーランドやチェコスロバキア、ユーゴスラヴィア、ハンガリーではほぼ時期を同じくして国内に住むドイツ系住民を国外に強制的に追放する政策がとられた。その結果、これを機にアメリカに移動する人々が続出し、一九五〇年前後にドイツ移民の数は再び急増した（図9.1）。彼らの多くは五大湖沿岸のドイツ系移民の多い地域に転入したという（Tolzmann 2000）。

しかしその後、ドイツ経済の復興とともにドイツからの移民は大幅に減少してゆく。一九六五年に施行された移民法改正に伴ってアジア・太平洋地域や南アメリカからの移民数が急増する一方で、流入するドイツ系移民の数はきわめて小さなものになっていった。しかも、アメリカ社会への融合が著しく進んだことにより、アメリカ国内にきわめて多くのドイツ系住民がいながら、エスニック集団としての個性を示してドイツ系としてのアイデンティティを強調することは、どちらかというと控えめであった（Tolzmann 2000）。

二〇〇九年時点のアメリカの総人口三億七〇〇万六五五六人のうち、ドイツ移民をルーツとする人の数は五〇七〇万七七五八人（一六・五％）にのぼる。これは、イギリスがルーツであると回答した二七六五万七九〇一人（九・〇％）をはるかに上回っており、国内最大の規模の集団になる。また、五歳以上の総人口二億八五七九万七三四九人のうち、家庭内でドイツ語を用いる人々は一一〇万九二一六人である。これは、国内における言語集団として、英語、スペイン語、中国語、タガログ語、フランス語、ベトナム語に次ぐ規模であり、近年急増している韓国語を上回っている。

興味深いのは、今日ドイツ人を祖先にもつと答えた人が少なくとも三人に一人いる地域が、一八七〇年におけるドイツもしくはロシア出身のドイツ系住民が居住していた地域とよく一致していることである。しかも、ウィスコンシン州中央部やアイオワ州北東部、セントルイス西方のミズーリ川流域、テキサス州中央部など早くからドイツ系住民が多く暮らしてきた地域で増加傾向を示している。また、彼らの居住空間は、以前に比べて拡大している。一九八〇年にはドイツ系住民が総人口の一〇％に満たなかった地域（インディアナ州中央部やアイオワ州南部からミズーリ州北部、カンザス州全域）が、一九九〇年以降は集中地区と見なされるようになった。テキサス州北部やオレゴン州南西部のように、比較的最近になってドイツ系住民が多く居住するようになった地域もあらわれている（Trommler and McVeigh 1985）。

このようにドイツ系住民の居住空間が拡大傾向にあることについては、いくつかの理由が考えられる。たとえばドイツ人を祖先とするアメリカ人の富裕層や高齢者層が、地域イメージの良好なサンベルトや太平洋沿岸地方へと移動したことがあげられよう。あるいは、他の移民集団との婚姻が進んだことも十分に考えられる。

しかしいずれにせよ、ドイツ系住民の多くが一定の地域に住み続けており、それが彼らの間に地域的な連帯意識をもたらしていることは十分に予想できる。しかも、二〇世紀前半の両大戦期においてドイツ系住民への社会的圧力があったこと、それゆえにそうした圧力がなくなり、一九九〇年のドイツ統一、一九九三年発足のＥＵで中心的な役割を演じるドイツ本国の存在は、ドイツ移民の意識にも少なからず影響しているはずである。

東西冷戦時代が終わり、グローバル化の流れが急速に進むなかで、自己の個性に目が向く動きが世界的に生じている。アメリカ国内では、移民集団が自身の祖先やルーツに大きな関心を抱くようになり、祖先の出身地を訪ねるルーツツーリズムのような旅行がはやるようになった。そしてこうした風潮に連動するように、ドイツ系住民の間でも、しだいに彼ら自身の出自や伝統文化に関心が寄せられる傾向があらわれている。

2　ロサンゼルスにおけるドイツ系住民の分布

ロサンゼルスでは、一九世紀後半の産業集積や近郊の農業開墾とともに人口が増加したが、ドイツ系住民もこの時期に数を大きく伸ばした。大陸を横断するサンタフェ鉄道が一八八七年に開通したことも弾みとなって、ロサンゼルス南東郊に位置するアナハイム（Anaheim）での入植事業をはじめとする農業経営の拡大（写真9.1）、石油採掘に伴う石油化学工業の発展、ロサンゼルスの都市機能の拡大とともに、ロサンゼルス一帯におけるドイツ系住民の数は増加した。一八九〇年に創刊されたドイツ語新聞 *California Staats-Zeitung* のようなマスメディアが勢いをもっていたことからもわかるように、一九世紀末のロサンゼルスにはドイツ語によるコミュニケーションをベースにした規模の大きなドイツ人コミュニティが形成されていた（Vollmar 1998）。

両大戦を経てドイツ語使用者が大幅に減少すると、ドイツ人の存在は見えにくいものになった。しかし、第二次世界大戦後のアメリカの経済成長とともに太平洋沿岸地方の産業集積が進むにつれて、ドイツ系住民の数も増加した。これは、イリノイ州やミズーリ州などドイツ系住民が多く住む中西部からの移動があったばかりでなく、一九八〇年代にドイツから技術者が流入したからであり、これによってドイツ系住民は一定の規模を保ってきた。二〇〇〇年のセンサスによれば、総人口九五一万九三三八人のロサンゼルス郡において、ドイツ移民を祖先とする住民は三五万五三五人であった。

写真 9.1　アナハイムで保存されたドイツ系入植者の建物
（撮影）2014 年 11 月、加賀美雅弘

都市として急成長を遂げてきたロサンゼルスには、きわめて多様な移民集団が流入してきた。とくに移民法改正とともに移民の国別割り当てが撤廃されると、アジア太平洋地域や南アメリカからの移民数が急増した。ロサンゼルスはそうした移民の受け皿となり、移民集団ごとにまとまった居住地区としてのエスニックタウンが形成されるようになった。その多くは彼ら自身の固有の文化や歴史と結びついた景観をつくり出し、彼ら自身が相互に密接な関係をもったコミュニティを維持している（矢ケ﨑 二〇〇八）。

こうしたなかでロサンゼルスのドイツ系住民は現在、特定の地区に集住する傾向を示さず、彼ら固有のエスニックタウンも形成していない。彼らの居住地を確認する資料が入手できないため、ドイツ文化センターの機能をもつゲーテ・インスティテュート（Goethe-Institut）において、複数のドイツ系住民に対して聞き取り調査を行ったところ、ドイツ系住民が互いに近接して居住する傾向はなく、ドイツ系の人々同士が集まるのは教会や文化センターや同好会や余暇クラブなどに限られ、クリスマスやイースター、後述のオクトーバーフェストのようなイベントを除けば、互いに接触する機会は少ないという。

しかも、そうしたドイツ系住民に関連する施設も広く分散して立地する。図9.2は、二〇〇五年にドイツ系住民向けに発行されたディレクトリ"Süd-West-Kultur"に掲載されている施設の場所を地図に記したものである。これによると、ドイツ系住民向けの教会や文化センター、同好会や余暇クラブ、新聞社がロサンゼルスのかなり広い範囲に分散して立地している様子が確認できる。図中、ほぼ中央に位置するロサンゼルスのダウンタウンにいくつかの飲食店やクラブがみられる。しかし、大半の施設はむしろそこからかなり離れた場所に立地する。とりわけクラブや団体に限ってみると、サンタモニカ（Santa Monica）市やサンタモニカ山地南麓のビヴァリーヒルズ（Beverly Hills）市、ハリウッド（Hollywood）地区、南部のトーランス（Torrance）市、アナハイム市やハンチントンビーチ（Huntington Beach）市など、いずれも高級住宅地として知られる、ダウンタウンから離れた場所に立地する傾向が確認できる。

この点については、ロサンゼルスにおいて白人（ヒスパニックを除く）や高学歴者、高額所得者がダウンタウンから離れた市街地に居住する傾向があり、いくつもの著名な高級住宅地を形成している事実（Allen and Turner 1997）と対応して理解することができる。ロサンゼルスでは、ダウンタウンに近い地区にはヒスパニックやアフリカ系アメリカ人の貧困層が集住する地区があり、都市の内部と外部との明確な違いがあらわれている。このような都市内部における社会的な分化は、高額所得者が郊外へと移動し、高級住宅地を形成することによってますます顕在化する傾向にあり、ロサンゼルスに限らずアメリカの都市全般に共通してみられる（ノックス・ピンチ 二〇〇五）。移民社会では、第一世代がダウンタウンに近い低所得者居住地区に住み、世代が変わって所得水準が上昇するにしたがって、よりよい生活環境を求めて都市の外に向かって移動する傾向がある。郊外住宅地は、まさにアメリカ社会における「成功者の楽園」ともいえるのである。

ドイツ系住民にもこうした移動の経緯をたどった人々が少なくない。教育・所得水準の上昇とともに、アメリカ社会における社会的地位が高まり、ヨーロッパ出身の白人社会の一員となり、都市周辺の比較的良好な住宅地に居住するようになった。それどころか、こうした傾向はドイツ系住民にとくに顕著であるように思われる。彼らが社会的上昇を遂げるこ

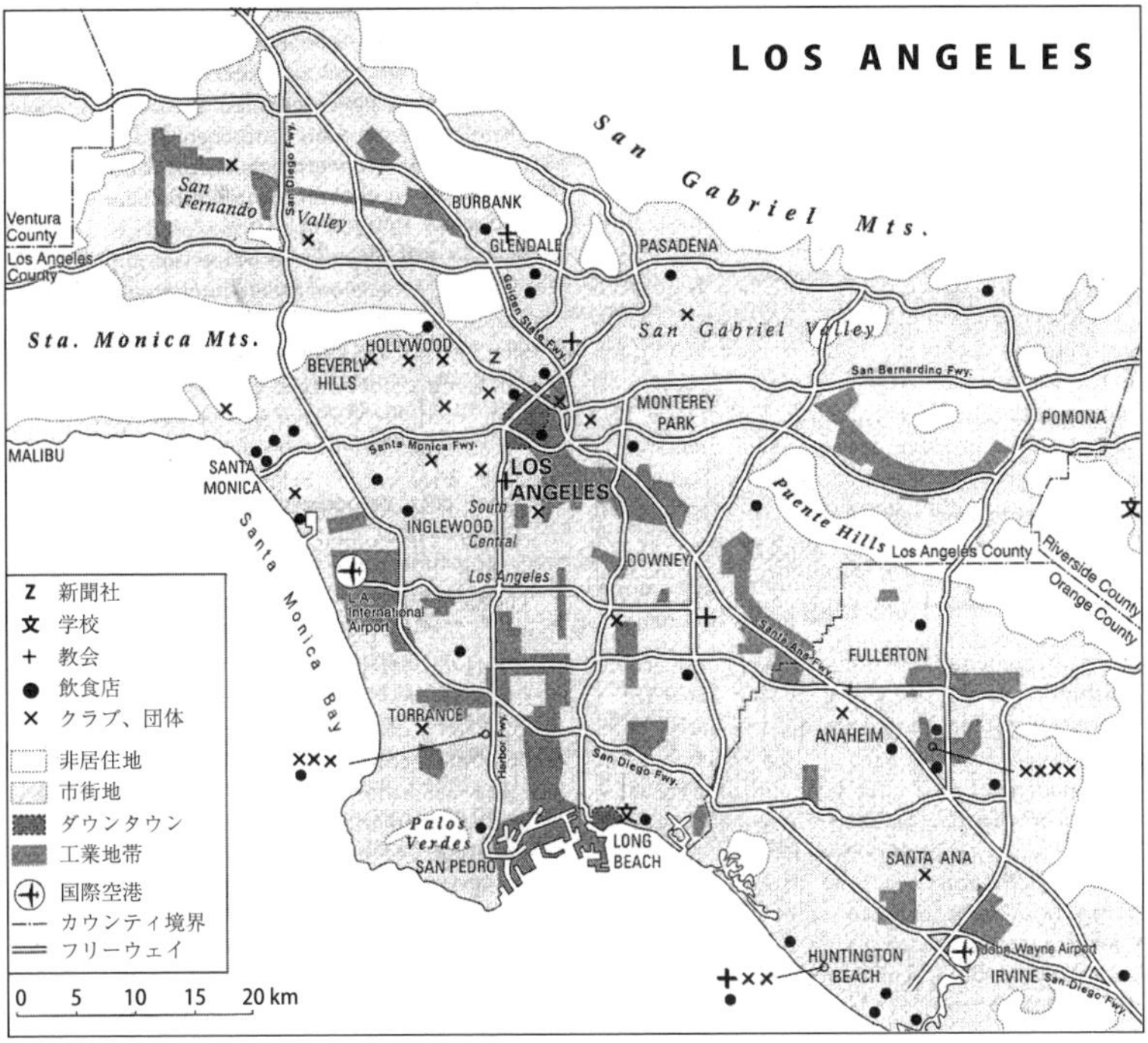

図 9.2 ロサンゼルスにおけるドイツ系関連施設の立地（2005 年）
（出所）ディレクトリ “Süd-West-Kultur” により作成。

とになった背景に、かつて両大戦期にドイツ系住民の多くがドイツ語から英語への転換を余儀なくされ、積極的にアメリカ社会への融合をはかった事実があげられる。ドイツ系住民には政財界をはじめ、学術・芸術などさまざまな分野で活躍する著名人が数多くおり、それゆえに、アメリカ社会の一員としての地位を確保した彼らが質の高い住宅地に居住する傾向を示すのは当然ともいえよう。

じつはアメリカ国内のドイツ系住民は、ロサンゼルスに限らず、独自のエスニックタウンを形成していない。それは、ドイツ系住民同士が連携をとるために近接して住むことを求めないからである。日常生活において、食をはじめ彼らに固有の生活様式にこだわり、それを維持・強調する必要がなく、生活必需品を入手して生活の安全を確保するための共同組織も必要ないという状況を踏まえれば、彼らがロサンゼルスにも集住地区を形成していない理由は明らかである。

図9.2からもわかるように、飲食店やパン屋、ドイツ語によるコミュニケーションが可能な医療・福祉施設といった日常生活にかかわる施設がドイツ系住民の人口に比べてきわめて少なく、しかも分散して立地している。英語を使ったアメリカ人としての暮らしを営むドイツ系住民のなかには、ドイツ語やドイツ固有の文化をもはや非日常的なものとみなす人々も少なからずいることも特記すべきであろう（Tolzmann 2000）。

3　ロサンゼルスにおけるドイツ系住民の組織的な活動

ロサンゼルスでは、ドイツ系住民固有のエスニックタウンが確認できない一方で、ドイツ文化をアピールするイベントが開催されたり、ドイツ文化固有の景観が示されたりする場所がいくつもある。たとえばドイツ料理を出すレストランやドイツの食材を販売する店舗、ブラスバンドや合唱団などの伝統文化を楽しむ余暇クラブを設けた施設がある。また、近年は南ドイツの都市ミュンヘン発祥のビール祭「オクトーバーフェスト（Oktoberfest）」をはじめ、ドイツ特有のイベントも開催されている。これにはドイツ系住民だけでなく、多くの地元住民や観光客も参加し、たいへんなにぎわいになる。ドイツ語圏で生まれた第一世代の人々をはじめ、ドイツからの訪問者やドイツ系以外のアメリカ人も多数参加する。施設にはドイツ各地を紹介するワッペンが飾られ、ドイツ語で書かれた看板やポスターが掲げられる。

ロサンゼルスにおいて、ディレクトリによって把握できるドイツ系住民関連の施設や余暇クラブのような組織は、二〇一〇年時点で二二にのぼる。そしてこうした組織がアメリカ国内における全国的な組織と連携した活動を展開している。各組織のオーガナイザーにはドイツ系住民のほかに、ドイツ国籍をもつドイツ人も加わっており、ドイツ政府や企業、大学などドイツ国内との連携をはかっている。

ただし、これらの組織のほとんどはドイツ系住民に限らず、ひろく一般のアメリカ市民にも開放されている。合唱やダンス、楽器演奏などのサークル活動では、ドイツの伝統音楽や舞踊が取り入れられ、南ドイツ特有の伝統的コスチューム（男性の革ズボン、女性のワンピース）を着用してドイツ語の歌を歌うグループがいくつもある。二〇一二年一一月にドイツ系教会「クリストゥス教会（Christutkirche）」において合唱サークルのメンバーに対して聞き取り調査を行ったところ、ドイツ系住民の第一世代の女性（七八歳）は、高齢化しつつもドイツ系住民同士と知り合い、仲間意識を育む場として積極的に参加しているとのことであった。その友人の女性（七五歳）はアイルランド系で、参加するうちにドイツ語の歌や文化に興味をもつようになったという。

このように移民由来の伝統文化が注目され、これに関わる人々が増えている。これはドイツ系の伝統文化に限らない。アイルランド系の聖パトリック祭や中国系の旧正月などはよく知られている。その背景には、アメリカ社会で生活が安定してきたなかで、人々の間に自分の祖先やルーツについての関心が高まってきたことがあげられる。多様な移民によって構成されているアメリカ社会において、アメリカ人としての意識とは別に、自身の出自にも関心が向けられ、自分の祖先が出身地から持ち込んだ伝統文化に目を向ける傾向が強くなっているのであろう。

こうした文脈を踏まえて、以下では、ロサンゼルスにおいて活動を展開しているドイツ系住民の団体・組織に目を向けてみよう。ドイツ系の団体は、教会を中心にした組織と、自発的なクラブに大きく分けられる。いずれも合唱会や演奏会、ダンスパーティなどのイベントを通じて、参加者が伝統的なドイツ文化に触れる機会を設けている。

（1）ドイツ系の教会「クリストゥス教会」

ダウンタウンから北に約一五キロメートル、グレンデール（Glendale）市に位置する。ドイツ系アメリカ人によって一八七六年創設された。ロサンゼルス最古のドイツ系メソジスト教会である。もともとダウンタウンに立地したが、一九七二年の地震で被災し、一九九七年に現在地に移転した（写真9.2）。牧師がドイツから出向しており、現在はドイツからの移住者が担当している。教会ではドイツ語によるミサが行われ、ミサの後の昼食会への参加者も多い。登録会員は約百名。かつては第一世代がほとんどを占め、ドイツ語によるコミュニケーションがなされていた。しかし、一九八〇年代頃から第二世代への移行に伴って、ドイツ語使用頻度が低下した。そのため教会では、ドイツ語学習コースを開設して言語によるドイツ文化の普及に努めている。また、とくにクリスマスをはじめとするキリスト教のイベントにおいて、若年層へのドイツ文化の普

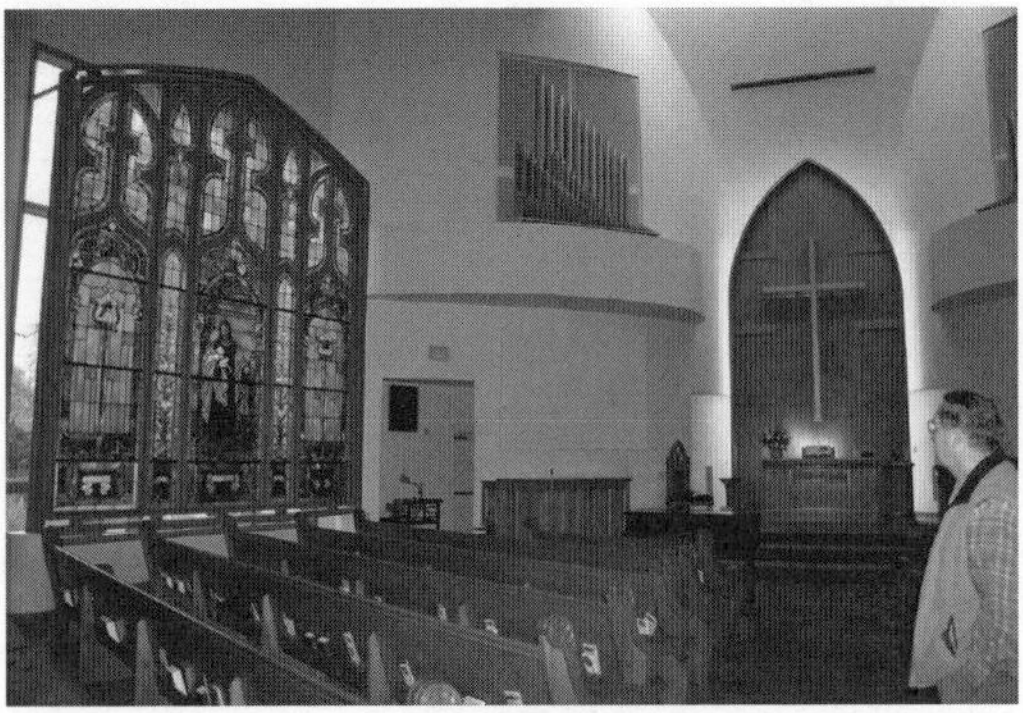

写真 9.2　ドイツ系の教会 Christuskirche
（撮影）2013 年 12 月、加賀美雅弘

及活動を進めるかたわら、アフリカ系など他のエスニック集団へのチャリティやボランティア活動を積極的に行っている。

(2) ドイツ系のショッピングセンター「アルパインヴィレッジ(Alpine Village)」

ダウンタウンから南に約二五キロメートル、トーランス市に位置する(写真9.3)。一九六八年に開設されたドイツ食材を販売するショッピングセンターである。現在は、ドイツ料理を提供する飲食店や民芸品や陶磁器や民芸品(クリスマス関連の工芸品など)の販売店も併設されている。また、オクトーバーフェストの会場を提供し、ドイツ文化の発信地としての役割を担っている。ドイツ語の歌やドイツ民謡の演奏、南ドイツ・バイエルン地方特有の革のジャケットを着用する男性とワンピース「ディアンドゥル(Dirndl)」を着た女性がドイツ的な文化をアピールする。

写真 9.3　ドイツ系のショッピングセンター Alpine Village
(撮影) 写真 9.2 に同じ。

(3) ドイツ系の団体「フェニックスクラブ(Phoenix Club)」

ダウンタウンから南東に約四〇キロメートル、アナハイム市に位置する(写真9.4)。一九六〇年にドイツ人によって創設された文化団体である。ロサンゼルスに本部を置き、アメリカ国内各地に支部をもつ全国組織へと発展している。現在の組織は、そのほとんどがドイツ系住民によって構成されており、会員の間でさまざまな同好会や余暇サークルが結成され、クラブはそれらの活動拠点になっている。ドイツの伝統文化を、世代を越えて継承しようとする意向を強く打ち出しており、家族を単位にした参加者も少なくない。カーニバルやオクトーバーフェストなどのイベントを開催するために、地方自治体や企業をはじめ、ドイツの自治体や企業、学校との連携もはかり、ドイツ系住民だけでなく、広く一般大衆にドイツ文化をアピールする事業を行っている。

以上三つの組織・団体は限られた事例だが、独自のエスニックタウンを形成しないドイツ系住民の間で、ドイツ的な文化に愛着を感じてそれを強調する動きがみられるのは、彼らにとって自分自身のルーツへの関心や集団意識を高めることにつながることが期待されているからであろう。アメリカにおいてドイツ系住民は、その規模がきわめて大きいにもかかわらず、アメリカ社会への急速な同化が進んだ結果、アメリカ人としての意識が強く浸透し、他の移民集団に比べてエスニック集団としてのアイデンティティは希薄であると考えられてきた。それが、さまざまな移民集団が居住するロサンゼルスにおいて、それぞれの集団が固有の文化をアピールし、自己主張を繰り返すなかで、ドイツ系というアイデンティティを強めることで、豊かな暮らしを実現させようとする考え方が強まっているとみることができるであろう。

写真 9.4　ドイツ系の団体 Phoenix Club
（撮影）写真 9.2 に同じ。

その一方で，ドイツ系集団が実施するイベントや提供する商品が、ドイツ系住民だけでなく、一般のアメリカ人や観光客に対しても、ドイツの伝統文化や歴史についての興味を高める機会を提供している点にも注目したい。これらのイベントが果たしている役割として，以下の三点をあげることができる。すなわち、①本来ドイツで営まれた祭礼や歌、踊りをリバイバルさせ、アメリカ国内に定着させつつあること。②その一方で、二世以下のドイツ系住民のようにドイツ語を使用せず、ドイツ文化に日常的に触れることがない人々や、ドイツ文化とは無縁の他のアメリカ人一般がドイツ文化に興味をもつ機会を提供していること。③一般のアメリカ人や観光客にドイツ文化への関心に応じるようなドイツ文化がアピールされていること。

実際、ドイツ的な伝統文化が再評価され、さまざまなイベントや商店が多くの客を集めている。そこでは伝統文化を表象する工芸品や食料品が販売され、消費されている。こうした一連の現象を「エスニック文化の商品化」とみるならば、ドイツ的な伝統文化は、アメリカ社会で共有されることによって存続・継承されるものとみることができる。つまり、彼らの伝統文化は、ドイツ系住民自身のアイデンティティを保持させる役割を果たす一方で、アメリカ社会の関心にこたえるものである点が重要であるように思われる。

たとえばオクトーバーフェストでは、伝統的な衣装を身につけた女性がミュンヘン特産のビールを提供し、ブラスバンドの演奏に合わせて合唱する伝統的な形式が繰り広げられる（図9.3）。また、ログハウスや木骨造りの民家といった典型的とされるドイツの景観をしつらえ，ドイツの著名人が招待されている。これは、オクトーバーフェストが本場のものにきわめて近似していることを示すための工夫であり、まさに真正性（authenticity）を追求し、それをアメリカ社会に向けて発信しているものとみることができる（図9.4）。

じつはこの真正性という概念は、近年のアメリカ社会で関心を集めている概念である。多様な移民からなるアメリカ社会において、彼らがアメリカ社会に持ち込んできた本来の伝統文化に対する関心が高まっていることの証左といえる。それは、社会の多様性を自認し、その価値を見出したアメリカ人自身が、アメリカ社会の一員であるというアメリカン・アイデンティティを確保するために求めているものといえるのではないだろうか。

このように考えると、アメリカの地誌を描くアイデアとしての「世界の博物館」が、多様な移民文化があり続ける

Hochbetrieb beim Oktoberfest im Phoenix Club

Es hätte nicht schöner sein können beim Oktoberfest letztes Wochenende. In Erwartung von einem grossen Andrang hatten sich einige Besucher aus weiterer Entfernung kommend rechtzeitig Tische in Beschlag genommen um zusammensitzen zu können. Besonderer Dank gilt Gusti Herget und Willi Gerstner, die dafür gesorgt hatten, dass mehr Zapfhähne besetzt waren um lange Schlangen zu vermeiden. Ob beim Bier, bei der Bratwurst, bei der Hähnchenbraterei und anderen Ständen, sowie beim Sauberhalten und sonstigen Tätigkeiten, unsere freiwilligen Helfer zusammen mit unserem Angestellten gaben ihr Bestes. Manche von ihnen waren sicher der Erschöpfung nahe, wenn sie abgelöst wurden oder auch wenn die Stände geschlossen wurden. Der in unserem Club vorherrschende Geist vieler Mitglieder, immer zur Hilfe bereit zu sein, ist ein entscheidender Teil der gelungenen Veranstaltung. Diesen unermüdlichen Freiwilligen danken wir hiermit recht herzlich für ihren Einsatz.

Noch ein Wochenende ist Oktoberfest mit der deutschen "Laredo Band". Weitere musikalische Unterstützung kommt vom Musikmeister Jürgen Picard, damit keine Musikpause entsteht. Der "Balloonman" ist auch wieder dabei um Jung und Alt zu begeistern und die Kinder können sich in den aufgepumpten Plasikzelten tummeln. Dazu gibt's echten Reitunterricht bei unseren Nachbarn: "Rancho Del Rio". Die Schützen haben ihren Schießstand offen und bieten jedem Besucher ein Ziel; die besten Schützen werden prämiert. Beim Stand des Gemischten Chors kann man interessante gebrauchte Bücher für eine geringe Summe erwerben. Auch unsere Schuhplattler werden uns wieder in die Gebräuche der deutschen Alpenländer versetzen. In ihren schönen Trachten und mit ihren zahlreichen Aufführungen machen sie das Oktoberfest im Phoenix Club vollständig. Mit dem echt bayrischen Ruf: "Auf geht's, g'sund sein mer" erleben wir nochmals ein schönes Wochenende. wb

Da läuft einem das Wasser im Munde zusammen...

Früh übt sich...

Holzhackerbuam...

図 9.3　フェニックスクラブ開催のオクトーバーフェスト（2003 年）
バイエルンの革ズボン，楽団演奏，豚の丸焼き，そして木こりが登場する。
（出所）California Staats-Zeitung（2003 年 10 月 23 日）

...ast Prinz Leopold von Bayern eröffnete das diesjährige Okto-
... in San Francisco mit dem Anzapfen des ersten Bierfasses.

In geselliger Runde genießt man die schöne Atmosphäre. Generalkonsul Westphal (rechts) mit seiner Frau und Heinz Paletzki, Präsident der United German-American Societies von San Franzisco und Umgebung.

Die Arbeit ist getan: „O'zapft is". Prinz Leopold von Bayern proste...
Tradition entsprechend nach dem Anzapfen des Fasses der Men...

Prinz Leopold von Bayern eröffnete Oktoberfest in San Francisco - „Ein Prosit der Gemütlichkeit"

"O'zapft is", was auf Hochdeutsch soviel heißt wie "Angezapft ist es". Diese zwei bayrischen Worte versteht man fast auf der ganzen Welt. In San Francisco wurde am Donnerstag, den 16. Oktober, im Fort Mason Center das diesjährige Oktoberfest nach bayrischem Vorbild mit dem Anzapfen des ersten Bierfasses offiziell eröffnet.

...eopold von Bayern (links) und Dr. Wangen, Managing Director
...aten-Franziskaner-Bräu, genießen ein frisch gezapftes Spa-
... vom Faß.

Tony Hall (links), stellvertretender Abgesandter der Stadt San Fr...
co, war begeistert über das Oktoberfest. Unser Foto zeigt Hall i...
sprach mit Prinz Leopold.

図 9.4　バイエルン王位継承者を迎えたサンフランシスコのオクトーバーフェスト（2003 年）
ドイツの著名人を招待することによって真正性が高められている。
（出所）Neue Presse（2003 年 10 月 29 日）

アメリカという国の姿を示すだけでなく、じつはアメリカ社会自身が求めるアメリカの姿そのものであるとみることもできるように思われる。多様性を維持させることがアメリカ社会の特性を維持することにつながり、それゆえにアメリカ社会は、ますます博物館としての特性を持ち続けようとしているのではないか。このような見方を踏まえれば、アメリカ社会では今後ますます伝統文化をアピールするイベントが盛んになり、真正性を求める動きもさらに活発になるだろう。

〈文　献〉

加賀美雅弘　二〇〇七　「民族集団と文化」加賀美雅弘・木村　汎編『朝倉世界地理講座10　東ヨーロッパ・ロシア』朝倉書店　九七–一〇八

加賀美雅弘　二〇一一　「イタリア・南ティロール地方におけるエスニック文化と観光地化」山下清海編著『現代のエスニック社会を探る――理論からフィールドへ――』学文社　一一三–一二七

菅　美弥　二〇〇七　「「在米日本人」の諸相――米国センサス公開ミクロデータ（PUMS）を使用した分析――」『東京学芸大学紀要人文社会科学系Ⅱ』五八集：八七–一〇二

ノックス、P&S・ピンチ（川口太郎・神谷浩夫・高野誠二訳）二〇〇五　『新版　都市社会地理学』古今書院

矢ケ﨑典隆　二〇〇四　「移民現象の地理学研究における「前適応」概念の適用」『東京学芸大学紀要第3部門社会科学』五五集：四九–五三

矢ケ﨑典隆　二〇〇八　「多民族社会ロサンゼルス」山下清海編『エスニック・ワールド――世界と日本のエスニック社会――』明石書店　八六–八七

矢ケ﨑典隆　二〇一一　「アメリカと世界」矢ケ﨑典隆編『世界地誌シリーズ4　アメリカ』朝倉書店　一四五–一五四

矢ケ﨑典隆　二〇一五　「探検と発見のアメリカ地誌――地誌学の再構築に向けて」『地理学評論』第八八巻：八三–一〇一

Adams, W. P. 1993. *The German-Americans: An ethnic experience*. Indianapolis: Max Kade German-American Center, Indiana University-Purdue University.

Allen, J. P. and Turner, E. 1997. *The ethnic quirt: Population diversity of south California*. Northridge: California State University.

Alpine Village: http://www.alpinevillagecenter.com/ （最終閲覧：二〇一六年六月八日）

Bade, K. J. ed. 1992. *Deutsche im Ausland - Fremde in Deutschland: Migration in Geschichte und Gegenwart*. München: Verlag C. H. Beck.

Christuskirche: http://www.christuskirche.us/ （最終閲覧：二〇一六年六月八日）

Conzen, M. 1996. The German-speaking ethnic archipelago in K. Frantz and R. A. Sauder, ed. America, *Ethnic persistence and change in Europe and America*, Innsbruck: The University of Innsbruck, 67-92.

Furer, H. B. 1973. *The Germans in America 1607-1970: A chronology and fact book*. New York: Oceana Publications.

Jordan, T. G. 1966. *German seed in Texas soil: Immigrant farmers in nineteenth-century Texas*. Austin: University of Texas Press.

The Phoenix Club: http://www.thephoenixclub.com/ （最終閲覧：二〇一六年六月八日）

Tolzmann, D. H. 2000. *The German-American experience*. New York: Humanity Books.

Trommler, F. and McVeigh, J. 1985. *America and the Germans: An assessment of a three-hundred-year history, (Vol. I: Immigration, language, ethnicity; Vol. II: The relationship in the twentieth century)*. Philadelphia: University of Pennsylvania Press.

Vollmar, R. 1998. *Anaheim - Utopia Americana, Vom Weinland zum Walt Disney-Land: Eine Stadtbiographie*. Stuttgart: Steiner Verlag.

コラム8

多様な集団からなるドイツ系

加賀美雅弘

アメリカ移民のなかでも、ドイツ系は意外なほどわかりにくい集団だ。ドイツ系と聞くとドイツ出身だと思いやすいが、実際にはかなり多様な国からアメリカ合衆国に移住している。オーストリアやスイスは言うまでもなく、フランスのアルザス地方や、ポーランドやハンガリーなどの東ヨーロッパ、さらにはロシアからの移住者など。ドイツ系とされる人々がかなりいる。中世以来、ヨーロッパ各地に移動したドイツ人は、国籍を異にしてもドイツ人であり続けた。それはドイツ人がもともと血統や母語によって定義づけられた集団であることと無関係ではない。だから、ロシアのヴォルガジャーマン（第7章）やルーマニアのトランシルヴァニアザクセン人など、ドイツ以外の国から来た人々には、今もドイツ系としての意識をもつ者が多い。

しかも、ドイツ国内でも南と北、西と東で自然環境や農業、伝統文化は大きく違う。ドイツ系といってもカトリックとプロテスタント、畑作と牧畜、ビール醸造とワイン醸造など生活文化も地域によって大きく異なっている。同じドイツ人でも、北ドイツ出身者であればワイン醸造はまったく未知のものになる。

ロサンゼルスのダウンタウンから南西に四キロメートルほど行った住宅街にドイツ系カトリック教会St Stephen's Catholic Churchがある。ここでのミサは、英語とドイツ語とハンガリー語で行われている（写真1）。この教会は、ハンガリーからの移住者のために一九二八年に創設されたが、この移住者には多くのドイツ人が含まれていた。ハンガリー南部に多いドイツ系ハンガリー人である。二〇一三年冬に訪問した際、たまたま居合わせた人にドイツ語で話しかけると、第二次世界大戦後、親の代にハンガリーから移住したドイツ系であり、今でもドイツ文化に親近感を持っているという。

エスニック集団というと、どうしても出身国ごとに区別しがちである。しかし彼らのなかには、国の枠組みとは別の帰属意識があることも見逃せない。

写真1
（撮影）2013年12月、加賀美雅弘

第10章

サンフランシスコのチャイナタウン
──アメリカ華人の博物館として──

山下　清海

多民族国家、移民国家であるアメリカにおいて、本章では華人、とくにサンフランシスコのチャイナタウンについて取り上げる。サンフランシスコのチャイナタウンは、アメリカで最初に形成されたチャイナタウンである。一九八〇年代以降、中国の改革開放政策の進展に伴う新来の華人、いわゆる新華僑の流入により拡大したニューヨーク・マンハッタンのチャイナタウンに抜かれるまで、サンフランシスコのチャイナタウンはアメリカ最大のチャイナタウンとしての地位を誇ってきた。本章では、サンフランシスコの伝統的なチャイナタウンの形成・変容と同時に、新しく郊外に形成されたチャイナタウンについても考察する。

1　ゴールドラッシュと大陸横断鉄道の建設──華人のアメリカ移住

（1）ゴールドラッシュ

一八四八年一月二四日、サンフランシスコの北東約一七〇キロメートルに位置し、シエラネヴァダ山中のコロマ（現在のエル・ドラド郡に属する）で金が発見された（図10.1）。スイス移民であるジョン・サッター（John Sutter）の農場の製材用の水車小屋付近の川底から、ジェームズ・ウイルソン・マーシャル（James Wilson Marshall）が、金を発見した。治安が悪かった当時の状況から、金発見の情報は、外部へは秘密にされた。しかし、その情報が外部に漏れると、瞬く間に世界中に広がった。そして、まさに一獲千金の夢を抱いた人々が、アメリカ国内はもとより、世界各地からカリフォルニアをめざし、ゴールドラッシュが始まった。

カリフォルニアで金発見のニュースは、一八四八年一〇月には太平洋のはるか彼方の香港（一八四二年の南京条約でイギリスに割譲）に伝わった。珠江デルタの四邑や三邑地方の人々がカリフォルニアの「金山」（金鉱山地帯）をめざして、太平洋を横断した（潮 二〇一〇：三–五）。当時、カリフォルニアの「金山」に至るルートは、次のとおりであった。カリフォルニアの上陸地

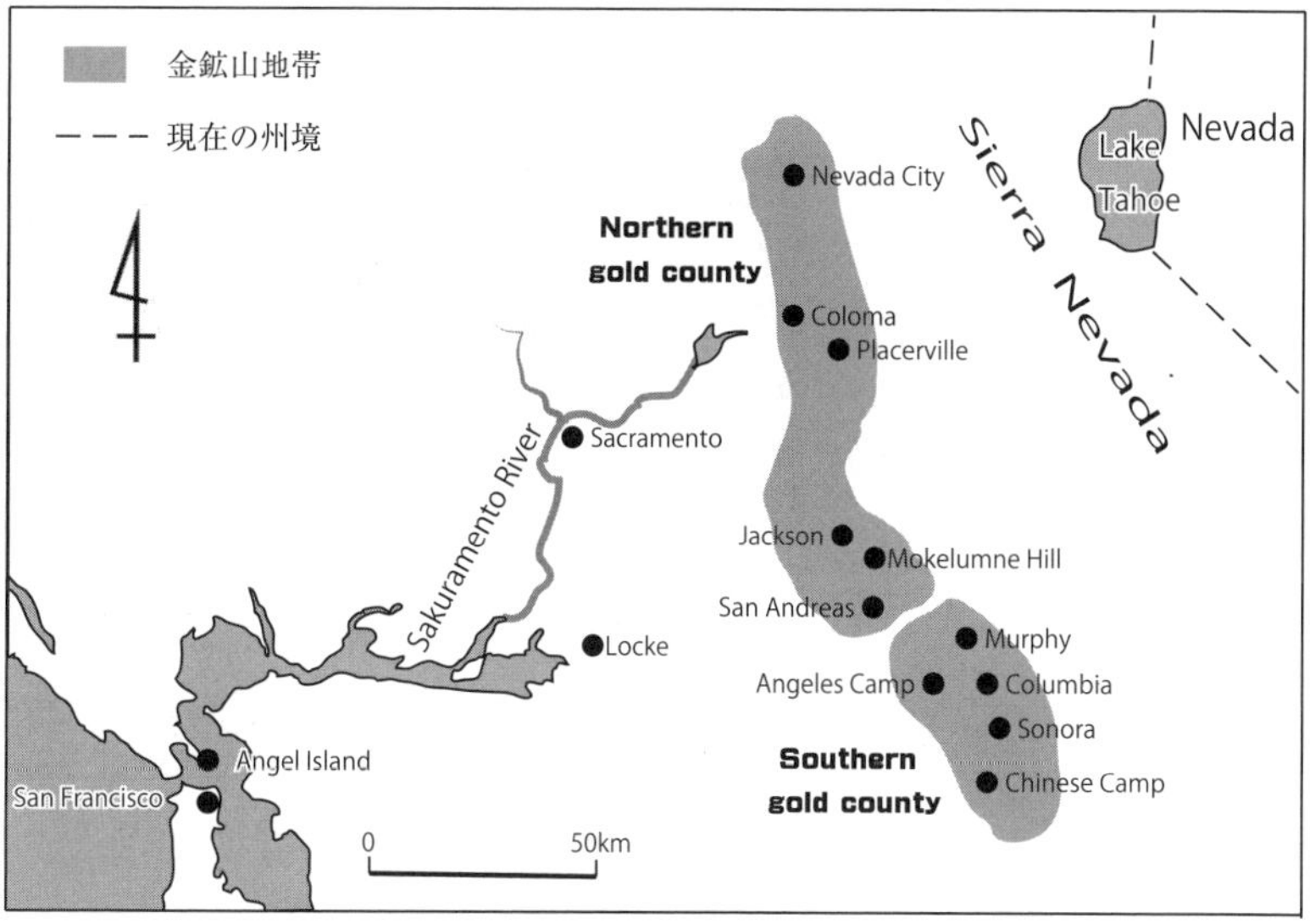

図 10.1　カリフォルニアの金鉱山地帯
（出所）Avakian（2002:31）を加筆修正

点はサンフランシスコであり、その後、華人は小さな船に乗り換え、次の大きな町サクラメントをめざし、そこからは陸路で「金山」に向かった。当時、華人はサンフランシスコのことを「金山」（広東語で gam shan）あるいは「大埠」（広東語で dai fow）とよんだ。「大埠」は大きな都市を意味した。また、サンフランシスコに次ぐ主要都市であるサクラメントは「二埠」（広東語で yee fow）とよばれた。ちなみに「三埠」（広東語で sam fow）は、農村地帯の中心都市、ストックトン（現在、サンホアキン郡に属する）である（Minnick 1988）。

そして、一八五一年にオーストラリアのメルボルンで金が発見されると、メルボルンは「新金山」とよばれ、サンフランシスコは「旧金山」と称されるようになった。今日においてもサンフランシスコの中国語表記は、「三藩市」（「三藩」はサンフランシスコ）とともに「旧金山」が用いられている（写真10.1）。

一八五〇年には、カリフォルニアに五万八〇〇〇人の金採掘者がいたが、そのうち華人は五〇〇人にも達さなかった。しかし、一八五一年になると、カリフォルニアの「金山」をめざす華人が急増し、これは白人鉱夫による華人排斥の動きを加速させることになった。一八五二年、カリフォルニア州議会は、華人の金採掘を制限するために外国人鉱夫税を制定した（麦 一九九二：六−七）。カリフォルニア州は、月四ドルの外国人鉱夫税を徴収し、年に約一〇〇万ドルの収入を得ていた（堀井 一九八九：二一）。

後述する華人排斥法が一八八二年に施行されるまで、約三七万人の華人が「金山」をめざしてアメリカに渡った

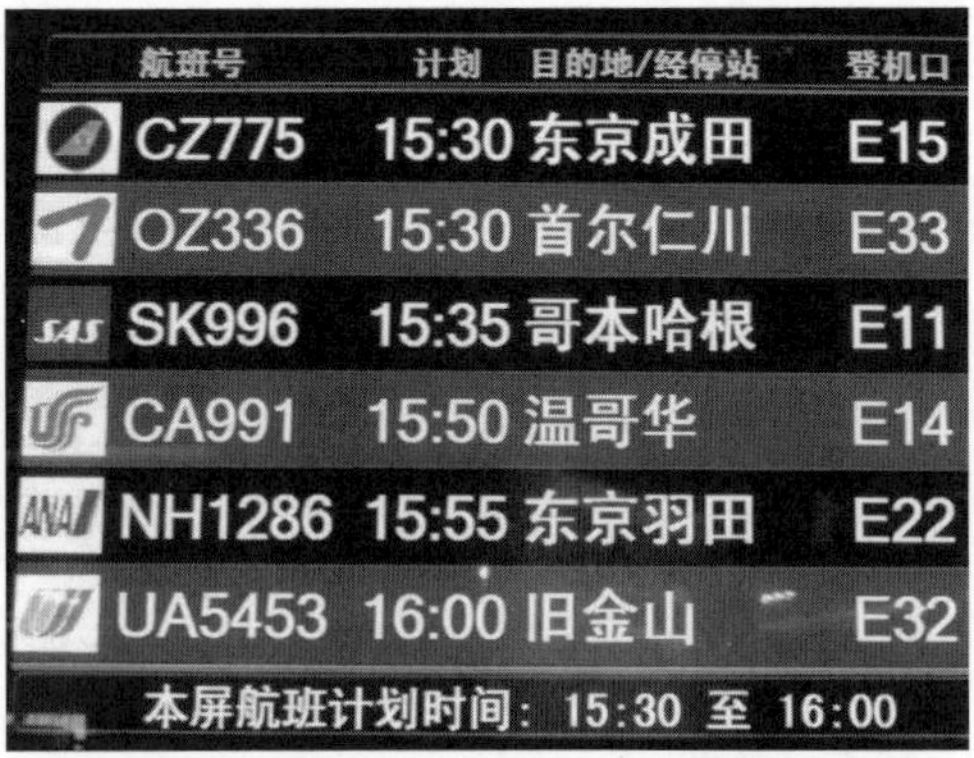

写真 10.1　北京空港における出発便の案内掲示

（注）上から東京成田、ソウル仁川、コペンハーゲン、バンクーバー、東京羽田、そしてサンフランシスコ（旧金山）。

（撮影）2009 年 12 月、山下清海

(Kwong and Miscevic 2005 : 7)。しかし、金採掘現場は白人優位の社会であり、法律で華人は採掘権を得ることはできなかった。このため華人は、白人が放棄した廃鉱で金採掘を試みることが多かった(潮 二〇一〇:一九–二四)。また、白人鉱夫から雇われてコックや洗濯などに従事する華人もいた。華人が多い鉱区では、華人が経営する商店も設立された(写真10.2)。

(2) 大陸横断鉄道の建設

アメリカの人口センサスによれば、一八五〇年におけるアメリカ在住の華人は七五八人(男女別不明)であったが、一八六〇年には三万四九三三人(男 三万三一四九人、女 一七八四人)に、そして一八七〇年には六万三一九九人(男五万八六三三人、女四五六六人)に増加した(Lee 1960 : 40)。一八五〇年から一八六〇年の増加の要因はゴールドラッシュであった。しかし、ゴールドラッシュは数年で下火となった。一八六〇年から一八七〇年の華人の増加の主な要因は、大陸横断鉄道の建設のための華人労働者の流入であった。

大陸横断鉄道はアメリカの中西部と太平洋岸を結ぶもので、東のオマハ(現ネブラスカ州)と西のサクラメントを結ぶセントラル・パシフィック鉄道は、〝Big 4〟とよばれるリーランド・スタンフォード、コリス・ハンチントン、チャールズ・クロッカー、そしてマーク・ホプキンズの四人の実業家が資金を出して建設した。一八六三年一月に着工されたが、当初は、アイルランド人やメキシコ人などが鉄道建設労働者として雇用された。しかし、工事の進行が

写真 10.2　コロマにあるマーシャル金発見州立歴史公園に復元されたゴールドラッシュ時代の華人経営の商店
(注) 防犯のために、外壁は石造りで窓はない。
(撮影) 2014 年 11 日、山下清海

計画より遅れ、難工事のため脱落者が続出した。これに代わる労働力として、華人が注目されるようになった。〝Big4〟の一人、クロッカーは、華人を鉄道建設労働者として最初に募集した。華人労働者の投入により、鉄道建設工事は順調に進み、一八六九年五月、セントラル・パシフィック鉄道は完成した。冬季のシエラネヴァダ山脈の工事は困難を窮め、華人の犠牲者も多かったが、彼らは低賃金でも忍耐強く、勤勉に働いた。しかし、白人労働者は、華人労働者を「クロッカーのペット」(Crocker's pets)と批判した(劉 一九七六：六一三―六一九)。

大陸横断鉄道が完成すると、華人は鉄道沿いの町に住みつき、また、完成した大陸横断鉄道でアメリカの中部や東部に移動していった。しかし、多くの華人はアメリカ西部において工業と農業に従事した。とくに毛織物、タバコ、靴、縫製業において、華人は重要な労働力となった。なかでもサンフランシスコのタバコ生産の九割は華人の手によるものであった。サンフランシスコなどの都市部では、洗濯業に従事する者も多かった。また、カリフォルニア農業の発展に、華人は大きく貢献した。沼地を埋立て、道路、用水路、貯水池を建設し、テンサイ、セロリなどの商業作物の栽培を成功させた(ライ 二〇一二：四五五)。

2　サンフランシスコ・チャイナタウンの形成と華人社会

(1)チャイナタウンの形成

一八四九年二月、サンフランシスコの華人は五四人であったが、一八五〇年一月には七八七人に、そして一八五二年には約三〇〇〇人に達した。当時、チャイナタウンは「小広州」(Little Cantong)あるいは「小中国」(Little China)とよばれ、華人男性は、白人から〝China boy〟とさげすまれた(劉 一九七六：九九―一〇一)。

ゴールドラッシュや大陸横断鉄道建設でアメリカにやって来た華人の最初の上陸地点となったのは、サンフランシスコであった。前述したようにゴールドラッシュ時代、金鉱山地域にも、華人のために食料や雑貨などを販売する華人商店が開設された。それらの華人商店の商品を供給したのはサンフランシスコのほか、サクラメントやストックトンなどに形成されたチャイナタウンの華人店舗であった（楊ほか 一九八九：二九二―二九七）。

サンフランシスコのチャイナタウンの形成は、一八四九年に始まった。初期、華人商店が集中したのはサクラメント通りで、その後、デュポン街（一九〇八年、グラント街に改名）やポーツマス広場へ拡大していった。一八五三年のチャイナタウンの範囲は、南はサクラメント通り、北はジャクソン通り、東はカーニー街、西はストックトン通りであった（劉 一九八四：一一〇）。図10.2は、一八五〇年頃から一八八五年頃までのチャイナタウンの主要部を示したものである。

一八五〇年代半ば、サンフランシスコのチャイナタウンには、雑貨店が三三軒、薬局一五軒、料理店・肉屋・理髪店が各五軒、裁縫店・旅館・木工場が各三軒、パン屋が二軒、そして漢方医が五軒あった（Chinn et al. 1984：10-11）。初期のサンフランシスコ・チャイナタウンは、広東語で"Tong Yun Fow"（唐人街）とよばれた。ここでは、華人が必用なものが提供された。仕事、食事、物品、相互扶助組織、宗教施設、医療、娯楽、中国語新聞などである。しかし、人口が密集し、アヘンや買春などが蔓延する場でもあった（Yung and et al. 2006：7）。

サンフランシスコにやって来た華人の大多数は、珠江デルタの農村から来た広東人で、大半は珠江デルタ西部の四邑出身者であった。四邑地方は、台山、開平、恩平、新会の四地域から成るが、とくに台山出身者が多数を占めた（ライ 二〇一二：四五五）。第二次世界大戦前のアメリカ華人社会は、広東人がその中心を成し、チャイナタウンは広東語の世界であった（山下 二〇〇〇：四二―四三）。

一八六〇年代のチャイナタウンは、圧倒的な男性社会であり、二〇～三九歳の若年層が七五％を占めた。チャイナタウンの内部には、買春宿、アヘン窟、ギャンブル場などが多数あった。また、華人は道教や仏教の寺院を建設し、旧正月を祝うなど中国の伝統を維持していた。サンフランシスコの中心部にチャイナタウンが形成されたため、サンフランシスコ市当局は、幾度となく華人にこの地区からの立ち退きを要求した（貴堂二〇一二：八三）。

一八九二年、華人商店は六七四軒に増加した。しかし、華人排斥法の施行により、一八九〇年から一九〇〇年に、華人人口も華人商店も減少した。そして、一九〇六年のサンフランシスコ大地震では、発生した火災により、チャイナタウンは焼け野原となった（劉 一九七六：一三四）。しかし、チャイナタウンの復興は早く、一九〇八年には、華人商店は一九三軒に回復した（劉 一九八四：一一〇）。サ

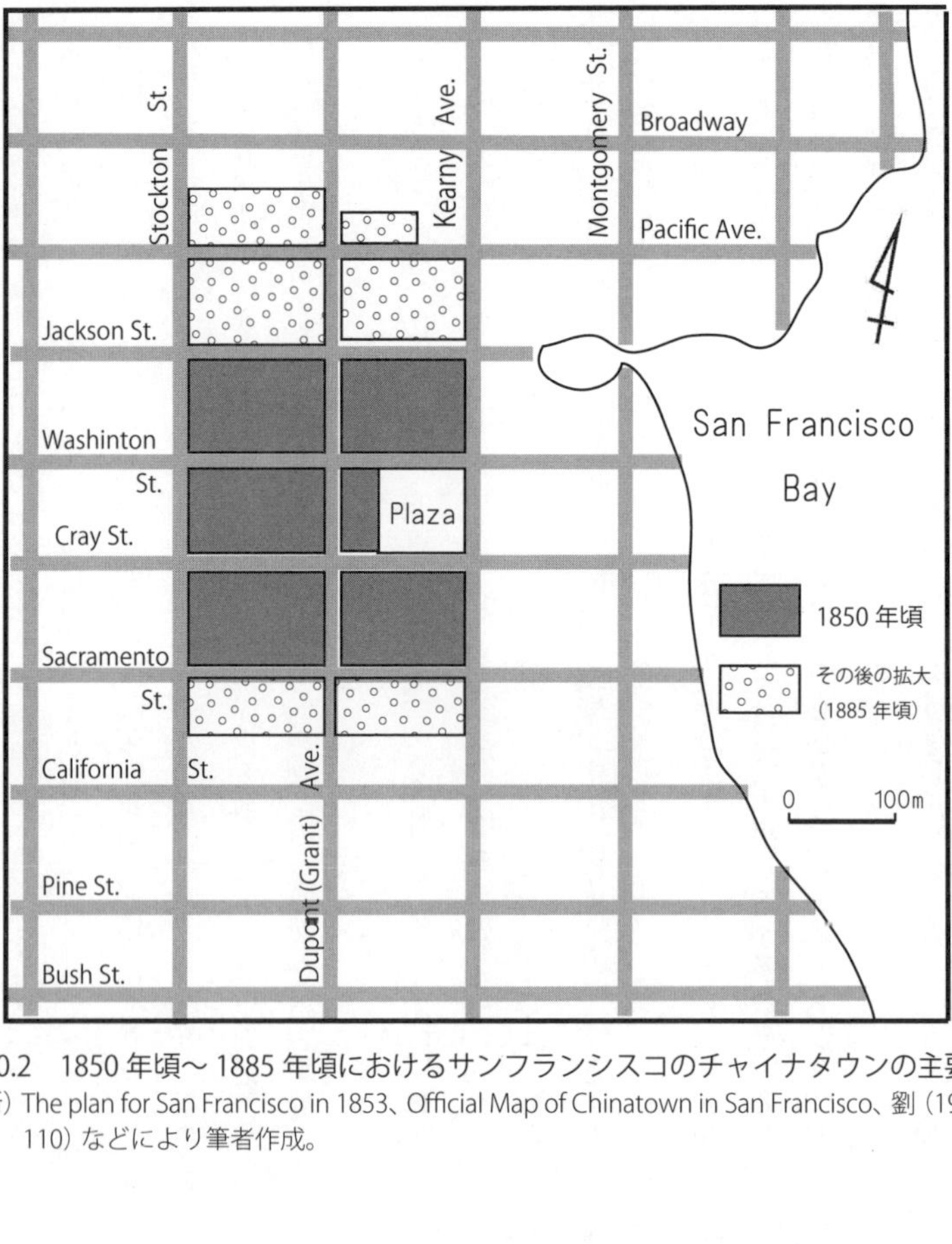

図 10.2　1850 年頃～ 1885 年頃におけるサンフランシスコのチャイナタウンの主要部
（出所）The plan for San Francisco in 1853、Official Map of Chinatown in San Francisco、劉（1984：110）などにより筆者作成。

ンフランシスコ市は、震災を機会に、ダウンタウンの重要な場所に形成されたチャイナタウンを、他の地域に移す計画を立てた。しかし、華人は、その移転計画に反対し、もとの場所にチャイナタウンを再建した。

(2) 華人社会

次に、サンフランシスコのチャイナタウンの華人社会の特色についてみてみよう。

サンフランシスコのチャイナタウンでは、出身地に応じて相互扶助組織である同郷会館が結成された。一八五〇年、三邑会館(南海、番禺、塀徳の三地方出身者による)および四邑会館(新会・台山・開平・恩平の四地方出身者による)が設立された。一八五二年には、陽和会館(中山地方出身者による)と協吉会館(客家人による、後に人和会館に改称)が組織された。一八五四年には、台山出身者が四邑会館から離脱し、独自に寧陽会館を設立した。一八六二年には台山および開平出身者の一部が四邑会館を離脱し合和会館を組織し、また四邑会館に残った新会出身者は、鶴山出身者と共同で四邑会館の跡地に岡州会館(岡州は現在の江門市新会区一帯)を結成した(劉 一九七六:一五〇―一六六)。一八六二年、これら三邑、陽和会館、人和会館、寧陽会館、岡州会館の六つの会館は、連合組織として中華会館を結成した。カリフォルニア州への団体登録の際、中華会館は中国六大公司(The Six Companies)に改称された。対外的には中国六大公司の名称が用いられたが、対内的には中華会館とよばれた(写真10.3)。その後、一八七八年には肇慶会館(広東旧肇慶府出身者の会館)が

写真 10.3 ストックトン通りの中華会館
(撮影) 写真 10.2 に同じ。

加入し、七大会館となった（楊ほか 一九八九：一二七—一四五、李・楊主編 一九九九：一七七—一八五）。

中国では秘密結社がみられるが、アメリカの華人社会でも、「堂」（Tong）、「会」（Hui）あるいは「堂会」とよばれる秘密結社が活動し、敵対する堂との利権抗争（「堂闘」とよばれる）がしばしば発生した（ライ 二〇一二：四五六—四五八）。

サンフランシスコのチャイナタウンには多数の堂が組織され、アヘン窟、売春宿、賭博場などは堂会の支配下にあった（劉 一九七六：二二四—二二五）。サンフランシスコで最初の有力な堂会は致公堂（Chee Kung Tong）であり、致公堂は中国語名には「洪門」と冠し、英語名は"Chinese Free Mason"と称した。堂会の成員のなかには、下層の低賃金労働者が多く、家父長的な相互扶助を求めて入会した（内田 一九七六：一二二—一四四）。

（3）華人排斥運動

ゴールドラッシュが収束し、鉱山町がゴーストタウンと化すと、華人のチャイナタウンへの集住傾向が強まった。これにより、白人による華人に対する著しい偏見、差別と激しい排他的感情が高まり、華人排斥運動につながっていった。このような華人を取り巻く厳しい環境のなかで、チャイナタウンは、白人からの排斥を免れる一種の避難所の役割を果たした。

華人排斥の最初の大きな暴動が一八六七年二月に発生した。数百人の白人労働者が建設工事現場で働く華人労働者を襲撃した。そのほか、華人が雇用されていた衣料・繊維関係の工場を白人の暴徒が破壊し、多数の負傷者が出た。白人側からみると、資本家の道具となって低賃金で働く華人を排斥しようとするものであった。暴徒のなかには、アイルランド系労働者が多かった。これらの暴動以後、サンフランシスコ市当局は、華人に対して差別的な条例を制定した。たとえば、天秤棒を担いでの道路通行を禁止する条例や男性囚人に断髪を義務づける「弁髪条例」などである（貴堂 二〇一二：九四―九九）。

一八七七年七月には、勤労者党（Workingmen's Party）の主催により、約八〇〇〇人の華人排斥の集会が開かれ、集会の解散後、参加者の一部が暴徒化し、チャイナタウンの店舗（とくに洗濯屋）、キリスト教伝道団体の施設、太平洋郵船（米中貿易の海運会社）などを襲撃した（貴堂 二〇一二：九四―九九）。

華人に対する排斥の機運が高まるに連れ、小さな町や村に居住していた華人も、サンフランシスコのチャイナタウンに身を寄せざるをえなくなった。農村地域に形成された小規模なチャイナタウンは消滅していった。たとえば、サクラメント南部のウォールナットグローブの農村地帯に形成されたチャイナタウンであるロック（Locke，中国名：楽居または洛克村、図10.1参照）は、一九一二年に中山（マカオに隣接）出身者が住み始めたが（陳 一九八四：二九九―三〇一）、カリフォルニア最後の農村地帯のチャイナタウンとよばれ、歴史保存地区として観光スポットになっている。

また、一部の華人は、反華人的感情が充満したカリフォルニアを離れて、しだいにシカゴ、ニューヨークなど中西部や東部の都市へと移動して行くようになった。

カリフォルニアでは、白人の労働組合が華人排斥運動の先頭に立ち、その運動はアメリカ西部全域に拡大した。その結果、一八八二年、連邦議会において華人排斥法が可決され成立した。この法律により、以後一〇年間、熟練・非熟練を問わず、華人のアメリカへの入国が禁止され、市民権も認められなくなった。この法律は、一九〇四年まで幾度かの改正を経て、入国禁止期間も事実上無期限となった（鈴木 一九八八）。

華人排斥法の制定後、密入国を試みたり、例外的な滞在資格や市民権の保有を主張して入国した華人は、移民検査所での審査の後、強制送還されたり、審査の結果が出るまで施設に拘留された。移民検査所の施設が老朽化したため、新しい移民検査所が一九一〇年、サンフランシスコ湾のエンジェル島（中国名、天使島）に建設され、華人を含むアジアからの入国者の審査が行われた（劉 一九八一：九九―一一一）。ヨーロッパからの移民を審査する移民検査所が置かれたニューヨーク・マンハッタン島の沖合のエリス島に対して、エンジェル島は「西のエリス島」ともよばれた（陳 一九八四：二四八―二五五）。

エンジェル島の移民検査所の拘留施設では、一九一〇年から一九四〇年までの期間、一七万五〇〇〇人の華人がここで検査を受けた。Lai et al.（1980）は、エンジェル島の移民局に拘留された華人が、施設内で書き綴った漢詩を収録したものである。拘留施設では、屈辱的な身体検査が行われ、提供される食事も十分なものではなく、待遇の悪さのために、一九一九年には暴動が発生した（張ほか主編 一九九〇：三四四）。

(4) 華人の経済活動

次に、華人排斥の状況下における華人の経済活動をみてみよう。

一八七〇年当時、サンフランシスコの華人労働者の主要な就業分野は、製靴業、タバコ製造業、毛織物業などであり、低賃金で働いていた。これらの分野で、最も激しく華人と対立したのは、アイルランド人労働者であった。華人排斥運動の主要なリーダーで、カリフォルニア労働党を組織したカーニー（Dennis Kearney）はアイルランド出生の移民であった。一八八二年の華人排斥法の制定後、これらの業界から華人は閉め出された（内田 一九七六：一七四―一八七）。白人からの華人排斥の動きが高まるにつれ、経済活動の面においても、華人は多くの分野から排除されるようになった。結果的に白人と競合しない分野にしか進出することができず、小規模なサービス業分野に限定された。とりわけ、洗濯屋、中国料理店、雑貨店が中心であった。華人に対する偏見が強いなかで、これらの三つの分野は、華人の生活に密接するものであり、また、英語力が乏しく、専門的教育を受けていない華人にとって、辛抱強く働くことによって、ある程度報われる仕事であったといえる（麦 一九九二：八〇―九二）。

一八五一年、アメリカ最初の華人経営の洗濯屋が、サンフランシスコのチャイナタウンのワシントン通りにできた。その後、洗濯屋を開業する華人が増加していった。一八七〇年、サンフランシスコでは二〇〇〇人あまりが洗濯業に従事しており、その大部分が華人であった。一八七六年には、サンフランシスコにある洗濯屋は三〇〇軒であり、市内のどの通りにも華人経営の洗濯屋があったことになる。一八八四年、華人排斥運動が最高潮に達した際には、華人経営の洗濯屋は、恰好の攻撃対象となった（劉 一九七六：三一〇―三一二）。

中国料理店は、チャイナタウンが形成された初期には多くはなかった。中国料理店は「雑碎餐館」とよばれた。「雑碎」（chop suey）は、広東語であり、野菜や肉を油で炒めたアメリカ式中国料理を指すもので、しだいにアメリカ全土に中国料理店が広がっていった（劉 一九七六：三一二）。

華人は農業部門でも重要な役割を果たした。一九世紀末から二〇世紀に入る頃、サンフランシスコ湾岸地域における日本人移民による花卉栽培が盛んになってきた。その時期、華人はイタリア人とともに、いち早く花卉栽培において重要な地位を占めていた。現在のチャイナタウンの南側に位置するマーケット通りとカーニー街の角は、イタリア人・華人・日本人の花卉生産者が集まり、花卉の露天市場の様相を呈していた（矢ケ﨑 一九九三：一一二―一一七）。

3 第二次世界大戦後のサンフランシスコのチャイナタウン

（1）伝統文化の保持

第二次世界大戦後、サンフランシスコの華人人口は増加した。人口センサスによれば、一九四〇年に一万七七八二人（同市の総人口の二・八％）であったが、一九五〇年に二万四八一三人、一九六〇年に三万六四四五人となった。一九六五年移民法改正により中国や東南アジアからの移民が増加し、華人人口は一九七〇年には五万八六九六人、一九八〇年には八万二二四四人（同市の総人口の一二・一％）になった。図10.3は、サンフランシスコにおける華人人口の推移を示したものである。

華人人口の増加に伴い、ダウンタウンのチャイナタウンの人口密度が高まり、チャイナタウンは周辺に拡大していった。とくに、リトルイタリーとよばれるイタリア人街であった北側のノースビーチ(North Beach)では、そこに居住するイタリア人が減少する一方で、華人の店舗や居住者が増えチャイナタウン化が進んだ(Godfrey 1988 : 97, 102-105)。

アメリカ最初のチャイナタウンであるサンフランシスコのチャイナタウンでは、端午節、清明節、春節や龍舞、獅子舞などの華人の伝統文化が保持されてきた。住民の多くは広東出身者であったが、社会主義の中華人民共和国の成立後、アメリカの反共産主義の政策下で、国民党支配の台湾文化の影響も受けてきた(陳一九八四：二五八—二六五)。

サンフランシスコのチャイナタウンにおいて、最も重要な年間行事は、旧暦の正月を祝う春節祭である。サンフランシスコの春節祭は一九五三年に始まった(ライ 二〇一二：四六一—四六四)。サンフランシスコにおける華人人口の比率の高まりにより、サンフランシスコの公立学校は、一九九四年から春節には休校となった。全米ミス・チャイナタウン選考会、バザール、マラソン・競歩大

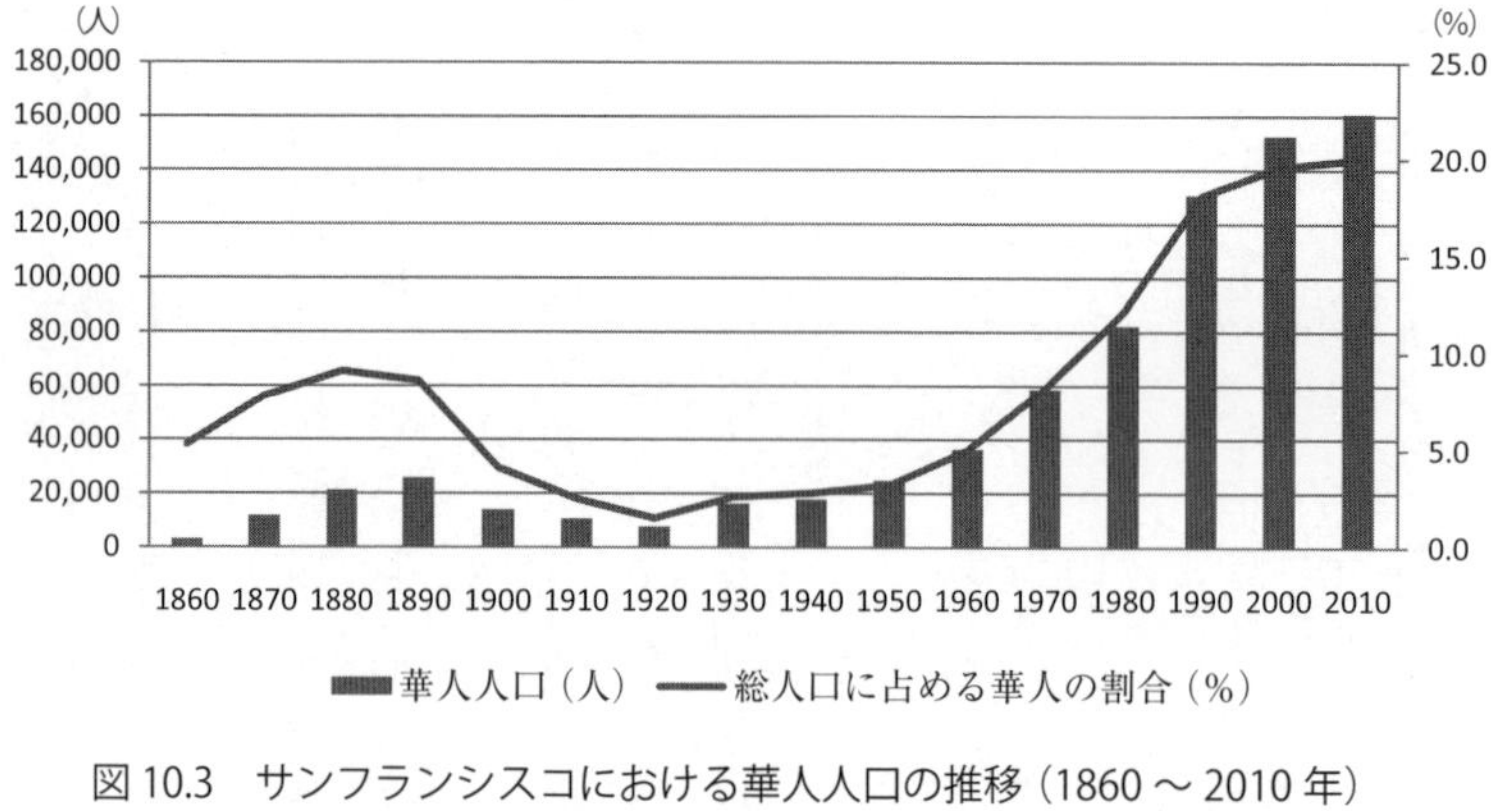

図 10.3　サンフランシスコにおける華人人口の推移（1860 ～ 2010 年）
（出所）US.Census による。ただし、2000 年および 2010 年は、センサスの調査で "Chinese (one race)" と回答した者。1860 ～ 1990 年までは、San Francisco History-Population、http://www.sfgenealogy.com/sf/history/hgpop.htm により筆者作成。

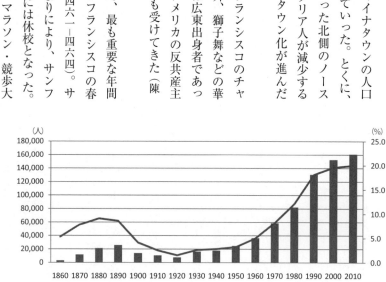

会などの一連の春節行事の最後を飾るのは、「新年大巡遊」という名の盛大なパレードである。獅子舞、龍舞、企業・学校・団体などによる花車、ブラスバンド、仮装行列、そして市長をはじめサンフランシスコ市の著名人、在郷軍人、警察、消防のパレードなど、参加者も華人に限らず、民族集団の枠を越えた、全市をあげての大イベントとなっている。その模様は、地元テレビ局により実況中継される（山下 二〇〇〇：一二七－一二九）。

チャイナタウンでは、華人住民の高齢化が進んでいる。チャイナタウンの中心にあるポーツマス広場は、中国語新聞を読み、中国将棋に興じる華人高齢者のたまり場になっており、中国標準語である普通話（いわゆる北京語）よりも、広東語やその他の方言が多く話されている（写真10.4）。

チャイナタウンの外に住む華人にとって、チャイナタウンは週末に家族で食事に出かける場所という意味が強い。華人に評判の飲茶（ヤムチャ）レストランは、午前中から満員となる（写真10.5）。かつて、このような場では、広東語が主流をなしていたが、今では普通話（標準中国語）で注文する客が増え、従業員も広東語とはまるで外国語のように大きく異なる普通話を理解できなければ務まらなくなってきている（山下 二〇〇〇：一二七）。

写真 10.4　ポーツマス広場に集う華人高齢者
（撮影）写真 10.2 に同じ。

写真 10.5　休日のチャイナタウンの飲茶レストラン
（注）華人の生活では、家族団欒の時を過ごすことが重視される。
（撮影）写真 10.2 に同じ。

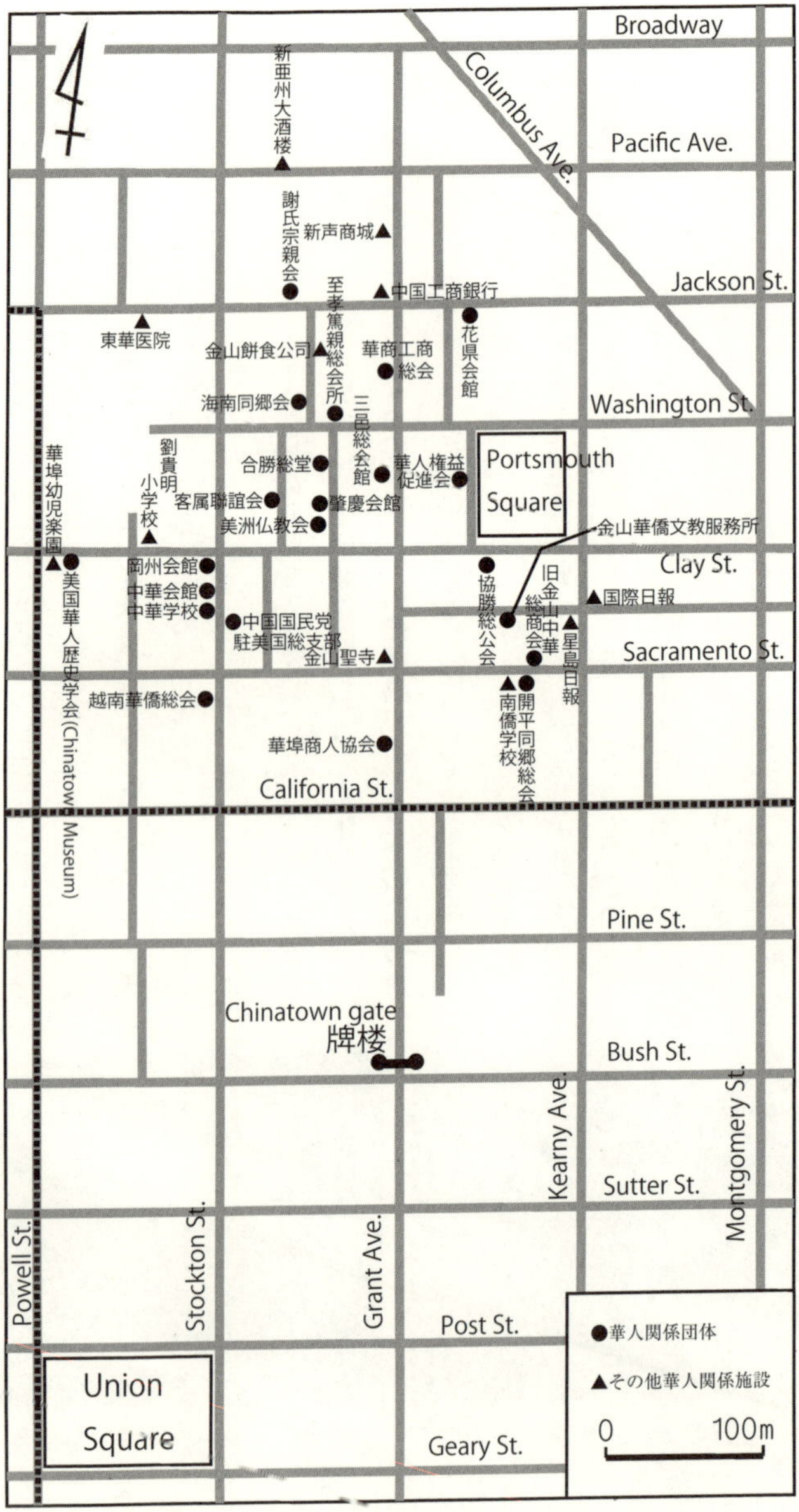

図 10.4　サンフランシスコのチャイナタウンの概況

（出所）2014 年 11 月の現地調査により筆者作成。

（2）観光地としてのチャイナタウン

サンフランシスコは、世界的な観光都市であり、ケーブルカー、フィッシャーマンズ・ワーフ、ゴールデン・ゲートブリッジなどとともに、サンフランシスコの重要な観光名所になっている。サンフランシスコを訪れる国内外からの観光客のほとんどは、ケーブルカーに乗り、チャイナタウンで中国料理を味わう（写真10.6）。図10.4は、二〇一四年現在のチャイナタウンの概況を示したものである。多くの観光客は、高級ホテルやデパートが周辺に集まり、観光名所になっているユニオンスクエアから、チャイナタウンの観光シンボルである牌楼を通り（写真10.7）、チャイナタウンのメインストリートであるグラント街を巡る。

グラント街の両側には観光客相手の中国料理店やみやげ物店が軒を連ね、最も観光地化されている。これと対照的に、グラント街の西のストックトン通りはバスが走り、観光客向けというよりも華人向けに野菜、鮮魚、肉、書籍、衣

写真 10.6　チャイナタウンを通過するケーブルカー

（注）チャイナタウンのメインストリートであるグラント街とケーブルカーが通るカリフォルニア通りの交差点にて。

写真 10.7　チャイナタウンの牌楼（Chinatown gate）

（注）この牌楼は、アメリカのチャイナタウンの牌楼の中で最も早く 1970 年に建設された。

（撮影）写真 10.6、10.7 とも写真 10.2 に同じ。

写真 10.8　グラント街（上）と
ストックトン通り（下）

（注）上の写真に見える街路標識 "Sacramento" の中国語の街路名は「唐人街」（中国語でチャイナタウンを意味する）となっている。サクラメント通りがサンフランシスコのチャイナタウンの発祥の地であることを示している。

（撮影）写真 10.2 に同じ。

類などを売る商店、スーパーマーケット、華人団体、華人学校などが多く分布している。

このように、サンフランシスコのチャイナタウンは、観光地という側面とともに、華人の生活を支える場としての機能ももっている（写真10.8）。

4

郊外におけるニューチャイナタウンの形成

サンフランシスコのダウンタウンに位置するチャイナタウンは、増加する新華僑を受け入れるための空間的な余地はない。ダウンタウンのチャイナタウンの西に隣接するノブヒルやロシアンヒルは高所得者の住宅地であり、地価が高い地区である。このため、チャイナタウンの拡大には限界があり、人口密度は高く、常に駐車難となっている。また、建物の老朽化も進んでいる。

このようなチャイナタウンのフィジカルなマイナス面に加えて、チャイナタウン内の店舗経営者の世代交代も進んでいる。オールドカマーである広東人の経営者に代わって、新しくやって来た中国大陸や東南アジア出身の華人がそれらを継承する現象が多くみられる。とくにベトナムを中心とするインドシナ出身の華人が経営する中国料理店が増加している。また、ダウンタウンのチャイナタウンから郊外への華人の居住地移動も顕著である。

ダウンタウンのチャイナタウンからさらに西のゴールデンゲート・パーク近くに位置するリッチモンド区およびサンセット地区に、チャイナタウン居住者や新来の華人がより良好な居住条件を求めて居住するようになり、新しいチャイナタウンが形成された（図10.5）。

このような郊外型のニューチャイナタウンの形成は、アメリカの他の大都市周辺でも同様なパターンがみられる（Fong 1994）。筆者は、ダウンタウンに形成された伝統的チャイナタウンをオールドチャイナタウン、ニューカマーの華人（新華僑）によって新たに形成されたチャイナタウンをニューチャイナタウンとよんでいる。リッチモンド区およびサンセット区に形成されたチャイナタウンは、ニューチャイナタウンの類型に属するものである（山下 二〇〇八、山下 二〇一〇：二二九―二三四）

ダウンタウンのチャイナタウンから西へ六キロメートル

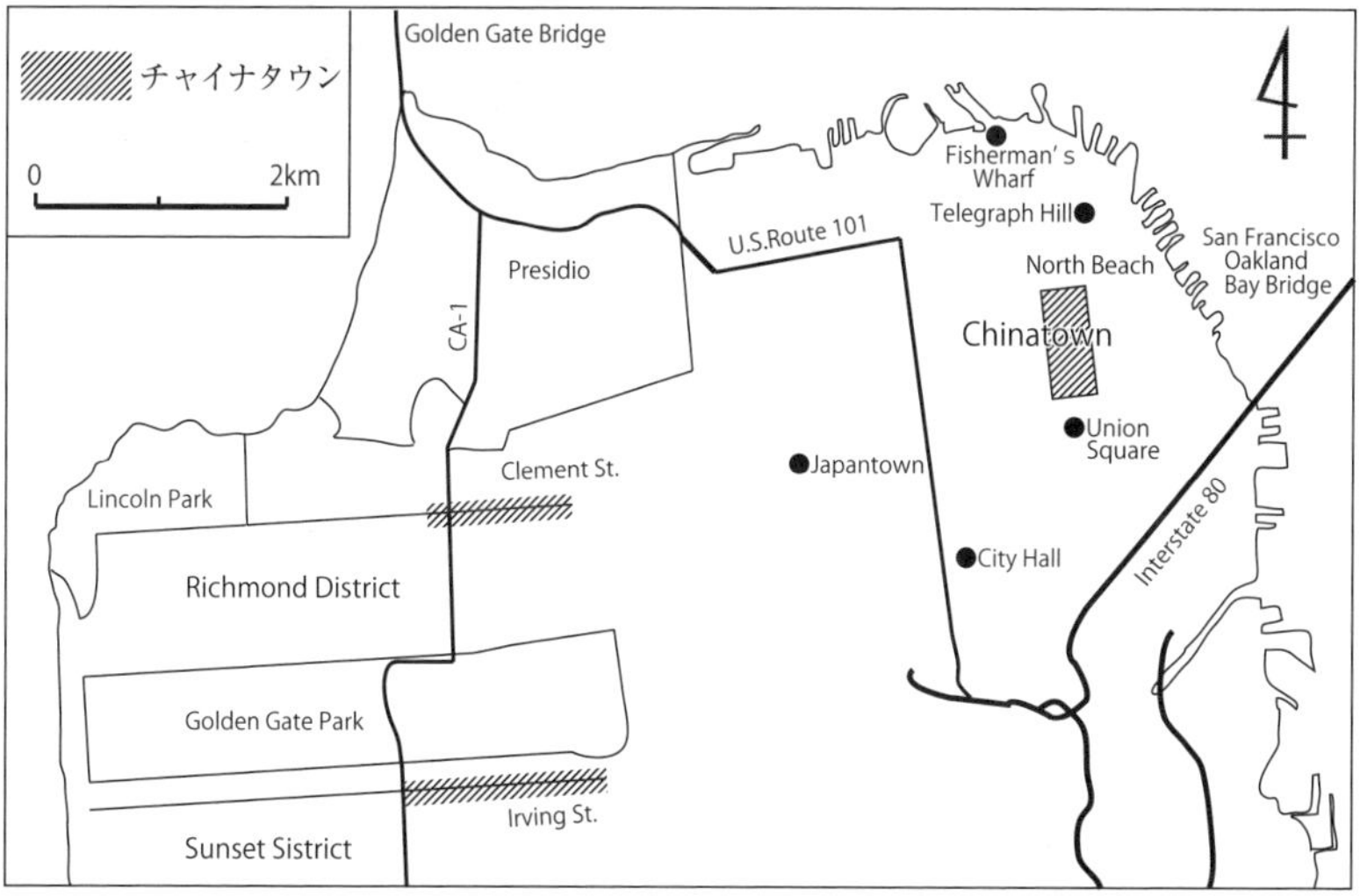

図10.5　サンフランシスコの新旧のチャイナタウン
（出所）2014年11月の現地調査により筆者作成。

写真 10.9　リッチモンド区、クレメント通りのスーパーマーケット
（注）「新華埠超級市場」は「ニューチャイナタウン・スーパーマーケット」という意味。
（撮影）写真 10.2 に同じ。

写真 10.10　サンセット区、アービング通り
（撮影）写真 10.2 に同じ。

ほど進むと、サンフランシスコ市リッチモンド区のクレメント通りになる。この一キロメートルあまりの道路の両側には、漢字の看板を掲げた華人経営のレストラン、ファストフード店、スーパーマーケット、銀行、書店などが連なる。華人はここを「新華埠」（華埠はチャイナタウンを意味する）すなわちニューチャイナタウンとよぶ（写真10.9）。レストランのなかには、中国料理店に混じって、東南アジア出身の華人が経営するベトナム料理店、タイ料理店、ミャンマー料理店などもみられる。

ニューチャイナタウンは観光地ではないが、サンフランシスコ周辺各地から訪れる華人でにぎわっている。この周辺は、社会経済的に上昇した華人や、台湾、香港から来たニューカマーに人気のある新興住宅地となっている。オールドチャイナタウンの住民の多くが広東人であり、そこは古くから広東語の世界であったのに対し、ニューチャイナタウンでは、普通話が共通語の役割を果たしている。

リッチモンド区のクレメント通りとリンカーン公園を挟んで南に位置するサンセット区のアービング通りにも、

ニューチャイナタウンが形成されている（写真10・10）。
筆者は、一九九四年からこれらのニューチャイナタウンに注目してきた（山下 二〇〇〇：一三八―一三九）。二〇一四年の調査では、インドシナ出身の華人が経営する中国料理店、ベトナム式サンドイッチ販売店（写真10・11）、カフェ、スーパーマーケットの増加が目立った。

以上のように、華人の増加に伴いサンフランシスコのダウンタウンに形成されたオールドチャイナタウンも、そして郊外に形成されたニューチャイナタウンも、変容を続けている。サンフランシスコでみられるこのような現象は、ニューヨーク、ロサンゼルス、シカゴなどアメリカ各地でも共通するパターンがみられる。サンフランシスコはアメリカ華人社会の縮図であり、アメリカ華人の博物館といえよう。

写真 10.11　クレメント通りのベトナム式サンドイッチの販売店
（注）ハム、焼き豚、ローストチキン、ミートボールなどをレタス、トマト、香菜などとともに挟んだサンドイッチが 4 ドル前後で販売されている。
（撮影）写真 10.2 に同じ。

〈文　献〉

内田直作　一九七六『東洋経済史研究Ⅱ』千倉書房
貴堂嘉之　二〇一二『アメリカ合衆国と中国人移民――歴史のなかの「移民国家」アメリカ――』名古屋大学出版会
鈴木　晟　一九八八「一八五〇～一九二〇年代におけるアメリカの東洋移民排斥」『アジア研究』三四（三）九一―一四一
堀井　武　一九八九「一九世紀アメリカにおける中国人労働者」『高円史学』五：一七―三二
矢ケ﨑典隆　一九九三『移民農業――カリフォルニアの日本人移民社会――』古今書院

矢ケ﨑典隆　二〇一六「ロサンゼルス大都市圏の分断化とエスニックタウン」山下清海編『世界と日本の移民エスニック集団とホスト社会──日本社会の多文化化に向けたエスニック・コンフリクト研究──』明石書店　一四九－一七四

山下清海　二〇〇〇『チャイナタウン──世界に広がる華人ネットワーク──』丸善

山下清海　二〇〇八「チャイナタウンの形成と変容」山下清海編『エスニック・ワールド──世界と日本のエスニック社会──』明石書店　六八－六九.

山下清海　二〇一〇『池袋チャイナタウン──都内最大の新華僑街の実像に迫る──』洋泉社

ライ、マーク・ヒム　二〇一二「米国」パン、リン編、游　仲勲監訳『世界華人エンサイクロペディア』明石書店　四五四－四七七

潮龍起　二〇一〇『美国華人史（一八四八－一九四九）』山東画報出版社

陳依範（殷志鵬・廖慈節合訳）　一九八四『美国華人発展史』三聯書店（香港）（原著　Chen, Jack 1980. The Chinese America. Harper & Row, San Francisco.)

劉伯驥　一九七六『美国華僑史』黎明文化事業股分有限公司（台北）

劉伯驥　一九八一『美国華僑史（続編）』黎明文化事業股分有限公司（台北）

劉伯驥　一九八四『美国華僑逸史』黎明文化事業股分有限公司（台北）

李春輝・楊生茂主編　一九九九『美洲華僑華人史』東方出版社（北京）

麦禮謙　一九九二『従華僑到華人──二十世紀美国華人社会発展史』三聯書店（香港）

楊国標・劉漢標・楊安堯　一九八九『美国華僑史』広東高等教育出版社（広州）

張興漢・陳新東・黄卓才・徐位発主編　一九九〇『華僑華人大観』暨南大学出版社（広州）

Official Map of Chinatown in San Francisco. David Rumsey Historical Map Collection Author: Farwell, Willard B. Date:1885 http://www.davidrumsey.com/luna/servlet/detail/RUMSEY~8~1~215016~5501920:Official-Map-of-Chinatown-in-San-Fr

The plan for San Francisco in 1853. Zakreski's map is entitled "The only corect & fully complete Map of San Francisco, Compiled from the Original Map.　http://foundsf.org/images/thumb/2/24/Zakreskis-1853-map.jpg/720px-Zakreskis-1853-map.jpg

Avakian, M. 2002. *Atlas of Asian-American history.* Checkmark Books, New York.

Chinn, T. W., Lai, H. M. and Choy, P. P. eds. 1984. *A history of the Chinese in California: A syllabus.* (6th printing), Chinese Historical Society of America, San Francisco.

Fong,T. P. 1994. *The First Suburban Chinatown: The Remaking of Monterey Park, California*. Philadelphia: Temple University Press.

Godfrey, B. J. 1988. *Neighborhoods in transition: the making of San Francisco's ethnic and nonconformist communities*. University of California Press, Berkeley.

Kwong, P. and Miscevic, D. 2005. *Chinese America: The untold story of American's oldest new community*. The New Press, New York.

Lai, H. M. Lim, G. and Yung, J. 1980. *Island: Poetry and history of Chinese: Immigrants on Angele Island, 1910-1940*. University of Washington Press, Seatle.

Lee, R. H. 1960. *The Chinese in the United States of America*. Hong Kong University Press, Hong Kong.

Minnick, S. S. 1988. *Samfow: The San Joaquin Chinese legacy. Panorama*. West Publishing, Fresno.

Yung, J. and the Chinese Historical Society of America 2006. *San Francisco's Chinatown*. Arcadia Publishing.

コラム9

メリケン国の華人博物館

山下清海

メリケン粉という言い方は、最近はあまりしなくなったようだが、小麦粉のことである。国産の小麦でなく、外国とくにアメリカ産の輸入小麦をメリケン粉とよんだ。神戸港にはメリケン波止場がある。神戸開港の一八六八（明治元）年、新しい波止場が造られ、この波止場の近くにアメリカ領事館があったことからメリケン波止場とよばれるようになった。すなわちメリケンとは、アメリカ合衆国を指し、「アメリカの」を意味するAmericanがメリケンとなまったようである。

アメリカ合衆国は、日本の漢字表記では亜米利加合衆国、略して「米国」となるが、中国語や朝鮮語では美利堅合衆国、略した場合は「美国」となる。ちなみに「美利堅」は中国の標準語（Mandarin）の発音ではmelijian（メイリジエン）となり、日本語の音読みをすると、メリケンに近い。

さて、中国以外で、華人関係の博物館が最も多いのは、アメリカ合衆国である。一八四八年にシエラネヴァダ山麓のコロマで金が発見され、ゴールドラッシュが始まり、金鉱山地帯にもチャイナタウンが形成された。オレゴン州ジョンディ（John Day）に一九七四年に設立された俄勒岡（オレゴン）州華人博物館（別名：金華昌博物館）は、ゴールドラッシュ時代の華人に焦点を当てた博物館である。また、カリフォルニア州北部のマリーズビル（Marysville）の北加州（カリフォルニア州北部）在美華人博物館（二〇〇七年設立）も同じ性格の華人博物館である。ちなみに「在美」は日本語で「在米」の意味である。

アメリカの主要都市にはチャイナタウンが形成されている。華人社会の歴史が長く、華人人口も多いサンフランシスコ、ニューヨーク、ロサンゼルス、シカゴなどでは、チャイナタウンの中に、あるいはその周辺に華人博物館が設立されており、いずれの華人博物館も、展示や出版物などは充実している。これらの華人博物館をもっぱら支えているのは、中国の改革開放後移住してきた新華僑ではなく、その前からアメリカで暮らしてきた老華僑とその子孫である。彼らにとっては、自分たちの祖先が歩んできた歴史を記録し、後世に伝えたいという思いが強い。そして、それぞれの地域の華人社会について研究してきた華人研究者と華人博物館の設立・運営の資金を支える寄付者によって、華人博物館は成り立っている。

写真１　サンフランシスコのチャイナタウンの傾斜地にある美国華人歴史学会

左の写真のレンガ造りの建物が美国華人歴史学会で、内部に博物館がある。右の写真は、入口の掲示。入館料は無料である。
（撮影）2014年11月、山下清海

サンフランシスコには、一九六三年、美国華人歴史学会（Chinese Historical Society of America, 略称ＣＨＳＯ）が設立され、アメリカの華人の歴史に関する博物館（CHSO Museum）が併設された。二〇〇一年に現在地（965 Clay Street）に移転した（**写真1**）。

ニューヨーク・マンハッタンのチャイナタウンでは、美国華人博物館（Museum of Chinese in America、略称ＭＯＣＡ）が一九八〇年に設立された。二〇〇九年に現在地（215 Centre Street）に移転し、その規模も大きくなった。ロサンゼルスには、チャイナタウンの近くに華美博物館（Chinese American Museum、略称ＣＡＭ、二〇〇三年設立）がある。同博物館は、ロサンゼルスや南カリフォルニアの華人に関する刊行物を積極的に発行している。また、シカゴのチャイナタウンには、芝加哥（シカゴ）美洲華裔博物館（Chinese-American Museum of Chicago）がある。「美洲」はアメリカ合衆国、「華裔《かえい》」は、華僑の子孫を意味する。この博物館は、二〇〇五年に設立されたが、二〇〇八年に火災に遭い、二〇一〇年に再建された。このほか、カリフォルニア州のサンディエゴには、聖地牙哥（サンディエゴ）中華歴史博物館（San Diego Chinese Historical Museum、一九八〇年設立）がある。上記の華人博物館は、いずれも情報が豊富なウェブサイトを公開しているので、各博物館の英語または中国語の正式名称で検索していただきたい。

第11章

多様なラテンアメリカ系移民とヒスパニック／ラティーノ博物館

浦部　浩之

アメリカ合衆国においてラテンアメリカ系（ヒスパニック／ラティーノ）は、今や黒人を凌ぐ最大のマイノリティである。ただ一口にラテンアメリカ系といっても、その出身国、移民の時期や背景、境遇はじつに多様であり、集団としてのアイデンティティは曖昧である。このため、さまざまな移民博物館が存在するアメリカ合衆国のなかにあって、ラテンアメリカ系に特化した博物館はほとんどない。しかし他方で、旧宗主国スペインからの移民団体がもつ博物館や各都市にある一般の博物館を巡ると、その展示のなかにラテンアメリカ系の人々の複雑でありながらも豊かな歴史や文化を見つけ出すこともできる。またメキシコからの領土獲得の歴史や国境警備を主題とする博物館の運営方針には、主流社会の側からのラテンアメリカの人々に対する眼差しが色濃く反映されており、そのこと自体がアメリカ合衆国社会の一面を描き出している。本章では多面的な性格をもつラテンアメリカ系移民の軌跡、今日の動態、そしてそれを内なる視点と外からの視点で描き出すラテンアメリカ系をめぐる博物館について紹介する。

1 アメリカ合衆国におけるラテンアメリカ系住民

(1)「ヒスパニック」と「ラティーノ」

アメリカ合衆国では二〇世紀の後半以降、「ヒスパニック」(Hispanic)あるいは「ラティーノ」(Latino)と称されるラテンアメリカ系の人口が急増している。商務省国勢調査局の統計によれば、一九九〇年度の国勢調査の時点で二二三五万人(全人口の八・八%)だった「ヒスパニック/ラティーノ」人口は、二〇〇〇年度の国勢調査では三五三〇万人(全人口の一二・五%)になり、黒人人口(全人口の一二・三%)を超えて初めて最大のマイノリティになった。そして二〇一〇年度の国勢調査ではそれが五〇五〇万人(全人口の一六・三%)にまで拡大した。わずか二〇年で人口は倍以上(二・二六倍)に膨らんでいるのである。この傾向は今後も続き、二〇五〇年には「ヒスパニック/ラティーノ」人口は一億人を超え、アメリカ合衆国総人口の約三割に達するともみられている(過去約五〇年間の人口動態については図11.1参照)。

ところでアメリカ合衆国のラテンアメリカ系住民に対する呼称として「ヒスパニック」と「ラティーノ」の二つが頻繁に用いられる。その違いについて最初に説明しておきたい。結論的にいえば、この二つ

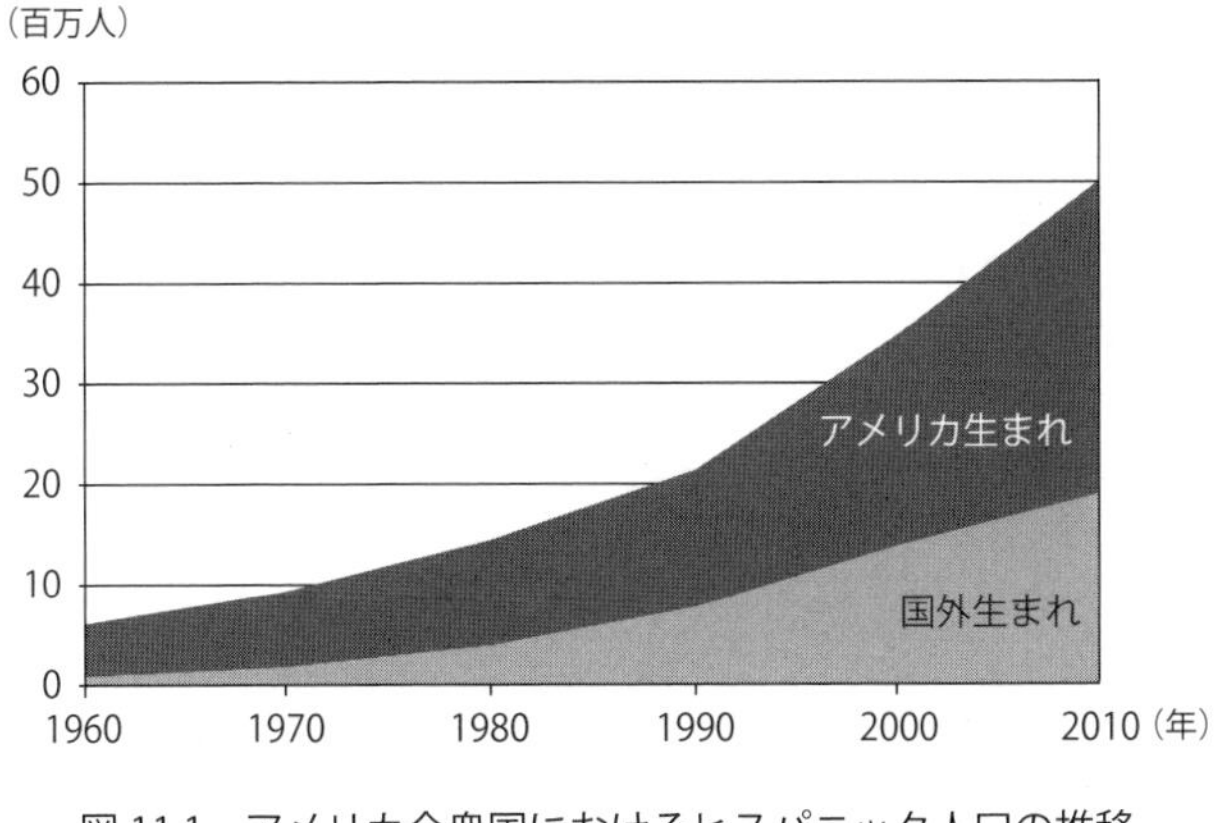

図 11.1　アメリカ合衆国におけるヒスパニック人口の推移
(出所) Pew Reserch Center 推計値をもとに筆者作成。

の呼称は日常的にはほぼ同一の集団を指しているといって差し支えないが（実際、国勢調査局の調査における人種・民族に関する項目の選択肢として用意されている語も「Hispanic or Latino」となっている）、両者の間にある微妙なニュアンスの違いがまったく意識されていないわけではない。

「Hispania（イスパニア）」（ローマ人によるイベリア半島の古名）から派生する「ヒスパニック」という呼称が広く社会に浸透していったのは、それが公的機関によって用いられるようになった一九七〇年代以降のことである。ラテンアメリカは一九世紀初頭までの約三〇〇年間、スペインの植民地下にあり（ブラジルに関してはポルトガルの植民地下）、その間にイベリア・ラテン系の文化や宗教、思想などが社会の価値規範として定着した。そうした国々からの移民やその子孫を「ヒスパニック」と称するとき、そこにはスペインとの結びつきやそのことへの誇りが反映されている。

しかし他方で、植民地期以来、ラテンアメリカで形成されてきた社会には、スペインからの移民やその子孫が支配者として君臨し、先住民、黒人奴隷、そして混血系の人々やその子孫が中・下層に位置するという厳然とした階層間格差があった。そうした社会形成の歴史的過程で、ラテンアメリカ人としてのアイデンティティをヨーロッパ的な優越性よりも民族的な混淆性のほうに求める心情がとくに中・下層の人々の間に育まれ、一九八〇年代から九〇年代にかけて強まった多文化主義のなかで、アメリカ合衆国でも「ラティーノ」という呼称がしだいに好んで用いられるようになってきた。そこにはスペインよりもラテンアメリカとの結びつきがより強く意識されている。

こうしたことから、「ヒスパニック」の呼称は、どちらかといえば保守層の間でより広く用いられる傾向がある。またキューバ革命（一九五九年）から逃れて移住してきたフロリダのキューバ系白人層の間でも「ヒスパニック」の呼称が多用されている。他方で、一八四六年から四八年までの米墨戦争（後述）でアメリカ合衆国に編入されるまではメキシコに属し、今日でもメキシコや中米諸国からの移民や出稼ぎ労働者を受け入れ続けているカリフォルニア州では、「ラティーノ」の呼称が用いられることのほうが多い。ただ同じ元メキシコ領であっても、スペイン植民地時

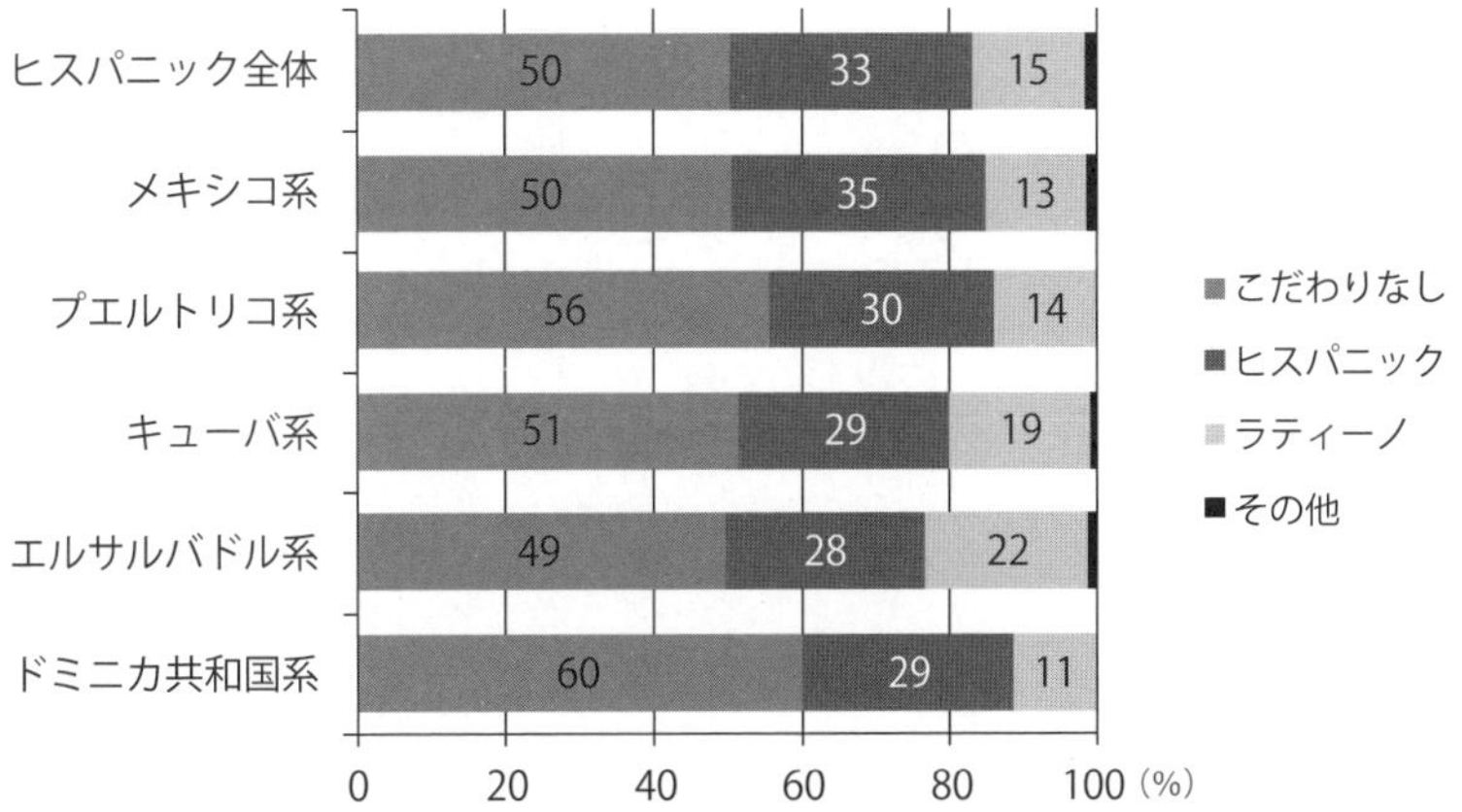

図11.2 「ヒスパニック」と「ラティーノ」のいずれの呼称を好むか（2013年）
（出所）Pew Reserch Center 調査。

代の名残が強く残り、旧宗主国との歴史的・文化的結びつきが肯定的にとらえられているニューメキシコ州では、自らを好んで「ヒスパニック」と称する人が目立っている（牛田 二〇一〇：八一–八三）。

もっとも、多くのラテンアメリカ系の住民は、この二つの呼称のニュアンスの違いにそれほど頓着していないようである。ピュー・リサーチ・センターによる世論調査によれば、図11.2のとおり、「ヒスパニック」と「ラティーノ」のいずれを好むかとの問いに対し、半数のヒスパニック／ラティーノは「こだわりなし」と答えており（Hugo and Rohal 2012）、その傾向は出身国別でみても大きな違いはない。

ラテンアメリカ系移民のアイデンティティはむしろ別の面で複雑であるといえる。世代間で、また社会的にも、移民を取り巻く状況にはかなりの多様性があるからである。一例をあげると、ニューヨークにいるドミニカ共和国系の間では、「ドミニカン・イン・ニューヨーク」が縮まった「ドミニカンヨーク」という語が使われるようになっている。この語をニューヨーク生まれの若い世代が自らの位置づけとして用いる場合は、ニューヨークに対する愛着や二世であることへの誇りを強調するニュアンスが漂うが、移民の一世や本国に居住する人々がこれらの若い世代をこの語で呼ぶとき、そこには「ドミニカ文化を十分に理解していない」との侮蔑が含まれているという（三吉 二〇一四：一六一―一六二）。一口にラテンアメリカ系といっても、そこには英語をあまり解さず常に母国やその家族のことを思う出稼ぎ移民から、もはやスペイン語を解さずもっぱらアメリカ人としてのアイデンティティをもつ者まで、あるいはまた、強制送還のリスクと隣り合わせで暮らす非合法の滞在者から、連邦政府からの特別な処遇のもとで確固たる生活基盤を築いたキューバ人の亡命者まで、さまざまな人々が包摂されている。

なお、一八世紀以来、アイルランド、イタリア、ドイツなどのような他のヨーロッパ諸国と同じくスペインからも多くの移民が渡来し、その子孫がアメリカ合衆国の社会に定着していった。そうしたスペイン系の人々も広い意味での「ヒスパニック」に含められることがある。他方でスペインとの文化的結びつきからは外れるブラジルや、イギリス・フランス・オランダ語圏カリブ地域からの移民は、一般的にはヒスパニックに含められることは少ない。

（2）ヒスパニック人口の分布

近年のヒスパニック／ラティーノ（以下、本稿では「ヒスパニック」と記す）の人口の増大は、後述のとおり全米でみられる現象であるが、その分布には地域的に大きな差異がある。ヒスパニックは、端的にいえば、①メキシコと国境を接する南西部地域、②ラテンアメリカの玄関口ともいわれるフロリダ州、そして、③ニューヨーク、ボストン、シカゴなどの大都市圏に集住している。

まず州別の人口から確認すると図11.3のとおりとなる。ヒスパニック人口が最大となっているのはカリフォルニア州の一四三六万人で、これはスペイン語圏ラテンアメリカ一八か国のなかで第七位の人口をもつグアテマラの人口一四三四万人に匹敵する。カリフォルニア州に次ぐのはテキサス州の九七九万人で、この上位二州で全米のヒスパ

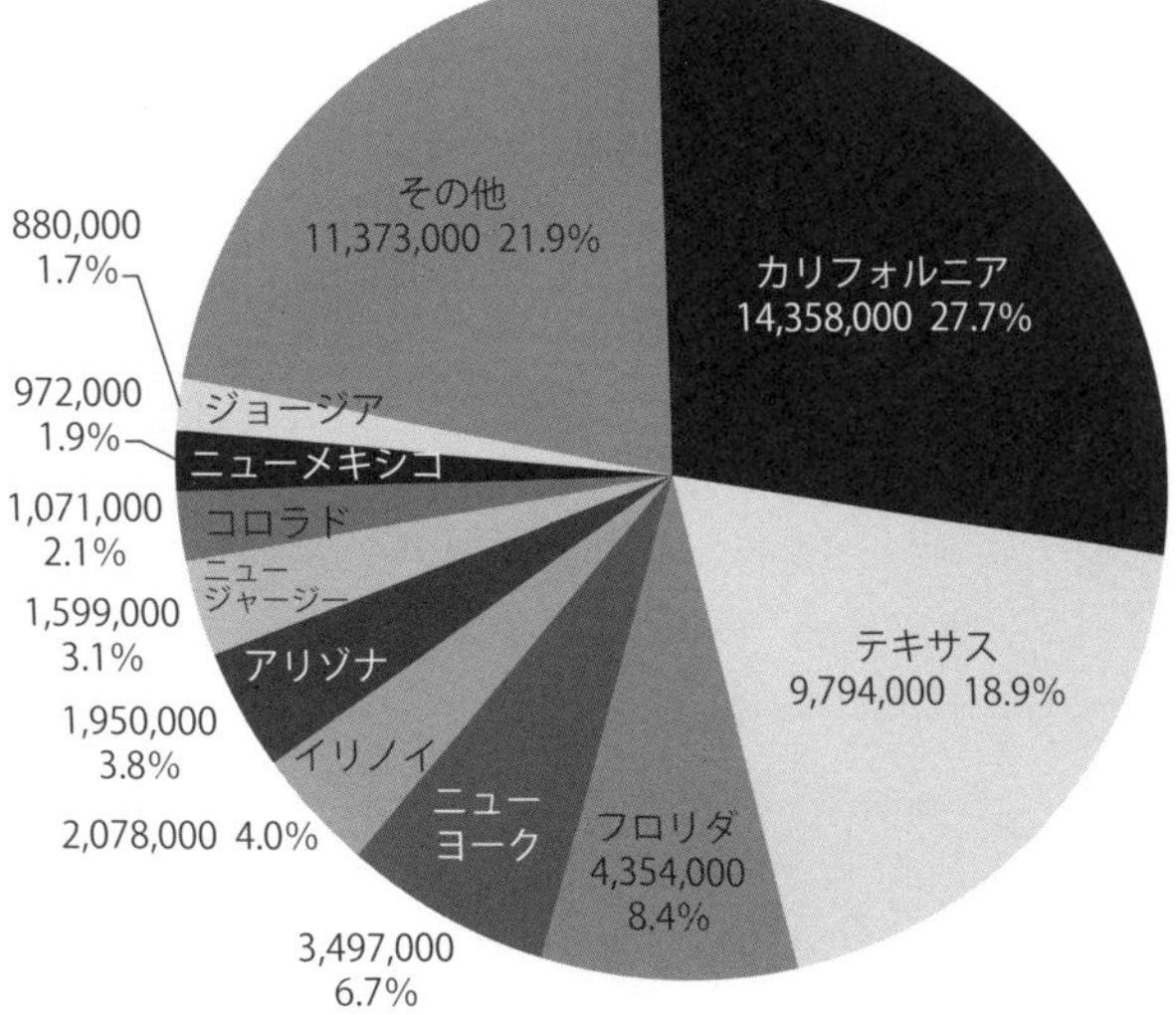

図 11.3　州別にみたヒスパニック人口（2011 年）
（出所）図 11.1 に同じ。

ニック人口の半数近く（四六・六％）を占めることになる。第三位以下にはフロリダ州、ニューヨーク州、イリノイ州、アリゾナ州、ニュージャージー州、コロラド州、ニューメキシコ州と続き、ここまでの上位九州に、ヒスパニックの三分の二以上（七六・四％）が集住していることになる。

これらの九州はいずれも、州の人口全体に占めるヒスパニック人口の構成比も大きい（表11.1）。すでに述べたとおり国全体でのヒスパニック人口の割合は一六・三％であるが、この数値を上回っている州はじつは九つだけであり、人口規模でみた上位九州のうち八州がこれに含まれている（なお、唯一これから外れるイリノイ州のヒスパニック人口の構成比も一六％で、全米第一〇位である）。

ではヒスパニック人口の構成比がいちばん大きい州はどこかというと、それはニューメキシコ州で、四七％にも達している。第二位にはテキサス州とカリフォルニア州が並び、いずれも三八％である。第四位がアリゾナ州（三〇％）であり、第五位にネヴァ

表 11.1　州別にみたヒスパニック（人口上位 9 州）（2011 年：上位 9 州）

	カリフォルニア	順位	テキサス	順位	フロリダ	順位	ニューヨーク	順位	イリノイ	順位	アリゾナ	順位	ニュージャージー	順位	コロラド	順位	ニューメキシコ	順位
ヒスパニック人口(万人)	1435.8	1	979.4	2	435.4	3	349.7	4	207.8	5	195	6	159.9	7	107.1	8	97.2	9
州人口構成比（%）	38	3	38	2	23	6	18	9	16	10	30	4	18	8	21	7	47	1
対全米ヒスパニック人口構成比（%）	27.7	1	18.9	2	8.4	3	6.7	4	4.0	5	3.8	6	3.10	7	2.10	8	1.9	9
米国出生者構成比（%）	63	30	70	18	51	49	62	31	60	34	72	16	57	40	75	12	83	6
国外出生者構成比（%）	37	22	30	34	49	3	38	21	40	18	28	36	43	12	25	40	17	46
メキシコ系構成比（%）	83	6	88	2	15	42	13	44	80	9	91	1	14	43	78	14	63	26
非メキシコ系構成比（%）	17	42	12	46	85	6	87	4	20	39	9	47	86	5	22	34	37	22

（出所）Pew Hispanic Center の推計による。

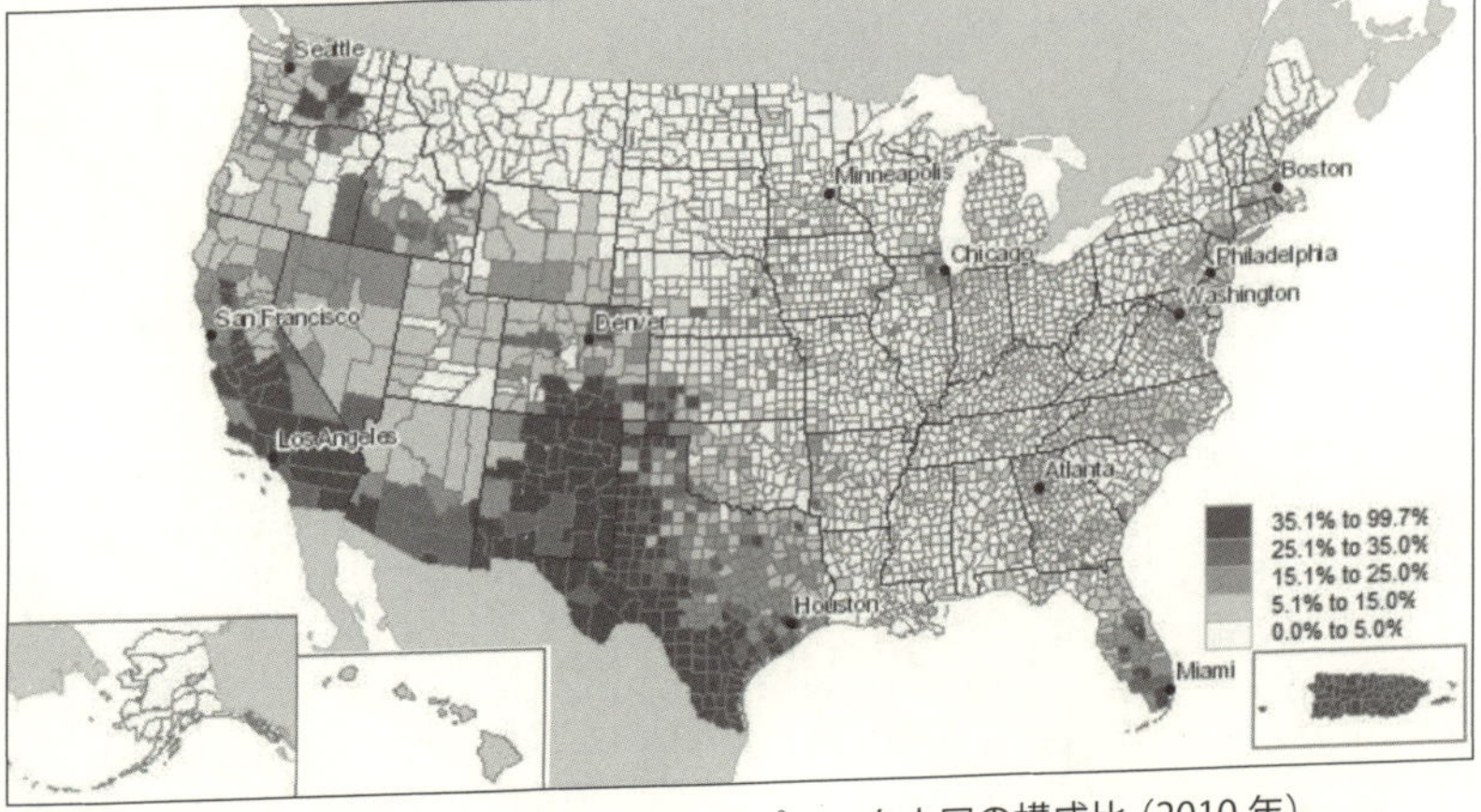

図 11.4　カウンティ別にみたヒスパニック人口の構成比（2010 年）

（出所）商務省国勢調査局データをもとに筆者作成。

ダ州（二七％）が入ってくる（ネヴァダ州のヒスパニック人口は七三万八〇〇〇人で、全米第一四位である）。こうしたヒスパニックが集住している州がある一方で、三二の州、および連邦特別区（首都ワシントン）ではヒスパニックの人口構成比は一〇％に満たず、うち一四州においては五％にも達していない（ちなみに最小はメイン州とウェストバージニア州の一％である）。

　ヒスパニックの人口構成比を、より詳細に郡（カウンティ）別に示すと図11.4のとおりとなる。このスケールの地図ではやや読み取りにくくなるが、ヒスパニックは東部を含めた大都市圏での集住傾向が強い。これはヒスパニックの多くが非熟練労働力の需要を満たすかたちで流入しているからである。都市別で全米最大となる五八〇万人のヒスパニック人口を抱えるロサンゼルスでは、その構成比は四四・八%にも達している。第二位となる四三二万人のヒスパニック人口を抱えるニューヨークでは、ロサンゼルスほど高率ではないものの、四人に一人（二四・二%）がヒスパニックである。第三位からは第六位まではヒューストン（二二一万人、三六・七%）、リバーサイド＝サンバナディーノ（カリフォルニア州）（二〇六万人、四七・九%）、シカゴ（一九七万人、二一・五%）、ダラス（一八一万人、二八・四%）が二〇〇万人前後のヒスパニック人口を擁する都市として並んでいる。第七位のマイアミは、ヒスパニック人口は一六三万人であるが、その構成比は主要都市のなかでは最大の六四・七%にも達する。以下、フェニックス（アリゾナ州）（一一六万人、三〇・〇%）、サンフランシスコ（一一四万人、二二・五%）、サンアントニオ（テキサス州）（一一一万人、五五・五%）、サンディエゴ（一〇二万人、三二・五%）と続く。ここに列記した一一都市において、ヒスパニック人口が一〇〇万人を超えている。

これら一一都市のうち八都市がメキシコと国境を接する南西部の四州に位置するが、それとともにニューヨークとシカゴのヒスパニック人口も大きい。とくにシカゴには、イリノイ州全体のヒスパニック人口二〇八万人の九四・七%に当たる一九七万人が集中しており、ヒスパニックの都市集住傾向を如実に示している。

2　出身国別にみたヒスパニック

（1）多様なヒスパニックとその移住の歴史

ところで、ここまでヒスパニックを一括りにして話を進めてきたが、ヒスパニックはさまざまな国々に起源をもつ

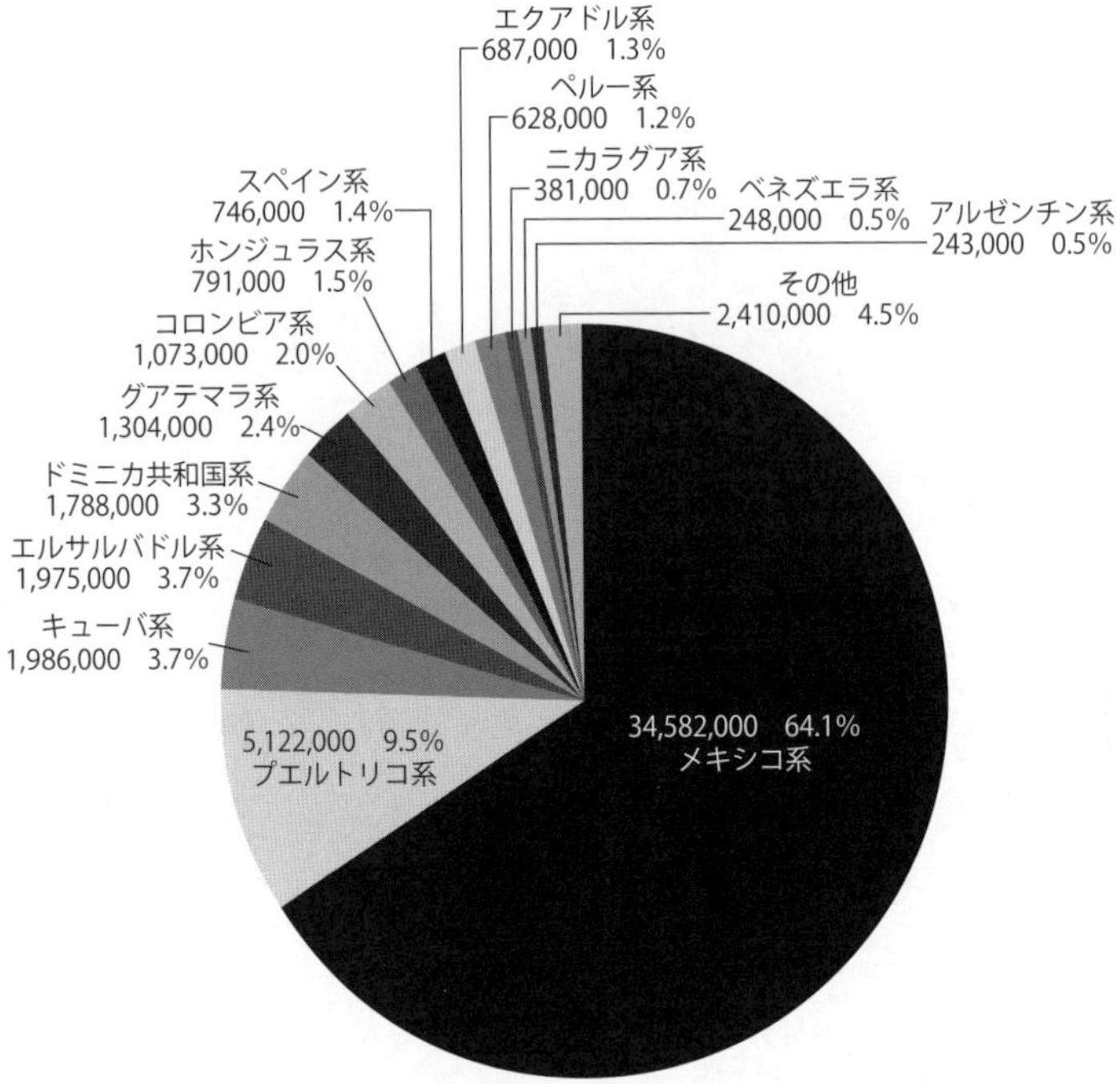

図 11.5　エスニック集団別にみたヒスパニック人口（2013 年）
（出所）図 11.1 に同じ。

多様な人々からなる集団でもある。その割合は図11.5のとおりである。二〇一一年の推計値では、ヒスパニックのなかで最も人口規模が大きいのはメキシコ系の三四五八万人であり、全体の六四・一％を占める。それに次ぐのがプエルトリコ系の五一二万人（九・五％）である。以下、キューバ系の一九九万人（三・七％）、エルサルバドル系の一九八万人（三・七％）、ドミニカ共和国系の一七九万人（三・三％）と続く。

メキシコは本国自体が人口大国であり、メキシコ系の人口が大きくなるのは、ある意味で当然である。しかし、同年のメキシコ本国の人口一億二一二〇万人（国連人口基金の推計）をもとに算出すると、アメリカ合衆国に暮らすメキシコ系は本国人口の二八・三％に相当する。この数値はエルサルバドル系の三一・三％には及ばないものの（なお、エルサルバドル本国の人口は

図 11.6　メキシコからアメリカ合衆国への領土割譲
（出所）United States General Accounting Office 2004：25 をもとに筆者作成。

六三〇万人）、キューバ系の一七・六％やドミニカ共和国系の一七・〇％を大きく上回っており、この対本国人口比で見た割合の高さについても留意しておいてよいであろう（その他の集団に関する本国人口との比については後掲の表11.2を参照）。

三一四一キロメートルにも及ぶ長い国境線を多数のメキシコ人が越境してくるのは、アメリカ合衆国社会の提供する高い賃金や多くの就労機会が魅力的だからである。ただ、両国の関係にはもう一つ、次のような歴史的事実があることも忘れてはならない。すなわち、今日ではアメリカ合衆国の領土となっている南西部の諸州は、テキサス併合（一八四五年）、米墨戦争（一八四六〜四八年）の結末としてのグアダルーペ・イダルゴ条約に基づく割譲（一八四八年）、そしていわゆるガズデン購入（一八五三年）で編入されるまではメキシコの一部であった（図11.6参照）ということである。つまりそこには、住む場所を移動することなく征服によってマイノリティになることを強要されたヒスパニックが存在していた。

カリブ海に位置するプエルトリコにもまた、これに類する歴史がある。プエルトリコは一四九三年のコロンブスによる「発見」以来、四〇〇年以上にわたりスペインによる植民地支配の下にあった。しかし米西戦争（一八九八年）でアメリカ合衆国がスペインに勝利したことにより、プエルトリコはアメリカ合衆国に自治領として編入された。つまりプエルトリコ系はその全体が、土地を移動することなくマイノリティになったヒスパニックなのである。なお、プエルトリコは一九五二年、自由連合州（自治連邦区）になり、これによってプエルトリコ系の住民はアメリカ合衆国の国籍と市民権を与えられることとなった。したがって、プエルトリコ系の人々はもはや法的な意味では移民とはならない。ただし、二〇一一年の推計値では、全体で五一二万人いるプエルトリコ系のうち三七五万人の人々がプエルトリコの本島に暮らしているのに対し、大陸本土に移住し生活の居を構えている人々は一三七万人にも達している。これら本土に住む人々も、その多くは高賃金と就労機会を求めてやってきている、ある意味での「移民」である。

移民のなかには、非合法の手段で密入国してきた人々、あるいは滞在資格が失効したにもかかわらず国内に留まっている人々も多い。非合法移民の数を正確に知ることは難しいが、ピュー・リサーチ・センターの推計では、二〇一二年の時点での非合法移民の数は外国出生人口四二五〇万人の二六・三％に当たる一一二〇万人であり、その五二・七％に当たる五九〇万人がメキシコ系である（Brown 2015）。こうした実情があるため、メキシコ系をはじめとするヒスパニックはその全体が、しばしばアメリカ合衆国社会のなかで政治的・社会的な軋轢の種となり、また差別の対象となってきた。

他方で、ヒスパニック系の移民は、労働需要に合わせて雇用や解雇をすることが容易な都合のよい存在でもあった。米墨の国境警備が開始されたのは一九二四年に移民法が制定されたときのことである（中野 二〇一〇：一五〇）。しかし、それ以前は国境の往来が比較的自由だったこともあり、メキシコ人はすでに農業や鉱業、鉄道建設の部門の低廉な働き手としてアメリカ合衆国の労働市場に組み込まれており、移民法の制定後にも密かに入国する者が絶えず、その不法性を問題視する風潮は次第に強まっていった。こうしたなかで、メキシコ人はアメリカ合衆国の景気動向に翻弄された。つまり、一九二九年に世界恐慌が発生すると、連邦政府によって約五〇万人のメキシコ人を強制送還する措置がとられた。逆に労働力不足に陥った一九四二年から一九六四年にかけては、「ブラセロ計画」という二国間協定のもとで、のべ五〇〇万人のメキシコ人季節労働者に対して原則一年間のビザが発給され、特別に受け入れられた。他方でその間にも非合法移民に対してはその排除が図られ、一九五四年にはウェットバック作戦と称される施策で一〇〇万人の移民が出身国に送還された。なお、プエルトリコ人に関しても、大陸本土への過剰な人口流入を阻止することを狙いとして、一九四七年から五一年にかけて優遇税制などの誘致策を講じてプエルトリコ島への多国籍企業の進出と雇用の創出を試みる、いわゆる「ブートストラップ作戦」がとられた（三吉 二〇一四：七五）。

こうした移民とかなり性格を異にするのは、一九五九年に発生したキューバ革命で財産を接収されるなどしてアメリカ合衆国に亡命してきた中・高所得層のキューバ人である。連邦政府が受け入れたキューバ人は、一九五九年から六二年までの間に二四万八〇七〇人にもおよんでいる（牛田 二〇一〇：六五）。これら「亡命者」の多くは人種的にはスペイン系の旧支配者の血を濃く引く白人系で、少なくとも当初は、革命政権が転覆した後に帰国することを思い描き、キューバとは目と鼻の先にあるフロリダ州のマイアミに居を構えた。

アメリカ合衆国への移住を希望するキューバ人に対する配慮はその後も続き、「ブラセロ計画」終了翌年の一九六五年に制定された改正移民法によって西半球からの移民受け入れ枠が一二万人に制限されてからは、その枠の四割がキューバ系で占められることとなった。同年から一九七三年までの間に二国間合意に基づいて運航された航空便（「フリーダム・フライト」や「家族呼び寄せ便」と称される）でアメリカ合衆国に亡命したキューバ人は二九万七三一八人にものぼる（牛田 二〇一〇：六六）。

ただその後、キューバ経済の悪化に伴ってアメリカ合衆国への渡航を強行しようとするキューバ人が増大し、連邦政府はその対応に頭を悩ませることにもなった。一九八〇年にはキューバ政府が亡命を黙認したことにより半年間で一気に一二万五〇〇〇人ものキューバ人がアメリカ合衆国に押し寄せ（「マリエル・ボート事件」）（牛田 二〇一〇：六七）、アメリカ社会で入国禁止運動が広がっている。また、一九九四年にはソ連崩壊（一九九一年）を引き金とする経済危機の広がりを受けてキューバ政府が自国民の自由な出国を容認したため、多くの「バルセーロ」（「バルサ（筏）」に乗ってフロリダ上陸をめざす人々）がアメリカ合衆国沿岸に大量に流入することとなった。二〇〇〇年に発生した、小舟でフロリダにたどり着いた八歳の少年（その少年の母親は途中で海難死）を移民帰化局の武装係官が親類から引き離してキューバに住む父親のもとに強制送還した一件（「エリアン少年事件」）は、国内外で大きく報道され、その是非をめぐって世論が大きく割れる社会問題になった。

（2）ヒスパニックの人口動態、人口分布と社会経済状況

表11.2は本人もしくは祖先の出身地別にヒスパニック系を分け、その社会経済状況について、国外出生率の低い順に並べて示したものである（視覚的にわかりやすくなるよう、貧困率については全体平均より高いものを、その他については低いものを色づけしてある）。アメリカ国籍をもつプエルトリコ系は例外として、スペイン系は、国外出生者の割合が最も低い。移住のピークからすでに長い年月が経ち、今日ではスペイン系の多くは二世以降の世代で占められていることを表している。それに次いでメキシコ系の数値が低いのも、やはり歴史的結びつきの古さと強さが関係している。表11.1で確認したとおり、スペイン植民地時代からの伝統を色濃く残すニューメキシコ州やアリゾナ州においてヒスパニック全体に占める国外出生者の割合がそれぞれ一七％、二八％であり、フロリダ州の四九％、ニューヨーク州の三八％、カリフォルニア州の三七％などと比べて低くなっているのはその反映である。

表 11.2　出身国・地域別にみたアメリカ合衆国のヒスパニック（2013 年）

	人口	国外出生率 %	米国市民権保有率 %	持ち家所有率 %	貧困率 %	世帯収入 $	英語習得率 %	対本国人口比 %
プエルトリコ系	5,122,000	2	99	38	27	38,900	83	138.4
スペイン系	746,000	14	93	60	13	55,900	93	1.6
メキシコ系	34,582,000	33	75	47	26	40,000	68	28.3
ドミニカ共和国系	1,788,000	55	72	24	28	33,900	57	17.0
キューバ系	1,986,000	57	76	55	20	40,500	60	17.6
ニカラグア系	381,000	58	74	42	17	50,000	63	6.2
エルサルバドル系	1,975,000	59	59	39	20	44,060	50	31.3
エクアドル系	687,000	61	65	39	19	48,000	55	4.4
コロンビア系	1,073,000	61	74	45	16	50,900	64	2.2
アルゼンチン系	243,000	61	69	58	11	63,000	75	0.6
ホンジュラス系	791,000	63	51	28	28	36,080	48	9.8
グアテマラ系	1,304,000	64	52	28	28	38,200	45	8.4
ペルー系	628,000	65	67	47	13	53,000	61	2.1
ベネズエラ系	248,000	69	58	49	18	56,270	70	0.8
その他	2,410,000	—	—	—	—	—	—	—
ヒスパニック全体	53,964,000	35	76	45	25	41,000	68	—

（注）「その他」には、「ヒスパニック系」とのみ回答した者、無回答などを含む。
（出所）ヒスパニックのデータは Pew Hispanic Center、対本国人口比については UNFPA のデータをもとに算出し、筆者作成。

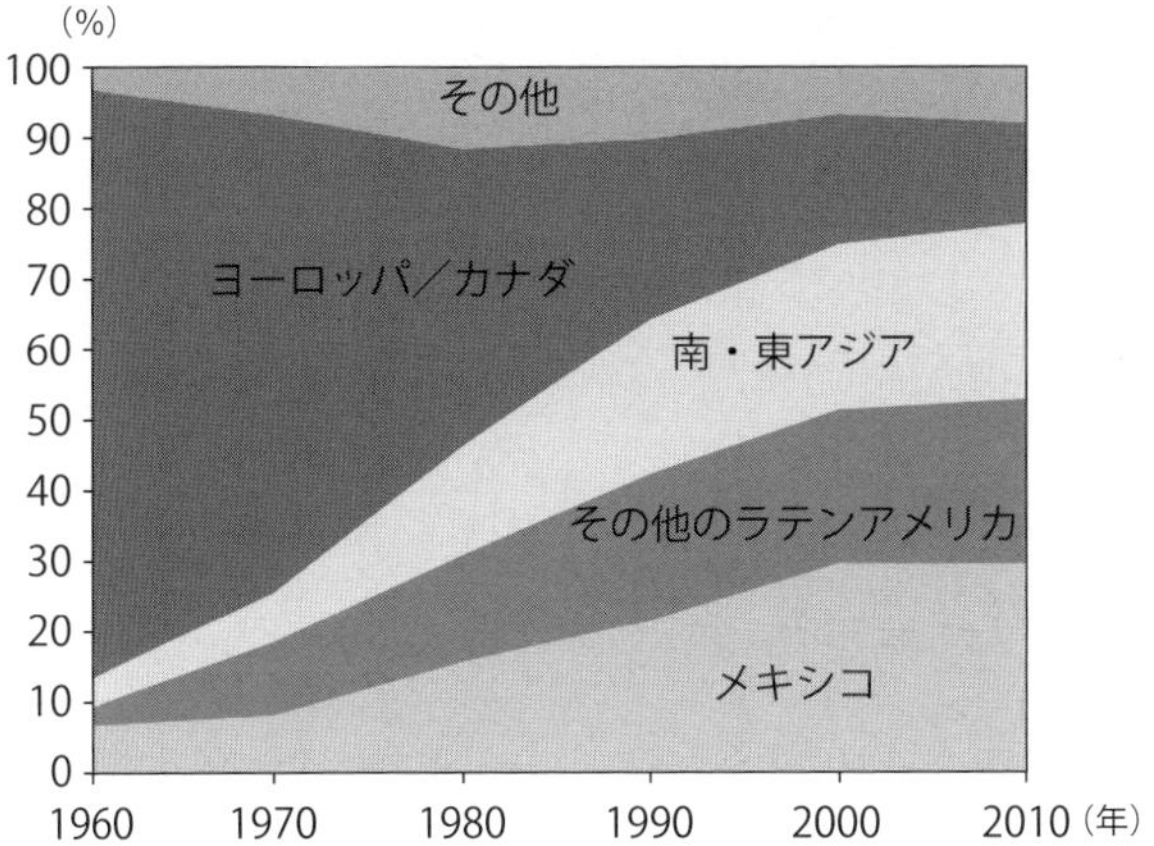

図 11.7　出身地域別にみたアメリカ合衆国への移民の構成比の推移（1960-2010 年）
（出所）図 11.1 に同じ。

プエルトリコ系、スペイン系、メキシコ系以外の集団に関しては、いずれも五五％から六九％が移民の一世で占められており、全体として移住の歴史が比較的浅いことがわかる。ただ、メキシコ系の国外出生者が三二％にすぎないとはいっても、メキシコ系の人口自体が大きいので、新しい移住者の数は大きい。メキシコはラテンアメリカ以外を含むあらゆる国のなかで、最も多くの移民を供給し続けている国である。その趨勢は図11.7に示されているとおりで、過去五〇年ほどの間の伸びは著しい。

この現象を州別に表しているのが図11.8である。この地図には各州に居住している移民一世のなかで、どのエスニック集団が最大の人口を擁しているかが示されている。一九七〇年の時点では、メキシコ系が最大となっている州は五つにすぎず、その人口も全国で約八〇万人であった。ところがその後、メキシコ系は総数においても空間的にも、他のエスニック集団を圧倒して急拡大し、一九九〇年にはメキシコ系が移民一世として最大となっている州は一八州、その人口は四三〇万人に、二〇一〇年には三四州、一一七〇万人に達している。

ヒスパニック系を取り巻く社会経済状況は、けっして良好であるとはいえない。表11.2にも示されているとおり、まずヒスパニック全体の貧困率が二五％にも達していることを指摘しておかなければならない。とくにホンジュラス系、グアテマラ系、ドミニカ共和国系、そしてメキシコ系の貧困率が高い。これらの集団はいずれも、本国の人口に対してアメリカ合衆国に居住する人口の比率が高く、多くの低所得者が本国を離れて出稼ぎにきていることを示唆している。

エルサルバドル系の移民に関しても、事情はグアテマラ系やホンジュラス系に類似している。ただエルサルバドル系に関しては、同国での内戦の激しかった一九九〇年、移民法の条項に基づいて一時的保護身分が与えられ、一九九二年までに約一九万人に移住と就労が認められたとの経緯がある。これは同条項が適用される初めての事例であった。さらに二〇〇一年には、二つの大地震がエルサルバドルを直撃して一三〇万の避難民を出す事態が発生

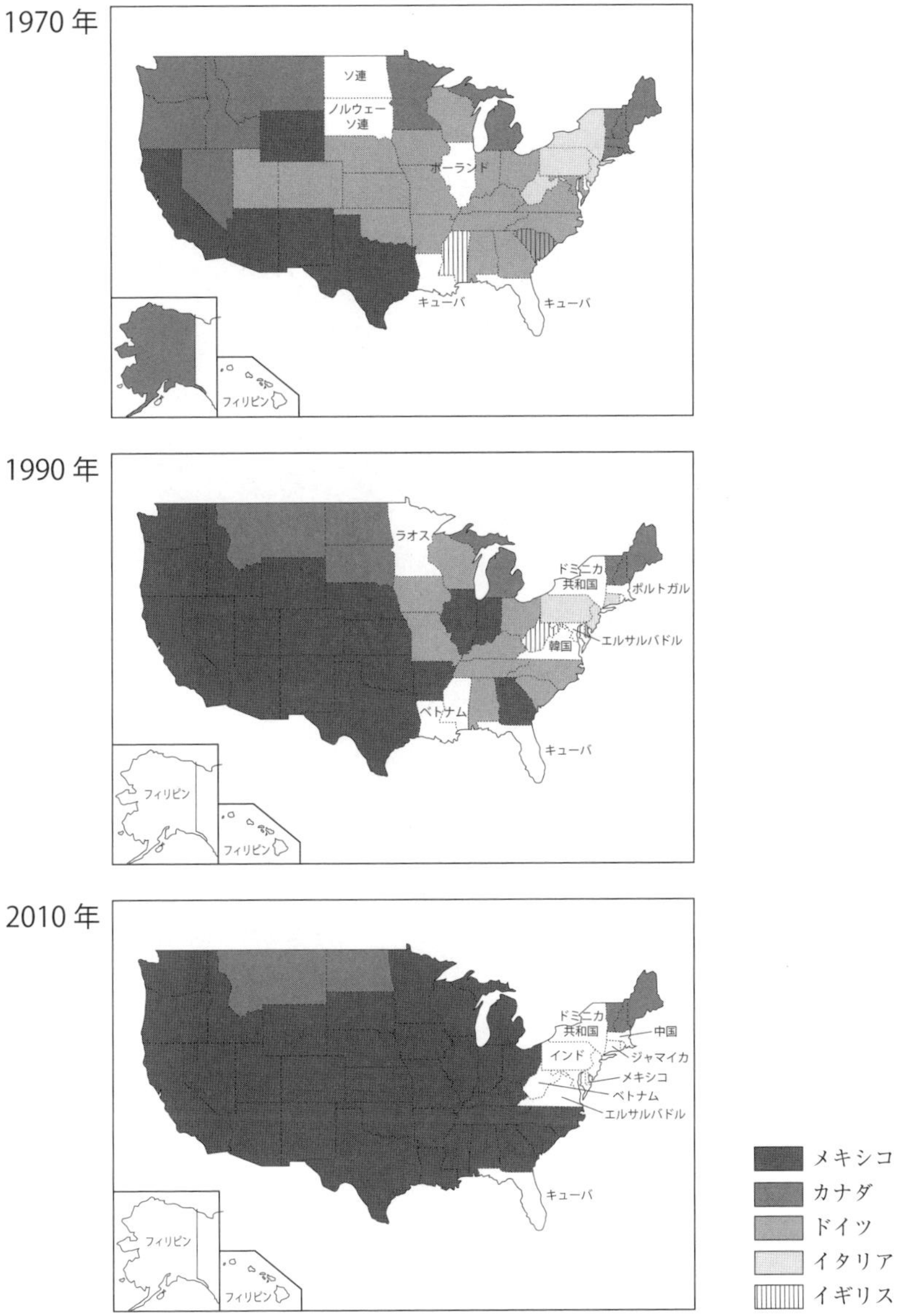

図 11.8　各州における最大の国外出生エスニック集団の推移（1970-2010 年）

（出所）Pew Hispanic Center による。

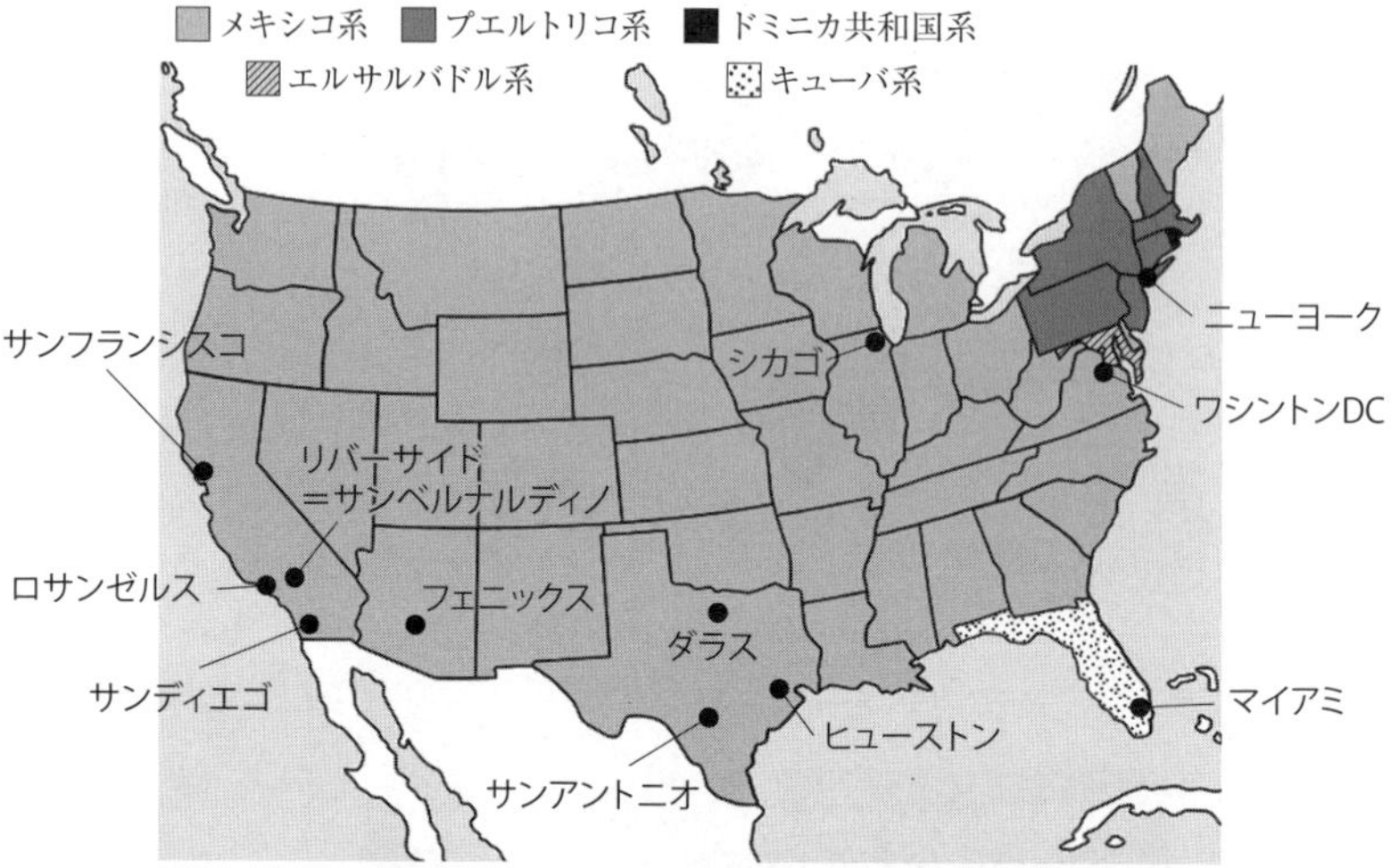

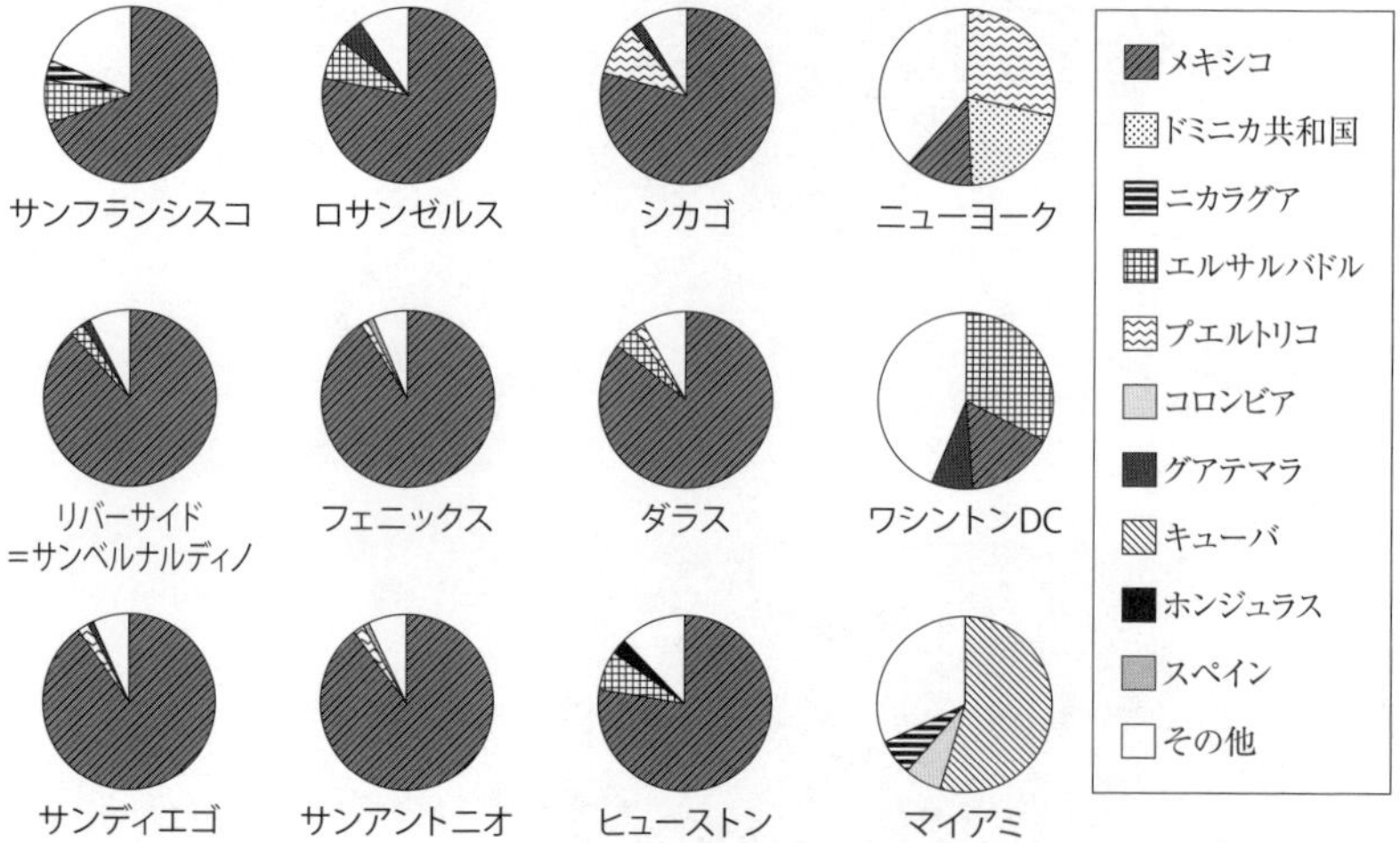

※なお、アラスカ州はメキシコ系、ハワイ州ではプエルトリコ系がヒスパニック系のなかでの最大集団となる。

図 11.9　各州におけるヒスパニック系の最大集団（2010 年）、およびヒスパニック人口上位 12 都市における上位 3 位の集団（2011 年）

（出所）州別人口については商務省国勢調査局データ、各都市の人口については Pew Hispanic Center 推計値をもとに筆者作成。

し、ふたたび一時的保護身分を適用する措置が取られて二五万人がその恩恵を受けた。こうしたことが移住人口の規模の大きさと貧困層の割合の相対的な低さにつながっていると考えられる。

キューバ系の貧困率はエルサルバドル系と同じ二〇％である。ただ、ヒスパニック全体で、貧困率が高いほど持ち家所有率が低くなる傾向があるのに対し、キューバ系の持ち家所有率は五五％となっており（表11.2）、比較的高い。これは、革命後に亡命してきたキューバ系が中・高所得層を中心としていたことを反映していると考えられる。そして、こうした人々と危険を冒して小舟でフロリダに辿り着いた人々との間の経済格差が大きく、全体としてキューバ系の世帯収入の平均値は低くなる。

移民は家族や親族、あるいは同郷の人間関係を頼りに移住先を選ぶ傾向が強い。地縁・血縁関係が、就労の機会を得るうえで重要な要素になってくるからである。したがって、ヒスパニック系に関してもそれぞれの国の出身者は特定の集住傾向をもつ。たとえば表11.1に掲げたとおり、アリゾナ州ではヒスパニック全体の九一％（全米一位）が、テキサス州では八八％（全米二位）がメキシコ系で占められている。しかし、フロリダ州ではそれが一五％（全米四二位）、ニューヨーク州では一三％（全米四四位）にすぎない。図11.9にも示されているとおり、フロリダ州ではキューバ系が、ニューヨーク州ではその周辺の五州およびハワイ州とともにプエルトリコ系が最大集団となっている。また連邦特別区（首都ワシントン）とそれに隣接するメリーランド州ではエルサルバドル系が、ロードアイランド州ではドミニカ共和国系が最大の割合を占める。

これは都市別のデータからも読み取れる。図11.9のとおり、マイアミにおいてはキューバ系がヒスパニック人口の過半数を占める一方、ニューヨークではプエルトリコ系とドミニカ共和国系の二つがヒスパニック全体のほぼ半数に達している。首都ワシントンでは、エルサルバドル系がヒスパニックの三分の一近くを占める最大集団となっている。南西部の諸都市とシカゴではいずれもメキシコ系が四分の三前後を占めているが、それに次ぐ集団が南西部諸都市では中米各国系であるのに対し、シカゴではプエルトリコ系であるという違いがある。

3 さまざまな形態をとるヒスパニックの博物館

(1) アメリカ合衆国の移民博物館とヒスパニック

アメリカ合衆国には全土に、さまざまなエスニック集団の関連組織が運営する移民博物館が数多く存在する。それらはいずれも、おのおのの集団の文化やアイデンティティ、社会的利益などを維持・継承するとともに、広く社会にアピールする重要な役割を果たしている。

ところがヒスパニック系に関しては、そうしたタイプの博物館はけっして多いとはいえない。公的な支援を受けているアルバカーキの全米ヒスパニック文化センター（National Hispanic Cultural Center）や、亡命キューバ人団体が政治的主張を展開するために設置しているマイアミのピッグス湾博物館（Bay of Pigs Museum）などの例外はあるが、ヒスパニック系の移民やその子孫の存在が全米各地で大きいことを考えると、その少なさこそが目立っているともいえる。

ヒスパニックはそもそも、出身国・出身地域もさまざまであり、定住の経緯や政治的・経済的背景、現在の社会的環境も大きく異なる人々を広く包摂している。そして移住の歴史自体が相対的に新しく、かつ今なお拡大進行の過程にある。そのうえ非合法滞在者もかなりの割合にのぼり、自己の存在を隠匿することにこそ利益がある人々も少なくない。ヒスパニックは、他のエスニック集団に比べて、集団の構成員の共通利益やアイデンティティが拡散的で曖昧であり、そのことが移民博物館をつくる動機を乏しいものにしている。また、移民集団の組織的活動を財政面で支える本国側の官民の動きがやや鈍いことも関係しているかもしれない。より根本的なこととしては、移住と征服、人種的・文化的な混血・混淆を重ねて形成されてきた「ラテンアメリカ人」のアイデンティティそのものが、ヨーロッパやアジアを出自とするエスニック集団ほどには明瞭でないということがある。

(2) ヒスパニック系の博物館

ヒスパニックとしてのアイデンティティを具現する博物館は、ラテンアメリカよりもむしろスペインとの歴史的・文化的結びつきを重視するかたちで設立されている。二〇〇〇年に開館した全米ヒスパニック文化センターは、ニューメキシコ州の最大都市アルバカーキのヒスパニック集住地区であるバレラス（Barelas）にある（写真11.1）。なお、バレラスはスペインの植民地時代、現在のメキシコとニューメキシコ州北部を結ぶ交易ルート「国王の道」（El Camino Real）の中継地として繁栄した歴史がある。全米ヒスパニック文化センターの母体となるヒスパニック文化基金の設立は一九八三年にまでさかのぼり、その背景には、英語公用化運動に代表されるような当時の多文化主義を否定する風潮の強まりのなか（実際、一九八六年のカリフォルニア州を皮切りにいくつもの州で英語公用化法の可決が相次いだ）、ヒスパニック文化の膝元でそれを擁護しようとの気運が高まったことがあった。ヒスパニック文化基金は、コロンブス到達五〇〇周年に当たる一九九二年を目標に募金活動を続け、州政府文化事業局におけるヒスパニック文化課の新設（一九九三年）や連邦議会でのヒスパニック文化センター法の制定（一九九七年）な

写真 11.1　ヒスパニックに関する資料が揃う全米ヒスパニック文化センター
（撮影）2013 年 9 月、浦部浩之

どの公的な支援も受けて、センターを開館するにいたった(牛田 二〇〇六：二二二─二二三)。

同センターにはアメリカ合衆国南西部やメキシコ、スペインに関連する文献や資料、古文書などを集めた学術文芸資料館が設置され、そこではスペイン統治時代までさかのぼって家系を検索することもできる。またスペイン語やスペイン文化の普及を目的とするスペインの政府系機関セルバンテス文化センターの事業所も併置されており、語学教育を含むさまざまな文化活動も行われている。それとともに、センター内の展示スペースではラテンアメリカ文化の普及を目的とするさまざまな企画も催されている。たとえば二〇一三年九月には、チリのピノチェト軍事政権による弾圧で行方不明となった夫や息子・娘をもつ母親らが抗議の意思表示のために作り始めたことを起源とし、今日ではチリの民衆文化にまで発展している「アップリケ」の展覧会が催されていた(展示期間は二〇一二年一〇月～一四年一月)。

ニューメキシコ州にはこのほか、州都のサンタフェにスペイン植民地芸術博物館(Museum of Spanish Colonial Art)があり、リマ副王領などの南米大陸の版図を含んだ植民地期の芸術作品、

写真 11.2　スペイン系移民によって設立されたアメリカ・ヒスパニック・ソサイエティ博物館
(撮影) 2014 年 8 月、浦部浩之

あるいは文化的価値をもつ家具や日用品などが展示されている。なお、ニューメキシコ州はヒスパニックのみならず先住民の人口構成比も全米で最高となっている（二〇一〇年の国勢調査で九・四％）。州の文化事業局はヒスパニック文化とともに先住民文化の普及にも努め、サンタフェ市内の丘陵地に博物館の丘（Museum Hill）と称する公園を整備しており、スペイン植民地芸術博物館は、先住民系文化の博物館などとともにその丘に設けられている四つの博物館のうちの一つである。

ニューメキシコ州以外のスペイン系の代表的な施設としては、ニューヨークにアメリカ・ヒスパニック・ソサイエティ博物館（Hispanic Society of America Museum and Library）がある（写真11.2）。アメリカ・ヒスパニック・ソサイエティと称する団体は、スペイン系移民によって一九〇八年に設立された。中世スペインのレコンキスタ時代に活躍した貴族エル・シッド（El Cid）の大きな銅像を本部の敷地の中央にもつ同団体は、スペイン中世以来の六八〇〇点におよぶ絵画や図画、七〇〇〇点におよぶ彫刻やその他の芸術品を集めており、そのうちのいくつかは附設されている博物館で見学することができる。

次に、ラテンアメリカ系の博物館としては、プエルトリコ系を中心にメキシコ系やチリ系なども含めた美術品や大衆文化の作品を集めているバリオ博物館（Museo del Barrio）（一九六九年創設、所在地：ニューヨーク）をあげることができる。なお、バリオとはスペイン語で居住地区を意味する一般名詞であるが、アメリカ合衆国においては、とくに中・下層のヒスパニック系移民が地縁・血縁を頼りに集まって形成された地区のことを指すようになった。バリオ博物館の収集品は、スペイン人による植民地化によって絶滅したプエルトリコの先住民タイノ族が使用していた装飾品や生活用品も含め、約八五〇〇にのぼるとのことであるが、展示スペースが一フロアに限られ、そのうちのごく一部しか見学することはできない。それでも、そのフロアにはヒスパニック系の市井の人々が作った芸術作品の展示が定期的に行われている。メキシコ革命期の「壁画運動」に代表されるとおり、ラテンアメリカには芸術作品に政治的主張やアイデンティティを表象する伝統があり、バリオ博物館の展示からもそれが強く感じられる。

（3）ヒスパニック系の歴史と文化を伝える一般博物館

ラテンアメリカ系に特化した博物館が限られるなかで、同地域からの移民の足跡はむしろ、各地に点在する一般博物館の展示のなかに確認することができる。テキサス州のサンアントニオにある一九六八年創設のテキサス大学テキサス文化研究所（Institute of Texan Cultures, University of Texas）は、ゆっくり見学すれば数時間はかかる大規模な博物館を附置しており、そこではスコットランド系、アイルランド系、ハンガリー系といったヨーロッパの諸民族のみならず、中国系や日系、さらにはウェンド人（ウェディッシュ系）やアフロ系黒人といったカテゴリーにいたるエスニック集団の文化や移住の歴史が、さまざまな芸術品、あるいは初期の移住者の生活用品などの展示品とともに詳細に紹介されている。もちろんヒスパニックの歴史や文化に関する展示品や説明も含まれる。人種差別的な言説をプリントしたTシャツやステッカーを「論争のシンボル」というタイトルだけを掲げてあえて展示し、見学者に考察を促しているのも

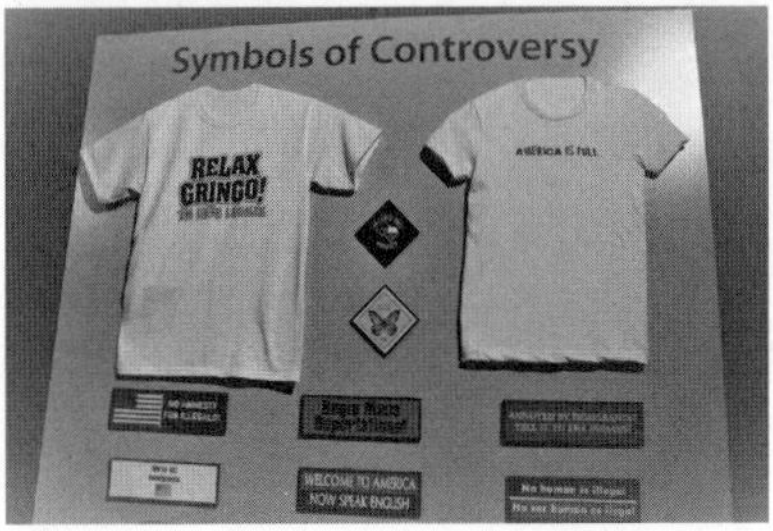

写真 11.3　テキサスの移民の歴史を伝えるテキサス大学テキサス文化研究所
（撮影）2013 年 12 月、浦部浩之

写真 11.4　メキシコ統治時代の展示も豊富なニューメキシコ歴史博物館
（撮影）写真 11.1 に同じ

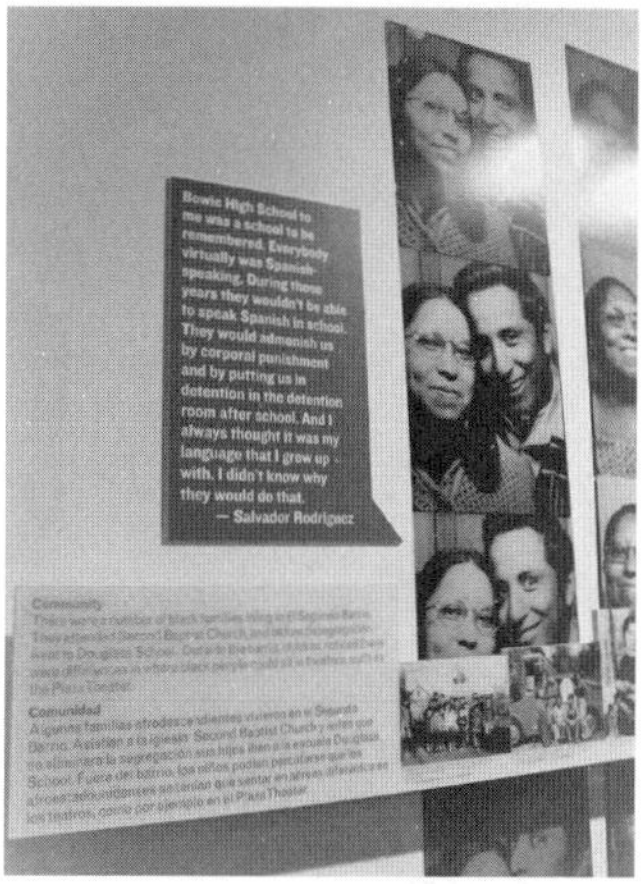

写真 11.5　差別されたヒスパニックの生活を回想するエルパソ博物館
（撮影）2014 年 9 月、浦部浩之

興味を惹く（写真11.3）。

先述したサンタフェの博物館の丘にある国際民俗芸術博物館（Museum of International Folk Art）も、日本の凧やコケシなどを含め、世界各地の民俗学的な価値のある芸術品を展示する、規模の大きな博物館である。地元ニューメキシコ州のヒスパニック系や先住民系の生活文化にまつわる展示品は質量ともにとくに充実している。またサンタフェ市の中心部にあるニューメキシコ歴史博物館（New Mexico History Museum）も、スペイン植民地時代以来のヒスパニックの歴史や文化に関する展示が豊富にある（写真11.4）。

テキサス州のエルパソにあるエルパソ歴史博物館（El Paso Museum of History）（一九七四年開設、二〇〇七年に現在地に移転）も、エルパソへの移住の歴史を展示品や解説パネルとともに紹介する比較的規模の大きな博物館である。この町でヒスパニック系が集住しているエル・セグンド・バリオ（El Segundo Barrio）地区の歴史に関する展示は興味深い。公教育の場でメキシコの歴史が教えられず、家庭内で歴史の知識が継承されていったこと、チカーノ運動（公民権運動の高揚とともに一九六〇年代後半から高まったメキシコ系の政治的権利やアイデンティティを主張する運動）とともにこの地に住むヒスパニックも公的主張を強めていったことなどを、古い写真や住民の回想を記したパネルによって知ることができる（写真11.5）。

マイアミにあるマイアミ歴史（博物館）（Hisotry Miami）も、先住民文化から最近の移住史にいたるまで、マイアミやフロリダ州の歴史を詳細に紹介する大規模な博物館である。革命後のキューバ人亡命者にまつわるさまざまな品が展示されている一方で、キューバ（およびハイチ）から危険を冒して入国を試みた人々のことについても、密航に利用された実物の木製ボートとともに紹介されており、両者のコントラストが目に留まる。

（4）他者の眼差しとしてのヒスパニック

ところでヒスパニック系に関わる博物館の特徴として他のエスニック集団にはみられないことは、他者によって対象化されたヒスパニックを主題とする博物館が存在していることであろう。すでにふれたとおり、ヒスパニック系移民の少なからぬ人々は、非合法的にアメリカ合衆国に入国してきた。そうしたヒスパニックは、アメリカ合衆国の主流社会では好ましからぬ人物とみなされた。エルパソにある国境警備隊博物館（U.S. Border Patrol Museum）（一九七九年創設）は、そうした非合法移民の流入阻止を目的とする米墨国境警備の歴史を移民の歴史とともに伝え、また警備に携わってきた国境警備隊を讃えるとともに殉職した隊員を哀悼する博物館である（写真11.6）。密入国を試みた者が国境を乗り越えるために利用した縄や梯子、ボートやハングライダー、警備隊の監視を掻い潜るために車体

写真 11.6　非合法移民流入阻止の視点でヒスパニックを視る国境警備隊博物館
（撮影）写真 11.5 に同じ。

や照明を改造したバイクなどの実物が展示されているのも目を引く。すべての解説文が英語のみで、スペイン語が一切併記されていないのも、先に紹介してきた一連の博物館とは大きく異なる特徴である。

ヒスパニックはまた一九世紀には、アメリカ合衆国の南西部においては冷酷な征服の対象であった。しかしこれは主流社会の人々の視点に立てば、征服は国家建設のための栄誉ある営みであった。一八三六年に起きたアラモの戦い（メキシコ領からの独立をめざすテキサス軍をメキシコ軍が撃破した戦い）と、その形勢を逆転させたサンハシントの戦いをめぐる歴史の記憶は、メキシコ側とアメリカ合衆国側で大きく異なっている。サンアントニオにあるアラモ砦（The Aramo）にある展示品と解説文は、メキシコに抵抗したテキサス軍は建国の英雄そのものとして祭り上げられている。またエルパソの米軍施設内にあるブリス砦軍事博物館（Fort Bliss and Old Ironsides Museums）においても、米墨戦争などによるアメリカ合衆国の領土拡大の過程が肯定的な歴史として説明されている。なお、この博物館の名称でもあるブリス（William W. S. Bliss）とは、米墨戦争の時代にテキサスでの戦いに貢献したアメリカ合衆国軍人の名前である。

4
アメリカ合衆国におけるヒスパニックの将来

本稿ではニューメキシコ州、テキサス州、ニューヨーク州、フロリダ州にあるいくつかのヒスパニックに関連する「博物館」を紹介してきた。もちろんこれ以外の州にも、ヒスパニックに特化したものは少ないが、広くヒスパニックの足跡を知ることのできる博物館は存在する。

また、「博物館」をより広義に解釈し、街並みや景観を博物館と見立ててみるのも面白いであろう。たとえば、サンアントニオの中心部にはスペイン総督邸（Spanish Governors Palace）をはじめとするスペイン植民地時代の建造物や、古い街並みを復元してレストランや土産物店を集めているラビリータ（La Villita）という一区画が、町の郊外には植民化過程で一八世紀に建立されたミッション（キリスト教伝道所）の遺跡群がある。マイアミのリトルハバナ地区にはキューバ系のみならずヒスパニック系のレストラン、スーパー、アトリエ、ライブハウスなどが立ち並び、国内外から多くの観光客を惹きつけている。リトル・ハバナではまた、キューバ革命に対抗した亡命キューバ人を讃える多くのモニュメントをみることができる。メキシコ国境へのゲートウェ

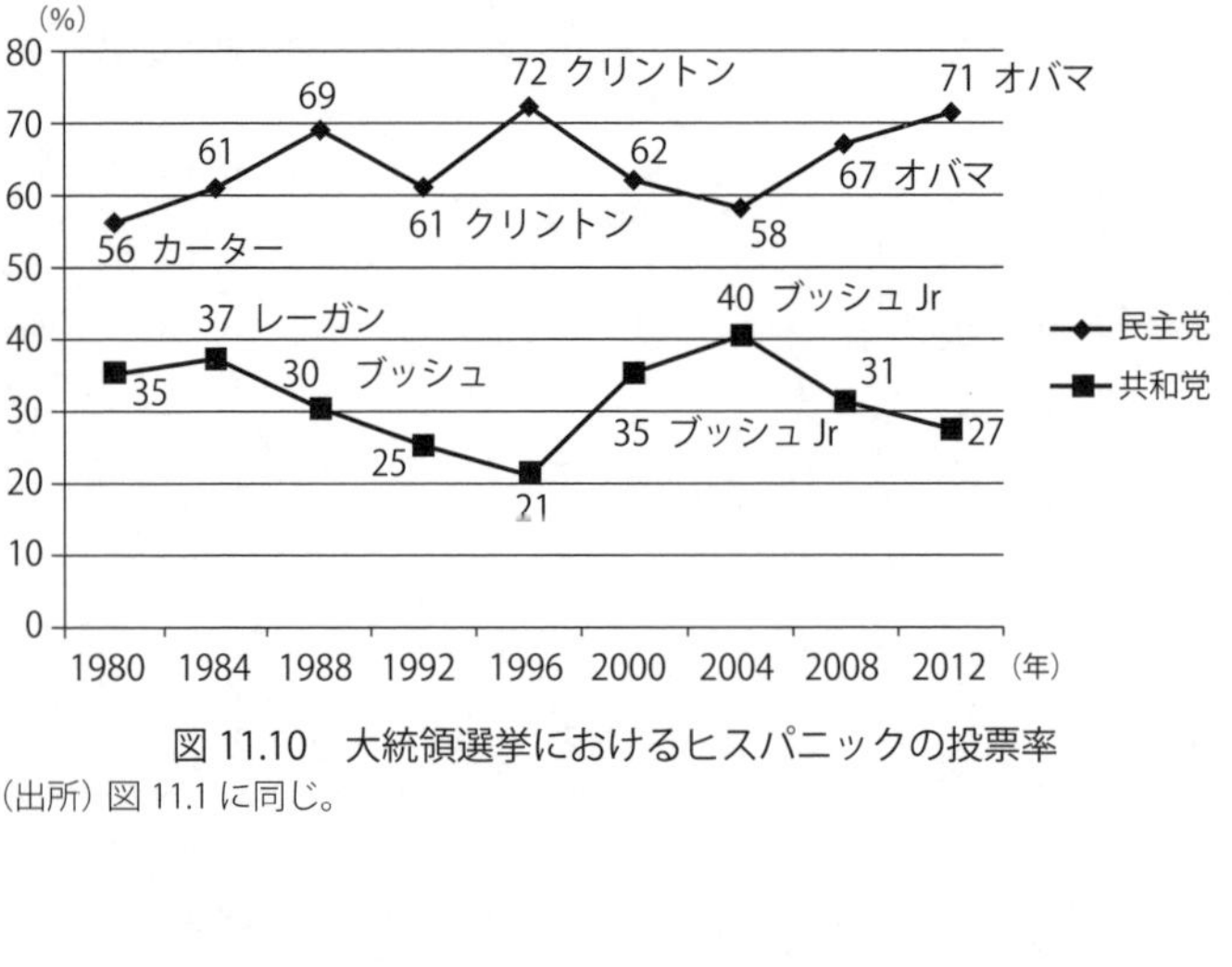

図 11.10　大統領選挙におけるヒスパニックの投票率
（出所）図 11.1 に同じ。

イであるエルパソを歩いていると、「移民、逮捕、あなたの弁護士」とスペイン語で書かれた巨大な看板をはじめ、ヒスパニック向けのさまざまな広告看板などが目に入る。メキシコ革命期の「壁画運動」以来の伝統を受け継ぐ、壁面に描かれた鮮やかなペイント、あるいは本国の家族向けの「レメッサ（郷里送金）」を請け負う業者の店舗が立ち並んでいるのも、各地にあるヒスパニック集住地区の典型的な光景である。

ヒスパニックはアメリカ合衆国社会のなかで、どちらかといえば社会の中・下層に位置し、ときに偏見や差別の対象ともなってきた。しかし今や最大のマイノリティになったヒスパニックは、労働市場において不可欠な働き手であり、また巨大な消費者としても重要な存在である。図11・10は一九八〇年以降の大統領選挙におけるヒスパニック系による共和、民主の両党への投票率の推移を示したものである。ヒスパニックは一貫して民主党に高い支持を与えているが、その差が開くか縮まるかは、勝敗を決する大きな要素の一つとなっている。アメリカ合衆国は、基層文化の上に数多くの移民集団が持ち込んだ文化を重ねて新しいものを生み出し続けてきた。拡大し続けるヒスパニックは今日、アメリカ合衆国の政治の帰趨を決するキャスティングボートまでを握る、もっともダイナミックな担い手であるといえる。

〈文　献〉

牛田千鶴　二〇〇六「全米ヒスパニック文化センター」北米エスニシティ研究会編『北米の小さな博物館――「知」の世界遺産――』彩流社　二二〇―二二七
牛田千鶴　二〇一〇『ラティーノのエスニシティとバイリンガル教育』明石書店
中野達司　二〇一〇『メキシコの悲哀――大国の横暴の翳に――』松籟社
北條ゆかり　二〇一一「メキシコからの対米移民――その変容と可能性――」安原毅・牛田千鶴・加藤隆浩編『メキシコ――その現在と未来――』行路社　三五―六六

三吉美加　二〇一四　『米国のラティーノ』大学教育出版
Brown, A. 2015. *Statistical Portrait of the Foreign-Born Population in the United States*. Pew Research Center.
Hugo, L. M. and Taylor, P. 2012. *Latino Voters in the 2012 Election*. Pew Hispanic Center.
Hugo, L. M. and Rohal, M. 2012. *Foreign-Born Share Falls Among 14 Largest U.S. Hispanic Origin Groups*. Pew Research Center.
Pew Research Center. 2013. *Hispanic Population in Select U.S. Metropolitan Areas, 2011*. Pew Research Center.
Pew Research Center. 2015. *From Ireland to Germany to Italy to Mexico: How America's Source of Immigrants Has Changed in the States, 1850-2013*. Pew Research Center.
Stepler, Renee and Anna Brown. 2015. *Statistical Portrait of Hispanics in the United States in 2013*. Pew Research Center.
United States General Accounting Office. 2004. *Treaty of Guadalupe Hidalgo: Findings and Possible Options Regarding Longstanding Community Land Grant Claims in New Mexico*. U.S. General Accounting Office.
United States Census Bureau. 2011. *The Hispanic Population: 2010*. U.S. Department of Commerce.

コラム10

リトルハバナとリトルハイチ――マイアミ――

浦部浩之

マイアミのダウンタウンを西に三キロほど進んだところにリトルハバナとよばれる地区がある。一九五九年のキューバ革命の後、亡命キューバ人が集まって発展してきた地区で、目抜き通りにはスペイン語の看板が溢れ、レストランや土産物店も立ち並んでいつも多くの観光客で賑わっている。一九九〇年代になるとキューバ系だけでなくその他のヒスパニックの人口も増え、ホンジュラス料理やニカラグア料理のレストランには同郷の人たちが集う。ちなみに二〇一二年のセンサスでは、マイアミのキューバ系人口はヒスパニック最大の八九万四千人を数え、コロンビア系の一三万人、ニカラグア系の一一万四千人がそれに続いている。

ところで、この町でニカラグア系を上回る一二万三千人の人口を擁しているエスニック集団がハイチ系である。ハイチはフランスの元植民地であり、日常話されている言語もフランス語系クレオール（旧宗主国言語と奴隷の母語の混成語）で、厳密にいうとハイチ系はヒスパニックには含まれない。しかしこのカリブの島国からの移民は、その経済社会的状況や出身地の地理的位置のために、多数派の眼差しのなかではヒスパニックあるいはラティーノとして一括りにされることも多い。

さて、デュバリエ独裁政権を逃れてこの町に来たハイチ系が一九七〇年代頃より築いていった地区が、ダウンタウンから五キロほど北にあるリトルハイチである。リトルハバナに比べるとやや閑散としており、観光客もほとんどおらず、直感的に若干の治安の悪さを感じさせないわけではない。ただ、中心部にあるリトルハイチ文化センターには移民やその子どもたちが集い、周囲にあるハイチ系のアトリエ、レストラン、食材店、教会などが固有な文化的香りを漂わせ、独特な空間をつくっている。

リトルハバナとリトルハイチ。リゾートホテルが林立して華やぐマイアミビーチ地区とは異なる、マルチエスニックなマイアミを象徴する興味の尽きない地区である。

写真1　リトルハイチ文化センター
（撮影）2016年3月、浦部浩之

索　引

さ行

た行

な行

は行

ま行

や行

ら行

わ行

資料：アメリカ合衆国の移民博物館一覧

複合民族系

Ellis Island Immigration Museum, Ellis Island, New York City, New York
Ethnic Heritage Museum, Rockford, Illinois
Lower East Side Tenement Museum, Manhattan, New York City, New York
Magna Ethnic & Mining Museum, Magna, Utah
Old World Wisconsin, Eagle, Wisconsin

西ヨーロッパ系

イングランド
Plimoth Plantation, Plymouth, Massachusetts
ウェールズ
Great Plains Welsh Heritage & Culture Centre, Wymore, Nebraska
Welsh-American Heritage Museum, Oak Hill, Ohio
スコットランド
Scottish Heritage Center, Laurinburg, North Carolina
Scottish Tartans Museum, Franklin, North Carolina
アイルランド
American Irish Historical Society, Manhattan, New York City, New York
Irish American Heritage Museum, Albany, Albany Co, New York
Irish American Heritage Center, Chicago, Illinois
Irish Museum and Cultural Center, Kansas City, Missouri
ドイツ
American Historical Society from Germans from Russia, Lincoln, Nebraska
German-American Heritage Center, Davenport, Iowa
German Heritage Museum, Cincinnati, Ohio
Goschenhoppen Folklife Museum, Green Lane, Pennsylvania
Pennsylvania German Cultural Heritage Center, Kutztown, Pennsylvania
メノナイト
Mennonite Information Center, Lancaster, Pennsylvania
アーミシュ
Illinois Amish Interpretive Center, Bolingbrook, Illinois
ウェンド
Texas Wendish Heritage Museum, Serbin, Texas
ベルギー
Belgian Museum of Quad Cities, Moline, Illinois

スイス

Tinker Swiss Cottage Museum, Rockford, Illinois

北ヨーロッパ系

スカンジナビア

Scandinavian Cultural Center, Tacoma, Washington

Nordic Heritage Museum, Seattle, Washington

デンマーク

Danish Heritage Museum of Danevang, Danevang, Texas

Museum of Danish America, Elk Horn, Iowa

スウェーデン

American Swedish Historical Museum, Philadelphia, Pennsylvania

American Swedish Institute, Minneapolis, Minnesota

Gammelgarden Museum, Scandia, Minnesota

Karl Oskar House, Lindstrom, Minnesota

Swedish American Museum, Chicago, Illinois

ノルウェー

Norsk Museum, Norway, Illinois

フィンランド

Finnish Heritage Museum, Fairport Harbor, Ohio

南ヨーロッパ系

イタリア

American Italian Museum & Cultural Center, Albany, New York

Garibaldi-Meucci Museum, Rosebank, Staten Island, New York City, New York

Independence Italian Cultural Museum, Independence, Louisiana

Italian American Museum, Little Italy, Manhattan, New York City, New York

Italian American Museum of Los Angeles, Downtown Los Angeles, California

Museo ItaloAmericano, San Francisco, California

National Italian American Sports Hall of Fame, Chicago, Illinois

スロベニア

Slovenian Heritage Museum (at Slovenian Union of America), Chicago, Illinois

Slovenian Heritage Museum, Joliet, Illinois

ギリシャ

Greek Museum, San Jose, California

Hellenic Cultural Museum, Salt Lake City, Utah

Hellenic Museum and Cultural Center, Chicago, Illinois

バスク

Basque Museum & Cultural Center, Boise, Ada Idaho

ポルトガル

Portuguese Historical Museum, San Jose, California

Museum of Madeiran Heritage, New Bedford, Massachusetts

カーボベルデ

Cape Verdean Museum Exhibit, East Providence, Rhode Island

東ヨーロッパ

ポーランド

Polish American Museum, Port Washington, New York

Polish Cultural Institute and Museum, Winona, Minnesota

Polish Heritage Center, Ashton, Nebraska

Polish Museum of America, Chicago, Illinois

チェコ

Czech Center Museum Houston, Houston, Texas

Czech Heritage Museum and Genealogical Center, Temple, Texas

Texas Czech Heritage and Cultural Center, La Grange, Texas

チェコ・スロバキア

Czechoslovak Museum, Omaha, Nebraska

National Czech & Slovak Museum & Library, Cedar Rapids, Iowa

ハンガリー

Cleveland Hungarian Heritage Society Museum, Cleveland, Ohio

Hungarian Heritage Center, New Brunswick, New Jersey

ラトビア

Latvian Ethnographic Museum, Freehold, New Jersey

Latvian Folk Arts Museum, Chicago, Illinois

Latvian Museum, Rockville, Maryland

リトアニア

Balzekas Museum of Lithuanian Culture, Chicago, Illinois

ウクライナ

Ukrainian American Archives and Museum of Detroit, Hamtramck, Michigan

Ukrainian Museum-Archives, Cleveland, Ohio

Ukrainian Museum, East Village, Manhattan, New York City, New York

Ukrainian National Museum, Chicago, Illinois

ブコビナ

Bukovina Society Headquarters and Museum, Ellis, Kansas

ロシア

Museum of Russian Culture, San Francisco, California

アルメニア

American Hungarian Museum, Passaic, New Jersey

Armenian Library and Museum of America, Watertown, Massachusetts

ウズベキスタン

Uzebek Museum, Brookhaven, Mississippi

ユダヤ系

Alan and Helene Rosenberg Jewish Discovery Museum, Commack, New York
American Sephardi Federation, Lower Manhattan, Manhattan, New York City, New York
Bernard Museum of Manhattan, Upper East Side, Manhattan, New York City, New York
Beth Ahabah Museum & Archives, Richmond, Virginia
Beth Joseph Synagogue, Tupper Lake, New York
Center for Jewish History, Lower Manhattan, Manhattan, New York City, New York
Century of History Museum, Greenville, Mississippi
Congregation Mickve Israel, Savannah, Georgia
Contemporary Jewish Museum, San Francisco, California
Derfner Judaica Museum, Riverdale, Bronx, New York City, New York
Eldridge Street Synagogue, Lower East Side, Manhattan, New York City, New York
Florida Holocaust Museum, St. Petersburg, Florida
Goldman Art Gallery, Rockville, Maryland
Hebrew union College-Jewish Institute of Religion, Greenwich Village, Manhattan, New York City, New York
Holocaust Memorial Center, Farmington Hills, Michigan
Holocaust Museum Houston, Houston, Texas
Holocaust Memorial Resource and Education Center of Florida, Maitland, Florida
Holocaust Museum of Southwest Museum, Naples, Florida
Illinois Holocaust Museum & Education Center, Skokie, Illinois
Jewish Historical Society Museum, Whippany, New Jersey
Jewish Museum of New Jersey, Newark, Essex Co, New Jersey
Jewish Museum, Museum Mile, Manhattan, New York City, New York
Jewish Theological Seminary, Upper West Side, Manhattan, New York City, New York
Jewish Children's Museum, Crown Heights, Brooklyn, New York City, New York
Jewish Museum of Eastern Pennsylvania, Pottsville, Pennsylvania
Jewish Museum of Florida, Miami Beach, Florida
Lillian & Albert Small Jewish Museum, Washington, D.C.
Living Torah Museum, Borough Park, Brooklyn, New York City, New York
Magnes Collection of Jewish Art and Life, Berkeley, California
Maltz Museum of Jewish Heritage, Beachwood, Ohio
Mizel Museum, Denver, Colorado

Museum of Jewish Heritage, Battery Park City, Manhattan, New York City, New York
Museum of Jewish Civilization, West Hartford, Connecticut
Museum of the Southern Jewish Experience, Natchez, Mississippi
Museum of the Southern Jewish Experience, Utica, Mississippi
My Jewish Discovery Place Children's Museum, Plantation, Florida
National Jewish Museum of Sports Hall of Fame, Commack, New York
National Museum of American Jewish Military History, Washington, D.C.
National Yiddish Book Center, Amherst, Massachusetts
Nebraska Jewish Historical Society, Omaha, Nebraska
New Mexico Holocaust & Intolerance Museum, Albuquerque, New Mexico
Oregon Jewish Museum, Portland, Oregon
Skirball Cultural Center, Brentwood, Los Angeles, California
Temple Judea Museum, Elkins Park, Pennsylvania
Temple Museum of Religious Art, Cleveland, Ohio
Vilna Shul, Boston, Massachusetts
Wyner Center of the American Jewish Historical Society, Newton, Massachusetts
Yeshiva University Museum, Chelsea, Manhattan, New York City, New York

中東系

Arab American National Museum, Dearborn, Michigan
International Museum of Muslim Cultures, Jackson, Mississippi

南北アメリカ系

アカディア

Jean Lafitte National Historical Park and Preserve, Thibodaux, Louisiana
Museum of the Acadian Memorial, St. Martinville, Louisiana
Prairie Acadian Cultural Center, Eunice, Louisiana

ハイチ

Haitian Heritage Museum, Miami, Florida

キューバ

San Carlos Institute, Key West, Florida

ヒスパニック

Centro Cultural Hispano de San Marcos, San Marcos, Texas
El Museo del Barrio, 1230 5th Ave, Manhattan, New York City, New York
El Museo Latino, Omaha, Nebraska
Hispanic Museum of Nevada, Las Vegas, Clark Co, Nevada
La Historia Historical Society Museum, El Monete, California

メキシコ

Centro Cultural de la Raza, San Diego, California

Emma S. Barrientos Mexican American Cultural Center, Austin, Texas
Mexican Heritage Plaza, San Jose, California
Mexican Museum, San Francisco, California
National Museum of Mexican Art, Chicago, Illinois

プエルトリコ

Institute of Puerto Rican Arts and Culture, Chicago, Illinois

アジア系

アジア

Asian Art Museum of San Francisco, San Francisco, California
Asian Society Texas Center, Houston, Texas
Oakland Asian Cultural Center, Oakland, California
Wing Luke Asian Museum, Seattle, Washington

カンボジア

Cambodian American Heritage Museum & Killing Fields Memorial, Chicago, Illinois

中国

Chinese Association Museum, Locke, California
Chinese American Museum, Downtown Los Angeles, California
Chinese-American Museum of Chicago, Chicago, Illinois
Chinese American Museum of Northern California, Marysville, California
Chinese Historical Society of America Museum and Learning Center, San Francisco, California
Chinese House Railroad Museum, Echo, Oregon
Chinese Joss House Museum, Evanston, Wyoming
Frank Chang Memorial Museum, Lovelock, Nevada
Kam Wah Chung & Co. Museum, John Day, Oregon
Mai Wah Museum, Butte, Montana
Museum of Chinese in America, Chinatown, Manhattan, New York City, New York
Oroville Chinese Temple, Oroville, California
San Diego Chinese Historical Museum, San Diego, California
Taoist Temple & Museum, Hanford, California
Wo Hing Museum, Lahaina, Maui Island, Hawaii

日本

Clark Center for Japanese Art and Culture, Hanford, California
Japanese Cultural Center and Tea House, Saginaw, Michigan
Japanese American Museum of San Jose, San Jose, California
Japanese American National Museum, Downtown Los Angeles, California
Japanese Cultural Center of Hawaii, Honolulu, Oahu Island, Hawaii
Japan Society, Midtown Manhattan, Manhattan, New York City, New York
Morikami Museum and Japanese Gardens, Delray, Florida

Oregon Nikkei Legacy Center, Portland, Oregon

韓国

Korean American Museum, Downtown Los Angeles, California

Korean Cultural Center, Koreatown, Los Angeles, California

Lee Young Hee Museum of Korean Culture, Manhattan, New York City, New York

ベトナム

Viet Museum, San Jose, California

インド

Indo-American Heritage Museum, Chicago, Illinois

（各種ウェブサイト、ディレクトリー、ホームページ、現地調査により矢ケ﨑典隆作成）

【編者紹介】

矢ケ﨑 典隆（やがさき　のりたか）

1952年　石川県生まれ。

カリフォルニア大学バークリー校大学院地理学研究科博士課程

修了。Ph.D.

現在，日本大学文理学部教授。

【執筆者一覧】

＊矢ケ﨑典隆　日本大学文理学部（第1，2，5，7章）

大石　太郎　関西学院大学国際学部（第3章）

根田　克彦　奈良教育大学教育学部（第4章）

髙橋　昂輝　香川大学経済学部（第5章）

山根　　拓　富山大学人間発達科学部（第6章）

石井　久生　共立女子大学国際学部（第8章）

加賀美雅弘　東京学芸大学教育学部（第9章）

山下　清海　立正大学地球環境科学部（第10章）

浦部　浩之　獨協大学国際教養学部（第11章）

移民社会アメリカの記憶と継承

―移民博物館で読み解く世界の博物館アメリカ―

2018年3月30日　第1版第1刷発行

編者　矢ケ﨑典隆

発行者　田中　千津子

発行所　株式会社 学文社

〒153-0064　東京都目黒区下目黒3-6-1

電話　03（3715）1501 ㈹

FAX　03（3715）2012

http://www.gakubunsha.com

印刷　新灯印刷

Printed in Japan

ISBN 978-4-7620-2785-7